Ressourcesinformatiques

SQL Server 2019

SQL, Transact-SQL

Conception et réalisation d'une base de données

(avec exercices pratiques et corrigés)

ISBN : 978-2-409-02752-9
Imprimé en France

Editions ENI
ZAC du Moulin Neuf
Rue Benjamin Franklin
44800 St HERBLAIN
Tél. 02.51.80.15.15
Fax 02.51.80.15.16

e-mail : editions@eni.fr
http://www.editions-eni.com

Auteurs : Hervé BOISGONTIER et Jérôme GABILLAUD
Collection **Ressources Informatiques** dirigée par Émilie VILLETORTE

Avant-propos

Ce livre s'adresse principalement aux développeurs d'applications ou à ceux qui souhaitent le devenir. Dans un premier temps, l'accent est mis sur le modèle relationnel et l'algèbre relationnelle. Cette algèbre est à l'origine du langage SQL (*Structured Query Language*). Comprendre cette algèbre permet par la suite de travailler efficacement avec le langage SQL, et ceci quel que soit le serveur de base de données choisi. Ensuite, la partie gestion de la structure ou SQL DDL (*Data Definition Language*) est abordée, puis la gestion des données avec le SQL DML (*Data Manipulation Language*). Enfin, le Transact-SQL, langage de programmation sur SQL Server, est détaillé. Les chapitres suivants sont consacrés à la découverte et à l'apprentissage de différentes fonctionnalités offertes par SQL Server au développeur d'applications pour lui faciliter le travail : intégration de code .NET dans SQL Server, gestion des données de type XML...

L'ensemble des tâches relatives à l'administration du serveur comme la gestion de l'espace disque, la gestion de la sécurité, les sauvegardes, la restauration, la réplication, etc., sont développées dans le livre portant sur l'administration de SQL Server et paru aux Éditions ENI.

Au niveau du développement, SQL Server propose un ensemble d'outils et de fonctionnalités qui permettent de coder encore plus vite. SQL Server permet également de réduire l'écart qui existe encore entre l'aspect développement et l'administration de la base de données et du serveur.

L'objectif recherché est bien sûr d'améliorer les performances, mais aussi de permettre la gestion de toutes les données présentes dans l'entreprise et avec lesquelles les utilisateurs ont l'habitude de travailler. SQL Server propose de nombreux types de données spécialisés, comme le type hiérarchique, la gestion des données géographiques, les documents XML, mais aussi une gestion performante des données de type binaire grâce au stockage dans le système de fichiers.

Comme les autres produits serveurs, SQL propose une interface complète avec PowerShell en utilisant la bibliothèque SMO du framework .NET.

La base de données qui est construite au fur et à mesure de la lecture du livre ainsi que tous les codes SQL des corrections des exercices sont en téléchargement sur le site www.editions-eni.fr. Il est possible malgré une relecture attentive, que des coquilles soient détectées après le publication de ce livre. Elles seront indiquées dans un fichier erratum.txt dans les fichiers en téléchargement associés à ce livre.

Table des matières

Les éléments à télécharger sont disponibles à l'adresse suivante :
http://www.editions-eni.fr
Saisissez la référence ENI de l'ouvrage **RI19SQL** dans la zone de recherche et validez. Cliquez sur le titre du livre puis sur le bouton de téléchargement.

Avant-propos

Chapitre 1
Le modèle relationnel

Chapitre 2
Implémentation des bases de données

Chapitre 3
Les ordres du SQL

Chapitre 4
Transact-SQL : le langage procédural

Chapitre 5
Gestion des données distribuées

Chapitre 6
Les types évolués

Chapitre 7
Le Common Language Runtime (CLR)

Annexes

Chapitre 1
Le modèle relationnel

1. Introduction

Si vous avez ouvert ce livre, c'est que vous souhaitez en savoir plus sur les bases de données sur SQL Server ! Vous vous posez sûrement beaucoup de questions concernant les bases de données, SQL Server et le langage SQL. Dans cette introduction, nous allons essayer de répondre brièvement à ces questions, avant de les développer plus en profondeur dans les chapitres suivants.

1.1 Qu'est-ce qu'une base de données ?

Voici la définition proposée par Wikipédia : « Une base de données permet de stocker et de retrouver l'intégralité de données brutes ou d'informations en rapport avec un thème ou une activité ; celles-ci peuvent être de natures différentes et plus ou moins reliées entre elles. » L'objectif premier est donc de stocker des données. Cela doit être un stockage organisé et pérenne :

- Organisé, afin que les données puissent être retrouvées facilement et rapidement.
- Pérenne, afin que les données restent présentes même en cas d'extinction de la machine ou de plantage de celle-ci.

1.2 Qu'est-ce qu'un système de gestion de bases de données ?

Un système de gestion de bases de données (SGBD) est un programme informatique permettant de stocker et de gérer un ensemble de bases de données. Il existe un grand nombre de SGBD : SQL Server, qui nous intéresse tout particulièrement dans cet ouvrage, mais également Oracle Database, MySQL, MariaDB, PostgreSQL, IBM Db2... Ces SGBD sont basés sur un modèle relationnel (SGBDR). C'est-à-dire que les données stockées sont en relation les unes avec les autres ; par exemple, une personne est reliée à son adresse.

Ce modèle fut mis au point par Edgar Franck Codd sous l'impulsion d'IBM au cours des années 70. En plus de ce modèle, une algèbre (l'algèbre relationnelle) fut également créée afin d'extraire les données stockées dans ce modèle. Le fait que les SGBDR respectent le modèle relationnel conduit à travailler avec une structure logique d'organisation des données (tables, vues, index...) qui est indépendante de la structure physique (fichiers, etc.). C'est le rôle de chaque SGBDR que de fournir une vue logique à l'utilisateur tout en assurant un stockage physique des informations.

D'autres types d'organisation des données existent ou ont existé. À l'heure actuelle, en plus du modèle relationnel, il existe le NoSQL (*Not only SQL*). Ces modèles, car il s'agit bien d'un ensemble de modèles, n'ont pas vocation à remplacer le modèle relationnel, mais à le compléter et à proposer une alternative dans des situations où le modèle relationnel n'est pas adapté : quantité de données gigantesque (Big Data), données très hétérogènes, données réparties sur différents serveurs... Elles ont en revanche l'inconvénient de ne pas assurer la cohérence des données.

1.3 Qu'est-ce que le langage SQL ?

Le SQL est un langage informatique permettant de communiquer avec les SGBDR. La bonne nouvelle, c'est que ce langage est normé. Ainsi, le même code SQL peut être exécuté aussi bien sur un serveur SQL Server que sur un serveur Oracle. Du moins, c'est la théorie, car les SGBD ne respectent pas toujours la norme, ne l'ont pas implémentée entièrement ou ont ajouté des éléments supplémentaires. Il faut néanmoins essayer de coller le plus possible à cette norme.

SQL est un langage à base de requêtes. Elles correspondent à des ordres donnés au SGBD pour manipuler un ensemble de données : c'est un langage ensembliste et assertionnel : par exemple, modifier la structure d'une table pour changer le type d'un attribut, ou modifier les valeurs de certaines colonnes dans une table...

1.4 Qu'est-ce que le langage Transact-SQL ?

Le Transact-SQL est une extension du langage SQL permettant d'effectuer de la programmation procédurale sur les bases de données. Cela permet de retrouver des éléments auxquels les développeurs sont habitués : les variables, les procédures, les fonctions, les conditionnelles et les boucles. Malheureusement, les extensions procédurales au langage SQL sont propriétaires. Chaque SGBDR a son propre langage procédural : PL/SQL pour Oracle, SQL/PSM pour MySQL... et Transact-SQL pour SQL Server. Les notions sont les mêmes mais leur syntaxe diffère suivant le SGBDR utilisé.

1.5 Qu'allez-vous apprendre à réaliser avec cet ouvrage ?

La mise en œuvre (ou l'implémentation) des bases de données consiste en un certain nombre de responsabilités spécifiques, à distinguer de celles de l'administration.

Les différents rôles du développeur de base de données sont :

- conception du schéma logique des données ;
- passage au modèle physique de données ;
- conception et mise en œuvre des contraintes d'intégrité ;
- élaboration de requêtes ;
- programmation du serveur des données.

2. Les tables

Le modèle relationnel organise les données en les répartissant dans des tables. Chaque table concerne une notion pour laquelle nous souhaitons enregistrer des données. Supposons que nous souhaitons créer une base de données pour gérer des commandes de produits. Il serait au moins nécessaire d'avoir une table pour enregistrer les produits, une pour les clients et une pour les commandes. Les noms des tables sont par convention toujours au pluriel : la table Clients, par exemple. Ceci s'explique par le fait que cette table contient les informations sur les clients.

Remarque

Les tables sont parfois appelées relations dans certains ouvrages. Étant donné qu'elles sont mises en relation les unes avec les autres, ce vocabulaire n'est pas utilisé dans ce livre.

2.1 Les attributs

Chaque table contient des attributs correspondant aux informations qu'il est nécessaire de stocker à propos de celle-ci. Par exemple, la table Clients peut contenir le nom et le prénom du client, sa date de naissance et sa ville. Il est conseillé que les noms des attributs ne contiennent pas d'espace ni de caractères spéciaux. Les accents sont également déconseillés pour éviter un certain nombre de problèmes.

Le nombre d'attributs d'une table se nomme le degré.

Remarque

Les attributs peuvent être également appelés champs ou colonnes.

2.2 Les enregistrements

Les données stockées dans les tables constituent les enregistrements de celles-ci. Par exemple, pour la table Clients, chaque personne stockée dans cette table constituera un enregistrement.

Un ensemble de valeurs se nomme en base de données un tuple ou n-uplet. Un enregistrement est donc un tuple.

2.3 La représentation d'une table

2.3.1 La forme condensée

Les tables sont représentées par un rectangle avec le nom de la table dans une première partie et la liste des attributs en colonne en dessous. Voici par exemple la représentation condensée de la table Clients :

Clients
nom
prenom
dateNaissance
ville

2.3.2 La forme étendue

Dans cette représentation, non seulement la structure de la table est indiquée, mais également les enregistrements qu'elle contient. La première ligne est constituée du nom de la table ainsi que de tous les attributs de celle-ci. Les lignes suivantes sont constituées des enregistrements : chaque ligne correspond à un enregistrement avec, sous chaque nom d'attribut, la valeur de celui-ci pour cet enregistrement.

Voici par exemple la représentation de la table Clients :

nom de la table — attributs

Clients	nom	prenom	dateNaissance	ville
	Dupont	Jean	27/12/1946	Nantes
	Labiche	Adeline	05/06/1983	Paris
	Dubois	Julie	21/11/2000	Nantes
	Dubois	Zoé	12/07/1998	Tours

enregistrements

Remarque

Avec cette représentation, il est aisé de comprendre que les enregistrements sont également appelés lignes et les attributs également appelés colonnes.

2.3.3 La forme textuelle

Cette représentation est moins visuelle que les deux précédentes mais est pratique pour donner rapidement les informations importantes d'une table sans recours à un outil graphique. Il faut indiquer le nom de la table suivi dans un couple de parenthèses de la liste des attributs. Par exemple, pour la table Clients, cela donne :

```
Clients(nom, prenom, dateNaissance, ville)
```

3. L'identification d'un enregistrement

Pour avoir une base de données efficace, il est nécessaire de pouvoir identifier de manière sûre un enregistrement. L'identification implique qu'il ne doit y avoir qu'un seul enregistrement qui réponde à cette identification.

3.1 Clé primaire

La clé primaire permet cette identification d'un enregistrement. Pour la constituer, il est possible d'utiliser un attribut seul ou un ensemble d'attributs. Par convention, la clé primaire est soulignée sur les représentations.

Pour un attribut seul, il est possible d'utiliser un attribut existant qui n'aura jamais la même valeur pour plus d'un enregistrement. Voici quelques exemples :

- Le numéro de série pour un objet.
- L'adresse MAC pour une carte réseau.
- La plaque d'immatriculation pour un véhicule.
- Le numéro de sécurité sociale pour une personne.
- Un SIRET pour une entreprise.
- Un ISBN pour un livre.

Parfois, aucun attribut ne peut être utilisé comme clé primaire. C'est par exemple le cas dans la table Clients. L'attribut nom a deux enregistrements ayant la même valeur (Dubois). Même chose pour l'attribut ville (Nantes). Pour l'attribut prenom, même s'il n'y a pas deux enregistrements ayant la même valeur pour cette colonne, cela peut facilement se produire. Ce n'est donc pas un bon candidat. Il en est de même pour dateNaissance.

Il y a alors deux possibilités : utiliser un ensemble d'attributs pour définir la clé primaire ou ajouter un attribut supplémentaire pour jouer ce rôle.

Pour cette dernière solution, cela se nomme un identifiant technique, contrairement aux identifiants naturels lorsque l'identifiant a été choisi parmi les attributs existants. Souvent, cet identifiant technique se nomme id suivi du nom de la table passé au singulier (idClient dans notre exemple).

Clients	idClient	nom	prenom	dateNaissance	ville
	15	Dupont	Jean	27/12/1946	Nantes
	20	Labiche	Adeline	05/06/1983	Paris
	35	Dubois	Julie	21/11/2000	Nantes
	138	Dubois	Zoé	12/07/1998	Tours

Remarque

D'autres préfixes que id peuvent être utilisés, comme code, num, numero, no ou ref (exemple : codeClient, numClient, numeroClient, noClient, refClient...). Vous pourrez également trouver id tout court. L'important est que la convention de nommage soit homogène sur l'ensemble de la base de données pour plus de cohérence.

Si un ensemble d'attributs est utilisé comme identification, cela se nomme clé primaire composite. Cette fois-ci, il faut que l'ensemble des valeurs pour les attributs choisis pour la clé primaire permettent d'identifier de manière unique un enregistrement. Si nous choisissons les colonnes nom et prenom pour former la clé primaire, il est possible d'avoir plusieurs clients ayant le même nom de famille et plusieurs clients ayant le même prénom à condition qu'ils n'aient pas à la fois les mêmes nom et prénom qu'un autre client. Si cela peut se produire (ce qui n'est pas du tout improbable), il faut constituer la clé primaire avec d'autres colonnes. Il n'y a pas de limite au nombre de colonnes constituant la clé primaire. Il est possible, par exemple, d'utiliser les colonnes nom, prenom et dateNaissance.

Clients	nom	prenom	dateNaissance	ville
	Dupont	Jean	27/12/1946	Nantes
	Labiche	Adeline	05/06/1983	Paris
	Dubois	Julie	21/11/2000	Nantes
	Dubois	Zoé	12/07/1998	Tours

Remarque

Néanmoins pour plus d'efficacité, dans ce cas-là, il est préférable de choisir un identifiant technique comme clé primaire.

3.2 Clé secondaire

Il ne peut y avoir qu'une seule clé primaire au sein d'une table. Néanmoins, il est possible d'avoir plusieurs moyens d'identifier de manière unique un enregistrement. Dans cette situation, il faut choisir l'un de ces moyens pour constituer la clé primaire et l'autre ou les autres constitueront une ou des clés secondaires.

Remarque

Il ne peut pas y avoir plus d'une clé primaire dans une table, mais il peut y avoir plusieurs clés secondaires.

Par exemple, supposons que nous ajoutons un attribut portable dans la table Clients. Il est possible de définir la clé primaire avec l'identifiant technique idClient. Ensuite, une première clé secondaire peut être constituée des attributs nom, prenom et dateNaissance et une autre clé secondaire avec l'attribut portable seul.

Clients	idClient	nom	prenom	dateNaissance	ville	portable
	15	Dupont	Jean	27/12/1946	Nantes	06 05 03 02 01
	20	Labiche	Adeline	05/06/1983	Paris	07 65 43 21 00
	35	Dubois	Julie	21/11/2000	Nantes	06 07 08 09 10
	138	Dubois	Zoé	12/07/1998	Tours	07 77 66 65 55

Les clés secondaires peuvent être positionnées car elles permettent d'identifier de manière unique un enregistrement, mais cela peut être aussi l'inverse. Par exemple, une règle métier nous indique que deux clients ne peuvent avoir le même numéro de téléphone portable. Alors, pour s'assurer que cela ne soit pas possible, une clé secondaire est positionnée sur cet attribut empêchant ainsi de choisir comme valeur de cet attribut pour un enregistrement une valeur déjà utilisée par un autre enregistrement.

4. La nullité

Il est parfois possible de ne pas avoir de valeur à renseigner pour un attribut d'un enregistrement. Cela peut être pour différentes raisons : par exemple, information inconnue, non pertinente ou inutile... Il est donc possible dans ce cas d'indiquer "non renseigné", c'est-à-dire une absence de valeur. Cela est indiqué par le mot-clé NULL.

Lors de la création d'une table, pour chaque attribut il faut indiquer s'il est obligatoire ou s'il est possible de ne pas le renseigner. Les attributs étant ou constituant la clé primaire d'une table sont nécessairement obligatoires. En revanche, il n'y a pas cette obligation pour les clés secondaires.

Clients	idClient	nom	prenom	dateNaissance	ville	portable
	15	Dupont	Jean	27/12/1946	Nantes	06 05 03 02 01
	20	Labiche	Adeline	05/06/1983	Paris	07 65 43 21 00
	35	Dubois	Julie	21/11/2000	Nantes	06 07 08 09 10
	138	Dubois	Zoé	12/07/1998	Tours	07 77 66 65 55
	142	Duchemin	Julie	*NULL*	Nantes	*NULL*

5. Les domaines de valeurs

Il est courant que pour un attribut, les valeurs possibles soient à choisir parmi un ensemble de valeurs qui ne changent pas. En base de données, cela se nomme un domaine de valeurs. Il existe des domaines de valeurs qui sont déjà définis : les nombres entiers, les dates... Mais il est également possible de définir de nouveaux domaines de valeurs.

Soit une table contenant les commandes effectuées par les clients. Ces commandes peuvent être de différents états : à préparer, en préparation, préparée, en cours d'acheminement, livrée ou en litige. Il est possible de définir un domaine de valeurs contenant : à préparer, en préparation, préparée, acheminement, livrée et en litige.

Commandes	idCommande	date	statut
	1	01/09/2020	livrée
	2	01/09/2020	acheminement
	3	02/09/2020	préparée
	4	03/09/2020	en préparation
	5	04/09/2020	à préparer
	6	07/09/2020	à préparer

Cela se note :

etat = {"à préparer", "en préparation", "préparée", "acheminement", "livrée", "en litige"}

Si l'attribut statut est associé au domaine de valeurs etat, il n'est pas possible de mettre une valeur différente de celles présentes dans celui-ci.

À des fins d'optimisation, il est préférable d'avoir des chaînes de caractères courtes et de même taille pour un attribut. Il est alors possible de remplacer ces chaînes de caractères par un code les représentant. Par exemple :

etat = {"AP" : "à préparer", "EP" : "en préparation", "PR" : "préparée", "AC" : "acheminement", "LI" : "livrée", "EL" : "en litige"}

Commandes	idCommande	date	statut
	1	01/09/2020	LI
	2	01/09/2020	AC
	3	02/09/2020	PR
	4	03/09/2020	EP
	5	04/09/2020	AP
	6	07/09/2020	AP

Il est également possible de définir des domaines à l'aide de plages de valeurs. Par exemple, les nombres compris entre 1 et 12 pour le numéro d'un mois :

numMois = $\{ n \mid 1 \leq n \leq 12 \}$

6. Les contraintes d'intégrité référentielle et les clés étrangères

Une contrainte d'intégrité référentielle (CIR) impose que toutes les valeurs utilisées pour un attribut d'une table apparaissent comme valeur d'une clé primaire choisie dans une autre table. La colonne sur laquelle est imposée la contrainte d'intégrité référentielle est nommée clé étrangère. Une contrainte d'intégrité référentielle est représentée par une flèche partant de la clé étrangère et pointant vers la clé primaire.

Remarque

Très rarement, il est possible qu'une contrainte d'intégrité référentielle ne référence pas une clé primaire mais une clé secondaire.

Dans quel cas les contraintes d'intégrité référentielle sont-elles mises en place ?

Les tables d'une base de données peuvent être mises en relation de différentes manières, mais la plupart du temps par un mécanisme de jointure qui sera abordé plus en détail à la section Les jointures, plus loin dans ce chapitre. La jointure consiste à former une table avec les lignes de deux tables en joignant les lignes qui se correspondent.

Par exemple, pour pouvoir savoir à quel client chaque commande appartient, il est nécessaire d'ajouter un attribut à la table des commandes. Cet attribut correspond à l'identifiant d'un client.

Commandes	idCommande	date	statut	idClient
	1	01/09/2020	LI	20
	2	01/09/2020	AC	35
	3	02/09/2020	PR	138
	4	03/09/2020	EP	20
	5	04/09/2020	AP	138
	6	07/09/2020	AP	20

Afin que les commandes soient bien liées à des clients, il faut que les valeurs présentes pour cet attribut soient des valeurs existantes parmi les identifiants des clients. Il faut donc mettre en place une contrainte d'intégrité référentielle pour s'assurer de cela. La colonne idClient de la table Commandes est donc une clé étrangère qui référence la clé primaire idClient de la table Clients.

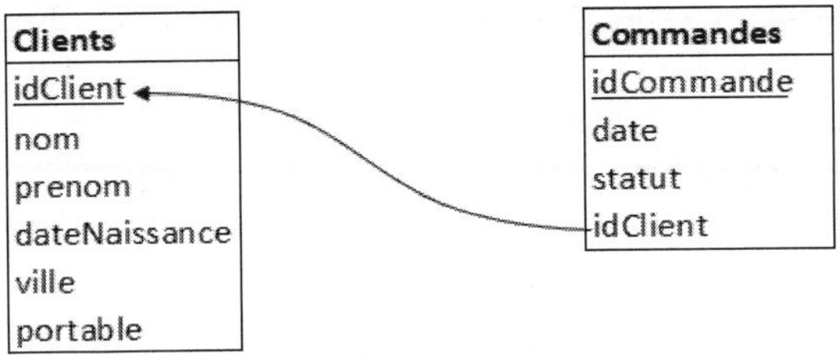

Clients	idClient	nom	prenom	dateNaissance	ville	portable
	15	Dupont	Jean	27/12/1946	Nantes	06 05 03 02 01
	20	Labiche	Adeline	05/06/1983	Paris	07 65 43 21 00
	35	Dubois	Julie	21/11/2000	Nantes	06 07 08 09 10
	138	Dubois	Zoé	12/07/1998	Tours	07 77 66 65 55
	142	Duchemin	Julie	*NULL*	Nantes	*NULL*

Commandes	idCommande	date	statut	idClient
	1	01/09/2020	LI	20
	2	01/09/2020	AC	35
	3	02/09/2020	PR	138
	4	03/09/2020	EP	20
	5	04/09/2020	AP	138
	6	07/09/2020	AP	20

Avec la contrainte d'intégrité référentielle, seules les valeurs 15, 20, 35, 138 et 142 peuvent être utilisées comme valeurs pour la colonne idClient de la table Commandes.

Si un nouvel enregistrement est ajouté dans la table Clients, cela autorise une nouvelle valeur pour la clé étrangère. Si, en revanche, un enregistrement est supprimé de la table des clients, il ne faut pas que la valeur de sa clé primaire soit utilisée par la clé étrangère, sinon la suppression sera refusée pour respecter la contrainte d'intégrité référentielle. Dans l'exemple précédent, il est possible de supprimer la première ligne et la dernière ligne de la table Clients, mais pas les autres qui sont référencées au moins une fois par la clé étrangère idClient de la table Commandes.

7. La normalisation des tables

Lorsque le schéma relationnel est défini afin de répondre à tous les besoins des utilisateurs, il est nécessaire de le normaliser afin d'éviter toute redondance d'information ainsi que toute structure non conforme avec le modèle relationnel. Lorsque cette opération est réalisée, à des fins d'optimisation, le schéma pourra alors être dénormalisé bien que cette opération soit rarement la meilleure. Si le développeur dénormalise le schéma, il doit également mettre en place l'ensemble du mécanisme qui permet de maintenir la cohérence des données. En effet, le modèle relationnel, et donc les SGBDR, ne peut garantir la cohérence des données que sur des modèles normalisés.

Les formes normales permettent de s'assurer que le schéma est bien conforme au modèle relationnel. Il existe de façon théorique cinq formes normales, mais dans la pratique, seules les trois premières sont appliquées.

L'application des formes normales nécessite de bien maîtriser le concept de dépendance fonctionnelle. Une donnée dépend fonctionnellement d'une autre lorsque la connaissance de la seconde permet de déterminer la valeur de la première. Par exemple, il est possible de dire que dans une application de gestion commerciale, il existe une dépendance fonctionnelle entre un code TVA et le taux de TVA ou bien entre la référence d'un article et sa désignation.

7.1 La première forme normale

Une table est dite en première forme normale lorsque toutes les colonnes contiennent des valeurs simples. Autrement dit, chaque attribut ne doit contenir qu'une seule valeur.

Par exemple, si la table des clients contient un champ telephones dans lequel les différents numéros de téléphone d'un client sont stockés, alors cette table n'est pas en première forme normale. Il est alors nécessaire de définir les colonnes fixe et portable afin de mieux structurer les données.

Clients	idClient	nom	prenom	dateNaissance	ville	telephones
	15	Dupont	Jean	27/12/1946	Nantes	06 05 03 02 01 - 01 23 45 67 89
	20	Labiche	Adeline	05/06/1983	Paris	07 65 43 21 00
	35	Dubois	Julie	21/11/2000	Nantes	02 03 04 05 06
	138	Dubois	Zoé	12/07/1998	Tours	04 13 22 31 40 - 07 77 66 65 55
	142	Duchemin	Julie	*NULL*	Nantes	*NULL*

La table présentée ci-dessus ne respecte pas la première forme normale.

Clients	idClient	nom	prenom	dateNaissance	ville	portable	fixe
	15	Dupont	Jean	27/12/1946	Nantes	06 05 03 02 01	01 23 45 67 89
	20	Labiche	Adeline	05/06/1983	Paris	07 65 43 21 00	*NULL*
	35	Dubois	Julie	21/11/2000	Nantes	*NULL*	02 03 04 05 06
	138	Dubois	Zoé	12/07/1998	Tours	07 77 66 65 55	04 13 22 31 40
	142	Duchemin	Julie	*NULL*	Nantes	*NULL*	*NULL*

Cette table respecte la première forme normale.

7.2 La deuxième forme normale

Une table est dite en deuxième forme normale si elle est en première forme normale et si toutes les colonnes non-clés dépendent fonctionnellement de la clé primaire. C'est-à-dire que, dans le cas d'une clé primaire composite, tout attribut n'appartenant pas à cette clé primaire ne dépend pas seulement d'une partie de celle-ci.

Soit la table Commandes définie de la manière suivante :

Commandes	idCommande	date	statut	idClient	numeroligne	idArticle
	1	01/09/2020	LI	20	1	45
	1	01/09/2020	LI	20	2	22
	2	01/09/2020	AC	35	1	45
	2	01/09/2020	AC	35	2	22
	2	01/09/2020	AC	35	3	37
	3	02/09/2020	PR	138	1	45
	3	02/09/2020	PR	138	2	22

La clé primaire est définie avec les attributs idCommande et numeroligne. Dans ce cas, les valeurs des attributs date, statut et idClient dépendent fonctionnellement uniquement de idCommande tandis que l'attribut idArticle est lié à l'ensemble de la clé primaire. La table n'est donc pas en seconde forme normale.

Remarque

Le respect de la deuxième forme normal permet d'éviter la redondance de données. Non seulement cela est plus économe en place, mais cela permet de ne pas avoir d'incohérence. Quelle information croire si la date d'une commande n'est pas la même pour plusieurs lignes ayant la même valeur pour idCommande ?

Il est donc nécessaire de définir deux tables : Commandes et DetailsCommandes.

Commandes	**idCommande**	**date**	**statut**	**idClient**
	1	01/09/2020	LI	20
	2	01/09/2020	AC	35
	3	02/09/2020	PR	138

DétailsCommandes	**idCommande**	**numeroligne**	**idArticle**
	1	1	45
	1	2	22
	2	1	45
	2	2	22
	2	3	37
	3	1	45
	3	2	22

Les deux tables présentées ci-dessus respectent la deuxième forme normale.

7.3 La troisième forme normale

Une table est dite en troisième forme normale si elle est en deuxième forme normale et s'il n'existe pas de dépendance fonctionnelle entre deux colonnes non-clés. C'est-à-dire qu'il n'est pas possible de déduire la valeur d'un attribut à partir de la valeur d'un autre attribut. C'est le même principe que pour la deuxième forme normale, mais pour des attributs qui ne font pas partie de la clé primaire.

Par exemple, si dans la table DetailsCommandes sont positionnés les attributs designationArticle et prixHT :

DetailsCommandes	idCommande	numeroligne	designationArticle	prixHT
	1	1	perforateur	90,00
	1	2	foret SDS 12	6,90
	2	1	perforateur	90,00
	2	2	foret SDS 12	6,90
	2	3	burin plat SDS	4,70
	3	1	perforateur	90,00
	3	2	foret SDS 12	6,90

Il est alors possible de dire qu'il existe une dépendance fonctionnelle entre le prix et la désignation de l'article. En effet, le fait de connaître la valeur de l'attribut designationArticle permet de déduire la valeur de l'attribut prixHT. La table DetailsCommandes ne respecte donc pas la troisième forme normale.

Il faut scinder cette table en deux pour éviter la redondance :

Articles	idArticle	designation	prixHT
	45	perforateur	90,00
	22	foret SDS 12	6,90
	75	fraisoir	8,90
	37	burin plat SDS	4,70

DétailsCommandes	idCommande	numeroligne	idArticle
	1	1	45
	1	2	22
	2	1	45
	2	2	22
	2	3	37
	3	1	45
	3	2	22

Les deux tables présentées ci-dessus respectent la troisième forme normale.

8. Le schéma relationnel de la base de données et le dictionnaire des données

Le schéma de base de données permet de modéliser la structure de la base de données de manière non exhaustive mais avec les éléments les plus pertinents. Les tables sont représentées avec leur représentation condensée et les contraintes d'intégrité référentielles sont notées avec des flèches entre les attributs concernés.

Les exemples suivants de ce livre sont basés sur le schéma de base de données avec les tables suivantes respectant les trois premières formes normales :

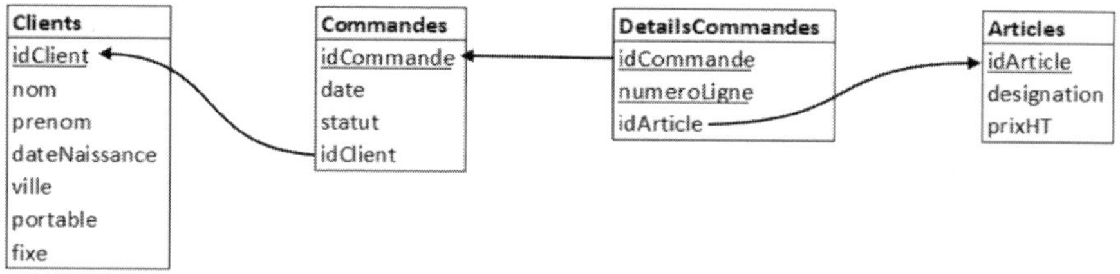

Le dictionnaire des données vient compléter le schéma de base de données en ajoutant des informations complémentaires sur chaque attribut. Cela permet d'indiquer par exemple :

– le type de données utilisé,

– si l'attribut utilise un domaine de valeurs,

– si l'attribut est facultatif ou obligatoire,

– s'il est une clé primaire, secondaire ou étrangère...

Voici un exemple de dictionnaire des données associé au schéma de base de données précédent :

<table>
<tr><th>Attribut</th><th>Table</th><th>Type de données</th><th>Clé</th><th>Nullité</th></tr>
<tr><td>idClient</td><td>Clients</td><td>Entier</td><td>Primaire</td><td>Obligatoire</td></tr>
<tr><td>nom</td><td>Clients</td><td>Chaîne de caractères</td><td rowspan="3">Secondaire</td><td>Obligatoire</td></tr>
<tr><td>prenom</td><td>Clients</td><td>Chaîne de caractères</td><td>Obligatoire</td></tr>
<tr><td>dateNaissance</td><td>Clients</td><td>Date</td><td>Facultatif</td></tr>
<tr><td>ville</td><td>Clients</td><td>Chaîne de caractères</td><td></td><td>Obligatoire</td></tr>
<tr><td>portable</td><td>Clients</td><td>Entier</td><td>Secondaire</td><td>Facultatif</td></tr>
<tr><td>fixe</td><td>Clients</td><td>Entier</td><td></td><td>Facultatif</td></tr>
<tr><td>idCommande</td><td>Commandes</td><td>Entier</td><td>Primaire</td><td>Obligatoire</td></tr>
<tr><td>date</td><td>Commandes</td><td>Date</td><td></td><td>Obligatoire</td></tr>
<tr><td>statut</td><td>Commandes</td><td>Domaine {"AP", "EP", "PR", "AC", "LI", "EL"}</td><td></td><td>Obligatoire</td></tr>
<tr><td>idClient</td><td>Commandes</td><td>Entier</td><td>Étrangère</td><td>Obligatoire</td></tr>
<tr><td>idCommande</td><td>DetailsCommandes</td><td>Entier</td><td>Étrangère</td><td>Obligatoire</td></tr>
</table>

Attribut	Table	Type de données	Clé	Nullité
numeroLigne	DetailsCommandes	Entier	Primaire	Obligatoire
idArticle	DetailsCommandes	Entier	Étrangère	Obligatoire
idArticle	Articles	Entier	Primaire	Obligatoire
designation	Articles	Chaîne de caractères	Secondaire	Obligatoire
prixHT	Articles	Réel		Obligatoire

9. L'algèbre relationnelle

Nous avons tous été habitués à utiliser avec des opérateurs arithmétiques travaillant sur des nombres. Dans le cas des bases de données, ce sont des tables de données qu'il faut manipuler avec des opérateurs arithmétiques adaptés à cela.

L'algèbre relationnelle est une méthode d'extraction permettant la manipulation des tables et des colonnes. Son principe repose sur la production de nouvelles tables (tables résultantes) à partir des tables existantes, ces nouvelles tables devenant des objets utilisables immédiatement.

Les opérateurs de l'algèbre relationnelle permettant de créer les tables résultantes sont basés sur la théorie des ensembles.

9.1 Les opérateurs

La syntaxe et les éléments de notation retenus ici sont les plus couramment utilisés. Parmi ceux-ci, s'il ne faut bien en maîtriser que quelques-uns, ce seraient :

– la restriction
– la projection
– les jointures

– les calculs élémentaires

– les calculs d'agrégat

9.1.1 L'union

L'union entre deux tables de même structure (degré et domaines) donne une table résultante de même structure que celles-ci.

```
Notation : Rx = T1 ∪ T2
```

Exemples

Soient les tables Clients et ClientsArchives :

Clients	idClient	nom	prenom	dateNaissance	ville	portable	fixe
	15	Dupont	Jean	27/12/1946	Nantes	06 05 03 02 01	01 23 45 67 89
	20	Labiche	Adeline	05/06/1983	Paris	07 65 43 21 00	*NULL*
	35	Dubois	Julie	21/11/2000	Nantes	*NULL*	02 03 04 05 06
	138	Dubois	Zoé	12/07/1998	Tours	07 77 66 65 55	04 13 22 31 40
	142	Duchemin	Julie	*NULL*	Nantes	*NULL*	*NULL*

ClientsArchives	idClient	nom	prenom	dateNaissance	ville	portable	fixe
	7	Michel	Martine	09/04/1950	Lyon	06 12 34 56 78	04 55 66 77 88
	20	Labiche	Adeline	05/06/1983	Paris	07 65 43 21 00	*NULL*
	42	Martin	Enzo	21/11/2000	Lille	*NULL*	03 04 05 06 07

Clients actuels et archivés :

```
TousClients = Clients ∪ ClientsArchives
```

TousClients	idClient	nom	prenom	dateNaissance	ville	portable	fixe
	7	Michel	Martine	09/04/1950	Lyon	06 12 34 56 78	04 55 66 77 88
	15	Dupont	Jean	27/12/1946	Nantes	06 05 03 02 01	01 23 45 67 89
	20	Labiche	Adeline	05/06/1983	Paris	07 65 43 21 00	*NULL*
	35	Dubois	Julie	21/11/2000	Nantes	*NULL*	02 03 04 05 06
	42	Martin	Enzo	21/11/2000	Lille	*NULL*	03 04 05 06 07
	138	Dubois	Zoé	12/07/1998	Tours	07 77 66 65 55	04 13 22 31 40
	142	Duchemin	Julie	*NULL*	Nantes	*NULL*	*NULL*

9.1.2 L'intersection

L'intersection entre deux tables de même structure (degré et domaines) donne une table résultante de même structure que celles-ci.

```
Notation : Rx = T1 ∩ T2
```

Exemple

Clients qui sont présents à la fois dans les clients actifs et dans les clients archivés :

```
Acheval = Clients ∩ ClientsArchives
```

Acheval	idClient	nom	prenom	dateNaissance	ville	portable	fixe
	20	Labiche	Adeline	05/06/1983	Paris	07 65 43 21 00	*NULL*

9.1.3 La différence

La différence entre deux tables de même structure (degré et domaines) donne une table résultante de même structure ayant comme éléments l'ensemble des enregistrements de la première relation qui ne sont pas dans la deuxième.

```
Notation : Rx = T1 - T2
```

Exemple

Clients qui sont uniquement parmi les clients archivés :

```
AnciensClients = ClientsArchives - Clients
```

AnciensClients	idClient	nom	prenom	dateNaissance	ville	portable	fixe
	7	Michel	Martine	09/04/1950	Lyon	06 12 34 56 78	04 55 66 77 88
	42	Martin	Enzo	21/11/2000	Lille	*NULL*	03 04 05 06 07

9.1.4 La division

La division entre deux tables est possible à condition que la table diviseur soit totalement incluse dans la table dividende. Le quotient de la division correspond à l'information qui, présente dans le dividende, n'est pas présente dans le diviseur.

Il est également possible de définir la division de la façon suivante :

Soient T1 et T2 des tables telles que T2 soit totalement incluse dans T1.

Le quotient T1÷T2 est constitué des tuples t tels que pour tout tuple t' défini sur T2, il existe le tuple t.t' défini sur T1.

Notation : Rx = T1÷T2

Exemple

Soient les tables suivantes :

Clients	idClient	nom	prenom	dateNaissance	ville	portable	fixe
	15	Dupont	Jean	27/12/1946	Nantes	06 05 03 02 01	01 23 45 67 89
	20	Labiche	Adeline	05/06/1983	Paris	07 65 43 21 00	*NULL*
	35	Dubois	Julie	21/11/2000	Nantes	*NULL*	02 03 04 05 06
	138	Dubois	Zoé	12/07/1998	Tours	07 77 66 65 55	04 13 22 31 40
	142	Duchemin	Julie	*NULL*	Nantes	*NULL*	*NULL*

Personnes	idClient	nom	prenom	dateNaissance
	15	Dupont	Jean	27/12/1946
	142	Duchemin	Julie	*NULL*

La division entre les deux tables permet d'isoler les informations complémentaires aux personnes et présentes dans la table Clients :

Quotient = Clients ÷ Personnes

Quotient	ville	portable	fixe
	Nantes	06 05 03 02 01	01 23 45 67 89
	Nantes	*NULL*	*NULL*

Remarque

La division est rarement présente au niveau des SGBDR. La traduction de cette instruction sous forme d'ordre SQL n'est pas abordée dans ce livre.

9.1.5 La restriction

La restriction repose sur une condition. Elle produit, à partir d'une table, une autre table de même structure n'ayant que les éléments de la table initiale qui répondent à la condition.

En d'autres termes et plus simplement, il est possible de dire que la restriction sélectionne uniquement les enregistrements qui satisfont la condition imposée ; cependant, le nombre de colonnes reste identique.

Notation : Rx = σ (condition) T1

La condition s'exprime sous la forme :

```
[NON] [(] attribut opérateur valeur [)] [{ET/OU}condition]
```

`opérateur`

Un opérateur de comparaison : =, ≠, >, <, ≥, ≤

`valeur`

Une valeur constante ou un autre attribut.

Exemples

Clients de Nantes :

```
ClientsNantais = σ(ville="Nantes")Clients
```

Clients	idClient	nom	prenom	dateNaissance	ville	portable	fixe
	15	Dupont	Jean	27/12/1946	Nantes	06 05 03 02 01	01 23 45 67 89
	20	Labiche	Adeline	05/06/1983	Paris	07 65 43 21 00	*NULL*
	35	Dubois	Julie	21/11/2000	Nantes	*NULL*	02 03 04 05 06
	138	Dubois	Zoé	12/07/1998	Tours	07 77 66 65 55	04 13 22 31 40
	142	Duchemin	Julie	*NULL*	Nantes	*NULL*	*NULL*

ClientsNantais	idClient	nom	prenom	dateNaissance	ville	portable	fixe
	15	Dupont	Jean	27/12/1946	Nantes	06 05 03 02 01	01 23 45 67 89
	35	Dubois	Julie	21/11/2000	Nantes	*NULL*	02 03 04 05 06
	142	Duchemin	Julie	*NULL*	Nantes	*NULL*	*NULL*

Articles dont le prix est compris entre 5 € et 10 € :

```
Articles5a10euros = σ(prixHT ≥ 5 ET prixHT ≤ 10)Articles
```

Articles	idArticle	designation	prixHT
	45	perforateur	90,00
	22	foret SDS 12	6,90
	75	fraisoir	8,90
	37	burin plat SDS	4,70

Articles5a10euros	idArticle	designation	prixHT
	22	foret SDS 12	6,90
	75	fraisoir	8,90
	37	burin plat SDS	4,70

Articles dont la désignation commence par un 'f' :

```
ArticlesF = σ(designation COMMENCE PAR "f")Articles
```

ArticlesF	idArticle	designation	prixHT
	22	foret SDS 12	6,90
	75	fraisoir	8,90

9.1.6 La projection

La projection d'une table sur un groupe d'attributs donne une table résultante ayant comme structure uniquement ces attributs, et comme éléments les tuples distincts composés par les valeurs associées de ces attributs.

En d'autres termes et plus simplement, il est possible de dire que la projection va sélectionner les colonnes.

Notation : $Rx = \pi\ T\ (A1, A2 \ldots An)$.

Exemple

Noms et prénoms des clients :

```
ClientsNomPre = π Clients(nom, prenom)
```

Clients	idClient	nom	prenom	dateNaissance	ville	portable	fixe
	15	Dupont	Jean	27/12/1946	Nantes	06 05 03 02 01	01 23 45 67 89
	20	Labiche	Adeline	05/06/1983	Paris	07 65 43 21 00	*NULL*
	35	Dubois	Julie	21/11/2000	Nantes	*NULL*	02 03 04 05 06
	138	Dubois	Zoé	12/07/1998	Tours	07 77 66 65 55	04 13 22 31 40
	142	Duchemin	Julie	*NULL*	Nantes	*NULL*	*NULL*

ClientsNomPre	nom	prenom
	Dupont	Jean
	Labiche	Adeline
	Dubois	Julie
	Dubois	Zoé
	Duchemin	Julie

Noms de famille des clients :

```
ClientsNom = π Clients(Nom)
```

ClientsNom	nom
	Dupont
	Labiche
	Dubois
	Duchemin

Remarque

En sélectionnant uniquement la colonne nom, la ligne avec la valeur Dubois est présente en double (cela se nomme un doublon). La projection a supprimé la ligne en double pour ne la garder qu'en un seul exemplaire.

9.1.7 Le produit cartésien

Le produit cartésien entre deux tables produit une table ayant comme structure tous les attributs des deux tables existantes et comme éléments l'association de chaque ligne de la première table avec chaque ligne de la deuxième. Cela fait donc l'ensemble des combinaisons possibles entre les enregistrements des deux tables.

Notation : $Rx = T1 \times T2$

Exemple

Supposons que nous souhaitons offrir l'ensemble de nos articles à l'ensemble de nos clients !

`Cadeaux = ClientsNomPre × Articles`

ClientsNomPre	nom	prenom
	Dupont	Jean
	Labiche	Adeline
	Dubois	Julie
	Dubois	Zoé
	Duchemin	Julie

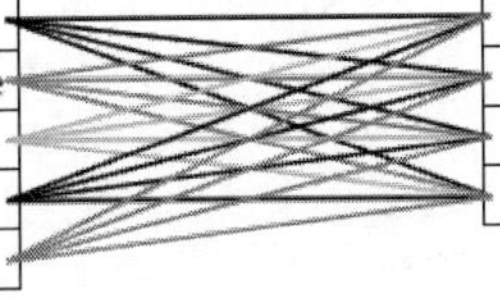

Articles	idArticle	designation	prixHT
	45	perforateur	90,00
	22	foret SDS 12	6,90
	75	fraisoir	8,90
	37	burin plat SDS	4,70

Cadeaux	nom	prenom	idArticle	designation	prixHT
	Dupont	Jean	45	perforateur	90,00
	Dupont	Jean	22	foret SDS 12	6,90
	Dupont	Jean	75	fraisoir	8,90
	Dupont	Jean	37	burin plat SDS	4,70
	Labiche	Adeline	45	perforateur	90,00
	Labiche	Adeline	22	foret SDS 12	6,90
	Labiche	Adeline	75	fraisoir	8,90
	Labiche	Adeline	37	burin plat SDS	4,70
	Dubois	Julie	45	perforateur	90,00
	Dubois	Julie	22	foret SDS 12	6,90
	Dubois	Julie	75	fraisoir	8,90
	Dubois	Julie	37	burin plat SDS	4,70
	Dubois	Zoé	45	perforateur	90,00
	Dubois	Zoé	22	foret SDS 12	6,90
	Dubois	Zoé	75	fraisoir	8,90
	Dubois	Zoé	37	burin plat SDS	4,70
	Duchemin	Julie	45	perforateur	90,00
	Duchemin	Julie	22	foret SDS 12	6,90
	Duchemin	Julie	75	fraisoir	8,90
	Duchemin	Julie	37	burin plat SDS	4,70

Remarque

Le nombre de lignes de la table résultante est égale au nombre de lignes de la première table multiplié par celui de la deuxième table. Cela peut donc très vite produire un très grand nombre de lignes.

9.1.8 Les jointures

La jointure interne

Comme pour le produit cartésien, l'objectif de la jointure est d'associer les enregistrements d'une table avec ceux d'une autre. La structure de la table résultante est donc la même que celle produite avec un produit cartésien : une table avec les attributs de la première table suivis de ceux de la seconde table. La différence par rapport au produit cartésien est que toutes les combinaisons entre les enregistrements des deux tables ne sont pas réalisées, mais seuls les enregistrements se correspondant sont mis ensemble. Pour savoir si les lignes se correspondent, il faut tester si elles vérifient la condition de jointure.

Notation : Rx = T1 ⋈ (condition) T2

ou bien : $Rx = T1 \underset{condition}{\bowtie} T2$

Remarque

La plupart du temps, les jointures sont effectuées entre des tables ayant une contrainte d'intégrité référentielle entre elles et la condition de jointure impose que la valeur de la clé étrangère soit égale à celle de la clé primaire qu'elle référence. Néanmoins, cela n'est pas une obligation. Il est tout à fait possible d'effectuer une jointure entre deux tables avec des attributs sur lesquels ne porte aucune contrainte d'intégrité référentielle.

Exemple

Les commandes avec leurs détails :

```
InfoCommandes = Commandes ⋈ (Commandes.idCommande
= DetailsCommandes.idCommande) DetailsCommandes
```

DetailsCommandes	idCommande	numeroligne	idArticle
	1	1	45
	1	2	22
	2	1	45
	2	2	22
	2	3	37
	3	1	45
	3	2	22

Commandes	idCommande	date	statut	idClient
	1	01/09/2020	LI	20
	2	01/09/2020	AC	35
	3	02/09/2020	PR	138

InfoCommandes	idCommande	date	statut	idClient	idCommande	numeroligne	idArticle
	1	01/09/2020	LI	20	1	1	45
	1	01/09/2020	LI	20	1	2	22
	2	01/09/2020	AC	35	2	1	45
	2	01/09/2020	AC	35	2	2	22
	2	01/09/2020	AC	35	2	3	37
	3	02/09/2020	PR	138	3	1	45
	3	02/09/2020	PR	138	3	2	22

La table résultante possède deux colonnes idCommande : une provenant de la table Commandes et l'autre de DetailsCommandes. Elles ont même valeur puisque la condition de jointure l'impose. Néanmoins, les deux colonnes sont présentes. Une opération de projection peut être réalisée ensuite pour ne pas afficher les deux. Il est alors nécessaire de préfixer idCommande de la table d'origine pour qu'il n'y ait pas d'ambiguïté sur la colonne concernée.

Les enregistrements peuvent avoir un, plusieurs voire aucun enregistrement qui lui correspondent. S'il n'y a aucun enregistrement qui correspond dans l'autre table, alors il ne reste aucune trace de celui-ci dans la table résultante.

Exemple

```
ArticlesFCommandes = InfoCommandes ⋈ (InfoCommande.idArticle =
ArticlesF.idArticle) ArticlesF
```

InfoCommandes	idCommande	...	numeroligne	idArticle
	1	...	1	45
	1	...	2	22
	2	...	1	45
	2	...	2	22
	2	...	3	37
	3	...	1	45
	3	...	2	22

ArticlesF	idArticle	designation	prixHT
	22	foret SDS 12	6,90
	75	fraisoir	8,90

ArticlesFCommandes	idCommande	...	numeroligne	idArticle	idArticle	designation	prixHT
	1	...	2	22	22	foret SDS 12	6,90
	2	...	2	22	22	foret SDS 12	6,90
	3	...	2	22	22	foret SDS 12	6,90

Les enregistrements ayant idArticle valant 22 ont bien un enregistrement correspondant avec cette même valeur pour idArticle dans l'autre table et sont donc mis ensemble dans la table résultante. Cependant, les enregistrements ayant d'autres valeurs pour idArticle n'ont pas d'enregistrement correspondant dans l'autre table. Ils n'apparaissent donc pas dans la table résultante.

Remarque

Les conditions de jointure portent généralement sur l'égalité de la valeur d'attributs. Cela se nomme une équijointure. Néanmoins, il est possible d'avoir une condition qui ne teste pas l'égalité d'attributs mais utilise une autre opérateur de comparaison (>, <, ≥, ≤). Dans ce cas, cela se nomme une thêtajointure.

La jointure naturelle

La jointure naturelle est une équijointure entre les tous les attributs portant le même nom entre les deux tables.

Notation : Rx = T1 ⋈ T2

En reprenant les exemples précédents, il y a un seul attribut commun entre les deux tables : idCommande dans la première jointure et idArticle dans la seconde. La jointure est donc effectuée en mettant en correspondance les enregistrements ayant la même valeur pour cet attribut. Dans le cas d'une jointure naturelle, les colonnes communes n'apparaissent qu'une seule fois dans la table résultante.

Exemples

`InfoCommandes = Commandes ⋈ DetailsCommandes`

InfoCommandes	idCommande	date	statut	idClient	numeroligne	idArticle
	1	01/09/2020	LI	20	1	45
	1	01/09/2020	LI	20	2	22
	2	01/09/2020	AC	35	1	45
	2	01/09/2020	AC	35	2	22
	2	01/09/2020	AC	35	3	37
	3	02/09/2020	PR	138	1	45
	3	02/09/2020	PR	138	2	22

`ArticlesFCommandes = InfoCommandes ⋈ ArticlesF`

ArticlesFCommandes	idCommande	...	numeroligne	idArticle	designation	prixHT
	1	...	2	22	foret SDS 12	6,90
	2	...	2	22	foret SDS 12	6,90
	3	...	2	22	foret SDS 12	6,90

La jointure externe totale

La jointure externe totale permet non seulement d'avoir mises ensemble les lignes ayant une correspondance, mais également d'avoir les lignes sans correspondance dans l'autre table.

Pour une ligne, lorsque la condition n'est satisfaite avec aucune ligne de l'autre table, cette ligne n'apparaît pas dans le résultat d'une jointure interne. Les jointures externes permettent de faire apparaître dans la table résultante ces lignes n'ayant pas de correspondance dans l'autre table. Dans ce cas, les données de l'autre table pour cette ligne ont la valeur NULL.

Notation :

Rx = T1 ⟗ T2

Exemple

`JointureExterneTotale = InfoCommandes ⟗ ArticlesF`

InfoCommandes	idCommande	...	numeroligne	idArticle
	1	...	1	45
	1	...	2	22
	2	...	1	45
	2	...	2	22
	2	...	3	37
	3	...	1	45
	3	...	2	22

ArticlesF	idArticle	designation	prixHT
	22	foret SDS 12	6,90
	75	fraisoir	8,90

JointureExterneTotale	idCommande	...	numeroligne	idArticle	idArticle	designation	prixHT
	1	...	1	45	*NULL*	*NULL*	*NULL*
	1	...	2	22	22	foret SDS 12	6,90
	2	...	1	45	*NULL*	*NULL*	*NULL*
	2	...	2	22	22	foret SDS 12	6,90
	2	...	3	37	*NULL*	*NULL*	*NULL*
	3	...	1	45	*NULL*	*NULL*	*NULL*
	3	...	2	22	22	foret SDS 12	6,90
	NULL	...	*NULL*	*NULL*	75	fraisoir	8,90

La table résultante contient toutes les commandes y compris les commandes qui ne correspondent pas à un article et contient tous les articles y compris ceux qui ne sont pas commandés.

Contrairement à une jointure externe, les valeurs des colonnes idArticle provenant des deux tables ne sont plus identiques.

La jointure externe partielle

Dans une jointure externe partielle, l'une des deux tables est désignée comme table maître. La jointure externe partielle permet d'avoir toutes les lignes de la table maître, y compris celles n'ayant pas de correspondance dans l'autre table, mais pas les lignes de l'autre table sans correspondance.

Notation :

Rx = T1 ⟕ T2 (avec T1 table maître)

Rx = T1 ⟖ T2 (avec T2 table maître)

Lorsque la table maître est à gauche de l'opérateur de jointure externe, cela se nomme une jointure externe à gauche. Lorsque la table maître est à droite, c'est une jointure externe à droite.

Exemples

`JointureExterneGauche = InfoCommandes ⟕ ArticlesF`

InfoCommandes	idCommande	...	numeroligne	idArticle
	1	...	1	45
	1	...	2	22
	2	...	1	45
	2	...	2	22
	2	...	3	37
	3	...	1	45
	3	...	2	22

ArticlesF	idArticle	designation	prixHT
	22	foret SDS 12	6,90
	75	fraisoir	8,90

JointureExterneGauche	idCommande	...	numeroligne	idArticle	idArticle	designation	prixHT
	1	...	1	45	*NULL*	*NULL*	*NULL*
	1	...	2	22	22	foret SDS 12	6,90
	2	...	1	45	*NULL*	*NULL*	*NULL*
	2	...	2	22	22	foret SDS 12	6,90
	2	...	3	37	*NULL*	*NULL*	*NULL*
	3	...	1	45	*NULL*	*NULL*	*NULL*
	3	...	2	22	22	foret SDS 12	6,90

La table InfoCommandes est maître. Ainsi, toutes les lignes de cette table sont présentes dans la table résultante. En revanche, l'article n'ayant jamais été commandé n'apparaît pas.

`JointureExterneDroite = InfoCommandes ⟖ ArticlesF`

InfoCommandes	idCommande	...	numeroligne	idArticle
	1	...	1	45
	1	...	2	22
	2	...	1	45
	2	...	2	22
	2	...	3	37
	3	...	1	45
	3	...	2	22

ArticlesF	idArticle	designation	prixHT
	22	foret SDS 12	6,90
	75	fraisoir	8,90

JointureExterneDroite	idCommande	...	numeroligne	idArticle	idArticle	designation	prixHT
	1	...	2	22	22	foret SDS 12	6,90
	2	...	2	22	22	foret SDS 12	6,90
	3	...	2	22	22	foret SDS 12	6,90
	NULL	...	*NULL*	*NULL*	75	fraisoir	8,90

La table Articles est cette fois-ci maître. Ainsi, tous les articles sont présents même celui jamais commandé. Cependant, les informations de commande ne correspondant pas à un article de cette table n'apparaissent pas dans la table résultante.

9.1.9 Les calculs élémentaires

Les calculs élémentaires sont réalisés en même temps qu'une projection sur une table. Le calcul vient ajouter une colonne supplémentaire en plus de celles indiquées par la projection. Le calcul est effectué pour chaque ligne.

Notation : Rx = π T (A1 ... N1 = expression calculée, ...)

L'expression calculée peut être :

- une opération arithmétique ;
- une fonction mathématique ;
- une fonction portant sur une chaîne.

Exemple

Pour connaître le prix TTC d'un article :

```
ArticlesPrixPublic =
      π Articles(idArticle, designation, prixTTC=prixHT×1,2)
```

Articles	idArticle	designation	prixHT
	45	perforateur	90,00
	22	foret SDS 12	6,90
	75	fraisoir	8,90
	37	burin plat SDS	4,70

ArticlesPrixPublic	idArticle	designation	prixTTC
	45	perforateur	108,00
	22	foret SDS 12	8,28
	75	fraisoir	10,68
	37	burin plat SDS	5,64

Remarque

Les calculs élémentaires peuvent être utilisés pour changer le nom d'un attribut dans la table résultante.
Exemple : R = π(A1 ... nouveau_nom = ancien_nom)

9.1.10 Les calculs d'agrégat

Contrairement aux calculs élémentaires où le calcul est effectué pour chaque ligne, le calcul d'agrégat est effectué pour un ensemble de lignes. Ces calculs sont des calculs statistiques. Il est, par exemple, possible de calculer la somme des valeurs d'un attribut pour un groupe d'enregistrements.

Comme pour les calculs élémentaires, les calculs d'agrégat sont réalisés lors d'une projection. À nouveau, le calcul vient ajouter un attribut supplémentaire à ceux indiqués par la projection à la table résultante.

Les groupes de lignes sont constitués à partir des colonnes choisies dans la projection. Toutes les lignes ayant les mêmes valeurs pour l'ensemble des attributs choisis pour la projection se retrouvent dans un même groupe. Chaque groupe produit une seule ligne dans la table résultante. Si la projection ne contient que des calculs d'agrégat et aucun attribut, un seul groupe est constitué contenant l'ensemble des lignes.

Notation : Rx = π T (A1 ... N1= fonction statistique (Ax), ...)

Les principales fonctions statistiques sont :

- **COUNT (*)** : nombre de lignes.
- **COUNT (attribut)** : nombre de lignes pour lesquelles l'attribut a une valeur non nulle.
- **SUM (attribut)** : somme des valeurs non nulles.
- **AVG (attribut)** : moyenne des valeurs non nulles.
- **MAX (attribut)** : valeur maximum (non nulle).
- **MIN (attribut)** : valeur minimum (non nulle).

Exemple

Nombre de clients par ville :

```
StatistiquesClients = π Clients(ville, nbClients=COUNT(*))
```

Clients	idClient	nom	prenom	dateNaissance	ville	portable	fixe
	15	Dupont	Jean	27/12/1946	Nantes	06 05 03 02 01	01 23 45 67 89
	35	Dubois	Julie	21/11/2000	Nantes	*NULL*	02 03 04 05 06
	142	Duchemin	Julie	*NULL*	Nantes	*NULL*	*NULL*
	20	Labiche	Adeline	05/06/1983	Paris	07 65 43 21 00	*NULL*
	138	Dubois	Zoé	12/07/1998	Tours	07 77 66 65 55	04 13 22 31 40

StatistiquesClients	ville	nbClients
	Nantes	3
	Paris	1
	Tours	1

Les trois premières lignes ont la même valeur pour l'attribut utilisé pour la projection. Elles sont donc groupées ensemble. Les deux dernières lignes constituent chacune un groupe puisqu'elles ont des valeurs différentes des autres. La fonction statistique utilisée est COUNT(*), permettant de compter le nombre de lignes de chaque groupe : trois pour le premier groupe et une pour les deux autres groupes.

Total des montants de la ligne par commande :

```
MontantsFactures = π CommandesDetaillees(idCommande, nomClient,
totalHT=SUM(prixHT))
```

CommandesDetaillees	idCommande	nomClient	numeroligne	idArticle	designation	prixHT
	1	Labiche	1	45	perforateur	90,00
	1	Labiche	2	22	foret SDS 12	6,90
	2	Dubois	1	45	perforateur	90,00
	2	Dubois	2	22	foret SDS 12	6,90
	2	Dubois	3	37	burin plat SDS	4,70
	3	Dubois	1	45	perforateur	90,00
	3	Dubois	2	22	foret SDS 12	6,90

MontantsFactures	idCommande	nomClient	totalHT
	1	Labiche	96,90
	2	Dubois	101,60
	3	Dubois	96,90

Dans cet exemple, il y a deux attributs dans la projection. Les groupes sont constitués avec les enregistrements ayant les mêmes valeurs pour ce tuple idCommande-nomClient. Vous remarquerez que toutes les lignes ayant Dubois comme valeur pour nomClient ne sont pas toutes dans le même groupe car la valeur de idCommande n'est pas la même pour tous ces enregistrements.

Prix les plus élevés, les moins élevés et moyenne des prix pour l'ensemble des articles :

```
StatArticles = π Articles(PlusCher = MAX(prixHT),
                  MmoinsCher = MIN(PrixHT), Moyenne = AVG(PrixHT))
```

StatArticles	PlusCher	MoinsCher	Moyenne
	90,00	4,70	27,63

Dans cet exemple, aucun attribut n'est choisi pour la projection, il n'y a que des calculs d'agrégat. Ainsi, un seul groupe est constitué contenant l'ensemble des lignes. La table résultante ne possède donc qu'un seul enregistrement.

9.2 Les étapes de résolution d'un problème

À partir d'une base de données connue (schémas, domaines, tables, éléments), il faut les éléments suivants.

9.2.1 La forme de la table résultante

La première étape consiste en l'analyse du problème demandé. Il faut arriver à déterminer à partir des attentes du prescripteur la forme de la table résultante qui contiendra l'ensemble des informations nécessaires.

Par exemple, si l'objectif est de connaître la désignation des articles vendus au minimum trois fois, la table résultante doit avoir les attributs designation et nbVentes.

9.2.2 Les tables concernées

La seconde étape est de déterminer les tables nécessaires pour trouver cette information et les attributs concernés.

Dans notre exemple, la table Articles est nécessaire puisque c'est elle qui a l'attribut designation et la table DetailsCommandes permet de connaître le nombre de fois que chaque article a été commandé.

9.2.3 Les attributs concernés

La troisième étape permet de lister tous les attributs permettant de réaliser l'extraction avec leurs tables d'origine, leurs classes d'utilité et les opérations à appliquer.

La classe d'utilité permet de savoir le ou les rôles que jouent les différents attributs. Est-ce qu'ils servent à effectuer une restriction ? Sont-ils présents dans la table résultante finale ? Servent-ils à effectuer une jointure ? À effectuer un calcul ?

Classes d'attribut

- Classe a : attribut participant à la relation résultante.
- Classe b : attribut participant à un calcul.

– Classe c : attribut participant à une restriction.

– Classe d : attribut participant à une jointure.

Dans l'exemple des articles vendus au minimum trois fois, voici le résultat de la troisième étape :

Attribut	Table(s)	Classe	Détails
designation	Articles	a	
idArticle	Articles, DetailsCommandes	d	Jointure naturelle
nbVentes	/	a b c	 COUNT(*) ≥ 3

L'attribut designation de la table Articles doit être présent comme attribut de la table résultante. Il appartient donc à la classe a. Les attributs idArticle des tables Articles et DetailsCommandes sont nécessaires pour effectuer une équi-jointure. Ils appartiennent donc à la classe d. L'attribut nbVentes est un attribut qui est produit grâce à un calcul d'agrégat. Il appartient donc à la classe b. Il est utilisé pour effectuer une restriction. Il appartient également à la classe c. De plus, cet attribut est affiché dans la table résultante, d'où son appartenance à la classe a.

9.2.4 L'ordonnancement des opérations

Une méthodologie pour trouver l'enchaînement des opérations à réaliser est de suivre les étapes suivantes. Néanmoins, en fonction de la situation, certaines étapes peuvent être sautées car elles ne sont pas nécessaires.

Cas général

1 - Effectuer des opérations de restriction pour éliminer les lignes inutiles.

2 - Procéder aux opérations de jointures, aux produits cartésiens, aux unions, intersections ou différences pour associer les lignes restantes.

3 - Réaliser les calculs élémentaires pour créer les nouvelles colonnes nécessaires.

4 - Effectuer les calculs d'agrégats pour obtenir les attributs statistiques.

5 - Exécuter un produit cartésien entre la table obtenue avec les calculs d'agrégats (étape 4) et la table obtenue avant la réalisation de ceux-ci (étape 3) pour ajouter les colonnes statistiques aux autres.

6 - Répéter les étapes 4 et 5 pour les autres regroupements.

7 - Accomplir les restrictions par rapport aux attributs calculés.

8 - Pratiquer une projection pour éliminer les doublons et éliminer les attributs inutiles dans la table résultante.

Articles	idArticle	designation	prixHT
	45	perforateur	90,00
	22	foret SDS 12	6,90
	75	fraisoir	8,90
	37	burin plat SDS	4,70

DétailsCommandes	idCommande	numeroligne	idArticle
	1	1	45
	1	2	22
	2	1	45
	2	2	22
	2	3	37
	3	1	45
	3	2	22

Dans notre exemple, l'étape 1 n'est pas nécessaire, car cela porte sur tous les articles. L'étape 2 permet d'effectuer la jointure entre les tables Articles et DetailsCommandes :

```
T1 = Articles ⋈ DetailsCommandes
```

T1	idArticle	designation	prixHT	idCommande	numeroligne	idArticle
	45	perforateur	90,00	1	1	45
	22	foret SDS 12	6,90	1	2	22
	45	perforateur	90,00	2	1	45
	22	foret SDS 12	6,90	2	2	22
	37	burin plat SDS	4,70	2	3	37
	45	perforateur	90,00	3	1	45
	22	foret SDS 12	6,90	3	2	22

L'étape 3 est sautée car il n'y a pas de calcul élémentaire à réaliser. L'étape 4 est cependant nécessaire pour calculer le nombre de ventes par article. Une projection est donc effectuée avec l'attribut designation, permettant de constituer des groupes d'enregistrements ayant la même valeur pour cet attribut, et le calcul d'agrégat effectuant le compte des lignes de chaque groupe :

```
T2 = π T1(designation, nbVentes = COUNT(*))
```

T2	designation	nbVentes
	perforateur	3
	foret SDS 12	3
	burin plat SDS	1

L'étape 5 n'est nécessaire que lorsque les valeurs calculées à l'étape précédente doivent être ajoutées à la version détaillée obtenue à l'étape encore précédente. L'étape 6 est également sautée car il n'y a pas d'autres regroupements à effectuer. Enfin, l'étape 7 est réalisée pour supprimer les articles qui n'ont pas été loués au moins trois fois :

T3 = σ(nbVentes $\geq$ 3) T2

T3	designation	nbVentes
	perforateur	3
	foret SDS 12	3

Enfin, l'étape 8 n'est pas nécessaire puisque la table obtenue a déjà les attributs souhaités.

9.2.5 Un exemple plus complexe

Supposons que le prescripteur souhaite obtenir la confirmation de la commande n°2. Voici la maquette du document :

le (date du jour)

Confirmation de la commande
n°(n° de commande) du (date de la commande)

Client : (prénom) (nom)
(ville)

	Article	Prix HT	TVA	Prix TTC
(référence)	(designation)	(prixHT)	20%	(prixTTC)
"	"	"	"	"
"	"	"	"	"
"	"	"	"	"
"	"	"	"	"
"	"	"	"	"
	Total HT :	(total HT)	**Total TTC :**	(total TTC)

Remarque

L'algèbre relationnelle n'a pas pour objectif d'effectuer la mise en forme des informations, mais uniquement de récolter celles-ci.

Analyse de la maquette :

```
Date du jour : information pouvant être placée lors de la mise en
page.
N° de commande: attribut idCommande de la table Commandes
Date de la commande: attribut date de la table Commandes
Prénom du client : attribut prenom de la table Clients
Nom du client : attribut nom de la table Clients
Ville du client : attribut ville de la table Clients
Référence : attribut idArticle de la table Articles
Désignation : attribut designation de la table Articles
Prix HT: attribut prixHT de la table Articles
Prix TTC : zone à calculer
Total HT : zone à calculer
Total TTC : zone à calculer
```

Pour établir le document, il faudrait donc la table suivante :

```
ConfCmd(idCommande, date, prenom, nom, ville, idArticle,
designation, prixHT, prixTTC, totalHT, totalTTC)
```

Attribut	Table(s)	Classe	Détails
idCommande	Commandes, DetailsCommandes	a c d	 = 2 jointure naturelle
date	Commandes	a	
idClient	Commandes, Clients	d	jointure naturelle
nom	Clients	a	
prenom	Clients	a	
ville	Clients	a	
idArticle	DetailsCommandes, Articles	a d	 jointure naturelle
designation	Articles	a	
prixHT	Article	a b	 calcul de prixTTC et totalHT
prixTTC	/	a b	 calcul de totalTTC
totalHT	/	a	
totalTTC	/	a	

Opérations

Étape 1 : restriction sur le numéro de commande

```
T1 = σ(idCommande = 2)Commandes
```

T1	idCommande	date	statut	idClient
	2	01/09/2020	AC	35

Étape 2 : les jointures

```
T2 = Clients ⋈ T1 DetailsCommandes ⋈ Articles
```

T2	idCli.	nom	pre.	dateN.	ville	port.	fixe	idCom.	date	statut	num. Ligne	idArt.	designation	prixHT
	35	Dubois	Julie	21...	Nantes	*NULL*	02...	2	01...	AC	1	45	perforateur	90,00
	35	Dubois	Julie	21...	Nantes	*NULL*	02...	2	01...	AC	2	22	foret SDS 12	6,90
	35	Dubois	Julie	21...	Nantes	*NULL*	02...	2	01...	AC	3	37	burin plat SDS	4,70

Étape 3 : calcul élémentaire pour prixTTC et élimination des colonnes inutiles

```
T3 = π T2(idCommande, date, prenom, nom, ville, idArticle,
designation, prixHT, prixTTC = prixHT × 1,2)
```

T3	idCommande	date	prenom	nom	ville	idArticle	designation	prixHT	prixTTC
	2	01/09/2020	Julie	Dubois	Nantes	45	perforateur	90,00	108,00
	2	01/09/2020	Julie	Dubois	Nantes	22	foret SDS 12	6,90	8,28
	2	01/09/2020	Julie	Dubois	Nantes	37	burin plat SDS	4,70	5,64

Étape 4 : calcul d'agrégat pour totalHT et totalTTC

```
T4 = π T3(totalHT = SUM(prixHT), totalTTC = SUM(prixTTC))
```

T4	totalHT	totalTTC
	101,60	121,92

Étape 5 : produit cartésien pour avoir toutes les colonnes dans la table résultante

```
ConfCmd = T3 × T4
```

ConfCmd	idCom.	date	pre.	nom	ville	idAr.	designation	prixHT	prixTTC	totalHT	totalTTC
	2	01/09/2020	Julie	Dubois	Nantes	45	perforateur	90,00	108,00	101,60	121,92
	2	01/09/2020	Julie	Dubois	Nantes	22	foret SDS 12	6,90	8,28	101,60	121,92
	2	01/09/2020	Julie	Dubois	Nantes	37	burin plat SDS	4,70	5,64	101,60	121,92

Les étapes 6, 7 et 8 ne sont pas nécessaires dans cet exemple.

10. Exercices

L'objectif est de créer une base de données pour gérer la location de matériel de ski. Les exercices se suivent et nécessitent de les réaliser dans l'ordre.

10.1 L'identification des clés primaires et des clés secondaires

Pour chacune des tables suivantes, identifiez les clés primaires et les clés secondaires :

Clients	noCli	nom	prenom	adresse	cpo	ville
	1	Albert	Anatole	Rue des acacias	61000	Amiens
	2	Bernard	Barnabé	Rue du bar	01000	Bourg en Bresse
	3	Dupond	Camille	Rue Crébillon	44000	Nantes
	4	Desmoulins	Daniel	Rue descendante	21000	Dijon
	5	Ernest	Etienne	Rue de l'échafaud	42000	Saint Étienne
	6	Ferdinand	François	Rue de la convention	44100	Nantes
	9	Dupond	Jean	Rue des mimosas	75018	Paris
	14	Boutaud	Sabine	Rue des platanes	75002	Paris

Fiches	noFic	noCli	dateCrea	datePaye	etat	noLig	refart	depart	retour
	1001	14	DDJ* –15	DDJ – 13	SO	1	F05	DDJ – 15	DDJ – 13
	1001	14	DDJ –15	DDJ – 13	SO	2	F50	DDJ – 15	DDJ – 14
	1001	14	DDJ –15	DDJ – 13	SO	3	F60	DDJ – 13	DDJ – 13**
	1002	4	DDJ – 13	*NULL*	EC	1	A03	DDJ – 13	DDJ – 9
	1002	4	DDJ – 13	*NULL*	EC	2	A04	DDJ – 12	DDJ – 7
	1002	4	DDJ – 13	*NULL*	EC	3	S03	DDJ – 8	*NULL*
	1003	1	DDJ – 12	DDJ – 10	SO	1	F50	DDJ – 12	DDJ – 10
	1003	1	DDJ – 12	DDJ – 10	SO	2	F05	DDJ – 12	DDJ – 10
	1004	6	DDJ – 11	*NULL*	EC	1	P01	DDJ – 6	*NULL*
	1005	3	DDJ – 10	*NULL*	EC	1	F05	DDJ – 9	DDJ – 5
	1005	3	DDJ – 10	*NULL*	EC	2	F10	DDJ – 4	*NULL*
	1006	9	DDJ – 10	*NULL*	RE	1	S01	DDJ – 10	DDJ – 9
	1006	9	DDJ – 10	*NULL*	RE	2	S02	DDJ – 10	DDJ – 9
	1006	9	DDJ – 10	*NULL*	RE	3	S03	DDJ – 10	DDJ – 9
	1007	1	DDJ – 3	*NULL*	EC	1	F50	DDJ – 3	DDJ – 2
	1007	1	DDJ – 3	*NULL*	EC	3	F60	DDJ – 1	*NULL*
	1007	1	DDJ – 3	*NULL*	EC	2	F05	DDJ – 3	*NULL*
	1007	1	DDJ – 3	*NULL*	EC	4	S02	DDJ	*NULL*
	1008	2	DDJ	*NULL*	EC	1	S01	DDJ	*NULL*

* DDJ = date du jour

** Le matériel est rendu 6 heures après avoir été emprunté.

Articles	refart	designation	codeGam	codeCate
	F01	Fischer Cruiser	EG	FOA
	F02	Fischer Cruiser	EG	FOA
	F03	Fischer Cruiser	EG	FOA
	F04	Fischer Cruiser	EG	FOA
	F05	Fischer Cruiser	EG	FOA
	F10	Fischer Sporty Crown	MG	FOA
	F20	Fischer RCS Classic GOLD	PR	FOA
	F21	Fischer RCS Classic GOLD	PR	FOA
	F22	Fischer RCS Classic GOLD	PR	FOA
	F23	Fischer RCS Classic GOLD	PR	FOA
	F50	Fischer SOSSkating VASA	HG	FOP
	F60	Fischer RCS CARBOLITE Skating	PR	FOP
	F61	Fischer RCS CARBOLITE Skating	PR	FOP
	F62	Fischer RCS CARBOLITE Skating	PR	FOP
	F63	Fischer RCS CARBOLITE Skating	PR	FOP
	F64	Fischer RCS CARBOLITE Skating	PR	FOP
	P01	Décathlon Allegre junior 150	EG	PA
	P10	Fischer mini ski patinette	MG	PA
	P11	Fischer mini ski patinette	MG	PA
	S01	Décathlon Apparition	EG	SURF
	S02	Décathlon Apparition	EG	SURF
	S03	Décathlon Apparition	EG	SURF
	A01	Salomon 24X+Z12	EG	SA
	A02	Salomon 24X+Z12	EG	SA
	A03	Salomon 24X+Z12	EG	SA
	A04	Salomon 24X+Z12	EG	SA
	A05	Salomon 24X+Z12	EG	SA
	A10	Salomon Pro Link Equipe 4S	PR	SA
	A11	Salomon Pro Link Equipe 4S	PR	SA
	A21	Salomon 3V RACE JR+L10	PR	SA

GrilleTarifs	codeGam	codeCate	codeTarif
	EG	MONO	T1
	MG	MONO	T2
	EG	SURF	T1
	MG	SURF	T2
	HG	SURF	T3
	PR	SURF	T5
	EG	PA	T1
	MG	PA	T2
	EG	FOA	T1
	MG	FOA	T2
	HG	FOA	T4
	PR	FOA	T6
	EG	FOP	T2
	MG	FOP	T3
	HG	FOP	T4
	PR	FOP	T6
	EG	SA	T1
	MG	SA	T2
	HG	SA	T4
	PR	SA	T6

Gammes	codeGam	libelle
	PR	Matériel Professionnel
	HG	Haut de gamme
	MG	Moyenne gamme
	EG	Entrée de gamme

Categories	codeCate	libelle
	MONO	Monoski
	SURF	Surf
	PA	Patinette
	FOA	Ski de fond alternatif
	FOP	Ski de fond patineur
	SA	Ski alpin

Tarifs	codeTarif	libelle	prixJour
	T1	Base	10
	T2	Chocolat	15
	T3	Bronze	20
	T4	Argent	30
	T5	Or	50
	T6	Platine	90

10.2 Les formes normales

L'une des tables proposées dans l'exercice précédent ne respecte pas les trois formes normales. Trouvez laquelle pose un problème et trouvez une solution pour que toutes les tables respectent les trois premières formes normales.

10.3 L'identification des contraintes d'intégrité référentielle

Identifiez les contraintes d'intégrité référentielle à mettre en place sur cette base de données et créez le schéma de la base de données en représentant chaque table en forme condensée avec les clés primaires soulignées et les contraintes d'intégrité référentielle indiquées avec des flèches.

10.4 La réalisation du dictionnaire des données

Réalisez le dictionnaire des données en complétant pour chaque attribut le tableau suivant :

Attribut	Table	Type de données	Clé	Nullité

10.5 L'algèbre relationnelle

Indiquez les données répondant aux questions suivantes, d'après le jeu d'essai donné précédemment. Indiquez également les opérations d'algèbre relationnelle à réaliser.

La liste des clients (toutes les informations) dont le nom commence par un « D »

N° Client	Nom	Prénom	Adresse	Code postal	Ville

Les noms et prénoms de tous les clients

Nom	Prénom

La liste des fiches (n°, état) pour les clients (nom, prénom) qui habitent en Loire-atlantique (département n°44)

N° fiche	État	Nom client	Prénom client

Le détail de la fiche n°1002

Pour les articles non restitués, le calcul est effectué comme si ces articles étaient rendus à ce moment-là.

Fiche n°				
Nom				
Prénom				
Référence	**Désignation**	**Départ**	**Retour**	**Prix/jour**

Le prix journalier moyen de location par gamme

Gamme	Tarif moyen

Les articles qui ont été loués au moins trois fois

Référence	Désignation	Nombre de locations

Le détail de la fiche n°1002 avec le total

<table>
<tr><td colspan="2">Fiche N°</td><td colspan="3"></td></tr>
<tr><td colspan="2">Nom</td><td colspan="3" rowspan="2"></td></tr>
<tr><td colspan="2">Prénom</td></tr>
<tr><td>Référence</td><td>Désignation</td><td>Départ</td><td>Retour</td><td>Prix/jour</td></tr>
<tr><td></td><td></td><td></td><td></td><td></td></tr>
<tr><td></td><td></td><td></td><td></td><td></td></tr>
<tr><td></td><td></td><td></td><td></td><td></td></tr>
<tr><td></td><td></td><td></td><td></td><td>Total :</td></tr>
</table>

11. Correction des exercices

11.1 L'identification des clés primaires et des clés secondaires

Table	Attribut(s) formant la clé primaire	Attribut(s) formant une clé secondaire
Clients	noCli	(éventuellement nom + prenom + ville)
Fiches	noFic + noLig	
Articles	refart	
GrilleTarifs	codeGam + codeCate	

Table	Attribut(s) formant la clé primaire	Attribut(s) formant une clé secondaire
Gammes	codeGam	libelle
Categories	codeCate	libelle
Tarifs	codeTarif	libelle (et éventuellement prixJour)

11.2 Les formes normales

La table Fiches ne respecte pas la deuxième forme normale car les attributs noCli, dateCrea, datePaye et etat ne dépendent que de l'attribut noFic qui n'est qu'une partie de la clé primaire. Il faut donc scinder cette table en les deux suivantes :

Fiches	noFic	noCli	dateCrea	datePaye	etat
	1001	14	DDJ* –15	DDJ – 13	SO
	1002	4	DDJ – 13	*NULL*	EC
	1003	1	DDJ – 12	DDJ – 10	SO
	1004	6	DDJ – 11	*NULL*	EC
	1005	3	DDJ – 10	*NULL*	EC
	1006	9	DDJ – 10	*NULL*	RE
	1007	1	DDJ – 3	*NULL*	EC
	1008	2	DDJ	*NULL*	EC

LignesFic	noFic	noLig	refart	depart	retour
	1001	1	F05	DDJ – 15	DDJ – 13
	1001	2	F50	DDJ – 15	DDJ – 14
	1001	3	F60	DDJ – 13	DDJ – 13**
	1002	1	A03	DDJ – 13	DDJ – 9
	1002	2	A04	DDJ – 12	DDJ – 7
	1002	3	S03	DDJ – 8	*NULL*
	1003	1	F50	DDJ – 12	DDJ – 10
	1003	2	F05	DDJ – 12	DDJ – 10
	1004	1	P01	DDJ – 6	*NULL*
	1005	1	F05	DDJ – 9	DDJ – 5
	1005	2	F10	DDJ – 4	*NULL*
	1006	1	S01	DDJ – 10	DDJ – 9
	1006	2	S02	DDJ – 10	DDJ – 9
	1006	3	S03	DDJ – 10	DDJ – 9
	1007	1	F50	DDJ – 3	DDJ – 2
	1007	3	F60	DDJ – 1	*NULL*
	1007	2	F05	DDJ – 3	*NULL*
	1007	4	S02	DDJ	*NULL*
	1008	1	S01	DDJ	*NULL*

11.3 L'identification des contraintes d'intégrité référentielle

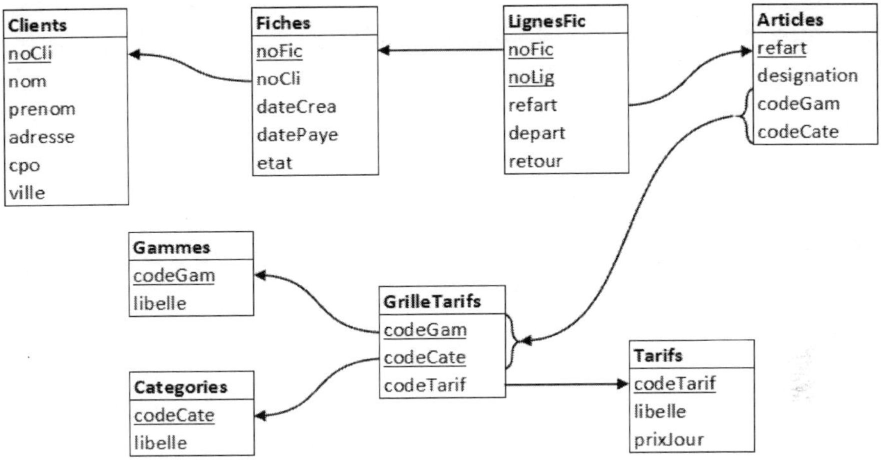

Remarque

Ce schéma de base de données est disponible en annexe de ce livre et en fichier à télécharger afin que vous puissiez avoir ce schéma sous les yeux pour la résolution de la suite des exercices.

Entre Articles et GrilleTarifs, il y a une contrainte d'intégrité référentielle portant sur un couple d'attributs : il faut que le couple de valeurs dans Articles corresponde à un même couple de valeurs dans GrilleTarifs afin que pour chaque article soit associé un tarif de location.

Il est envisageable de mettre en plus des contraintes d'intégrité référentielle entre les attributs codeGam d'Articles et de Gammes et entre les attributs codeCate d'Articles et Categories. Néanmoins, comme les valeurs de codeGam présentes dans Articles ne sont que des valeurs de codeGam de GrilleTarifs et que ces valeurs ne sont que des valeurs présentes pour l'attribut codeGam de Gammes, il y a donc une contrainte d'intégrité référentielle implicite. L'expliciter n'apporte rien mais réduit les performances de la base de données. Il en est de même avec l'attribut codeCate.

11.4 La réalisation du dictionnaire des données

Attribut	Table	Type de données	Clé	Nullité
noCli	Clients	Entier	Primaire	Obligatoire
nom	Clients	Chaîne de caractères		Obligatoire
prenom	Clients	Chaîne de caractères		Facultatif
adresse	Clients	Chaîne de caractères		Facultatif
cpo	Clients	Domaine {n|01000≤n≤99999}		Obligatoire
ville	Clients	Chaîne de caractères		Obligatoire
noFic	Fiches	Entier	Primaire	Obligatoire
noCli	Fiches	Entier	Étrangère	Obligatoire
dateCrea	Fiches	Date		Obligatoire
datePaye	Fiches	Date		Facultatif
etat	Fiches	Domaine {"EC","RE","SO"}		Obligatoire
noFic	LignesFic	Entier	Étrangère	Obligatoire
noLig	LignesFic	Entier	Primaire	Obligatoire
refart	LignesFic	Chaîne de caractères	Étrangère	Obligatoire
depart	LignesFic	Date		Obligatoire
retour	LignesFic	Date		Facultatif
refart	Articles	Chaîne de caractères	Primaire	Obligatoire
designation	Articles	Chaîne de caractères		Obligatoire
codeGam	Articles	Chaîne de caractères	Étrangère	Obligatoire
codeCate	Articles	Chaîne de caractères		Obligatoire
codeGam	Grille Tarifs	Chaîne de caractères	Étrangère	Obligatoire
codeCate	Grille Tarifs	Chaîne de caractères	Primaire Étrangère	Obligatoire

Attribut	Table	Type de données	Clé	Nullité
codeTarif	Grille Tarifs	Chaîne de caractères	Étrangère	Obligatoire
codeGam	Gammes	Chaîne de caractères	Primaire	Obligatoire
libelle	Gammes	Chaîne de caractères	Secondaire	Obligatoire
codeCate	Categories	Chaîne de caractères	Primaire	Obligatoire
libelle	Categories	Chaîne de caractères	Secondaire	Obligatoire
codeTarif	Tarifs	Chaîne de caractères	Primaire	Obligatoire
libelle	Tarifs	Chaîne de caractères	Secondaire	Obligatoire
prixJour	Tarifs	Réel		Obligatoire

11.5 L'algèbre relationnelle

La liste des clients (toutes les informations) dont le nom commence par un « D »

Clients	noCli	nom	prenom	adresse	cpo	ville
	1	Albert	Anatole	Rue des acacias	61000	Amiens
	2	Bernard	Barnabé	Rue du bar	01000	Bourg en Bresse
	3	Dupond	Camille	Rue Crébillon	44000	Nantes
	4	Desmoulins	Daniel	Rue descendante	21000	Dijon
	5	Ernest	Etienne	Rue de l'échafaud	42000	Saint Étienne
	6	Ferdinand	François	Rue de la convention	44100	Nantes

Clients	noCli	nom	prenom	adresse	cpo	ville
	9	Dupond	Jean	Rue des mimosas	75018	Paris
	14	Boutaud	Sabine	Rue des platanes	75002	Paris

```
T1 = σ (nom COMMENCE PAR "D") Clients
```

Restriction : nom commençant par D

T1	noCli	nom	prenom	adresse	cpo	ville
	3	Dupond	Camille	Rue Crébillon	44000	Nantes
	4	Desmoulins	Daniel	Rue descendante	21000	Dijon
	9	Dupond	Jean	Rue des mimosas	75018	Paris

Les noms et prénoms de tous les clients

Clients	noCli	nom	prenom	adresse	cpo	ville
	1	Albert	Anatole	Rue des acacias	61000	Amiens
	2	Bernard	Barnabé	Rue du bar	01000	Bourg en Bresse
	3	Dupond	Camille	Rue Crébillon	44000	Nantes
	4	Desmoulins	Daniel	Rue descendante	21000	Dijon
	5	Ernest	Etienne	Rue de l'échafaud	42000	Saint Étienne
	6	Ferdinand	François	Rue de la convention	44100	Nantes
	9	Dupond	Jean	Rue des mimosas	75018	Paris

Clients	noCli	nom	prenom	adresse	cpo	ville
	14	Boutaud	Sabine	Rue des platanes	75002	Paris

```
T1 = π Clients(nom, prenom)
```

Projection :

T1	nom	prenom
	Albert	Anatole
	Bernard	Barnabé
	Dupond	Camille
	Desmoulins	Daniel
	Ernest	Etienne
	Ferdinand	François
	Dupond	Jean
	Boutaud	Sabine

La liste des fiches (n°, état) pour les clients (nom, prénom) qui habitent en Loire-atlantique (département n°44)

Clients	noCli	nom	prenom	adresse	cpo	ville
	1	Albert	Anatole	Rue des acacias	61000	Amiens
	2	Bernard	Barnabé	Rue du bar	01000	Bourg en Bresse
	3	Dupond	Camille	Rue Crébillon	44000	Nantes
	4	Desmoulins	Daniel	Rue descendante	21000	Dijon
	5	Ernest	Etienne	Rue de l'échafaud	42000	Saint Étienne

Clients	noCli	nom	prenom	adresse	cpo	ville
	6	Ferdinand	François	Rue de la convention	44100	Nantes
	9	Dupond	Jean	Rue des mimosas	75018	Paris
	14	Boutaud	Sabine	Rue des platanes	75002	Paris

```
T1 = σ(cpo COMMENCE PAR "44") Clients
```

T1	noCli	nom	prenom	adresse	cpo	ville
	3	Dupond	Camille	Rue Crébillon	44000	Nantes
	6	Ferdinand	François	Rue de la convention	44100	Nantes

```
T2 = T1 ⋈ Fiches
```

Restriction : code postal commençant par 44

Jointure avec la table Fiches :

T2	noCli	nom	prenom	adresse	cpo	ville	noFic	noCli	dateCrea	dateP	etat
	3	Dupond	Camille	Rue Crébillon	44000	Nantes	1005	3	DDJ – 10		EC
	6	Ferdinand	François	Rue de la convention	44100	Nantes	1004	6	DDJ – 11		EC

```
T3 = π T2 (noFic, etat, nom, prenom)
```

Projection :

T3	noFic	etat	nom	prenom
	1005	EC	Dupond	Camille
	1004	EC	Ferdinand	François

Le détail de la fiche n°1002

Fiches	noFic	noCli	dateCrea	dateRet	etat
	1001	14	DDJ –15	DDJ – 13	SO
	1002	4	DDJ – 13	*NULL*	EC
	1003	1	DDJ – 12	DDJ – 10	SO
	1004	6	DDJ – 11	*NULL*	EC
	1005	3	DDJ – 10	*NULL*	EC
	1006	9	DDJ – 10	DDJ – 9	RE
	1007	1	DDJ – 3	*NULL*	EC
	1008	2	DDJ	*NULL*	EC

```
T1 = σ (noFic = 1002)
```

Restriction : noFic = 1002

T1	noFic	noCli	dateCrea	dateRet	etat
	1002	4	DDJ – 13	*NULL*	EC

```
T2 = Clients ⋈ T1
```

Jointure avec Clients :

T2	noCli	nom	prenom	adresse	cpo	ville	noFic	dateCrea	dateRet	etat
	4	Desmoulins	Daniel	Rue descendante	21000	Dijon	1002	DDJ – 13	*NULL*	EC

```
T3 = T2 ⋈ LignesFic
```

Jointure avec LignesFic :

T3	...	noFic	noCli	dateCrea	dateRet	etat	noLig	refart	depart	retour
	...	1002	4	DDJ – 13	*NULL*	EC	1	A03	DDJ – 13	DDJ – 9
	...	1002	4	DDJ – 13	*NULL*	EC	2	A04	DDJ – 12	DDJ – 7
	...	1002	4	DDJ – 13	*NULL*	EC	3	S03	DDJ – 8	

```
T4 = T3 ⋈ Articles
```

Jointure avec Articles :

T4	...	etat	noFic	noLig	refart	depart	retour	Designation	codeGam	codeCate
	...	EC	1002	1	A03	DDJ – 13	DDJ – 9	Salomon 24X+Z12	EG	SA
	...	EC	1002	2	A04	DDJ – 12	DDJ – 7	Salomon 24X+Z12	EG	SA
	...	EC	1002	3	S03	DDJ – 8		Décathlon Apparition	EG	SURF

```
T5 = T4 ⋈ GrilleTarifs
```

Jointure avec GrilleTarifs :

T5	...	depart	retour	refart	designation	codeGam	codeCate	codeTarif
	...	DDJ – 13	DDJ – 9	A03	Salomon 24X+Z12	EG	SA	T1
	...	DDJ – 12	DDJ – 7	A04	Salomon 24X+Z12	EG	SA	T1
	...	DDJ – 8		S03	Décathlon Apparition	EG	SURF	T1

```
T6 = T5 ⋈ Tarifs
```

Jointure avec Tarifs :

T6	...	codeGam	codeCate	codeTarif	libelle	prixJour
	...	EG	SA	T1	Base	10
	...	EG	SA	T1	Base	10
	...	EG	SURF	T1	Base	10

```
T7 = π T6 (noFic, nom, prenom, refart, designation, depart, retour,
prixJour, montant = prixJour × (retour - depart + 1))
```

Projection avec calcul élémentaire :

T7	noFic	nom	prenom	refart	designation	depart	retour	prixJour	montant
	1002	Desmoulins	Daniel	A03	Salomon 24X+Z12	DDJ – 13	DDJ – 9	10	50
	1002	Desmoulins	Daniel	A04	Salomon 24X+Z12	DDJ – 12	DDJ – 7	10	60
	1002	Desmoulins	Daniel	S03	Décathlon Apparition	DDJ – 8		10	90

Le prix journalier moyen de location par gamme

Gammes	codeGam	libelle
	PR	Matériel professionnel
	HG	Haut de gamme
	MG	Moyenne gamme
	EG	Entrée de gamme

`T1 = Gammes ⋈ GrilleTarifs`

Jointure avec GrilleTarifs :

T1	codeGam	libelle	codeGam	codeCate	codeTarif
	EG	Entrée de gamme	EG	MONO	T1
	EG	Entrée de gamme	EG	SURF	T1
	EG	Entrée de gamme	EG	PA	T1
	EG	Entrée de gamme	EG	FOP	T2
	EG	Entrée de gamme	EG	FOA	T1
	EG	Entrée de gamme	EG	SA	T1
	MG	Moyenne gamme	MG	MONO	T2
	MG	Moyenne gamme	MG	SURF	T2
	MG	Moyenne gamme	MG	PA	T2
	MG	Moyenne gamme	MG	FOA	T2
	MG	Moyenne gamme	MG	FOP	T3
	MG	Moyenne gamme	MG	SA	T2
	HG	Haut de gamme	HG	SURF	T3
	HG	Haut de gamme	HG	FOA	T4
	HG	Haut de gamme	HG	FOP	T4
	HG	Haut de gamme	HG	SA	T4
	PR	Matériel Professionnel	PR	SURF	T5
	PR	Matériel Professionnel	PR	FOA	T6
	PR	Matériel Professionnel	PR	FOP	T6
	PR	Matériel Professionnel	PR	SA	T6

```
T2 = T1 ⋈ Tarifs
```

Jointure avec Tarifs :

T2	codeGam	libelle	codeGam	codeCate	codeTarif	codeTarif	libelle	prixJour
	EG	Entrée de gamme	EG	MONO	T1	T1	Base	10
	EG	Entrée de gamme	EG	SURF	T1	T1	Base	10
	EG	Entrée de gamme	EG	PA	T1	T1	Base	10
	EG	Entrée de gamme	EG	FOP	T2	T2	Chocolat	15
	EG	Entrée de gamme	EG	FOA	T1	T1	Base	10
	EG	Entrée de gamme	EG	SA	T1	T1	Base	10
	MG	Moyenne gamme	MG	MONO	T2	T2	Chocolat	15
	MG	Moyenne gamme	MG	SURF	T2	T2	Chocolat	15
	MG	Moyenne gamme	MG	PA	T2	T2	Chocolat	15
	MG	Moyenne gamme	MG	FOA	T2	T2	Chocolat	15
	MG	Moyenne gamme	MG	FOP	T3	T3	Bronze	20
	MG	Moyenne gamme	MG	SA	T2	T2	Chocolat	15
	HG	Haut de gamme	HG	SURF	T3	T3	Bronze	20
	HG	Haut de gamme	HG	FOA	T4	T4	Argent	30
	HG	Haut de gamme	HG	FOP	T4	T4	Argent	30
	HG	Haut de gamme	HG	SA	T4	T4	Argent	30
	PR	Matériel Pro.	PR	SURF	T5	T5	Or	50
	PR	Matériel Pro.	PR	FOA	T6	T6	Platine	90
	PR	Matériel Pro.	PR	FOP	T6	T6	Platine	90
	PR	Matériel Pro.	PR	SA	T6	T6	Platine	90

```
T3 = π(Gamme = libelle, Tarif moyen = AVG(prixJour))
```

Projection avec calcul d'agrégat :

T3	Gamme	Tarif moyen
	Entrée de gamme	10,83
	Moyenne gamme	15,83
	Haut de gamme	27,50
	Matériel Pro.	80,00

Les articles qui ont été loués au moins trois fois

LignesFic	noFic	noLig	refart	depart	retour
	1001	1	F05	DDJ – 15	DDJ – 13
	1001	2	F50	DDJ – 15	DDJ – 14
	1001	3	F60	DDJ – 14	DDJ – 13
	1002	1	A03	DDJ – 13	DDJ – 9
	1002	2	A04	DDJ – 12	DDJ – 7
	1002	3	S03	DDJ – 8	*NULL*
	1003	1	F50	DDJ – 12	DDJ – 10
	1003	2	F05	DDJ – 12	DDJ – 10
	1004	1	P01	DDJ – 6	*NULL*
	1005	1	F05	DDJ – 10	DDJ – 5
	1005	2	F10	DDJ – 5	*NULL*
	1006	1	S01	DDJ – 10	DDJ – 9
	1006	2	S02	DDJ – 10	DDJ – 9
	1006	3	S03	DDJ – 10	DDJ – 9
	1007	1	F50	DDJ – 3	DDJ – 2
	1007	3	F60	DDJ – 2	*NULL*
	1007	2	F05	DDJ – 3	*NULL*
	1007	4	S02	DDJ	*NULL*
	1008	1	S01	DDJ	*NULL*

```
T1 = LignesFic ⋈ Articles
```

Jointure avec Articles :

T1	noFic	noLig	refart	depart	retour	designation	codeGam	codeCate
	1001	1	F05	DDJ – 15	DDJ – 13	Fischer Cruiser	EG	FOA
	1003	2	F05	DDJ – 12	DDJ – 10	Fischer Cruiser	EG	FOA
	1005	1	F05	DDJ – 10	DDJ – 5	Fischer Cruiser	EG	FOA
	1007	2	F05	DDJ – 3	*NULL*	Fischer Cruiser	EG	FOA
	1001	2	F50	DDJ – 15	DDJ – 14	Fischer SOSSkating...	HG	FOP
	1003	1	F50	DDJ – 12	DDJ – 10	Fischer SOSSkating...	HG	FOP
	1007	1	F50	DDJ – 3	DDJ – 2	Fischer SOSSkating...	HG	FOP
	1001	3	F60	DDJ – 14	DDJ – 13	Fischer RCS CARBO...	PR	FOP
	1007	3	F60	DDJ – 2	*NULL*	Fischer RCS CARBO...	PR	FOP
	1002	1	A03	DDJ – 13	DDJ – 9	Salomon 24X+Z12	EG	SA
	1002	2	A04	DDJ – 12	DDJ – 7	Salomon 24X+Z12	EG	SA
	1002	3	S03	DDJ – 8	*NULL*	Décathlon App...	EG	SURF

T1	noFic	noLig	refart	depart	retour	designation	codeGam	codeCate
	1006	3	S03	DDJ – 10	DDJ – 9	Décathlon App...	EG	SURF
	1004	1	P01	DDJ – 6	*NULL*	Décathlon Allegre...	EG	PA
	1005	2	F10	DDJ – 5	*NULL*	Fischer Sporty...	MG	FOA
	1006	1	S01	DDJ – 10	DDJ – 9	Décathlon App...	EG	SURF
	1008	1	S01	DDJ	*NULL*	Décathlon App...	EG	SURF
	1006	2	S02	DDJ – 10	DDJ – 9	Décathlon App...	EG	SURF
	1007	4	S02	DDJ	*NULL*	Décathlon App...	EG	SURF

```
T2 = π T1(Référence = refart, Désignation = designation,
Nombre de locations = COUNT(*))
```

Projection avec calcul d'agrégat :

T2	Référence	Désignation	Nombre de locations
	F05	Fischer Cruiser	4
	F50	Fischer SOSSkating VASA	3
	F60	Fischer RCS CARBOLITE Skating	2
	A03	Salomon 24X+Z12	1
	A04	Salomon 24X+Z12	1
	S03	Décathlon Apparition	2
	P01	Décathlon Allegre junior 150	1
	F10	Fischer Sporty Crown	1
	S01	Décathlon Apparition	2
	S02	Décathlon Apparition	2

```
T3 = σ(Nombre de locations ≥ 3 )
```

Restriction sur les groupes :

T3	Référence	Désignation	Nombre de locations
	F05	Fischer Cruiser	4
	F50	Fischer SOSSkating VASA	3

Le détail de la fiche n°1002 avec le total

Le début est identique à la correction du détail de la fiche vue précédemment.

T7	noFic	nom	prenom	refart	designation	depart	retour	prixJour	montant
	1002	Desmoulins	Daniel	A03	Salomon 24X+Z12	DDJ – 13	DDJ – 9	10	50
	1002	Desmoulins	Daniel	A04	Salomon 24X+Z12	DDJ – 12	DDJ – 7	10	60
	1002	Desmoulins	Daniel	S03	Décathlon Apparition	DDJ – 8		10	90

```
T8 = π T7(SUM(montant))
```

Projection avec calcul d'agrégat :

T8	total
	200

```
T9 = T7 × T8
```

Produit cartésien avec T7 :

T9	noFic	nom	prenom	refart	designation	depart	retour	prixJour	montant	Total
	1002	Desmou-lins	Daniel	A03	Salomon 24X+Z12	DDJ – 13	DDJ – 9	10	50	200
	1002	Desmou-lins	Daniel	A04	Salomon 24X+Z12	DDJ – 12	DDJ – 7	10	60	200
	1002	Desmou-lins	Daniel	S03	Décathlon Apparition	DDJ – 8		10	90	200

Chapitre 2
Implémentation des bases de données

1. Présentation de SQL Server

Pour travailler avec les bases de données de façon optimale, SQL Server, comme les autres SGBDR, s'appuie massivement sur le langage SQL. Pour accroître les possibilités de traitement des données au niveau du serveur, SQL Server propose le langage Transact-SQL qui apporte des possibilités de langage procédural au langage SQL qui est ensembliste. Ces deux langages sont étroitement liés au sein de SQL Server, toutefois il est important de souligner que le langage Transact-SQL est spécifique à SQL Server. Dans ce livre, l'étude de ces deux langages est clairement séparée.

SQL Server est un outil serveur composé de services et d'outils clients. Les services vont permettre le bon fonctionnement du moteur de base de données (SQL Server), la gestion des tâches planifiées (Agent SQL Server), la gestion des index de texte intégral (SQL Full-text Filter Daemon Launcher) ou bien encore la gestion dynamique des ports TCP/IP (SQL Server Bowser) dans le cas où plus d'une instance s'exécute sur le serveur.

En complément de ces services, Microsoft propose également des outils graphiques ou en mode ligne de commande pour travailler directement avec les bases de données. Ces outils s'adressent aussi bien au développeur d'application qu'à l'administrateur de bases de données. Il n'existe pas de séparation en termes d'outils par rapport à ces deux grands rôles d'utilisateurs de bases de données.
En effet, il semble illusoire de vouloir administrer une base de données en ignorant tout de la façon dont il est possible d'utiliser la base. Sinon comment optimiser une requête ? Comment faire les bons choix en termes de type de données ? De même, un développeur d'applications ne peut pas se permettre de travailler en ignorant les contraintes administratives liées à une bonne utilisation des données. La solution de donner à tous les utilisateurs des privilèges d'administrateur n'est pas une bonne option. Le développeur peut par exemple faciliter le travail des administrateurs en s'appuyant sur les schémas pour organiser les tables et les vues et rendre ainsi plus facile la gestion des privilèges.

Pour la plupart de ces opérations, SQL Server propose l'outil SQL Server Management Studio, qui est parfois référencé par son acronyme SSMS dans un certain nombre d'articles et de documentations. Cet outil peut être considéré comme l'IDE du développeur de bases de données. En effet, on va y trouver une représentation graphique des structures de données enregistrées dans les bases de données et, dans la partie centrale de l'outil, la possibilité de saisir des scripts SQL et Transact-SQL ainsi que de visualiser le résultat de l'exécution de ces scripts.

La création et la maintenance d'une base de données SQL Server vont toucher des domaines d'activité variés, qui sont :

- la gestion de l'espace de stockage,
- la configuration de la base de données,
- la gestion des objets de la base,
- la traduction des contraintes de l'analyse,
- la gestion de la sécurité d'accès,
- les sauvegardes.

Certains de ces domaines touchent également l'administrateur et ne sont pas abordés dans ce livre. La gestion et la configuration de SQL Server peuvent se faire de deux manières : soit en Transact-SQL, en interactif ou par script, soit par un assistant graphique de Microsoft SQL Server Management Studio.

Avec SQL Server, il existe trois types de base de données :

- Les bases OLTP (*OnLine Transaction Processing*), c'est-à-dire des bases qui vont supporter les transactions des utilisateurs. C'est ce type de base qui se trouve en production. Les principales caractéristiques de ce type de base sont que, malgré un volume de données conséquent et de nombreux utilisateurs connectés, les temps de réponse doivent être optimums. Heureusement, les utilisateurs travaillent sous forme de transactions courtes et chaque transaction manipule un faible volume de données. Tous les éléments présentés dans ce livre correspondent à l'utilisation de bases de données dites OLTP.
- Les bases OLAP (*OnLine Analytical Processing*), c'est-à-dire des bases qui vont permettre de stocker un maximum d'informations afin de créer des requêtes d'aide à la prise de décision. C'est le monde de l'informatique décisionnelle (*Business Intelligence* ou BI) qui n'est pas abordé dans cet ouvrage.
- Les bases de type snapshot, qui sont des réplications plus ou moins complètes de la base d'origine afin d'accéder de façon rapide à des données éloignées, par exemple. Ce type de base n'est pas abordé dans cet ouvrage.

Remarque

Seule la notion de base de données de type utilisateur est abordée ici. La gestion des bases de données système n'est pas évoquée.

1.1 L'installation de l'environnement

SQL Server est disponible non seulement sous Windows mais également sous Linux et également sous forme de containeur Docker. Ce livre se base sur une installation sous Windows.

Il existe quatre versions de SQL Server 2019 :

– Express (gratuit)
– Standard (3 414 €)
– Enterprise (13 748 $)
– Developer (gratuit)

La version Express est la version gratuite permettant d'accéder à la plupart des fonctionnalité courantes de SQL Server. Elle est utilisable aussi bien pour le développement que pour la production. La version Standard ajoute quelques fonctionnalités et améliore la performance en permettant l'utilisation de plus de cœurs du processeur et plus de mémoire du serveur. La version Enterprise augmente encore cela et ajoute l'informatique décisionnel (BI). La version Developer est la même que la version Enterprise, à la différence qu'elle ne peut être utilisée que pour du développement ou des tests, mais pas en production.

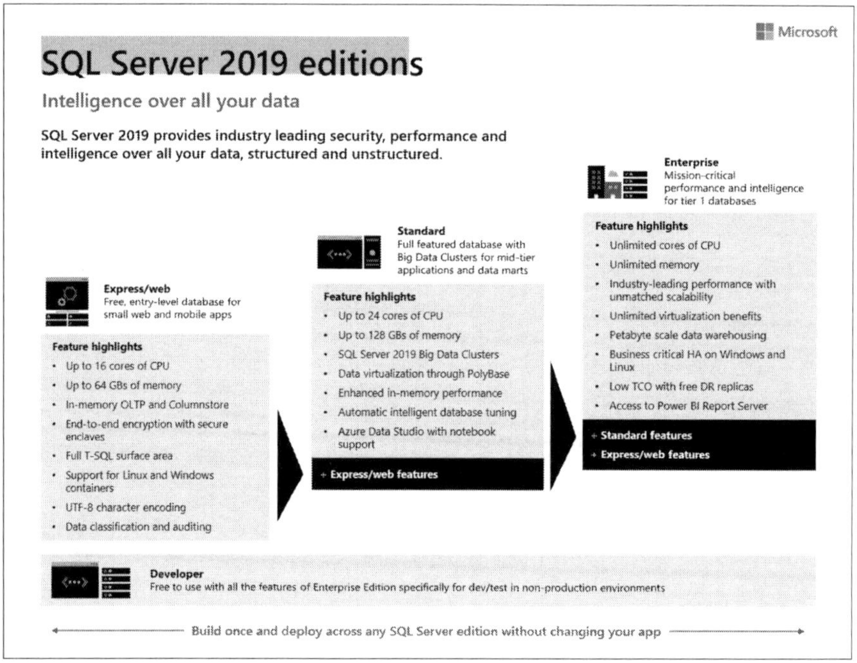

Source Microsoft

1.1.1 L'installeur

Pour télécharger la dernière version de SQL Server, allez sur la page :
https://www.microsoft.com/fr-fr/sql-server/sql-server-downloads

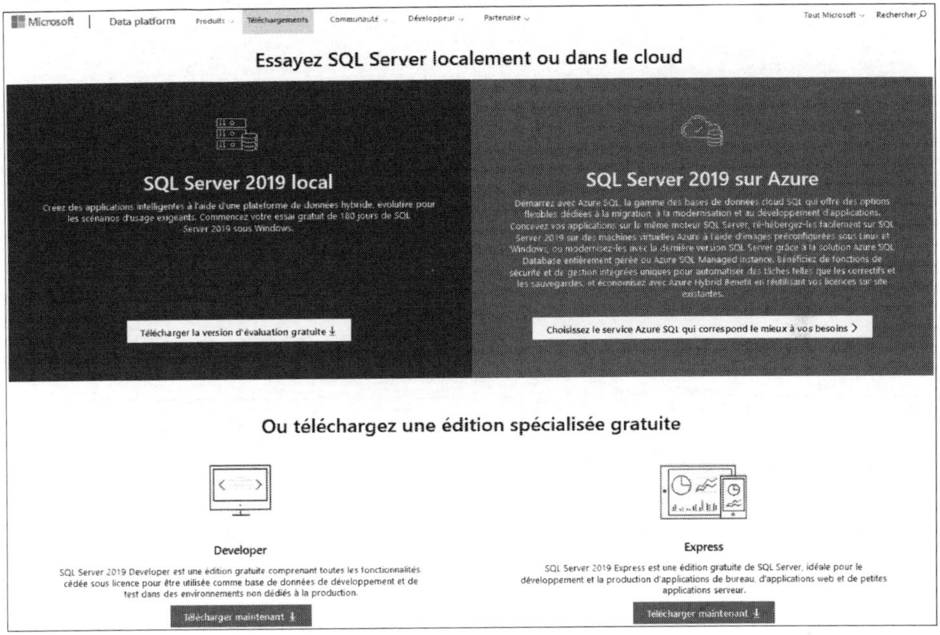

Choisissez la version de votre choix. La suite est basée sur l'installation de la version Developer (la procédure d'installation reste majoritairement la même).

Lancez le fichier d'installation avec des droits d'administrateur.

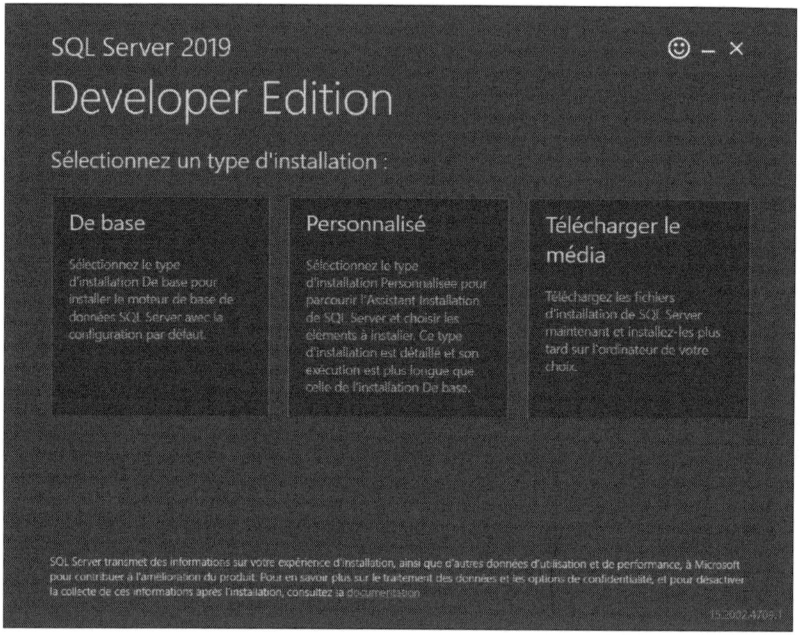

Avec la version « De base », l'installation est simplifiée et vous permet d'installer les outils les plus standards. Si vous choisissez le type d'installation « Personnalisé », vous avez accès comme montré ci-après à un paramétrage plus avancé de l'installation.

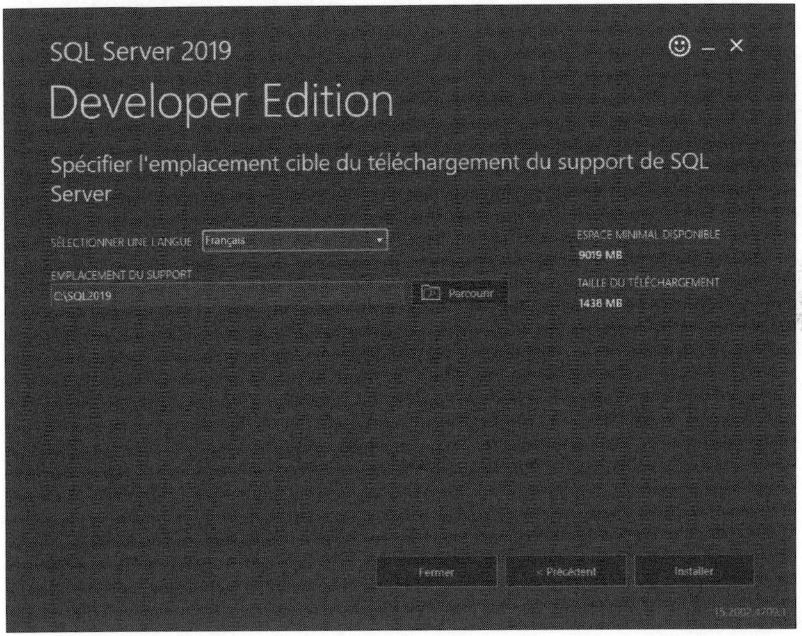

Après avoir choisi la langue et l'emplacement où stocker les fichiers d'installation, le téléchargement se lance.

Une fois le téléchargement terminé, la fenêtre du Centre d'installation SQL Server apparaît. Sur ce premier écran, un certain nombre de liens vers de la documentation sont proposés. Cliquez sur **Installation** dans le menu à gauche.

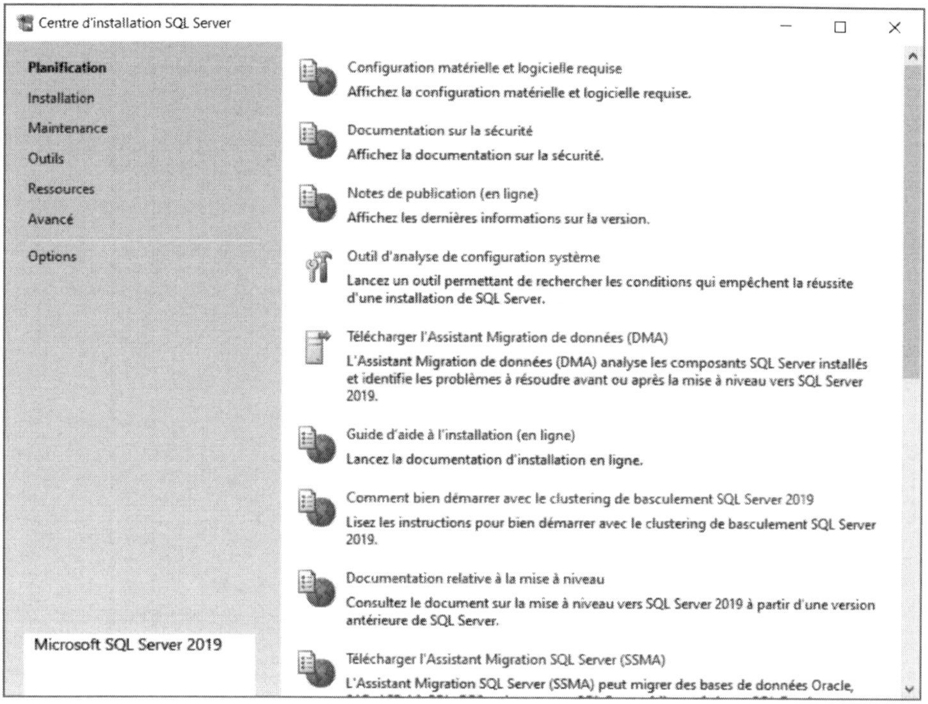

1.1.2 SQL Server

Sélectionnez **Nouvelle installation autonome de SQL Server** ou **Ajout de fonctionnalités à une installation existante**. Vous devez ensuite choisir l'édition à installer ou entrer la clé du produit si vous en possédez une.

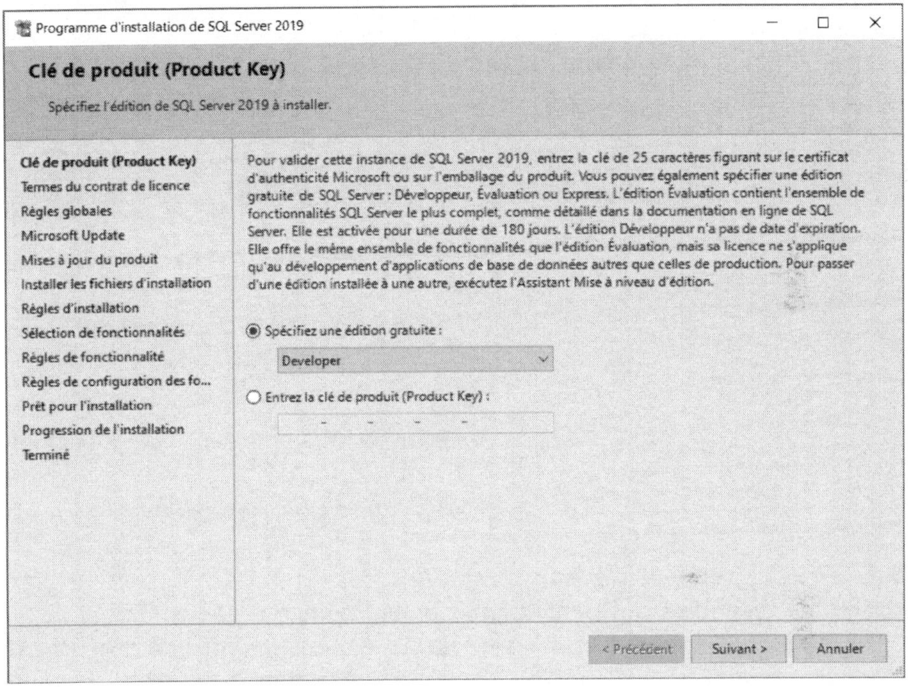

Vous devez ensuite accepter les termes du contrat de licence. Sur l'écran « Microsoft Update », il est recommandé de cocher l'option pour mettre à jour automatiquement votre serveur SQL Server.

Lors de l'installation, un certain nombre de vérifications sont effectuées.

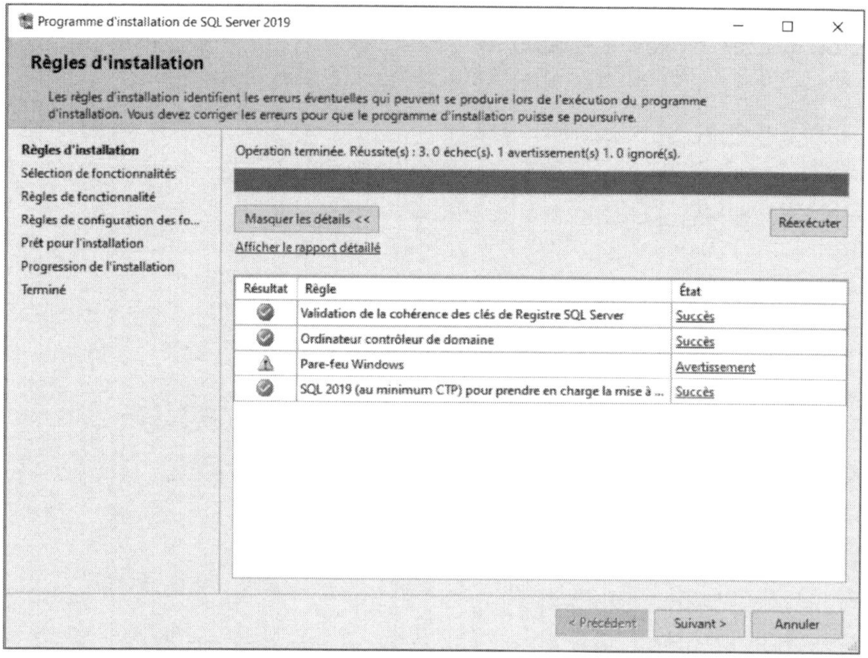

Dans le cas de cette installation, il y a uniquement un avertissement sur le pare-feu de Windows qui ne laisse pas passer de requêtes sur le port de SQL Server (cela est nécessaire pour un accès au serveur depuis une machine distante). En cliquant sur le lien, vous avez accès à la documentation expliquant comment ouvrir le port en question.

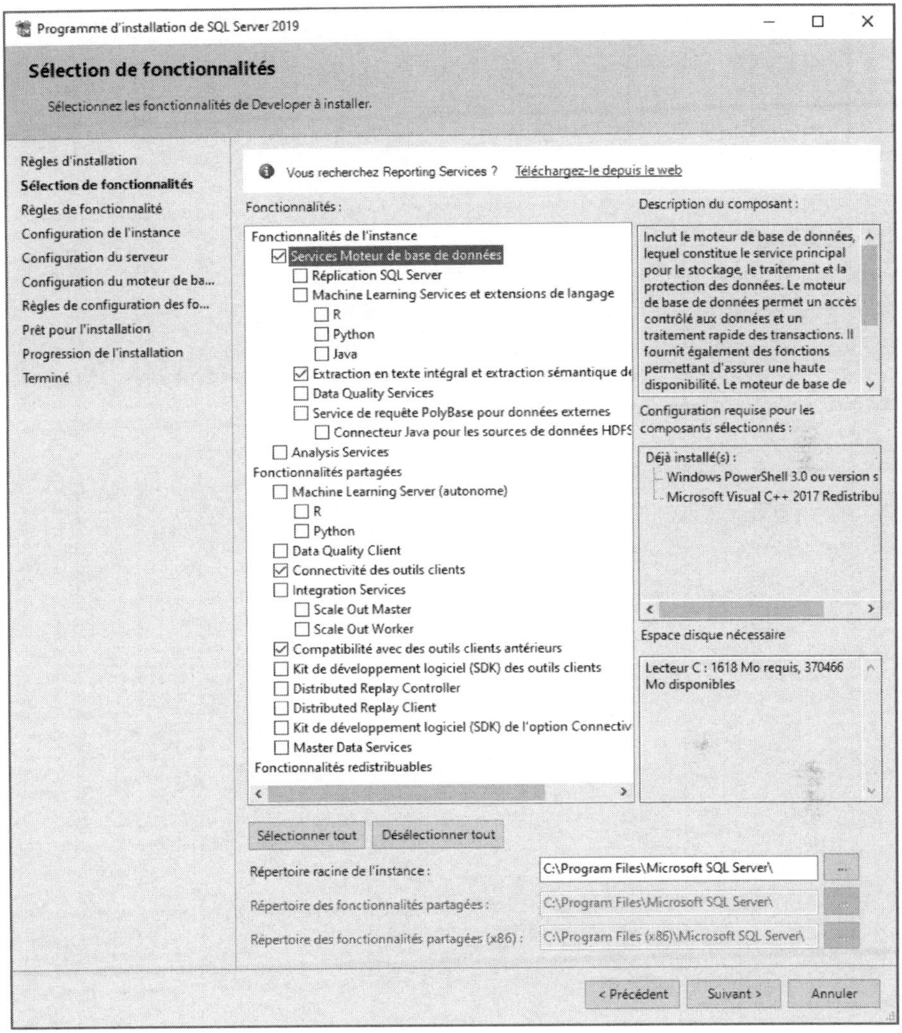

L'installation personnalisée vous permet de choisir finement les éléments à installer. Ceux-ci sont décrits succinctement lors de leur sélection dans l'espace en haut à droite.

Le nom de l'instance peut ensuite être choisi, mais il est préférable de garder le nom par défaut.

Remarque

*Les fonctionnalités cochées dans l'écran présenté précédemment correspondent à une configuration suffisante pour les opérations les plus courantes. Il faut cocher également **Integration Services** pour pouvoir effectuer toutes les manipulations présentées dans cet ouvrage.*

L'écran suivant permet de choisir le mode de démarrage (**Automatique**, **Manuel** ou **Désactivé**) de chaque service. Le plus important est le moteur de base de données. Si vous l'utiliser régulièrement, vous avez intérêt à choisir un démarrage automatique. Si au contraire vous ne souhaitez pas lancer ce service pour rien et ralentir inutilement le fonctionnement de votre machine, choisissez un démarrage manuel. Il sera alors nécessaire de lancer le serveur avant chaque utilisation.

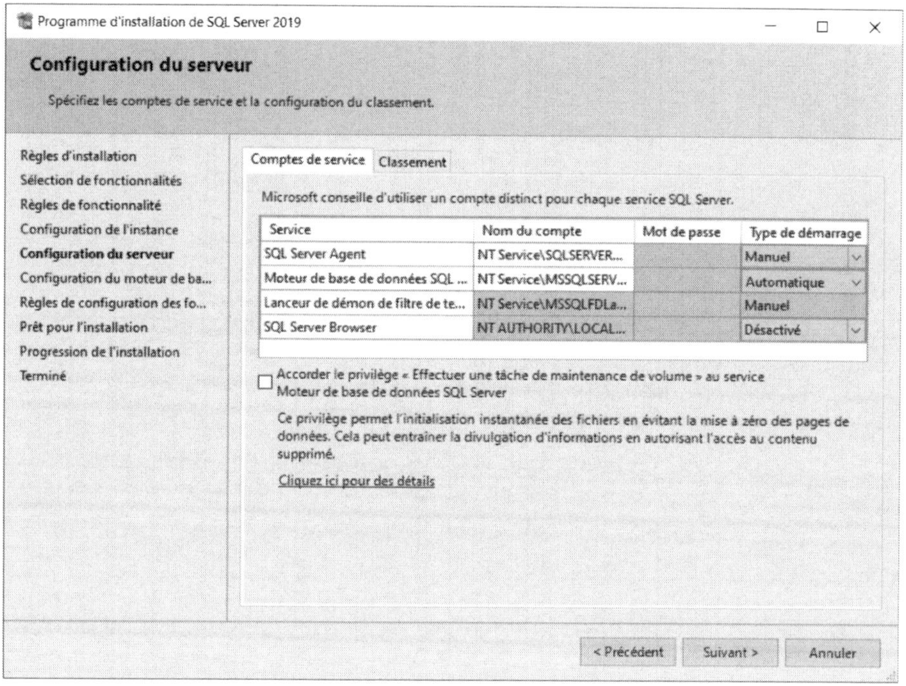

L'écran suivant permet de configurer le mode de connexion au serveur. L'authentification Windows permet de se connecter en utilisant le jeton de connexion de la session ouverte sous Windows. L'authentification SQL Server permet d'avoir des comptes spécifiques à SQL Server pour se connecter. L'authentification en mode mixte permet d'utiliser les deux types de connexion. C'est ce dernier choix qui est recommandé pour pouvoir suivre les exemples de ce livre. Cliquez sur **Ajouter l'utilisateur actuel** pour qu'il dispose des droits d'administrateur.

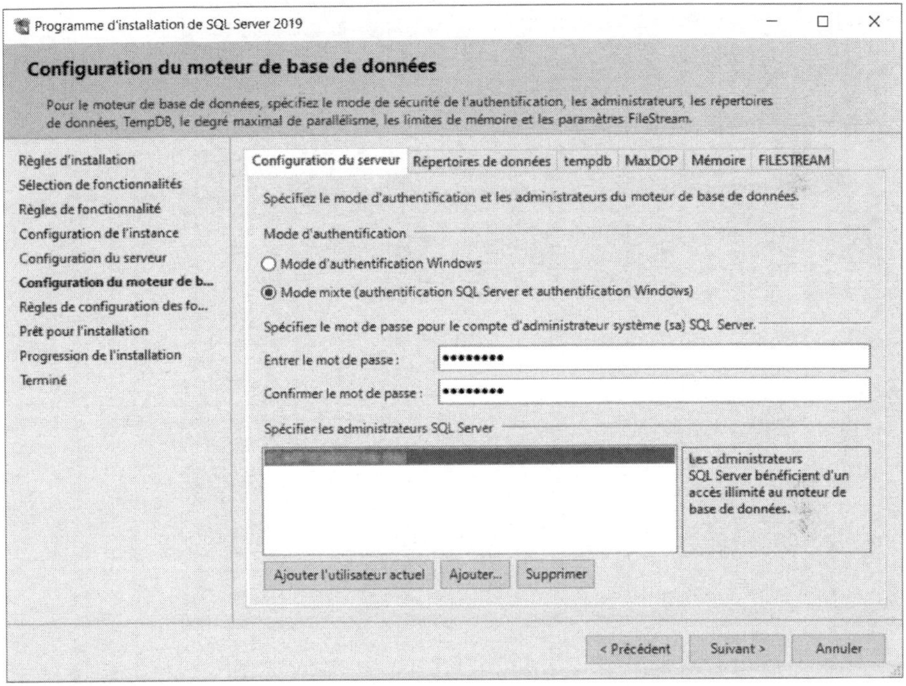

Vous arrivez enfin sur l'écran permettant de lancer l'installation.

1.1.3 SQL Server Management Studio

Une fois votre serveur SQL Server installé, vous pouvez installer SQL Server Management Studio. Pour cela, dans le Centre d'installation SQL Server (qui doit encore être ouvert ou sinon recliquez sur le fichier d'installation), cliquez sur **Installer les outils d'administration de SQL Server**. Cliquez ensuite sur le lien de téléchargement et exécutez l'installeur en tant qu'administrateur.

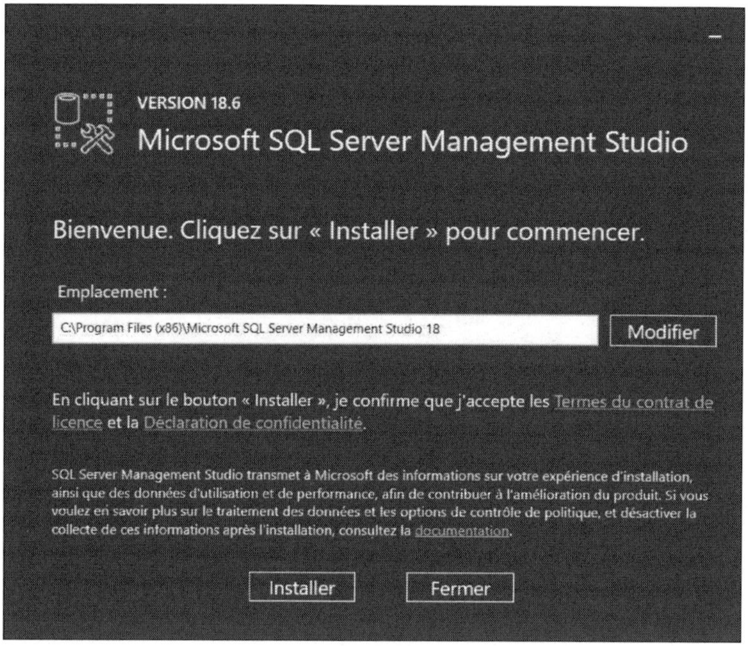

Choisissez l'emplacement pour l'installation et lancez l'installation. Cette installation ne nécessite aucun paramétrage particulier.

1.2 L'utilisation de SQL Server Management Studio

1.2.1 La connexion

Si vous avez choisi un démarrage manuel de votre serveur SQL Server, il faut commencer par le lancer. Pour cela, cliquez sur le bouton Démarrer de Windows puis tapez **Services**. Cliquez sur **Exécuter en tant qu'administrateur**. Recherchez la ligne « SQL Server (MSSQLSERVER) » (si vous n'avez pas changé le nom par défaut de l'instance). Faites un clic droit pour faire apparaître le menu contextuel puis cliquez sur **Démarrer**.

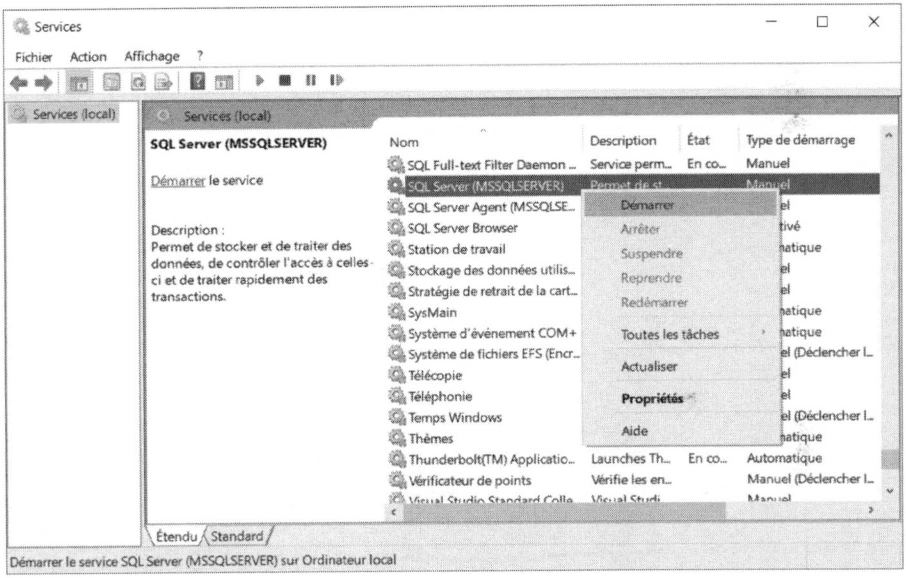

Si vous avez choisi le mode d'authentification mixte, vous avez le choix de vous connecter soit en utilisant l'authentification Windows soit avec l'authentification SQL Server.

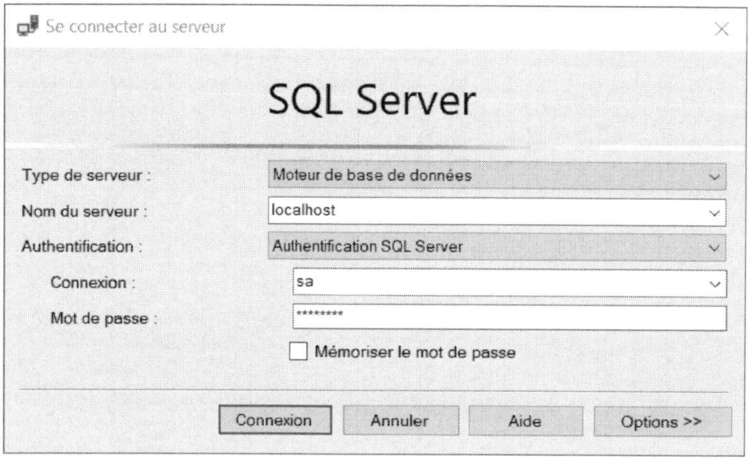

1.2.2 Les fenêtres

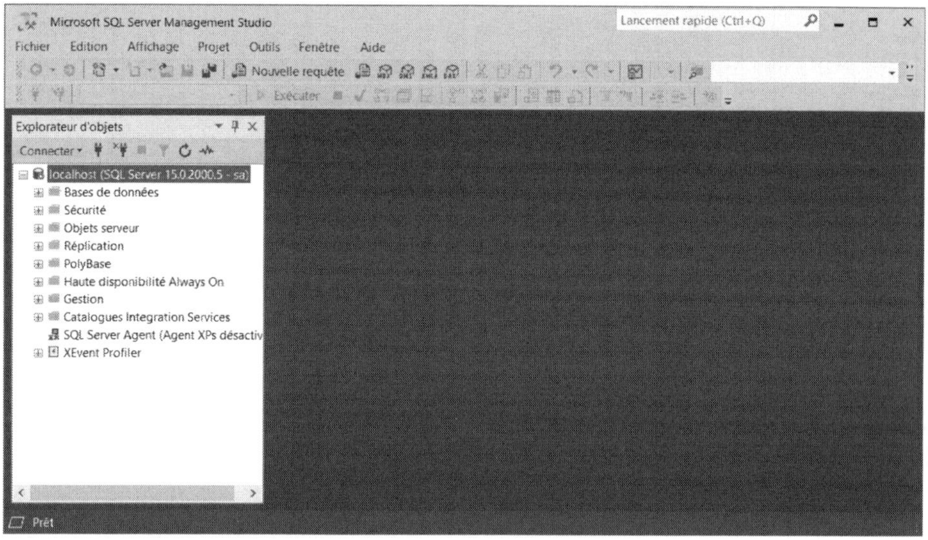

SQL Server Management Studio est organisé autour de différentes fenêtres. l'Explorateur d'objets (situé à gauche par défaut) présente sous forme d'arborescence graphique tous les objets présents sur le serveur auquel nous nous sommes connectés. Bien entendu, la visibilité de ces objets sera fonction des autorisations (cela se nomme privilèges) dont on dispose sur l'instance à laquelle nous sommes connectés. Dans tous les exemples présents dans ce livre, la connexion utilisée dispose de privilèges d'administrateur et dispose donc de la vue la plus large.

Depuis la vue arborescente de l'explorateur d'objets, il faut utiliser le menu contextuel associé à chaque nœud ou objet pour effectuer des opérations. De façon quasi systématique, un double clic sur un nœud correspondant à un objet et non pas à un regroupement d'objets permet d'afficher les propriétés de cet objet. Pour créer un nouvel objet, il est nécessaire de passer par le menu contextuel correspondant au regroupement d'objets du même type.

Exemple

Dans le menu contextuel associé au regroupement **Bases de données**, le choix **Nouvelle base de données** existe et permet de créer une nouvelle base de données de façon graphique.

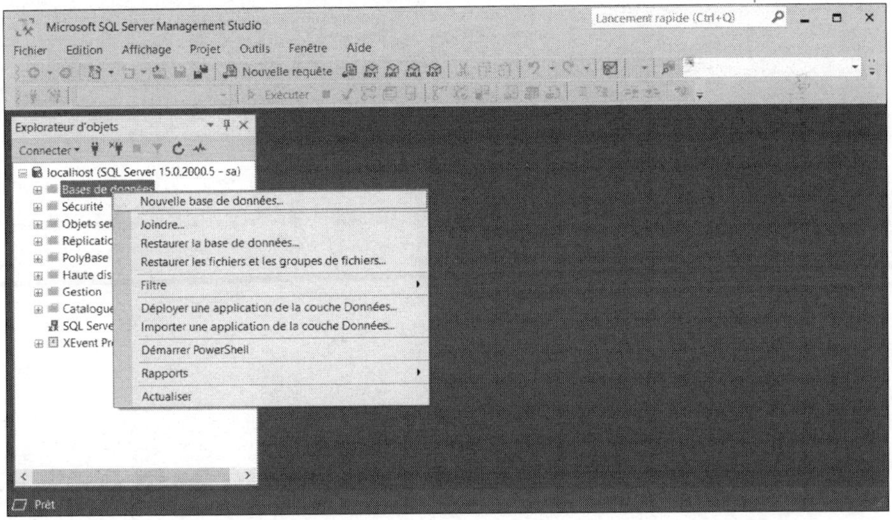

Pour travailler avec les scripts Transact-SQL, il est nécessaire de faire apparaître la fenêtre permettant la saisie et l'exécution de scripts. Plusieurs possibilités sont offertes par SQL Server Management Studio, comme le menu **Fichier** - **Nouveau** - **Requête avec la connexion actuelle**, ou bien le raccourci-clavier [Ctrl] **N**, ou bien encore le bouton **Nouvelle requête** présent dans la barre d'outils de SQL Server Management Studio. Au fur et à mesure de l'utilisation de SQL Server Management Studio, le raccourci-clavier s'avère la méthode la plus efficace.

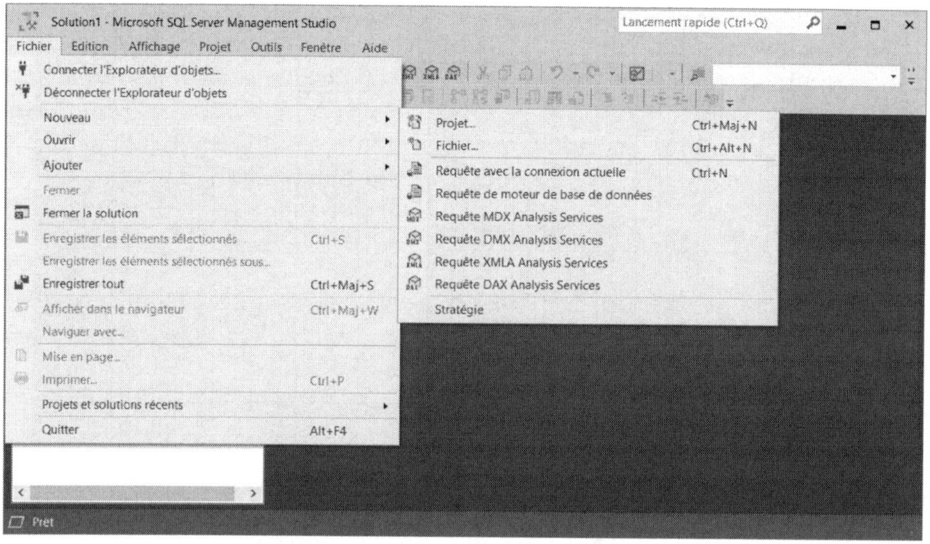

Comme tout environnement de développement moderne, SQL Server Management Studio propose différentes fonctionnalités comme la colorisation automatique des termes clés, l'autocomplétion, ou bien encore le débogage actif des scripts Transact-SQL.

Remarque

Il arrive parfois qu'une erreur soit indiquée alors que le script est correct... Il ne faut pas hésiter à vous faire confiance et à l'exécuter ! Au mieux, le script s'exécute. Au pire, un message d'erreur vous indique ce qui est problématique.

En complément, SQL Server Management Studio propose également des modèles de scripts, la possibilité d'ouvrir de multiples fenêtres de scripts, la présentation des résultats sous forme de texte ou bien de tableaux.

L'exécution des scripts est particulièrement souple. Cette exécution est lancée par l'intermédiaire d'un bouton dans la barre d'outils ▶ (**Exécuter**) ou bien le raccourci-clavier [Ctrl] **E** ou bien la touche [F5]. Il est important de souligner que lorsque simplement une partie du script est mise en surbrillance et qu'une exécution est demandée, alors seule la partie sélectionnée est exécutée.

Dans le cas où une erreur est levée lors de l'exécution, prenez le temps de lire précisément et en entier le message d'erreur affiché. En effet, ces messages d'erreur sont précis et leur simple lecture permet de solutionner rapidement et efficacement bon nombre de problèmes.

Dernier point important pour un très grand nombre d'opérations, SQL Server Management Studio donne la possibilité de les réaliser de façon graphique avec un assistant afin de n'oublier aucune étape. Dans cet ouvrage, les instructions SQL ou Transact-SQL seront présentées en détail et la plupart du temps l'assistant graphique de SQL Server Management Studio bénéficiera d'une présentation plus succincte.

2. Les principes élémentaires de la gestion d'une base de données

2.1 Les trois catégories d'instructions

Microsoft Transact-SQL est un langage de requêtes amélioré par rapport au SQL dont il reprend les bases. Le SQL (*Structured Query Language*) est le langage standard, créé par IBM dans les années 70, pour la gestion des SGBDR (systèmes de gestion de bases de données relationnelles).

Trois catégories d'instructions composent le langage SQL :

- Le langage de définition de données (*Data Description Language* - DDL) permettant la création, la modification et la suppression des objets SQL (TABLE, INDEX, VIEW, PROCEDURE, etc.).
- Le langage de manipulation de données (*Data Manipulation Language* - DML) fournissant les instructions de création, de mise à jour, de suppression et d'extraction des données stockées.
- Le langage de contrôle d'accès aux données (*Data Control Language* - DCL) pour la gestion des accès aux données, des transactions et de la configuration des sessions et des bases.

De plus, le Transact-SQL prend en compte des fonctionnalités procédurales telles que la gestion des variables, les structures de contrôle de flux, les curseurs et les lots d'instructions. C'est donc un langage complet qui comporte des instructions, qui manipule des objets SQL, qui permet d'effectuer de la programmation procédurale et qui utilise des expressions.

À l'aide du Transact-SQL, il est possible de définir des fonctions et des procédures qui sont directement exécutées sur le serveur de base de données. Ce type de procédures et fonctions est particulièrement intéressant lorsque le traitement nécessite de manipuler un volume d'informations important pour produire le résultat. De même, le développement en Transact-SQL est parfaitement adapté dans un cadre de partage de fonctionnalités car les procédures et fonctions hébergées par le serveur peuvent être exécutées depuis un environnement client quelconque (.NET, Java...).

2.2 Les instructions

Dans la norme SQL, les instructions se terminent par un point-virgule. SQL Server permet d'omettre ce caractère, mais il est recommandé de rester au plus proche de la norme pour pouvoir facilement passer d'un SGBDR à un autre avec un minimum de changements à apporter.

Le SQL ne fait pas la distinction entre les majuscules et les minuscules sauf à l'intérieur d'une chaîne de caractères ou d'un identificateur délimité.

Exemple

```
SELECT * FROM Articles;
select * from articles;
sElEcT * fRoM aRtIcLeS;
```

Ces trois instructions sont totalement équivalentes.

Une bonne pratique recommande de mettre les mots-clés tout en majuscules pour bien les distinguer du reste. Ceci est la convention utilisée dans ce livre.

2.3 Les commentaires

Dans tous les scripts SQL, il est possible de mettre des commentaires. Tous les caractères après -- et jusqu'à la fin de la ligne sont ignorés. Pour faire un commentaire au milieu d'une ligne ou sur plusieurs lignes, il faut utiliser /* pour commencer le commentaire et le terminer par */.

Exemple

```
-- commentaire jusqu'à la fin de la ligne
/* tout
ceci est en commentaire */
```

2.4 Les identificateurs

Tous les objets créés (bases de données, tables, vues, procédures...) dans SQL Server sont parfaitement identifiés par leur nom qui est utilisé en tant qu'identificateur. En effet, deux objets de même type ne peuvent pas avoir le même nom s'ils sont définis au même niveau. Par exemple, sur une instance de SQL Server, il n'est pas possible d'avoir deux tables avec le même nom dans une même base de données ; par contre, c'est totalement possible si les tables sont définies dans deux bases distinctes. C'est à partir de l'identificateur qu'il est possible de manipuler via le SQL les objets. Il est donc important de définir correctement ces identificateurs.

Les identificateurs sont composés de 1 à 128 caractères. Ils commencent toujours par une lettre ou l'un des caractères suivants : _, @, #.

Les caractères suivants sont des caractères alphanumériques.

Bien entendu, aucun identificateur ne peut correspondre à un mot-clé du Transact-SQL.

Il existe deux catégories d'identificateurs : les réguliers et les délimités.

Les identificateurs réguliers

Cette catégorie d'identifiant est la plus communément utilisée et c'est celle à privilégier. En effet, ce type d'identifiant est présent dans toutes les bases et présente beaucoup de souplesse au niveau de l'écriture des requêtes car la casse n'est pas conservée.

Exemple

```
ENIEditions, RessourcesInformatiques
```

Les identificateurs délimités

Cette catégorie d'identificateur permet de conserver des caractères spéciaux dans les identificateurs comme les caractères accentués, les espaces, etc., mais également de conserver la casse. Ces identificateurs sont utilisés entre des crochets [ ] ou bien des guillemets " ". L'utilisation de ce type d'identificateur ne permet que rarement de gagner en clarté car l'écriture des requêtes est plus lourde. Il est donc préférable d'utiliser des identificateurs réguliers.

Exemple

```
[ENI éditions], "Ressources Informatiques", ...
```

2.5 Les instructions du Data Definition Language

Les instructions du Data Definition Language (DDL) sont celles qui permettent de manipuler les éléments structurant de la base de données. Elles permettent de créer des objets (bases de données, tables, vues, procédures...), de les modifier et de les supprimer.

2.5.1 La création

L'instruction CREATE permet de créer un objet. Cela peut être pour créer une table (CREATE TABLE), un utilisateur (CREATE USER), un index (CREATE INDEX), une procédure (CREATE PROCEDURE), une vue (CREATE VIEW), un schéma (CREATE SCHEMA)...

Par exemple, pour créer une base de données, il faut utiliser la syntaxe suivante :

```
CREATE DATABASE nom_base [;]
```

Exemple

```
CREATE DATABASE GesCom;
```

Elle utilisera les options par défaut, ce qui pour une simple base de développement est souvent suffisant. Le paramétrage plus avancé pour la création d'une base de données est présenté à la section La création d'une base de données de ce chapitre.

Pour créer une base de données, il faut être connecté en tant qu'administrateur système, ou avoir la permission d'utiliser l'instruction CREATE DATABASE, et être dans la base de données système master.

L'objet DATABASE doit être créé en premier lieu.

Le nom de la base de données doit être unique dans une instance SQL Server. Ce nom est limité à 128 caractères en respectant les règles de construction des identificateurs. Cette longueur maximale est réduite à 123 caractères si le nom du journal n'est pas précisé lors de la création de la base.

2.5.2 Le contexte d'exécution

L'exécution d'une requête dépend de son contexte, c'est-à-dire sur quelle base de données la requête doit être exécutée. Dans SQL Server Management Studio, la base de données utilisée comme contexte est indiquée juste avant le bouton d'exécution.

Il est possible de changer la base de données de contexte d'exécution graphiquement en sélectionnant celle de son choix dans la liste ou en utilisant l'instruction USE.

Syntaxe

```
USE nom_base [;]
```

Exemple

```
USE GesCom;
```

Vous remarquerez que le contexte a été mis à jour à côté du bouton d'exécution.

Remarque

Lorsque vous avez une erreur (une table inexistante, par exemple), ayez toujours le réflexe de vérifier si le contexte d'exécution correspond bien à la base de données souhaitée !

La création d'une base de données et l'utilisation de celle-ci comme contexte d'exécution ne peuvent être réalisées dans le même lot d'instructions. Il est nécessaire qu'elles soient séparées par l'instruction GO.

Exemple

```
CREATE DATABASE GesCom2;
GO
USE GesCom2;
```

Remarque

GO n'est ni une instruction SQL ni une instruction Transact-SQL. Il s'agit d'une commande permettant de signaler la fin d'un lot d'instructions. Il n'y a donc pas de point-virgule après. Cette commande est présentée dans le chapitre Transact-SQL : le langage procédural.

2.5.3 La modification

L'instruction ALTER permet de modifier un objet existant.

Par exemple, pour modifier le nom d'une base de données, il faut utiliser l'instruction suivante :

Syntaxe

```
ALTER DATABASE {nomBase | CURRENT} MODIFY NAME = nouveauNomBase [ ; ]
```

CURRENT

Ce mot-clé permet d'indiquer que l'instruction ALTER DATABASE porte sur la base depuis laquelle l'instruction est exécutée.

Exemple

```
ALTER DATABASE CURRENT MODIFY NAME = GestionCommerciale;
```

2.5.4 La suppression

L'instruction DROP, quant à elle, permet de supprimer un élément existant.

Par exemple, voici la syntaxe pour supprimer une base de données :

```
DROP DATABASE nom_base [;]
```

Exemple

```
USE master;
DROP DATABASE GestionCommerciale;
```

Remarque

L'instruction USE master permet de ne pas garder comme contexte d'exécution la base de données à supprimer. Cela revient à scier la branche sur laquelle nous sommes assis !

3. Les tables

Une table représente une structure logique dans laquelle les données vont être enregistrées. Pour permettre une bonne organisation des informations, chaque table est constituée de colonnes ou attributs afin de structurer les données. Chaque attribut est caractérisé par son identificateur qui est unique à l'intérieur de la table et par son type de données. Une application va donc utiliser plusieurs tables différentes et les données seront enregistrées dans ces différentes tables. Pour garantir la cohérence des données, il est nécessaire de définir des contraintes au niveau de la structure des tables. De telles contraintes sont appelées contraintes d'intégrité.

Les trois opérations de gestion de table sont la création (CREATE TABLE), la modification (ALTER TABLE) et la suppression (DROP TABLE). Ces opérations peuvent être réalisées avec un script SQL ou par un assistant graphique de SQL Server Management Studio. Ces opérations sur les tables affectent directement la structure de la base de données et il est nécessaire de disposer de privilèges SQL Server suffisants comme être membre du rôle de base de données db_owner (ce qui équivaut à être reconnu comme le propriétaire de la base) ou bien de disposer du privilège d'exécuter l'instruction CREATE TABLE sur la base de données courante.

Bien entendu, l'administrateur du serveur SQL Server peut créer des tables comme il le souhaite.

3.1 La création

L'étape de création des tables est une étape importante de la conception de la base, car les données sont organisées par rapport aux tables. Cette opération est ponctuelle et elle est en général réalisée par l'administrateur (DBA : *DataBase Administrator*) ou tout au moins par la personne chargée de la gestion de la base. La création d'une table permet de définir les colonnes (nom et type de données) qui la composent ainsi que les contraintes d'intégrité. De plus, il est possible de définir des colonnes calculées, un ordre de tri spécifique à la colonne ainsi que la destination des données de type texte ou image.

La structure de la base de données aura un impact direct sur la performance générale de l'application, car il sera possible ou non d'écrire des requêtes simples ou bien d'indexer de façon performante certaines colonnes. Il est donc important de concevoir le schéma des données en tenant compte de la façon dont vont être utilisées les données.

Toutes les informations relatives à la structure des tables sont stockées dans les tables système. Il est donc possible d'aller lire ces informations afin par exemple de prendre connaissance de la structure d'une ou plusieurs tables. SQL Server Management Studio interroge ces tables pour proposer une interface graphique. Il est possible d'interroger ces tables de façon indirecte par l'intermédiaire de la procédure **sp_help**. L'utilisation de cette procédure évite d'interroger directement les tables et vues système.

Une version simplifiée de l'instruction CREATE TABLE est proposée ci-dessous.

Syntaxe

```
CREATE TABLE [nom_schema.] nom_table
( nom_colonne {type_colonne|AS expression_calculée}
[, nom_colonne ... ][,contraintes...])
[ON groupe_fichiers]
[TEXTIMAGE_ON groupe_fichiers][;]
```

`nom_schema`

Nom du schéma dans lequel la table va être définie. Les schémas sont présentés à la section Les schémas de ce chapitre.

`nom_table`

Identificateur choisi comme nom pour cette table. Peut être sous la forme nomBase.nomSchéma.nomTable.

Remarque

En utilisant le nom complet de la table, soit nomBase.nomSchéma.nomTable, il est possible de créer une table sur une base différente de celle depuis laquelle le script est exécuté.

`nom_colonne`

Identificateur utilisé comme nom de la colonne qui doit être unique dans la table.

`type_colonne`

Type système ou type défini par l'utilisateur. Les types sont présentés dans la prochaine section.

`contraintes`

Règles d'intégrité qui doivent être vérifiées (traitées dans la section Les contraintes de ce chapitre).

`groupe_fichiers`

Groupe de fichiers sur lequel va être créée la table. Les groupes de fichiers sont présentés à la section La gestion de l'objet DATABASE de ce chapitre.

`AS expression_calculée`

Définit le calcul à effectuer pour obtenir la valeur pour cet attribut (cf. section Les colonnes calculées de ce chapitre).

`TEXTIMAGE_ON`

Permet de préciser le groupe de fichiers destination pour les données de type texte et image. Le stockage des images est exposé dans le chapitre Les types évolués de ce livre.

Remarque

Le nombre maximal de colonnes par table est de 1024. La longueur maximale d'une ligne est de 8060 octets (sans compter les données texte ou image).

Exemples

Création de la table Articles :

```
CREATE TABLE Articles(
idArticles   INT,
designation  VARCHAR(50),
prixHT       NUMERIC(8,2)
);
```

Affichage des informations sur la table à l'aide de la procédure stockée **sp_help** :

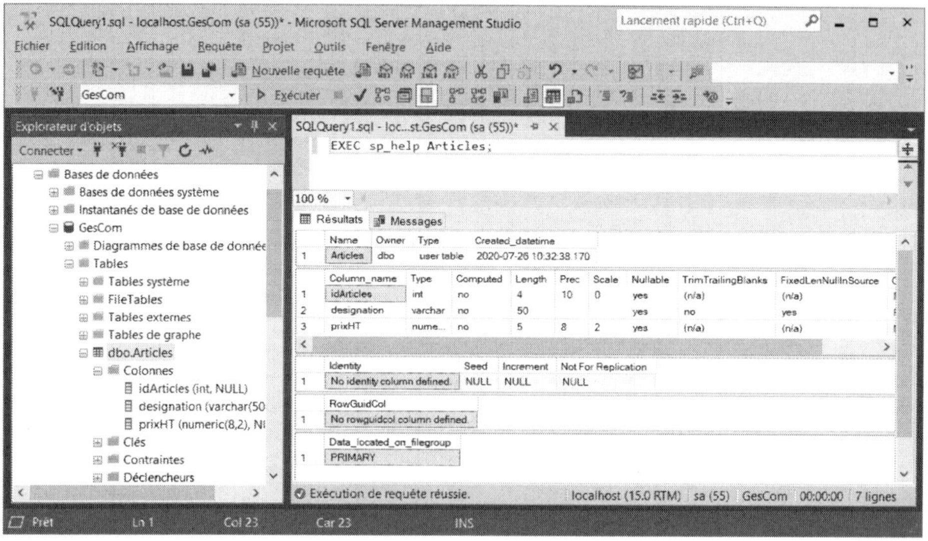

La création de table peut également être réalisée de façon entièrement graphique depuis SQL Server Management Studio. Pour permettre cette création de table, il suffit de sélectionner l'option **Nouveau - Table** depuis le menu contextuel associé au nœud **Tables** depuis l'Explorateur d'objets comme illustré ci-après.

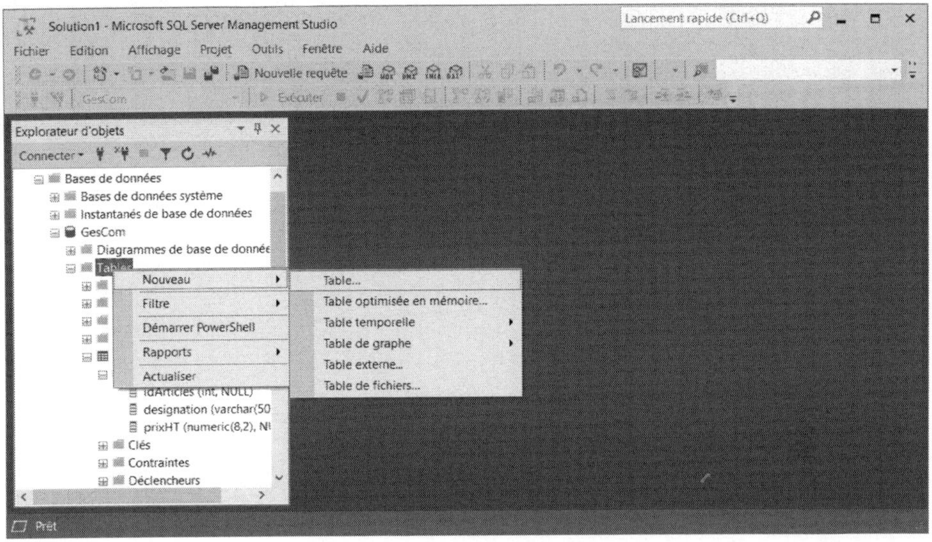

Création de la table Clients (depuis l'interface graphique). Le nom de la table est choisi au moment d'enregistrer.

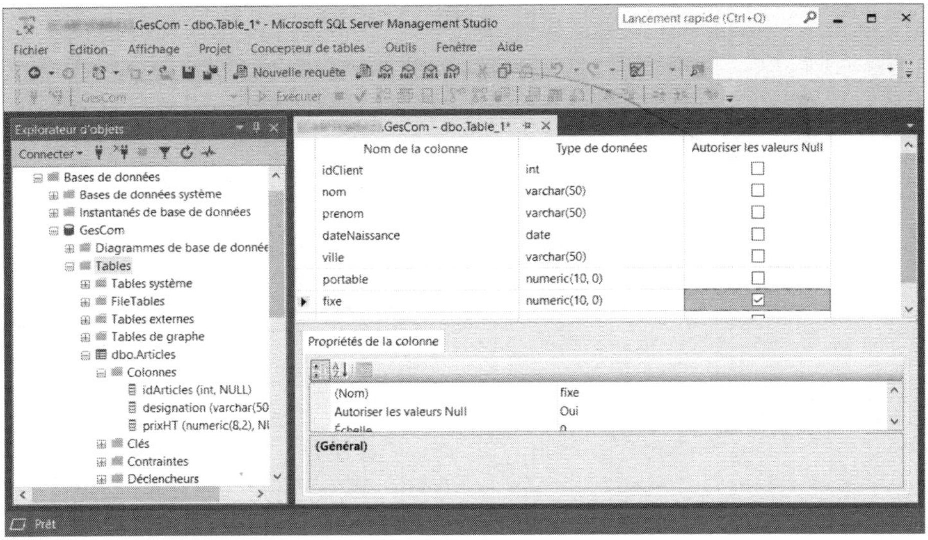

3.2 Les types de données

Lors de la définition d'une colonne, on précisera le format d'utilisation de la donnée ainsi que le mode de stockage par le type de la colonne.

3.2.1 Les chaînes de caractères

`char[(n)]`

Chaîne de caractères de longueur fixe, de maximum n octets. Par défaut 1, maximum 8000. L'encodage des caractères dépend de la valeur choisie pour COLLATE (cf. section La gestion de l'objet DATABASE de ce chapitre). Pour les caractères les plus courants généralement 1 caractère utilise 1 octet, mais ce n'est pas toujours le cas...

Les littéraux pour les chaînes de caractères sont encadrés de simples quotes (apostrophes) alors que dans beaucoup de langages de programmation sont utilisées les doubles quotes (guillemets).

Exemple : 'Nantes'

`VARCHAR(n|MAX)`

Chaîne de caractères à longueur variable, de maximum n caractères, par défaut 1 et jusqu'à 8000 octets. Il est même possible, en choisissant MAX, que la variable contienne des données de type texte allant jusqu'à 2^{31} - 1 octets...

L'espace occupé sur le disque correspond au nombre de caractères multiplié par la taille encodant un caractère plus deux octets.

Remarque

Depuis SQL Server 2019, les types CHAR et VARCHAR supportent l'encodage en Unicode avec de l'UTF-8. Pour cela, il faut définir COLLATE avec une valeur terminée par _UTF8 par exemple, Latin1_General_100_CI_AI_SC_UTF8.

`NCHAR[(n)]`

Chaîne de caractères Unicode, maximum 4000 caractères simples. L'encodage est effectué en UTF-16. La valeur de n correspond au nombre de couples d'octets puisqu'en UTF-16 un caractère est codé au minimum sur deux octets.

`NVARCHAR(n|MAX)`

Chaîne de caractères Unicode, maximum 4000 caractères simples. En choisissant MAX, la variable peut contenir des données de type texte allant jusqu'à 2^{30} - 1 octets.

Remarque

Le type sysname, qui est rencontré lorsque l'on travaille avec les tables système, est utilisé pour référencer les noms d'objets. Ce type est identique à un NVARCHAR(128) avec pour particularité que les valeurs non renseignées (NULL) sont interdites.

3.2.2 Les valeurs numériques

`DECIMAL[(p[,d])]`

Numérique exact de précision p (nombre de chiffres total), avec d chiffres à droite de la virgule.

p est compris entre 1 et 38, 18 par défaut.

d est compris entre 1 et p, 0 par défaut.

Exemple : pour décimal (8,3) l'intervalle admis sera de -99999,999 à +99999,999.

Les valeurs sont gérées de -10^{38} à 10^{38} -1.

`NUMERIC[(p[,d])]`

Identique à `DECIMAL`. Ces types sont synonymes.

`BIGINT`

Type de données entier codé sur 8 octets. Les valeurs stockées avec ce type de données sont comprises entre -2^{63} (-9 223 372 036 854 775 808) et 2^{63}-1 (9 223 372 036 854 775 807).

`INT`

Nombre entier entre -2^{31} (-2147783648) et $+2^{31}$-1 (+2147483647). Le type de données **INT** est spécifique SQL Server et son synonyme **INTEGER** est quant à lui dans la norme SQL.

`SMALLINT`

Nombre entier entre -2^{15} (-32768maxmaxmaxmax 2^{15}-1 (+32767).

`TINYINT`

Nombre entier positif entre 0 et 255.

`FLOAT[(n)]`

Numérique approché de n chiffres, n allant de 1 à 53.

`REAL`

Identique à `float(24)`.

`MONEY`

Numérique au format monétaire compris entre -922 337 203 685 477,5808 et +922 337 203 685 477,5807 (8 octets).

`SMALLMONEY`

Numérique au format monétaire compris entre -214 748,3648 et +214 748,3647 (4 octets).

3.2.3 Les valeurs binaires

`BINARY[(n)]`

Donnée binaire sur n octets (1 à 8000), la longueur est fixe.

`VARBINARY (n|MAX)`

Donnée binaire de longueur variable de n octets (1 à 8000). L'option `MAX` permet de réserver un espace de 2^{31} -1 octets au maximum.

3.2.4 Les dates

Pour la gestion des données de types date et heure, SQL Server propose des types de données afin d'optimiser le stockage. Ces types de données permettent une gestion plus fine des données de types date et heure. Tout d'abord, il existe des types particuliers pour stocker les données de type heure et d'autres types pour stocker les données de type date. Cette séparation est bénéfique car elle permet de donner plus de précision tout en limitant l'espace utilisé par les données de tel ou tel type. Par exemple, est-il nécessaire de conserver des données de type heure, minute et seconde lorsque seule la date de naissance d'un client doit être conservée ? Sans aucun doute, non. Le simple fait de conserver ces informations peut induire des erreurs par la suite, lors de la réalisation de calculs. Il est donc plus raisonnable et plus performant d'adopter pour cette donnée, un type qui ne conserve que la date.

Ces types de données, pour les données de type date et heure, permettent une meilleure compatibilité avec les autres systèmes de gestion de données et faciliter les opérations de reprise de données.

Bien entendu, SQL Server offre la possibilité avec les types `datetime2` et `datetimeoffset` de conserver des informations de type date et heure de façon simultanée.

Le type `datetimeoffset` permet non seulement de stocker des informations de type date et heure avec une précision pouvant aller jusqu'à 100 nanosecondes, mais en plus c'est l'heure au format UTC qui est conservée ainsi que le décalage (en nombre d'heures) entre cette heure UTC et la zone horaire depuis laquelle travaille l'utilisateur qui introduit les informations dans la base.

Remarque

Les types `datetime` et `smalldatetime` sont toujours présents dans SQL Server, mais il est préférable de privilégier les types `time`, `date`, `datetime2` et `datetimeoffset` dans les nouveaux développements. En effet, ces types offrent plus de précision et un meilleur respect des standards SQL.

`DATETIME`

Permet de stocker une date et une heure sur 8 octets. 4 pour un nombre de jours par rapport au 1er janvier 1900, 4 pour un nombre de millisecondes après minuit. Les dates sont gérées du 1er janvier 1753 au 31 décembre 9999. Les heures sont gérées avec une précision de 3,33 millisecondes.

`SMALLDATETIME`

Permet de stocker une date et une heure sur 4 octets. Les dates sont gérées du 1er janvier 1900 au 6 juin 2079, à la minute près.

`DATETIME2`

Plus précis que le type `datetime`, il permet de stocker une donnée de type date et heure comprise entre le 01/01/0001 et le 31/12/9999 avec une précision de 100 nanosecondes.

`DATETIMEOFFSET`

Permet de stocker une donnée de type date et heure comprise entre le 01/01/0001 et le 31/12/9999 avec une précision de 100 nanosecondes. Les informations horaires sont stockées au format UTC et le décalage horaire est conservé afin de retrouver l'heure locale renseignée initialement.

`DATE`

Permet de stocker une date comprise entre le 01/01/0001 et le 31/12/9999 avec une précision d'une journée.

`TIME`

Permet de stocker une donnée positive de type heure inférieure à 24h00 avec une précision de 100 nanosecondes.

3.2.5 Les autres types

`BIT`

Valeur entière pouvant prendre les valeurs 0, 1 ou NULL. Ce type permet de stocker en particulier les valeurs booléennes (vrai ou faux).

Si une table compte jusqu'à 8 colonnes de type bit alors un seul octet est utilisé sur le disque dur.

ROWVERSION

Donnée dont la valeur est mise à jour automatiquement lorsque la ligne est modifiée ou insérée.

UNIQUEIDENTIFIER

Valeur hexadécimale sur 16 octets. Ce type de données permet d'obtenir des valeurs uniques en s'appuyant sur la fonction NEWID(). La probabilité d'obtenir une valeur dupliquée est extrêmement faible.

SQL_VARIANT

Le type de données **sql_variant** permet de stocker n'importe quel type de données à l'exception des données de type **text**, **ntext** et **sql_variant**. Si une colonne utilise ce type de données, les différentes lignes de la table peuvent stocker dans cette colonne des données de type différent. Une colonne de type **sql_variant** peut posséder une longueur maximale de 8016 octets. Avant d'utiliser une valeur stockée au format **sql_variant** dans une opération, il est nécessaire de convertir les données dans leur format d'origine. Les colonnes utilisant le type **sql_variant** peuvent participer à des contraintes de clés primaires, de clés étrangères ou d'unicité, mais les données contenues dans la clé d'une ligne ne peuvent excéder les 900 octets (limite imposée par les index). **sql_variant** ne peut pas être utilisé dans les fonctions CONTAINSTABLE et FREETEXTTABLE.

TABLE

C'est un type de données particulier qui permet de stocker et de renvoyer un ensemble de valeurs en vue d'une utilisation future. Le mode principal d'utilisation de ce type de données est la création d'une table temporaire.

XML

Ce type permet de stocker un document XML dans une colonne au sein d'une table relationnelle.

Remarque

L'utilisation du type XML est détaillée au chapitre Les types évolués - Le format XML.

HIERARCHYID

Ce type de données permet de stocker une structure hiérarchique dans une table relationnelle. L'utilisation de données de ce type est présentée dans le chapitre Les types évolués - Les structures hiérarchiques.

Remarque

Les types `text`, `ntext` et `images` sont maintenus pour des raisons de compatibilité. Il faut maintenant leur préférer `varchar(max)`, `nvarchar(max)` et `varbinary(max)`.

3.2.6 Les synonymes pour coller à la norme

SQL Server propose également un certain nombre de synonymes par rapport à ses propres types de base. Les synonymes sont souvent présents pour assurer la compatibilité avec la norme SQL.

Synonyme	Type SQL Server
Caractères	
char varying	varchar
character(*n*)	char(*n*)
character varying(*n*)	varchar(*n*)
national character(*n*)	nchar(*n*)
national char(*n*)	nchar(*n*)
national character varying(*n*)	nvarchar(*n*)
national char varying(*n*)	nvarchar(*n*)
national text	ntext
Numériques	
dec	decimal
double precision	float
integer	int
Binaires	
binary varying	varbinary

3.2.7 Les types de données définis par l'utilisateur

Il est possible de définir ses propres types de données, soit par l'intermédiaire de SQL Server Management Studio, soit par la commande CREATE TYPE.

Remarque

*Les procédures stockées **sp_addtype** et **sp_droptype** sont maintenues pour des raisons de compatibilité ascendante. Microsoft recommande de ne plus les utiliser car elles ne seront sans doute plus présentes dans les versions à venir de SQL Server.*

Syntaxe (création)

```
CREATE TYPE nomType
{FROM typeDeBase [ ( longueur [ , precision ] )  ]
    [ NULL | NOT NULL ]
  | EXTERNAL NAME nomAssembly [ .nomClasse]
} [ ; ]
```

Il est possible de définir un type de données en s'appuyant sur un type existant ou sur la définition d'une classe. Cette dernière option est liée à l'intégration du CLR dans SQL Server.

Pour être en mesure d'intégrer dans SQL Server un type défini dans une classe, plusieurs conditions doivent être remplies. Tout d'abord, SQL Server doit être configuré pour exécuter du code CLR (*Common Language Runtime*). Pour cela, il faut activer l'option **clr_enabled** par l'intermédiaire de la procédure **sp_configure**. Afin de rendre le serveur plus performant, cette option est désactivée par défaut. Ensuite l'assembly généré par Visual Studio doit être intégré dans SQL Server. C'est donc l'instruction **CREATE ASSEMBLY** qui est utilisée dans ce but. Cela est présenté au chapitre Le Common Language Runtime (CLR).

Syntaxe (suppression)

```
DROP TYPE [ schema_name. ] type_name [ ; ]
```

Un type ne pourra pas être supprimé s'il est utilisé dans une table de la base où il a été créé.

Exemples

Création d'un type pour les colonnes telles que nom, prenom, etc. :

```
CREATE TYPE chaine30
FROM VARCHAR(30);
```

Création d'un type pour des valeurs entre -999 et +999 :

```
CREATE TYPE entier3
FROM NUMERIC(3) NOT NULL;
```

Demander la création d'un nouveau type de données depuis SQL Server Management Studio :

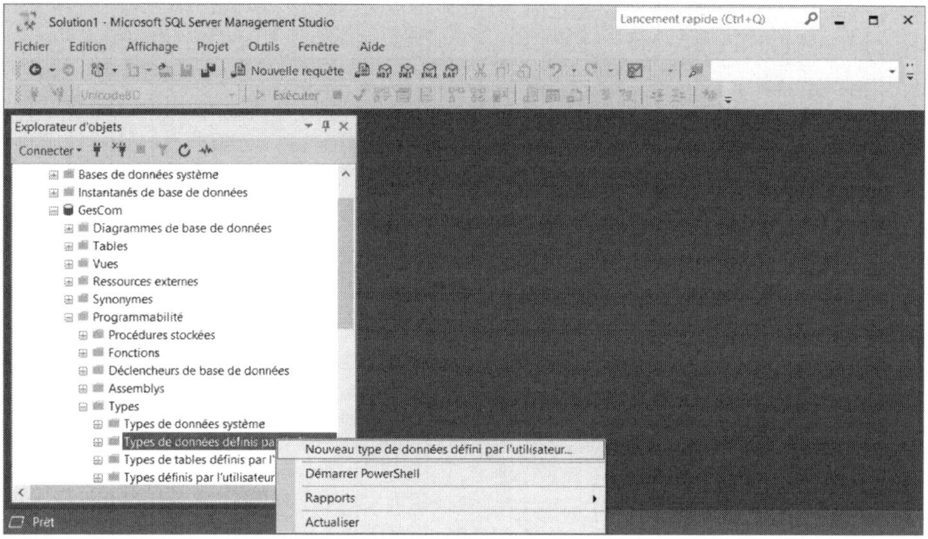

Définition du nouveau type de données "euro" depuis SQL Server Ma
ment Studio :

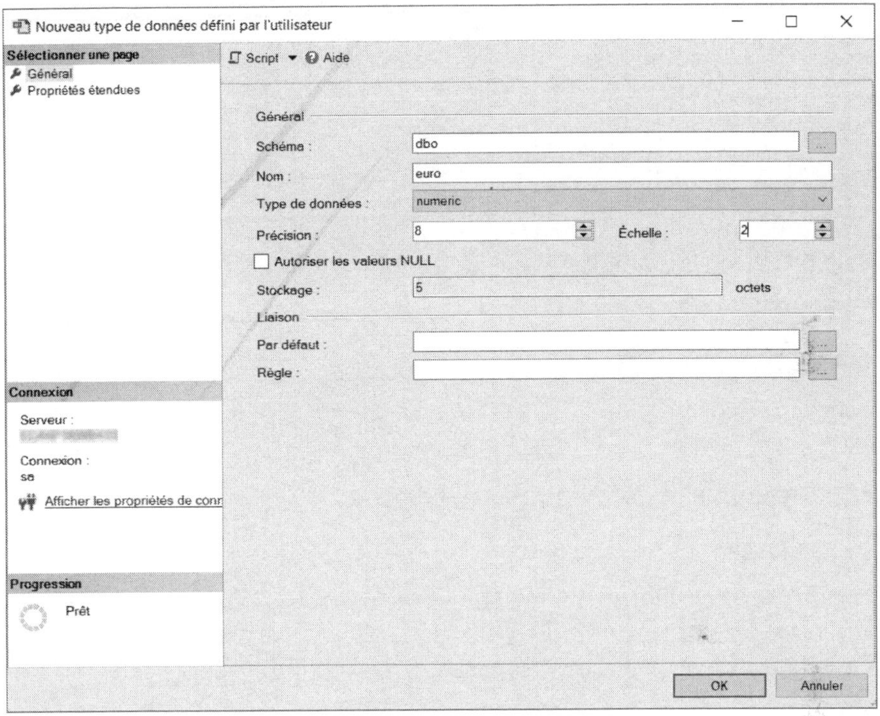

Au niveau Transact-SQL, l'instruction CREATE TYPE permet également de créer des types composés de plusieurs champs. Ces types sont fréquemment nommés "types structurés" dans les langages de programmation.

En ce qui concerne SQL Server, l'instruction CREATE TYPE permet de créer un type TABLE ou tableau. Chaque colonne qui participe à la définition de ce nouveau type est définie sur le même principe qu'une colonne dans une table. Ainsi, il est possible de définir les contraintes d'intégrité de clé primaire (PRIMARY KEY), d'unicité (UNIQUE), de validation (CHECK) et de non-nullité. Ces contraintes peuvent être définies au niveau de la colonne ou bien de la table. Il est également possible de définir une colonne avec IDENTITY. Les contraintes sont présentées à la section Les contraintes de ce chapitre et IDENTITY à la section Les valeurs auto-incrémentées.

L'instruction CREATE TYPE permet ainsi de créer des types dits fortement typés car les contraintes d'intégrité permettent une définition plus précise du format possible des données.

L'introduction de ce nouveau type va permettre de définir des paramètres de fonctions ou procédures de type tableau. On parlera alors d'un `table value parameter`.

Syntaxe

```
CREATE TYPE nom_type AS TABLE (
colonne type_colonne[contrainte_colonne], ...)
```

`nom_type`

Nom du type ainsi créé.

`colonne`

Nom de la colonne qui participe à la définition de ce nouveau type. Il est bien sûr possible de définir plusieurs colonnes.

`type_colonne`

Type de données Transact-SQL sur lequel est définie la colonne. Toutes les colonnes d'un même type de table ne sont pas forcément définies sur le même type ni avec la même précision.

`contrainte_colonne`

Définition de la contrainte d'intégrité associée à la colonne.

Exemple

Dans l'exemple suivant, un type représentant un individu est défini. Ce type est composé des champs civilité, nom et prénom. Pour le champ civilité, seules certaines valeurs sont autorisées.

```
CREATE TYPE individu AS TABLE(
civilite      CHAR(3) CHECK(civilite IN('Mle', 'Mme', 'M.')),
nom           VARCHAR(50),
prenom        chaine30
```

3.2.8 Les attributs requis

Les valeurs obligatoires sont indiquées au niveau de la définition de l'attribut.

```
CREATE TABLE nomtable (nomcolonne type
[{NULL | NOT NULL}] [? ...])[;]
```

`NOT NULL`

Spécifie que la colonne doit être valorisée en création ou en modification.

`NULL`

Spécifie que la colonne est complétée de manière facultative en création ou en modification.

Exemple

```
CREATE TABLE Clients(
idClient            INT             NOT NULL,
nom                 VARCHAR(50)     NOT NULL,
prenom              VARCHAR(50)     NOT NULL,
dateNaissance       DATE            NULL,
ville               VARCHAR(50)     NOT NULL,
portable            NUMERIC(10)     NULL,
fixe                NUMERIC(10)     NULL
);
```

Il est préférable de préciser systématiquement NULL ou NOT NULL, car les valeurs par défaut de cette propriété dépendent de beaucoup de facteurs :

- Pour un type de données défini par l'utilisateur, c'est la valeur spécifiée à la création du type.
- Les paramètres de session ANSI_NULL_DFLT_ON ou ANSI_NULL_DFLT_OFF peuvent être activés par la commande SET.
- Le paramètre de base de données 'ANSI NULL' peut être positionné.

Depuis SQL Server 2005, il est possible de modifier la contrainte de NULL/NOT NULL avec une commande ALTER TABLE pour une colonne qui existe déjà. Bien entendu, les données déjà présentes dans la table doivent respecter ces contraintes.

Les modifications sur les tables sont présentées à la section La modification de ce chapitre.

3.3 Les contraintes

Les contraintes permettent de mettre en œuvre l'intégrité déclarative en définissant des contrôles de valeur au niveau de la structure de la table elle-même.

La définition des contraintes se fait sous forme de script par l'intermédiaire des instructions CREATE et ALTER TABLE. Il est également possible de les définir depuis un assistant de SQL Server Management Studio.

Il est recommandé de passer, lorsque cela est possible, par des contraintes d'intégrité à la place de déclencheurs de base de données, car les contraintes d'intégrité sont normalisées et elles limitent le codage, donc le risque d'erreur. Elles sont intégrées dans la définition de la structure de la table et leur vérification est plus rapide que l'exécution d'un déclencheur.

3.3.1 Le positionnement des contraintes

Les contraintes de clé primaire, de clé secondaire, de clé étrangère et de vérification peuvent être positionnées à deux emplacements dans la création d'une table :

```
CREATE TABLE [nom_schema.] nom_table
( nom_colonne type_colonne contrainte_niveau_colonne
[,nom_colonne ... ][, contrainte_niveau_table...])
```

La première possibilité est que la contrainte soit positionnée au niveau de la déclaration d'un attribut. C'est-à-dire qu'il n'y a pas de virgule entre la définition de la colonne et la contrainte. Cela se nomme une contrainte de niveau attribut ou de niveau colonne. Dans ce cas, la contrainte ne peut porter que sur cet attribut dans la table.

La seconde possibilité est que la contrainte soit positionnée seule. C'est-à-dire qu'il y a au moins une virgule entre cette contrainte et la déclaration d'un attribut. Cela se nomme une contrainte de niveau table. Il est possible avec ce positionnement que la requête concerne plusieurs attributs de cette table.

3.3.2 Le nommage des contraintes

Les contraintes peuvent être nommées, qu'elles soient positionnées au niveau colonne ou au niveau table. Pour cela, il faut précéder leur définition du mot-clé CONSTRAINT et du nom choisi pour la contrainte.

Bien que cela ne soit pas une obligation, cela est fortement conseillé, car sinon le nom de la contrainte est généré automatiquement. Ce nom est utile pour pouvoir manipuler la contrainte (la supprimer, par exemple), mais ce nom est également affiché dans le message d'erreur lorsqu'elle n'est pas respectée.

Les requêtes peuvent être nommées à notre convenance à condition que cela respecte les règles des identificateurs. Néanmoins, pour s'y retrouver aisément, des conventions de nommage sont généralement mises en place.
En voici une en exemple :

```
typeContrainte_nomTable[_nomAttribut]
```

`typeContrainte`

– pr : clé primaire.
– un : clé secondaire.
– fk : clé étrangère.
– ck : vérification.
– df : valeur par défaut.

`nomTable`

Table sur laquelle porte la contrainte.

`nomAttribut`

Nom de l'attribut sur lequel porte la contrainte. Cette convention de nommage remplace le nom de l'attribut par le nom de la table référencée dans le cas d'une contrainte de clé étrangère.

Exemple

```
CONSTRAINT ck_commande_statut ...
```

3.3.3 Les clés primaires

La contrainte PRIMARY KEY permet de définir un identifiant clé primaire, c'est-à-dire une ou plusieurs colonnes n'acceptant que des valeurs uniques dans la table (règle d'unicité ou contrainte d'entité). Elle permet d'identifier de manière unique un enregistrement de la table.

Syntaxe

```
[CONSTRAINT nomcontrainte] PRIMARY KEY [CLUSTERED|NONCLUSTERED]
(nomcolonne[,...])[WITH FILLFACTOR=x][ON groupe_de_fichiers]
```

`nomcontrainte`

`nomcontrainte` permet d'identifier la contrainte dans les tables système. Par défaut, SQL Server donnera un nom peu facile à manipuler.

Remarque

Cette contrainte va automatiquement créer un index unique, ordonné par défaut, du nom de la contrainte, d'où les options NONCLUSTERED et FILLFACTOR. Une clé primaire peut contenir jusqu'à 16 colonnes. Il ne peut y avoir qu'une clé primaire par table. Les colonnes la définissant doivent être NOT NULL. Les index sont présentés à la section Les index de ce chapitre.

Exemple

La table Clients est définie et la clé primaire pk_clients est mise en place.

```
CREATE TABLE Clients(
idClient        INT           CONSTRAINT pk_clients PRIMARY KEY,
nom             VARCHAR(50)   NOT NULL,
prenom          VARCHAR(50)   NOT NULL,
dateNaissance   DATE          NULL,
ville           VARCHAR(50)   NOT NULL,
portable        NUMERIC(10)   NULL,
fixe            NUMERIC(10)   NULL
);
```

Une clé primaire peut porter sur plusieurs attributs (clé primaire composite). Cette contrainte ne peut être définie qu'au niveau table puisqu'elle concerne plusieurs attributs. Tous les attributs inclus dans la clé primaire sont nécessairement obligatoires.

Exemple

```
CREATE TABLE DetailsCommandes(
idCommande          INT,
numeroLigne         INT,
idArticle           INT          NOT NULL,
CONSTRAINT pk_detailsCommande PRIMARY KEY(idCommande, numeroLigne)
);
```

Il est également possible d'ajouter la clé primaire graphiquement avec SQL Server Management Studio. Pour présenter cette vue interactive de la table, il faut sélectionner **Création** depuis le menu contextuel associé à la table dans l'Explorateur d'objets.

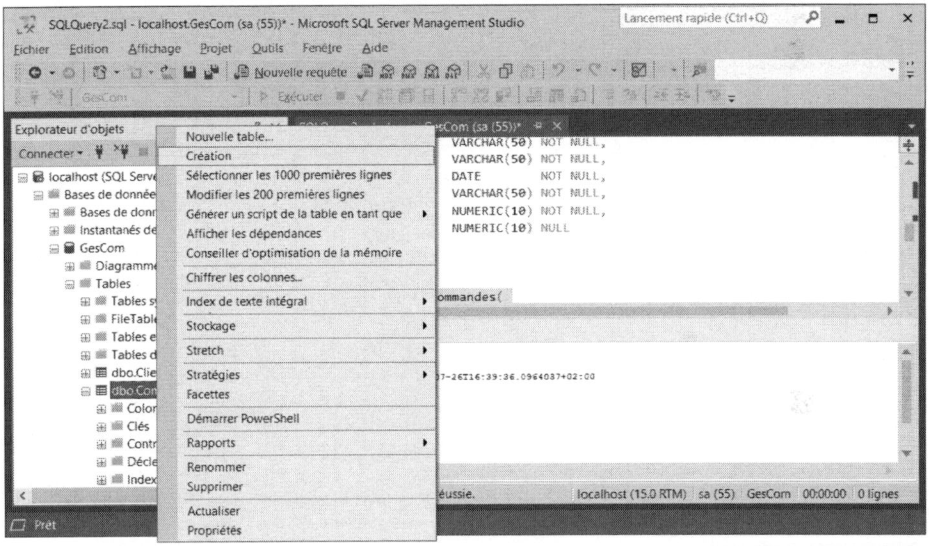

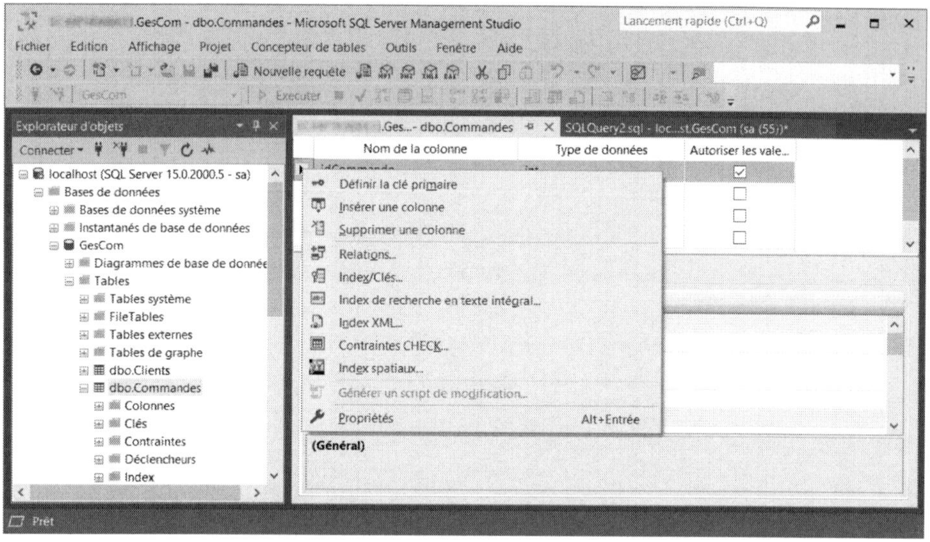

Il n'est pas possible de supprimer la clé primaire si :

- elle est référencée par une contrainte de clé étrangère,
- un index XML primaire est défini sur la table.

3.3.4 Les clés secondaires

Cette contrainte permet de traduire la règle d'unicité pour les autres clés uniques de la table ou identifiants clés secondaires.

Cette contrainte possède les mêmes caractéristiques que PRIMARY KEY à deux exceptions près :

- Il est possible d'avoir plusieurs contraintes UNIQUE par table.
- Les colonnes utilisées peuvent être NULL (non recommandé !).

Lors de l'ajout d'une contrainte d'unicité sur une table existante, SQL Server s'assure du respect de cette contrainte par les lignes déjà présentes avant de valider l'ajout de la contrainte.

La gestion de cette contrainte est assurée par un index de type UNIQUE. Il n'est pas possible de supprimer cet index par l'intermédiaire de la commande DROP INDEX. Il faut supprimer la contrainte par l'intermédiaire de ALTER TABLE.

Syntaxe

```
[CONSTRAINT nomcontrainte] UNIQUE [CLUSTERED | NONCLUSTERED ]
(nomcolonne [,...]) [WITH FILLFACTOR=x] [ON groupe_de_fichiers]
```

Exemple

```
CREATE TABLE Clients(
idClient       INT            CONSTRAINT pk_clients PRIMARY KEY,
nom            VARCHAR(50)    NOT NULL,
prenom         VARCHAR(50)    NOT NULL,
dateNaissance  DATE           NULL,
ville          VARCHAR(50)    NOT NULL,
portable       NUMERIC(10)    NULL
                              CONSTRAINT un_clients_portable UNIQUE,
fixe           NUMERIC(10)    NULL,
CONSTRAINT un_clients_nomPrenomDateN UNIQUE(nom, prenom, dateNaissance)
);
```

La contrainte `un_clients_portable` est une contrainte de niveau attribut : elle est positionnée au niveau de la définition de l'attribut `portable` car elle ne concerne que cet attribut.

La contrainte `un_clients_nomPrenomDateN` est une contrainte de niveau table car elle concerne trois attributs. Dans ce cas, les attributs concernés sont indiqués dans un couple de parenthèses.

Gestion des clés secondaires par SQL Server Management Studio :

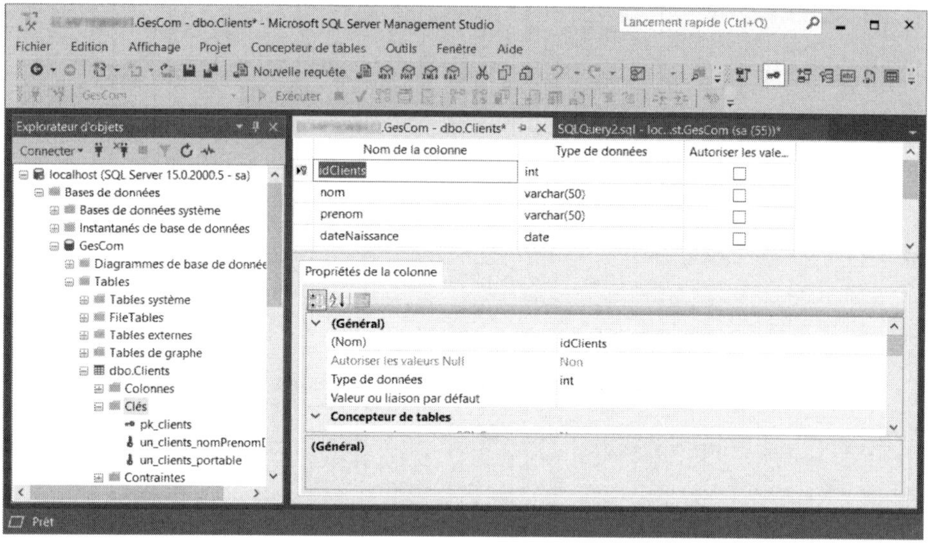

Remarque

Pour afficher la fenêtre représentant le détail de la sélection courante dans l'explorateur d'objets, il faut passer par le menu ***Affichage*** *-* ***Détails de l'explorateur d'objets*** *ou bien par le raccourci-clavier [F7].*

3.3.5 Les clés étrangères

Cette contrainte traduit l'intégrité référentielle (cf. chapitre Le modèle relationnel - L'identification d'un enregistrement - clé primaire) entre une clé étrangère d'une table et une clé primaire ou très rarement secondaire d'une autre table.

Syntaxe

```
CONSTRAINT nom_contrainte
[FOREIGN KEY (colonne[,_])]
REFERENCES table [ ( colonne [,... ] ) ]
[ ON DELETE { CASCADE | NO ACTION | SET NULL | SET DEFAULT } ]
[ ON UPDATE { CASCADE | NO ACTION | SET NULL | SET DEFAULT } ]
```

Remarque

La clause FOREIGN KEY est obligatoire lorsqu'on utilise une syntaxe contrainte de niveau table pour ajouter la contrainte.

Lors de la définition d'une contrainte de référence par les instructions CREATE TABLE ou ALTER TABLE, il est possible de préciser les clauses ON DELETE et ON UPDATE.

L'option de cascade permet de préciser le comportement que doit adopter SQL Server lorsque l'utilisateur met à jour ou tente de supprimer une colonne référencée.

`NO ACTION`

Valeur par défaut de ces options. Aucune action supplémentaire n'est menée. Si la contrainte d'intégrité référentiel n'est pas respectée, une erreur est affichée et arrête l'instruction.

`ON DELETE CASCADE`

Permet de préciser qu'en cas de suppression d'une ligne dont la clé primaire est référencée par une ou plusieurs lignes, toutes les lignes contenant la clé étrangère faisant référence à la clé primaire sont également supprimées. Par exemple, avec cette option, la suppression d'une ligne d'information dans la table Commandes provoque la suppression de toutes les lignes d'information en relation avec celle-ci de la table DetailsCommandes.

`ON UPDATE CASCADE`

Permet de demander à SQL Server de mettre à jour les valeurs contenues dans les colonnes de clés étrangères lorsque la valeur de clé primaire référencée est mise à jour.

`SET NULL`

Lorsque la ligne correspondant à la clé primaire dans la table référencée est supprimée, alors la clé étrangère prend la valeur null.

`SET DEFAULT`

Lorsque la ligne correspondant à la clé primaire dans la table référencée est supprimée, alors la clé étrangère prend la valeur par défaut définie au niveau de la colonne.

Remarque

Une action en cascade n'est pas possible sur les tables munies d'un déclencheur instead of.

Toute référence circulaire est interdite dans les déclenchements des cascades.

La contrainte de référence ne crée pas d'index. Il est recommandé de le créer par la suite.

Bien que SQL Server ne comporte pas de limite maximale en ce qui concerne le nombre maximal de contraintes de clés étrangères définies sur chaque table, il est recommandé par Microsoft de ne pas dépasser les 253. Cette limite est à respecter en ce qui concerne le nombre de clés étrangères définies sur la table et le nombre de clés étrangères qui font référence à la table. Au-delà de cette limite, il peut être intéressant de se pencher à nouveau sur la conception de la base pour obtenir un schéma plus optimum.

Exemple

Création de la clé étrangère idClient dans la table Commandes :

```
CREATE TABLE Commandes(
idCommande        INT        CONSTRAINT pk_commandes PRIMARY KEY,
dateCmd           DATE       NOT NULL,
statut            CHAR(2)    NOT NULL,
idClient          INT        NOT NULL
                             CONSTRAINT fk_commandes_clients
                             REFERENCES Clients(idClient)
                             ON DELETE CASCADE ON UPDATE CASCADE
);
```

La contrainte fk_commandes_clients indique que si une ligne est ajoutée dans cette table Commandes, il faut qu'elle soit rattachée à un client. La valeur d'idClient de la ligne ajoutée à la commande doit donc être la valeur d'idClient pour l'une des lignes de la table Clients.

La clause ON DELETE CASCADE indique que si une ligne de la table Clients est supprimée, alors toutes les lignes de la table Commandes ayant la même valeur pour idClient sont également supprimées. Ainsi, la contrainte d'intégrité référentielle reste vérifiée.

La clause ON UPDATE CASCADE entraîne, en cas de modification de la valeur de la clé primaire idClient dans Clients, le même changement de valeur pour l'ensemble des lignes ayant cette même valeur pour idClient. À nouveau, cela permet de respecter la contrainte d'intégrité référentielle.

Depuis SQL Server Management Studio, il est possible de créer de nouvelles clés étrangères en sélectionnant **Nouvelle clé étrangère** dans le menu contextuel du nœud **Clés** de la table affichée dans l'Explorateur d'objets.

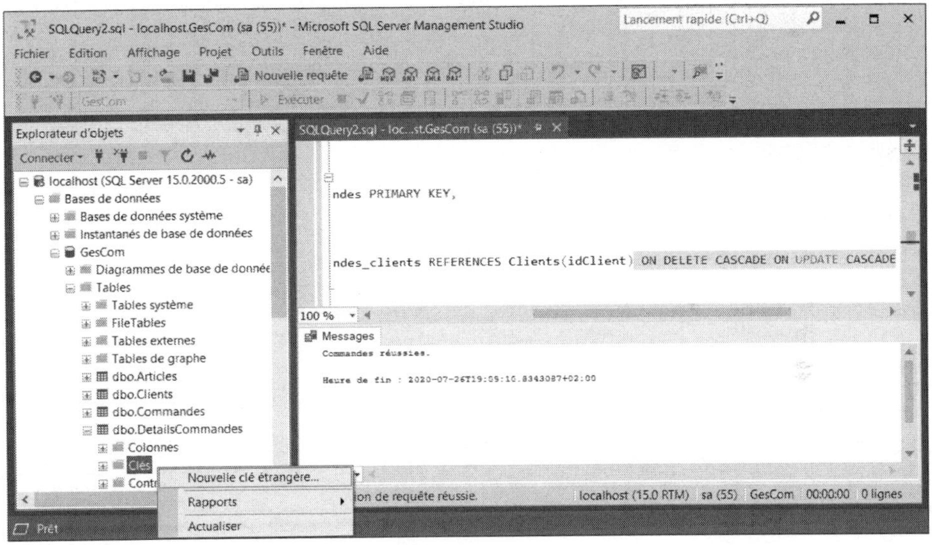

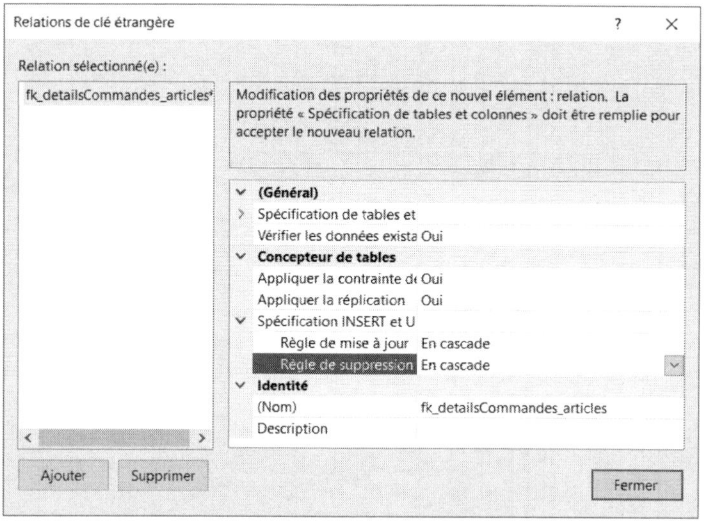

Il est également possible de voir le détail de la définition d'une clé étrangère déjà en place simplement en double cliquant sur le nom de la clé tel qu'il apparaît sous le nœud **Clés**.

3.3.6 Les vérifications

La contrainte de validation ou contrainte CHECK permet de définir des règles de validation mettant en rapport des valeurs issues de différentes colonnes de la même ligne. Ce type de contrainte permet également de s'assurer que les données respectent un format précis lors de leur insertion et mise à jour dans la table. Enfin, par l'intermédiaire d'une contrainte de validation, il est possible de garantir que la valeur présente dans la colonne appartient à un domaine précis de valeurs.

Syntaxe

```
[CONSTRAINT Nomcontrainte] CHECK [NOT FOR REPLICATION]
(expression booléenne)
```

`NOT FOR REPLICATION`

Permet d'empêcher l'application de la contrainte lors de la réplication.

`expression booléenne`

L'expression booléenne doit valoir vrai afin que la ligne insérée ou modifiée soit valide pour cette contrainte. Dans le cas contraire, l'instruction d'insertion ou de modification est bloquée et une erreur est affichée.

Il est possible d'utiliser les opérateurs de comparaison et les opérateurs booléens. Ces opérateurs sont présentés au chapitre Les ordres du SQL.

Pour tester la présence d'une valeur, il faut utiliser IS NOT NULL ou IS NULL. Attention à ne pas tester avec = NULL ou <> NULL, ce qui ne fonctionne pas !

Remarque

La contrainte CHECK est automatiquement associée à la colonne spécifiée dans l'expression de la condition.

Exemple

Mise en œuvre du contrôle de la date d'une commande et vérification du domaine de valeurs pour le statut :

```
CREATE TABLE Commandes(
idCommande       INT           CONSTRAINT pk_commandes PRIMARY KEY,
dateCmd          DATE          NOT NULL
                               CONSTRAINT ck_commandes_dateCmd
                               CHECK(dateCmd<=GETDATE()),
statut           CHAR(2)       NOT NULL
                               CONSTRAINT ck_commandes_statut
                 CHECK (statut IN('AP','EP','PR','AC','LI','EL')),
idClient         INT           NOT NULL
                               CONSTRAINT fk_commandes_clients
                               REFERENCES Clients(idClient)
                               ON DELETE CASCADE ON UPDATE CASCADE
);
```

La contrainte ck_commandes_dateCmd vérifie que la date de la commande n'est pas dans le futur. La fonction GETDATE() permet d'obtenir la date et l'heure actuelles.

L'autre contrainte de validation, ck_commandes_statut, permet de s'assurer que le domaine de valeurs choisi précédemment est bien respecté.

```
CREATE TABLE Clients(
idClient      INT           CONSTRAINT pk_clients PRIMARY KEY,
nom           VARCHAR(50)   NOT NULL,
prenom        VARCHAR(50)   NOT NULL,
dateNaissance DATE          NULL,
ville         VARCHAR(50)   NOT NULL,
portable      NUMERIC(10)   NULL
                            CONSTRAINT un_clients_portable UNIQUE,
fixe          NUMERIC(10)   NULL,
CONSTRAINT un_clients_nomPrenomDateN UNIQUE(nom, prenom,
dateNaissance),
CONSTRAINT ck_clients_telephones CHECK(portable IS NOT NULL
                                          OR fixe IS NOT NULL)
);
```

Dans ce second exemple, une contrainte de validation est positionnée au niveau table. Il n'est pas possible de la positionner au niveau attribut car elle concerne deux attributs. Cette contrainte permet de vérifier qu'au moins un numéro de téléphone est connu pour chaque client.

Pour mettre en place ou bien définir une contrainte de validation depuis l'explorateur d'objets de SQL Server Management Studio, il faut déployer le nœud **Contraintes** associé à la table. En double cliquant sur le nom de la contrainte existante, la fenêtre de propriétés de la contrainte est affichée et peut éventuellement être modifiée. Pour définir une nouvelle contrainte de validation, il faut sélectionner **Nouvelle contrainte** depuis le menu contextuel du nœud **Contraintes**.

Exemple

Gestion des contraintes CHECK par l'assistant de SQL Server Management Studio :

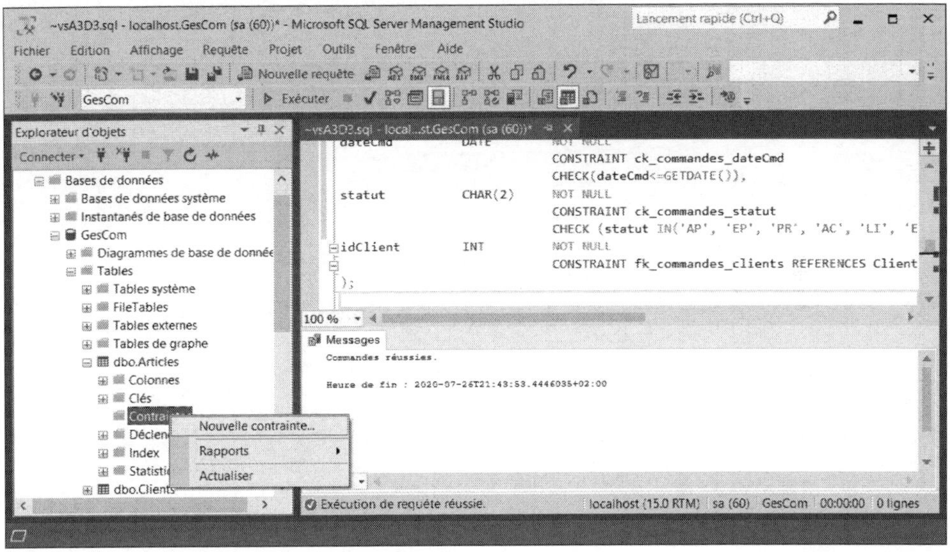

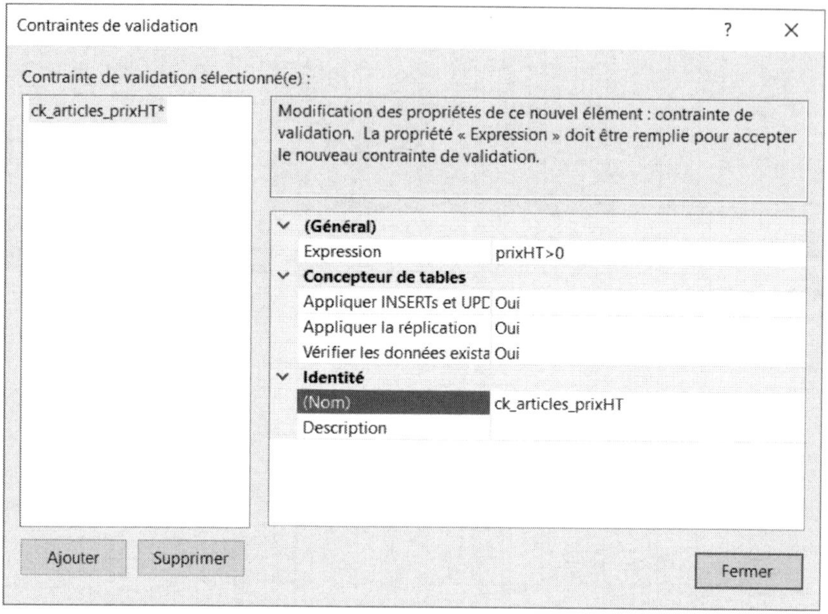

3.3.7 Les valeurs par défaut

Bien qu'il ne s'agisse pas à proprement parler de contraintes puisque rien n'est imposé, les valeurs par défaut sont traitées comme telles en SQL.

La valeur par défaut permet de préciser la valeur qui va être positionnée dans la colonne si aucune information n'est précisée lors de l'insertion de la ligne.

Les valeurs par défaut sont particulièrement utiles lorsque la colonne n'accepte pas les valeurs NULL car elles permettent d'avoir une valeur, à défaut de l'existence d'une valeur indiquée dans la requête d'insertion.

Il faut toutefois conserver à l'esprit que la valeur par défaut est utilisée uniquement lorsqu'aucune valeur n'est précisée pour la colonne dans l'instruction INSERT. Il n'est pas possible de compléter ou d'écraser une valeur saisie par l'utilisateur. Pour réaliser ce type d'opération, il est nécessaire de développer un déclencheur de base de données.

Une valeur par défaut peut être définie pour toutes les colonnes à l'exception des colonnes utilisant IDENTITY (cf. section suivante).

Syntaxe

```
[CONSTRAINT nom_contrainte] DEFAULT valeur [FOR nomcolonne]
```

`valeur`

La valeur doit être exactement du même type que celui sur lequel est définie la colonne. Cette valeur peut être une constante, une fonction scalaire (comme par exemple : USER, CURRENT_USER, SESSION_USER, SYSTEM_USER...) ou bien NULL.

Exemple

Valeur par défaut pour la ville du client :

```
CREATE TABLE Clients(
idClient       INT            CONSTRAINT pk_clients PRIMARY KEY,
nom            VARCHAR(50)    NOT NULL,
prenom         VARCHAR(50)    NOT NULL,
dateNaissance  DATE           NULL,
ville          VARCHAR(50)    NOT NULL
                              CONSTRAINT df_clients_ville DEFAULT 'Nantes',
portable       NUMERIC(10)    NULL
                              CONSTRAINT un_clients_portable UNIQUE,
fixe           NUMERIC(10)    NULL,
CONSTRAINT un_clients_nomPrenomDateN UNIQUE(nom, prenom, dateNaissance),
CONSTRAINT ck_clients_telephones CHECK(portable IS NOT NULL
                                        OR fixe IS NOT NULL)
);
```

Depuis SQL Server Management Studio, pour mettre en place ou modifier une valeur par défaut, il est nécessaire d'afficher la table en mode création en sélectionnant **Création** depuis le menu contextuel du nœud représentant la table dans l'Explorateur d'objets.

Exemple

Définition d'une valeur par défaut depuis SQL Server Management Studio :

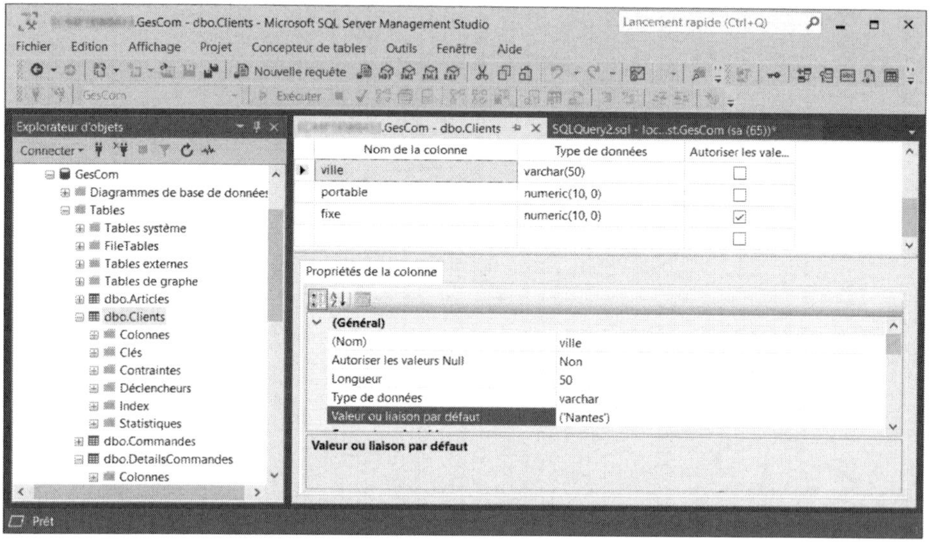

3.4 Les valeurs auto-incrémentées et les séquences

3.4.1 Les valeurs auto-incrémentées

La propriété IDENTITY peut être affectée à une colonne numérique entière, à la création ou à la modification de la table, et permet de faire générer, par le système, des valeurs pour cette colonne. Les valeurs sont générées à la création de la ligne, successivement en partant de la valeur initiale spécifiée (par défaut 1) et en augmentant ou diminuant ligne après ligne d'un incrément (par défaut 1).

Syntaxe

```
CREATE TABLE nom (colonne typeentier IDENTITY [(depart, increment)], ...)
```

Il ne peut y avoir qu'une colonne IDENTITY par table !

Remarque

La propriété IDENTITY doit être définie en même temps que la colonne à laquelle elle est rattachée. La définition d'une colonne identity peut intervenir dans une commande CREATE TABLE ou bien dans une commande ALTER TABLE.

Exemple

```
CREATE TABLE Commandes(
idCommande      INT       IDENTITY
                          CONSTRAINT pk_commandes PRIMARY KEY,
dateCmd         DATE      NOT NULL
                          CONSTRAINT ck_commandes_dateCmd
                          CHECK(dateCmd<=GETDATE()),
statut          CHAR(2)   NOT NULL
                          CONSTRAINT ck_commandes_statut
                CHECK (statut IN('AP', 'EP', 'PR', 'AC', 'LI', 'EL')),
idClient        INT       NOT NULL
                          CONSTRAINT fk_commandes_clients
                          REFERENCES Clients(idClient)
                          ON DELETE CASCADE ON UPDATE CASCADE
);
```

Lors des créations de ligne (INSERT), on ne précisera pas de valeur pour idCommande. La première insertion affectera 1 pour idCommande, la deuxième aura comme valeur 2, etc.

Le mot-clé IDENTITYCOL pourra être utilisé dans une clause WHERE à la place du nom de colonne.

La variable globale **@@IDENTITY** stocke la dernière valeur affectée par une identité au cours de la session courante. La fonction **SCOPE_IDENTITY** permet d'effectuer le même type de travail mais limite la portée de la visibilité au seul lot d'instructions courant. La fonction **IDENT_CURRENT** permet quant à elle de connaître la dernière valeur identité générée pour la table spécifiée en paramètre, quelles que soient les sessions.

Pour pouvoir insérer des données sans utiliser la propriété IDENTITY et donc la numération automatique, il faut faire appel à l'instruction IDENTITY_INSERT de la façon suivante :

```
SET IDENTITY_INSERT nom_de_table ON
```

Le paramètre ON permet de désactiver l'usage de la propriété IDENTITY tandis que la même instruction avec le paramètre OFF réactive la propriété.

Il est possible de définir la propriété IDENTITY depuis SQL Server Management Studio en affichant l'écran de modification ou de création d'une table (**Création** depuis le menu contextuel associé à la table).

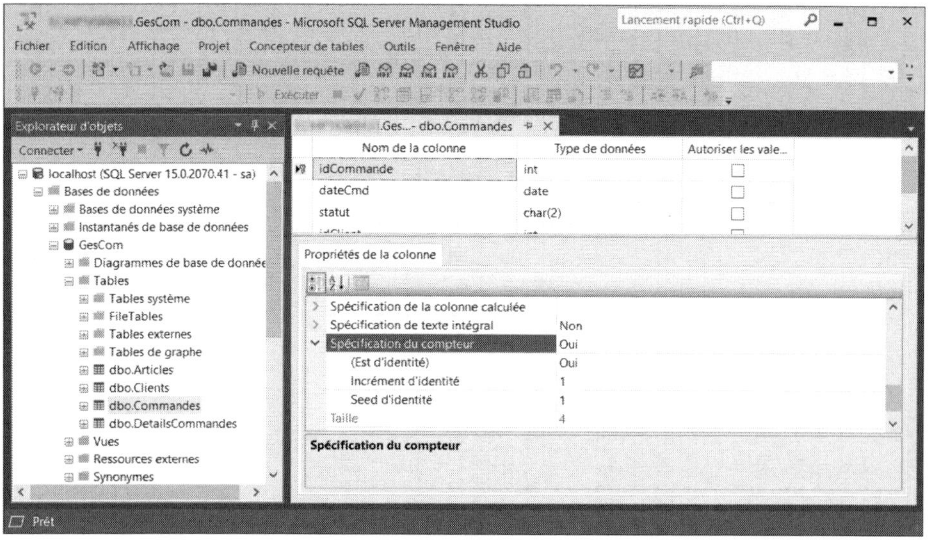

Remarque

La table des commandes peut être créée de façon interactive ou bien par l'intermédiaire du script fourni en téléchargement.

Il est possible d'utiliser les fonctions suivantes pour obtenir plus informations sur les types identités :

- IDENT_INCR pour connaître le pas d'incrément de la valeur identity.
- IDENT_SEED pour connaître la valeur de départ fixée lors de la création du type identity.

Exemple

```
SELECT IDENT_INCR('Commandes'), IDENT_SEED('Commandes');
```

Toutes ces fonctions ont pour objectif de permettre au programmeur de mieux contrôler la valeur générée afin de pouvoir la récupérer lorsqu'il s'agit de la clé primaire.

Il est parfois nécessaire de réinitialiser la valeur pour repartir à une valeur précise. Il faut utiliser la syntaxe suivante :

```
DBCC CHECKIDENT(nom_table, RESEED, val) [WITH NO_INFOMSGS]
```

La prochaine valeur utilisée sera val +1.

Exemple

```
DBCC CHECKIDENT('Commandes', RESEED, 0);
```

3.4.2 Les séquences

SQL Server propose de gérer des séquences. Contrairement à **IDENTITY** qui est défini sur une colonne, la séquence est un compteur défini indépendamment de toute table. Ce compteur va être appelé par programmation de façon à obtenir la valeur suivante. Il est donc possible de présenter la séquence comme un distributeur de numéros. Ce distributeur est complètement paramétrable puisqu'il est possible de spécifier la valeur de départ, le pas d'incrément, la valeur maximum, et s'il faut recommencer à la valeur de départ lorsque la valeur maximum est atteinte. Il est également possible de définir le cache que SQL Server doit adopter pour optimiser les performances. La séquence délivre des valeurs entières de type **BIGINT** par défaut.

La séquence permet de partager la même suite de numéros entre différentes tables. Elle présente aussi l'avantage de permettre à l'application de connaître la valeur avant d'exécuter l'instruction INSERT. La séquence permet également d'obtenir une séquence de numéros qui se suivent en appelant la procédure stockée **sp_sequence_get_range**.

Cependant, il n'existe aucun critère obligatoire pour forcer l'utilisation de la séquence. De même, rien ne s'oppose à la modification d'une valeur initialement affectée depuis une séquence.

Toutes les informations relatives aux séquences sont disponibles en interrogeant la table système **sys.sequences**.

Créer une séquence

Comme pour n'importe quel objet SQL, c'est une instruction de type CREATE qui est utilisée. Dans le cas présent, il s'agit de l'instruction CREATE SEQUENCE dont la syntaxe est détaillée ci-après. Pour la modification et la suppression des séquences, ce sont les instructions ALTER SEQUENCE et DROP SEQUENCE qui sont utilisées.

Syntaxe

```
CREATE SEQUENCE nomSéquence
[ AS typeEntier ]
[ START WITH valeurDeDépart ]
[ INCREMENT BY pasIncrément ]
[ MINVALUE valeurMini | NO MINVALUE ]
[ MAXVALUE valeurMaxi |NO MAXVALUE ]
[ CYCLE | NO CYCLE ]
[ CACHE nombreValeursEnCache | NO CACHE ]
[;]
```

Exemple

La séquence sq_idClient est définie ci-dessous avec une valeur de départ de 15 et un incrément de 5.

```
CREATE SEQUENCE sq_idClient AS INT START WITH 15 INCREMENT BY 5;
```

Utiliser une séquence

Pour utiliser une séquence, il faut accéder à cet objet afin de connaître quelle est la prochaine valeur disponible. C'est la fonction NEXT VALUE FOR qui permet de connaître cette valeur.

Cette fonction peut être utilisée dans le cadre d'un script Transact-SQL, d'une fonction, d'une procédure permettant de simplifier l'ajout d'informations dans une table, mais il est également possible de l'utiliser en tant que valeur par défaut d'une colonne. Cette dernière possibilité permet d'adopter des séquences à la place de la propriété IDENTITY de façon transparente pour l'utilisateur de la table.

Syntaxe

```
NEXT VALUE FOR nomSéquence
```

Exemple

Dans l'exemple ci-dessous, la séquence sq_idClient est utilisée pour produire la valeur par défaut pour l'identifiant du client.

```
CREATE TABLE Clients(
idClient       INT            CONSTRAINT pk_clients PRIMARY KEY
                              CONSTRAINT df_clients_idClient
                              DEFAULT NEXT VALUE FOR sq_idClient,
nom            VARCHAR(50)    NOT NULL,
prenom         VARCHAR(50)    NOT NULL,
dateNaissance  DATE           NULL,
ville          VARCHAR(50)    NOT NULL
                              CONSTRAINT df_clients_ville DEFAULT 'Nantes',
portable       NUMERIC(10)    NULL
                              CONSTRAINT un_clients_portable UNIQUE,
fixe           NUMERIC(10)    NULL,
CONSTRAINT un_clients_nomPrenomDateN UNIQUE(nom, prenom, dateNaissance),
CONSTRAINT ck_clients_telephones CHECK(portable IS NOT NULL
OR fixe IS NOT NULL)
);
```

Modifier une séquence

Il est possible de modifier une séquence avec la syntaxe suivante :

```
ALTER SEQUENCE [schema_name. ] sequence_name
    [ RESTART [ WITH <constant> ] ]
    [ INCREMENT BY <constant> ]
    [ { MINVALUE <constant> } | { NO MINVALUE } ]
    [ { MAXVALUE <constant> } | { NO MAXVALUE } ]
    [ CYCLE | { NO CYCLE } ]
    [ { CACHE [ <constant> ] } | { NO CACHE } ]
    [ ; ]
```

Exemple

```
ALTER SEQUENCE sq_idClient RESTART;
```

Cette instruction permet de réinitialiser la séquence.

3.5 Les colonnes calculées

Il est possible de définir une règle de calcul pour les colonnes qui contiennent des données calculées. Bien entendu, ces colonnes ne sont accessibles qu'en lecture seule, et il n'est pas possible d'insérer des données ou de mettre à jour les données d'une telle colonne.

Pour les colonnes calculées, il est possible d'utiliser le mot-clé PERSISTED afin de rendre persistant le résultat du calcul. Ce type de choix va occuper plus d'espace disque et va nécessiter une mise à jour à chaque fois que les données de base du calcul sont mises à jour, mais va permettre d'accélérer le traitement des requêtes d'extraction de données.

Ce type de colonne n'est bien sûr justifié que lorsque le calcul est demandé de façon régulière ou bien si les données doivent être filtrées ou triées. En effet, ces colonnes peuvent être indexées, mais pour cela la colonne doit être créée de type PERSISTED, c'est-à-dire que le résultat du calcul est physiquement stocké dans la table, ce qui n'est pas le cas par défaut.

Pour pouvoir être définies, les données à la base du calcul doivent être présentes directement sur la ligne de données. Il n'est pas possible d'aller chercher des informations dans une autre table.

Ce type de colonne peut être défini lors de la création de la table ou bien en modification de la table avec l'instruction ALTER TABLE.

Syntaxe

```
CREATE TABLE nom (colonne AS expression_calculée [PERSISTED], ...)
```

Exemple

```
CREATE TABLE Articles(
idArticle      INT           CONSTRAINT pk_articles PRIMARY KEY,
designation    VARCHAR(50)   NOT NULL
                             CONSTRAINT un_articles_designation UNIQUE,
```

```
prixHT          NUMERIC(8,2) NOT NULL,
prixTTC         AS prixHT*1.2
);
```

L'attribut prixTTC est un attribut calculé. Sa valeur est calculée à chaque fois qu'elle a besoin d'être connue car le mot-clé PERSISTED n'est pas présent.

L'avantage d'utiliser des colonnes calculées est que leurs valeurs sont nécessairement à jour. Si nous avions défini un attribut standard pour prixTTC, il serait nécessaire de faire attention que le prixHT et le prixTTC soient cohérent au moment de l'insertion d'une ligne ou lors de sa modification.

3.6 La modification d'une table

La modification de table est effectuée par la commande ALTER TABLE ou par l'interface graphique de SQL Server Management Studio. Lors d'une modification de table, il est possible d'ajouter et de supprimer des colonnes et des contraintes, de modifier la définition d'une colonne (type de données, classement et comportement vis-à-vis de NULL), d'activer ou de désactiver les contraintes d'intégrité et les déclencheurs. Ce dernier point peut s'avérer utile lors d'import massif de données dans la base si l'on souhaite conserver des temps de traitement cohérents.

Une syntaxe des principales options de l'instruction ALTER TABLE est présentée ci-dessous :

Syntaxe

```
ALTER TABLE [nomSchema.] nomtable
{ [ ALTER COLUMN nom_colonne
  { nouveau_type_données [ ( longueur [ , precision ] ) ]
  [ COLLATE classement ] [ NULL | NOT NULL ]  } ]
| ADD nouvelle_colonne
| [ WITH CHECK | WITH NOCHECK ] ADD contrainte_table
| DROP { [ CONSTRAINT ] nom_contrainte | COLUMN nom_colonne }
| { CHECK | NOCHECK } CONSTRAINT { ALL | nom_contrainte  }
| { ENABLE | DISABLE } TRIGGER { ALL | nom_déclencheur } } [;]
```

`nomSchema`

Nom du schéma dans lequel la table va être définie.

`WITH CHECK, WITH NOCHECK`

Permet de poser une contrainte d'intégrité sur la table sans que cette contrainte soit vérifiée par les lignes déjà présentes dans la table.

`COLLATE`

Permet de définir un classement pour la colonne qui est différent de celui de la base de données.

`NULL, NOT NULL`

Permettent de définir une contrainte de nullité ou de non-nullité sur une colonne existante de la table.

`CHECK, NOCHECK`

Permettent d'activer et de désactiver des contraintes d'intégrité.

`ENABLE, DISABLE`

Permettent d'activer et de désactiver l'exécution des déclencheurs associés à la table.

3.6.1 La suppression d'une contrainte

Une contrainte peut être supprimée avec la syntaxe suivante :

```
ALTER TABLE nomtable
DROP [CONSTRAINT] nom_contrainte [;]
```

Exemple

```
ALTER TABLE Commandes DROP CONSTRAINT fk_commandes_clients;
```

Remarque

C'est entre autres pour cette raison qu'il est nécessaire de nommer nos contraintes et avec des noms explicites.

Il est possible d'obtenir des informations sur les contraintes d'intégrité définies en interrogeant **sys.key_constraints** ou en utilisant les procédures stockées **sp_help** et **sp_helpconstraint**.

3.6.2 L'ajout d'une contrainte

Il est possible d'ajouter des contraintes sur une table après sa création et même si celle-ci possède des données, à condition que celles-ci respectent la nouvelle contrainte. Les contraintes ajoutées sont nécessairement ajoutées en tant que contraintes de table.

Syntaxe

```
ALTER TABLE nomtable
[ WITH CHECK | WITH NOCHECK ] ADD contrainte_table [;]
```

Exemple

```
ALTER TABLE DetailsCommandes ADD CONSTRAINT fk_detailsCommandes_commandes
FOREIGN KEY(idCommande) REFERENCES Commandes(idCommande)
ON DELETE CASCADE ON UPDATE CASCADE;

ALTER TABLE DetailsCommandes ADD CONSTRAINT fk_detailsCommandes_articles
FOREIGN KEY(idArticle) REFERENCES Articles(idArticle)
ON UPDATE CASCADE;
```

L'ajout de ces deux contraintes permet de vérifier les contraintes d'intégrité référentielle entre la table DetailsCommandes et les tables Commandes et Articles.

3.6.3 La modification d'une contrainte

Il n'existe pas de moyen de modifier une contrainte. Il est nécessaire de supprimer la contrainte pour la recréer avec les changements.

3.6.4 L'activation et la désactivation d'une contrainte

Il est parfois nécessaire de désactiver une contrainte de manière temporaire. Par exemple, pour insérer de multiples valeurs pour lesquelles nous savons que la contrainte est vérifiée.

Syntaxe

```
ALTER TABLE nomtable
{ CHECK | NOCHECK } CONSTRAINT { ALL | nom_contrainte  } [;]
```

Exemple

```
ALTER TABLE Articles NOCHECK CONSTRAINT ALL;
INSERT INTO Articles VALUES(45, 'perforateur', 90);
INSERT INTO Articles VALUES(22, 'foret SDS 12', 6.90);
INSERT INTO Articles VALUES(75, 'fraisoir', 8.90);
INSERT INTO Articles VALUES(37, 'burin plat SDS', 4.70);
-- ...
ALTER TABLE Articles CHECK CONSTRAINT ALL;
```

Remarque

Il est possible de vérifier l'intégrité des contraintes au travers de DBCC CHECK-CONSTRAINT. Cet utilitaire prend tout son sens lorsque les contraintes d'une table ont été désactivées puis réactivées sans vérification des données dans la table.

3.6.5 L'ajout d'un attribut

Il est possible d'ajouter un attribut après tous ceux déjà présents.

```
ALTER TABLE nomtable
[ WITH CHECK | WITH NOCHECK ] ADD nouvelle_colonne [;]
```

Exemple

```
ALTER TABLE DetailsCommandes ADD quantite INT NOT NULL
      CONSTRAINT df_detailsCommandes_quantite DEFAULT 1;
```

La colonne quantité est ajoutée en dernière position à la table DetailsCommandes. Si des enregistrements sont déjà présents, ils auront la valeur par défaut pour cet attribut.

3.6.6 La modification d'un attribut

Pour une colonne existante, il est possible de modifier le type de données, le classement des données et le caractère obligatoire ou facultatif.

Syntaxe

```
ALTER TABLE nomtable
ALTER COLUMN nom_colonne
  nouveau_type_données [ ( longueur [ , precision ] ) ]
  [ COLLATE classement ] [ NULL | NOT NULL ]   } ] [;]
```

Exemple

```
ALTER TABLE Commandes DROP CONSTRAINT ck_commandes_dateCmd;
ALTER TABLE Commandes ALTER COLUMN dateCmd DATETIME2;
ALTER TABLE Commandes ADD CONSTRAINT ck_commandes_dateCmd
CHECK(dateCmd<=GETDATE());
```

Dans ce premier exemple, il est nécessaire de supprimer la contrainte le temps d'effectuer le changement de type, sinon celui-ci est refusé.

```
ALTER TABLE Clients DROP CONSTRAINT un_clients_nomPrenomDateN;
ALTER TABLE Clients ALTER COLUMN prenom VARCHAR(40) NULL;
ALTER TABLE Clients ADD CONSTRAINT un_clients_nomPrenomDateN
UNIQUE(nom, prenom, dateNaissance);
```

Dans ce second exemple, la précision du type de données et le caractère obligatoire ont été modifiés.

3.6.7 La suppression d'un attribut

Une colonne peut être supprimée à condition qu'elle ne soit pas utilisée dans une contrainte d'intégrité.

```
ALTER TABLE nomtable DROP COLUMN nom_colonne [;]
```

Exemple

```
ALTER TABLE DetailsCommandes DROP CONSTRAINT df_detailsCommandes_quantite;
ALTER TABLE DetailsCommandes DROP COLUMN quantite;
```

Dans cet exemple, il est nécessaire d'abord de retirer la " contrainte " de valeur par défaut avant de supprimer la colonne.

3.6.8 Le renommage

L'opération de renommage n'est pas effectuée par la commande ALTER mais par l'appel à sp_rename.

```
EXEC sp_rename ancien_nom, nouveau_nom, type_objet [;]
type_objet
```

Les valeurs les plus utilisées sont COLUMN, INDEX, OBJECT (tables, contraintes, vues...).

Exemple

```
ALTER TABLE Clients DROP CONSTRAINT ck_clients_telephones;
EXEC sp_rename 'Clients.portable', 'mobile', 'COLUMN';
ALTER TABLE Clients ADD CONSTRAINT ck_clients_telephones
  CHECK(mobile IS NOT NULL OR fixe IS NOT NULL);
```

L'attribut portable a été changé en mobile.

3.7 La suppression d'une table

La suppression d'une table entraîne la suppression de toutes les données présentes dans la table. Les déclencheurs et les index associés à la table sont également supprimés. Il en est de même pour les permissions d'utilisation de la table. En revanche, les vues, procédures et fonctions qui référencent la table ne sont pas affectées par la suppression de la table. Si elles référencent la table supprimée, alors une erreur sera levée lors de la prochaine exécution.

Il n'est pas possible de supprimer une table qui est référencée, par l'intermédiaire d'une contrainte de clé étrangère, par une autre table.

Syntaxe

```
DROP TABLE [nomSchema.] nomtable [,nomtable...][;]
```

Exemple

```
DROP TABLE Commandes;
```

Cette instruction provoque le message suivant :

```
Impossible de supprimer l'objet 'Commandes' car il est
référencé par une contrainte FOREIGN KEY.
```

Il est d'abord nécessaire de supprimer la contrainte d'intégrité référentielle qui référence cette table ou de supprimer la table qui contient cette contrainte.

```
DROP TABLE DetailsCommandes;
DROP TABLE Commandes;
```

4. Les index

4.1 La notion d'index

La notion d'index est déjà connue de tous. En effet, chacun a déjà utilisé l'index d'un livre pour aboutir directement à la page ou aux pages contenant l'information recherchée. Peut-être avez-vous d'ailleurs utilisé l'index de ce livre pour aboutir directement à cette explication en parcourant l'index à la recherche du mot-clé "index".

Si, pour l'index, derrière chaque mot-clé n'apparaît qu'un seul numéro de page, on parle alors d'index unique.

Les index que SQL Server propose de mettre en place sont très proches des index que l'on peut trouver dans les livres.

En effet, il est possible de parcourir l'ensemble de l'index pour retrouver toutes les informations, comme il est possible de lire un livre à partir de l'index, au lieu de suivre l'ordre proposé par la table des matières.

Il est également possible d'utiliser l'index pour accéder directement à une information précise. Afin de garantir des temps d'accès à l'information homogènes, SQL Server structure l'information sous forme d'arborescence autour de la propriété indexée. C'est d'ailleurs la démarche que l'on adopte lorsque l'on parcourt un index en effectuant une première localisation de l'information par rapport au premier caractère, puis un parcours séquentiel afin de localiser le mot-clé recherché.

Maintenant, imaginez un livre sur lequel il est possible de définir plusieurs index : par rapport aux mots-clés, par rapport aux thèmes, par rapport au type de manipulations que l'on souhaite faire... Cette multitude d'index, c'est ce que propose SQL Server en donnant la possibilité de créer plusieurs index sur une table.

Parmi tous les index du livre, un en particulier structure le livre : c'est la table des matières, qui peut être perçue comme un index sur les thèmes. De même, SQL Server propose de structurer physiquement les données par rapport à un index. C'est l'index CLUSTERED.

Remarque

SQL Server propose de nombreuses options d'indexation, comme la possibilité d'indexer des données de type XML, géographiques, des vues. Seule la partie indexation des tables est abordée à ce niveau.

4.2 L'intérêt d'une bonne indexation

L'objectif des index est de permettre un accès plus rapide à l'information dans le cadre des extractions (SELECT) mais également dans le cadre des mises à jour (INSERT, UPDATE, DELETE) en réduisant le temps nécessaire à la localisation de la ligne. Cependant, les index vont être coûteux dans le cas de mise à jour de la valeur contenue dans la colonne indexée.

Une bonne stratégie d'indexation doit prendre en considération ces différents points et peut déjà en déduire deux règles :

- Il est préférable d'avoir trop peu d'index que trop d'index. Dans le cas de multiples index, les gains en accès à l'information sont annulés par les temps nécessaires pour mettre à niveau les index.
- Les index doivent être le plus "large" possible afin de pouvoir être utilisés par plusieurs requêtes.

Enfin, il faut s'assurer que les requêtes utilisent bien les index qui sont définis.

Les requêtes doivent également être écrites pour manipuler le minimum d'informations de la façon la plus explicite possible.

Par exemple, dans le cas d'une projection, il est préférable de lister les colonnes pour lesquelles l'information doit être affichée à la place du caractère générique *.

Pour les restrictions, il est préférable de faire des comparaisons entre constantes et la valeur contenue dans une colonne.

Par exemple, si la table des Articles contient le prix HT de chaque article, pour extraire la liste des articles dont le prix TTC est inférieur ou égal à 100 €, il est préférable d'écrire la condition suivante `prixHT<=100/1.2` à la place de `prixHT*1.2<=100`. En effet, dans le second cas, le calcul est effectué pour chaque article, tandis que dans le premier, le calcul est fait une fois pour toute.

Remarque

Dans l'exemple précédent, tous les articles utilisent une TVA à 20 %.

Il faut également prendre en compte le fait que les données sont stockées dans les index et donc qu'ils vont occuper un espace disque non négligeable. Le niveau feuille d'un index ordonné (clustered) contient l'ensemble des données. Pour un index non ordonné, le niveau feuille de l'index contient une référence directe vers la ligne d'information liée à la clé de l'index.

Les autres niveaux de l'index sont utilisés pour naviguer dans l'index et arriver ainsi très rapidement à l'information.

Il est possible d'ajouter de l'information au niveau des feuilles de l'index, sans que ces colonnes soient prises en compte par l'index. Cette technique est pratique dans le cas de la définition d'index qui couvre des requêtes. Par exemple, il est nécessaire d'extraire la liste des codes postaux et des villes de la table des clients. Pour cela, un index non ordonné est défini par rapport à la colonne des codes postaux, et la colonne qui représente le nom de la ville est ajouté au niveau feuille. Ainsi, l'index couvre la requête qui est capable de produire le résultat sans faire d'accès à la table.

4.3 Les index organisés et les index non organisés

SQL Server propose deux types d'index : les index organisés, un au maximum par table, qui réorganisent physiquement la table et les index non organisés.

La définition ou bien la suppression d'un index non organisé n'a aucune influence sur l'organisation des données dans la table. Cependant, la définition ou la suppression d'un index organisé aura des conséquences sur la structure des index non organisés.

4.3.1 Les tables sans index organisé

Si une table possède uniquement ce type d'index, alors les informations sont stockées au fil de l'eau sans suivre une organisation quelconque.

Ce choix est particulièrement adapté, lorsque :

- la table stocke de l'information en attendant un partitionnement,
- les informations vont être tronquées,
- des index sont fréquemment créés ou bien supprimés,
- un chargement en bloc de données a lieu,
- les index sont créés après le chargement des données, et leur création peut être parallélisée,
- les données sont rarement modifiées (UPDATE) afin de conserver une structure solide,
- l'espace disque utilisé par l'index est minimisé, ce qui permet de définir des index à moindre coût.

Cette solution est un choix performant pour l'indexation d'une table non présente sur un serveur OLTP, comme par exemple un serveur dédié à l'analyse des informations.

4.3.2 Les index organisés

Sur chaque table, il est possible de définir un et un seul index organisé. Ce type d'index permet d'organiser physiquement les données contenues dans la table selon un critère particulier. Par exemple, un index organisé peut être défini sur la clé primaire.

Ce type d'index est coûteux en temps et en espace disque pour le serveur lors de sa construction ou de sa reconstruction.

Si ce type d'index est défini sur une table déjà valorisée, sa construction sera longue. Elle sera d'ailleurs d'autant plus longue si des index non ordonnés existent déjà.

Idéalement, et afin d'éviter une maintenance trop coûteuse de l'index ordonné, il est défini sur une colonne qui contient des données statiques et qui occupe un espace limité, comme la clé primaire par exemple.

La définition d'un index organisé sur une colonne non stable, comme le nom d'une personne ou son adresse, conduit irrémédiablement à une dégradation significative des performances.

4.3.3 Les index non organisés

Suivant qu'elles soient définies sur une table munie ou non d'un index organisé, les feuilles de l'index non organisé ne font pas référence à la ou les lignes d'informations de la même façon.

Tout d'abord, dans le cas où la table ne possède pas d'index organisé, le RID (*Row IDentifier*) de la ligne d'information est stocké au niveau des feuilles de l'index. Ce RID correspond à l'adresse physique (au sens SQL Server) de la ligne.

Si au contraire la table possède un index organisé, alors, au niveau de la feuille de l'index non organisé, est stockée la clé de la ligne d'information recherchée. Cette clé correspond au critère de recherche de l'index organisé.

Les index non organisés sont à privilégier pour définir un index qui couvre une ou plusieurs requêtes. Avec ce type d'index, la requête trouve dans l'index l'ensemble des informations dont elle a besoin et évite ainsi un accès inutile à la table, puisque seul l'index est manipulé. Les performances sont alors considérablement améliorées car le volume de données manipulé est beaucoup plus léger.

Bien entendu, chaque requête peut être optimisée à l'aide de cette technique, mais ce n'est pas non plus l'objectif recherché car la multitude d'index serait coûteuse à maintenir.

4.3.4 Les index couvrants

SQL Server propose des index dits couvrants, dans le sens où ces index contiennent toutes les informations nécessaires à une ou plusieurs requêtes et évitent ainsi un accès complet à la table. Pour ces index, seules une ou quelques colonnes sont indexées, par exemple celles sur lesquelles des critères de restriction, de tri sont définis. En revanche, au niveau des feuilles de cet index et uniquement à ce niveau est ajoutée une copie des valeurs contenues dans une ou plusieurs colonnes de la table. En ne parcourant que l'index sans faire d'accès à la table, les performances peuvent être améliorées de façon sensible.

4.3.5 Les index filtrés

Un index filtré est nécessairement un index non organisé et qui ne couvre qu'une partie de la table. Lors de la définition de cet index, une clause WHERE est ajoutée afin de limiter le nombre de lignes qui participent à l'index. Il est important que les données participant à cette clause de restriction soient stables car un changement de valeur peut entraîner l'inclusion de la ligne dans l'index ou bien son exclusion.

4.3.6 Les index et les colonnes calculées

SQL Server offre la possibilité de définir des colonnes calculées au niveau des tables. Si cette colonne est définie avec la propriété PERSISTED, alors il est possible d'inclure cette colonne dans un index comme n'importe quelle autre colonne de la table.

4.3.7 Les index et les calculs d'agrégat

Pour les tables volumineuses, des index doivent être mis en place afin de s'assurer que les requêtes courantes ne provoquent pas un balayage complet de table mais s'appuient simplement sur les index. Ce point est particulièrement important pour les calculs d'agrégat qui nécessitent une opération de tri avant de pouvoir effectuer le calcul. Si un index permet de limiter le tri à effectuer, alors le gain de performance est très net.

Toujours dans cette optique d'optimisation des performances lors de l'accès aux données, il est possible de définir des index sur des colonnes d'une vue, même si le résultat présent dans la colonne est le résultat d'un calcul d'agrégat.

L'index défini sur une vue est limité à 16 colonnes et 900 octets de données pour chaque entrée de l'index.

Contrairement à l'inclusion de colonnes non indexées dans les feuilles de l'index, les index définis sur une vue peuvent contenir le résultat d'un calcul d'agrégat.

4.4 La création

Un index peut être créé n'importe quand, qu'il y ait ou non des données dans la table.

Cependant, dans le cas où des données doivent être importées, il est préférable d'importer les données en premier puis de définir les index. Dans le cas contraire (les index sont définis avant une importation majeure de données), il est nécessaire de reconstruire les index afin de garantir une répartition équilibrée des informations dans l'index.

Les principales options et paramètres de la commande de création d'index sont spécifiés ci-après.

Syntaxe

```
CREATE [ UNIQUE ] [ CLUSTERED | NONCLUSTERED ] INDEX nom_index
ON { nom_table | nom_vue } ( colonne [ ASC | DESC ] [ ,...n ])
[INCLUDE (colonne[ ,...n ])]
[ WHERE restriction ]
```

```
[ WITH [ PAD_INDEX = {ON | OFF} ]
  [,FILLFACTOR = x]
  [,IGNORE_DUP_KEY = {ON | OFF} ]
  [,DROP_EXISTING = {ON | OFF} ]
  [,ONLINE = {ON | OFF} ]
  [,STATISTICS_NORECOMPUTE = {ON | OFF} ]
  [,SORT_IN_TEMPDB = {ON | OFF} ]
[ DATA_COMPRESSION =
  { NONE | ROW | PAGE } ]
[ ON groupe_fichier ]
```

UNIQUE

Précise que la ou les colonnes indexées ne pourront pas avoir la même valeur pour plusieurs lignes de la table.

CLUSTERED ou NONCLUSTERED

Avec un index CLUSTERED (ordonné), l'ordre physique des lignes dans les pages de données est identique à l'ordre de l'index. Il ne peut y en avoir qu'un par table et il doit être créé en premier. La valeur par défaut est NONCLUSTERED.

INCLUDE

Avec cette option, il est possible de dupliquer l'information pour inclure une copie des colonnes spécifiée en paramètre directement dans l'index. Cette possibilité est limitée aux index non organisés et les informations sont stockées au niveau feuille. Il est possible d'inclure dans l'index de 1 à 1026 colonnes de n'importe quel type hormis varchar(max), varbinary(max) et nvarchar(max). Cette option INCLUDE permet de définir des index qui couvrent la requête, c'est-à-dire que la requête va parcourir uniquement l'index pour trouver la totalité des besoins qui lui sont nécessaires.

WHERE

Cette option permet de limiter le nombre de lignes concernées par l'index en définissant une restriction. Si cette option est utilisée alors l'index ainsi mis en place est appelé index filtré. Un tel index est nécessairement non organisé (NONCLUSTERED).

FILLFACTOR=x

Précise le pourcentage de remplissage des pages d'index au niveau feuille. Cela permet d'améliorer les performances en évitant d'avoir des valeurs d'index consécutives qui ne seraient plus physiquement contiguës. La valeur par défaut est 0 ou fixée par **sp_configure**. Pour x = 0, le niveau feuille est rempli à 100 %, de l'espace est réservé au niveau non-feuille.

Pour x entre 1 et 99, le pourcentage de remplissage au niveau feuille est x%, de l'espace est réservé au niveau non-feuille. Pour x = 100 les niveaux feuille et non feuille sont remplis.

PAD_INDEX

Précise le taux de remplissage des pages non-feuille de l'index. Cette option n'est utilisable qu'avec FILLFACTOR dont la valeur est reprise.

Groupefichier

Groupe de fichiers sur lequel est créé l'index.

Remarque

Les index partitionnés ne sont pas pris en compte à ce niveau. Les éléments de syntaxe portent uniquement sur les index définis entièrement sur un et un seul groupe de fichiers.

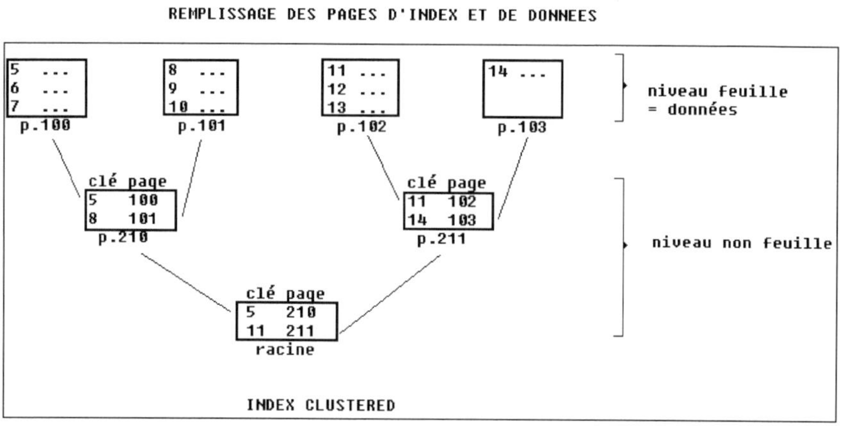

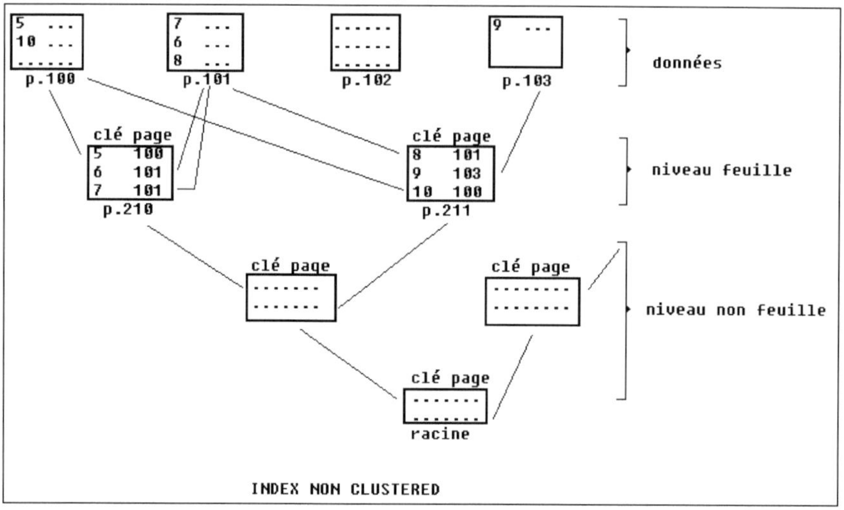

`IGNORE_DUP_KEY`

Cette option autorise des entrées doubles dans les index uniques. Si cette option est levée, un avertissement est généré lors de l'insertion d'un doublon et SQL Server ignore l'insertion de ligne. Dans le cas contraire, une erreur est générée.

DROP_EXISTING

Précise que l'index déjà existant doit être supprimé.

ONLINE

Lorsque cette option est activée (ON) lors de la construction de l'index, les données de la table restent accessibles en lecture et en modification pendant la construction de l'index. Cette option est disponible à partir de SQL Server 2005 et elle est désactivée par défaut.

STATISTICS_NORECOMPUTE

Les statistiques d'index périmés ne sont pas recalculées, et il faudra passer par la commande UPDATE STATISTICS pour remettre à jour ces statistiques.

Si le serveur sur lequel s'exécute SQL Server possède plusieurs processeurs, alors la création d'index peut être parallélisée afin de gagner du temps pour la construction d'index sur des tables de grandes dimensions. La mise en place d'un plan d'exécution parallèle pour la construction d'un index prend en compte le nombre de processeurs du serveur fixé par l'option de configuration **max degree of parallelism** (**sp_configure**) et le nombre de processeurs n'étant pas déjà trop chargés par des threads SQL Server.

DATA_COMPRESSION

Cette option permet de préciser si l'index va être compressé ou non car si l'index organisé (CLUSTERED) hérite de la propriété de compression de la table ce n'est pas le cas des index non organisés (NONCLUSTERED). La compression au niveau ligne (ROW) ou page (PAGE) et ne concerne que les pages du niveau feuille.

Exemples

Création d'un index couvrant sur la colonne idArticle de la table DetailsCommandes. Cet index inclut au niveau feuille la colonne idCommande.

```
CREATE INDEX in_detailsCommandes_idArticle ON DetailsCommandes(idAr-
ticle) INCLUDE(idCommande);
```

Création d'un index filtré

La contrainte de clé secondaire portant sur les numéros de téléphone portable des clients n'est pas tout à fait satisfaisante car dans cette colonne les éléments doivent être uniques. Cela implique que l'absence de valeur (NULL) ne peut être utilisée qu'une seule fois. Si nous souhaitons que seules les valeurs renseignées soient uniques, nous devons passer par un index filtré unique.

```
ALTER TABLE Clients DROP CONSTRAINT un_clients_portable;
CREATE UNIQUE INDEX in_clients_portable ON Clients(portable)
WHERE portable IS NOT NULL;
```

Création d'un index sur une colonne calculée. Ceci est possible car la colonne calculée a été recréée avec la propriété PERSISTED.

```
ALTER TABLE Articles DROP COLUMN PrixTTC;
ALTER TABLE Articles ADD PrixTTC AS prixHT*1.2 PERSISTED;
CREATE INDEX in_articles_prixTCC ON Articles(prixTTC);
```

4.5 La suppression d'un index

Seuls les index définis avec l'instruction CREATE INDEX peuvent être supprimés avec DROP INDEX. Un index peut être supprimé lorsque sa présence ne permet pas un gain de performances significatif en comparaison du coût de maintenance.

Si la suppression intervient dans le cadre d'une reconstruction de l'index, il est alors préférable d'activer l'option DROP_EXISTING de l'instruction CREATE INDEX car elle offre de meilleures performances.

Syntaxe

```
DROP INDEX nomIndex ON nomTable;
```

Remarque

L'ancienne syntaxe DROP INDEX nomTable.nomIndex est maintenue pour des raisons de compatibilité mais elle n'est pas à utiliser dans le cadre de nouveaux développements.

4.6 La reconstruction d'un index

La commande ALTER INDEX permet de reconstruire un index en particulier ou tous les index associés à une table. Lors de la reconstruction de l'index, il est possible de préciser le facteur de remplissage des pages feuilles.

Syntaxe

```
ALTER INDEX { nomIndex | ALL }
ON nomTable
REBUILD
[WITH(
[PAD_INDEX = { ON | OFF },]
[FILLFACTOR = x ,]
[SORT_IN_TEMPDB = { ON | OFF },]
[IGNORE_DUP_KEY = { ON | OFF },]
[STATISTICS_NORECOMPUTE = { ON | OFF }]
[ONLINE = { ON | OFF },])]
[;]
```

FILLFACTOR

Permet de spécifier le pourcentage de remplissage des pages au niveau feuille de l'index.

PAD_INDEX

Permet de reporter dans les pages non-feuilles de l'index, le même niveau de remplissage que celui précisé par l'intermédiaire de FILLFACTOR.

Les autres options de l'instruction ALTER INDEX possèdent la même signification que celles utilisées avec l'instruction CREATE INDEX. Il est à remarquer que l'option ONLINE prend tout son sens dans ce cas précis car elle permet de reconstruire l'index en laissant les utilisateurs travailler avec les données de la table sous-jacente. Certes les opérations seront plus lentes mais elles ne seront pas bloquées. Si la reconstruction d'index est planifiée sur un moment de faible utilisation du serveur, elle peut même être transparente pour les quelques utilisateurs qui travaillent sur la base à ce moment.

L'exemple ci-dessous illustre la reconstruction de tous les index d'une table :

```
ALTER INDEX ALL ON Clients REBUILD WITH(FILLFACTOR=50);
```

Ce second exemple illustre la reconstruction d'un index en spécifiant une valeur pour l'option FILLFACTOR, ainsi que la prise en compte du facteur de remplissage dans les fonctions non-feuilles.

```
ALTER INDEX in_detailsCommandes_idArticle ON DetailsCommandes
REBUILD WITH(PAD_INDEX=ON, FILLFACTOR=50);
```

Remarque

La commande DBCC DBREINDEX est encore disponible pour des raisons de compatibilité. Il est préférable d'utiliser la commande ALTER INDEX, qui permet de maintenir les index.

4.7 Les statistiques

SQL Server utilise des informations sur la distribution des valeurs de clés pour optimiser les requêtes. Ces informations doivent être mises à jour après des modifications importantes de données.

Bien que la procédure manuelle de création et de mise à jour des statistiques soit exposée ici, il est très nettement préférable de configurer la base pour une création et une mise à jour automatique des statistiques. En effet, trop souvent la dégradation des performances d'un serveur est due en partie ou en totalité à des statistiques non mises à jour.

Les statistiques sont créées automatiquement par l'optimiseur de requête lors de la création de l'index, mais dans le cas d'une suppression de ces statistiques avec l'instruction DROP INDEX, il faut alors exécuter l'instruction CREATE INDEX pour les mettre en place.

Syntaxe

```
UPDATE STATISTICS nomtable [,nomindex]
  [WITH {FULLSCAN|SAMPLE n {PERCENT|ROWS}|RESAMPLE}]
```

Si le nom d'index est omis, tous les index sont pris en compte.

`FULLSCAN`

Les statistiques sont créées à partir d'un balayage complet de la table, soit 100 % des lignes.

`SAMPLE n{PERCENT|ROWS}`

Les statistiques sont établies à partir d'un échantillon représentatif des informations contenues dans la table. Cet échantillon peut être exprimé en pourcentage ou bien en nombre de lignes. Si la taille de l'échantillon précisé n'est pas suffisante, SQL Server corrige de lui-même cette taille pour s'assurer d'avoir parcouru environ 1000 pages de données. C'est le mode d'échantillonnage de statistiques par défaut.

`RESAMPLE`

Permet de redéfinir les statistiques à partir d'un nouvel échantillonnage.

Les statistiques peuvent également être mises à jour de façon automatique. Cette option doit être définie, soit lors de la construction de la base à l'aide de la commande **ALTER DATABASE**, soit en utilisant la procédure stockée **sp_autostats**.

Remarque

*La procédure **sp_createstats** permet de définir des statistiques sur tous les index de données utilisateurs de la base en une seule opération.*

Configuration de la base pour une mise à jour automatique des statistiques d'index :

```
ALTER DATABASE GesCom SET AUTO_CREATE_STATISTICS ON;
```

En mode automatique, c'est le moteur qui se charge de calculer les statistiques manquantes, de maintenir à jour les statistiques en fonction des opérations faites sur les données, mais aussi de supprimer les statistiques inutiles.

Il est possible de savoir si une base est configurée en mise automatique des statistiques en interrogeant la colonne **is_auto_update_stats_on** de la table **sys.databases** ou bien en visualisant la valeur de la propriété **IsAutoUpdateStatistics** de la fonction **databasepropertyex**.

```
SELECT name,
is_auto_update_stats_on
FROM sys.databases;
```

Création des statistiques de tous les index sur les données non-système de la base de données GesCom :

```
EXEC sp_createstats;
```

4.8 L'obtention d'informations

Des informations concernant la structure des index peuvent être obtenues par les procédures stockées **sp_help** ou **sp_helpindex**.

Remarque

L'instruction DBCC SHOWCONTIG est maintenue uniquement pour des raisons de compatibilité ascendante. Il est donc conseillé de ne plus l'utiliser.

Des informations concernant la taille et la fragmentation des tables et des index peuvent être obtenues par l'intermédiaire de la fonction **sys.dm_db_index_physical_stats**.

Syntaxe

```
dm_db_index_physical_stats (idBase | NULL,
idObjet | NULL,
idIndex | NULL | 0,
numeroPartition | NULL ,
mode | NULL | DEFAULT)
```

`idBase`

Identifiant de la base de données. Il est possible d'utiliser la fonction **db_id()** pour connaître celui de la base courante. La valeur NULL prend en compte l'ensemble des bases définies sur le serveur et implique d'utiliser la valeur NULL pour l'identifiant de l'objet, de l'index et de la partition.

`idObjet`

Identifiant de l'objet (table ou vue) sur lequel on souhaite des informations. Cet identifiant peut être obtenu en faisant appel à la fonction **object_id()**. L'utilisation de la valeur NULL permet de signaler que l'on souhaite des informations sur toutes les tables et vues de la base courante. Cela implique également d'utiliser la valeur NULL pour l'option **idIndex** et **numeroPartition**.

`idIndex`

Identifiant de l'index à analyser. Si la valeur NULL est spécifiée alors l'analyse porte sur la totalité des index de la table.

`numeroPartition`

Numéro de la partition concernée. Si la valeur NULL est spécifiée alors toutes les partitions sont prises en compte.

`mode`

Précise le mode d'obtention des informations : DEFAULT, NULL, LIMITED ou DETAILED. La valeur par défaut (NULL) correspond à LIMITED.

La procédure stockée **sp_spaceused** permet de connaître l'espace disque utilisé par les index.

La fonction **INDEXPROPERTY** permet d'obtenir les différentes informations relatives aux index.

Les fonctions **INDEX_COL** et **INDEXKEY_PROPERTY** permettent d'obtenir des informations relatives aux colonnes présentes dans les index.

Il est également possible de passer par l'interrogation directe de vues systèmes dont les principales sont **sys.indexes**, **sys.index_columns** et **sys.stats**.

La façon la plus simple de gérer les index et d'obtenir des informations de façon ponctuelle sur les index reste d'utiliser SQL Server Management Studio. Depuis l'explorateur d'objets, en déployant une table, le nœud index est présent. Il est alors possible par le menu contextuel associé à ce nœud ou bien associé à un index particulier de créer un nouvel index, d'afficher les propriétés d'un index, de supprimer un index, de reconstruire et de réorganiser un index.

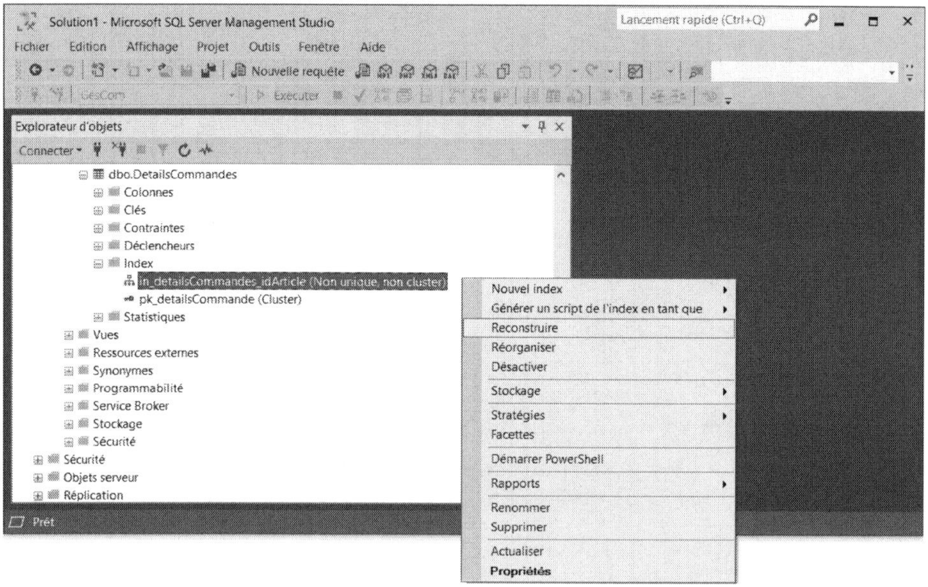

DBCC CHECKFILEGROUP permet quant à lui d'effectuer ces vérifications sur un groupe de fichiers en particulier.

5. Les schémas

5.1 L'intérêt

Dans SQL Server, les schémas représentent un ensemble logique à l'intérieur d'une base. Ils permettent de mieux organiser logiquement les tables, vues, procédures et fonctions. Par défaut, lors de création d'un objet, celui-ci est enregistré dans le schéma de l'utilisateur courant. Le schéma porte alors le même nom que celui de l'utilisateur. Il est possible d'associer un schéma existant avec un utilisateur, ou bien de créer un objet sur un schéma autre que celui associé à l'utilisateur (à condition que l'administrateur de base de données l'y autorise).

Lors de la création de la base, il existe le schéma dbo. Ce schéma est donc présent sur toutes les bases. En créant et en utilisant d'autres schémas, l'organisation logique des données est améliorée, car il est alors nécessaire de référencer les objets en les préfixant du nom du schéma (en effet les objets ne sont plus dans le schéma par défaut).

5.2 La création

Le schéma est défini par l'instruction CREATE SCHEMA nomSchéma.

Il est alors possible de créer des objets sur ce schéma en précisant lors de la création des tables, vues, etc. le nom sous la forme *nomSchéma.nomObjet*.

Exemple

Dans l'exemple ci-dessous, le schéma catalogue est créé.

```
CREATE SCHEMA catalogue;
```

5.3 Le nom complet d'une table

En fonction de l'emplacement depuis lequel la table, et plus généralement l'objet, est référencé, il est nécessaire d'utiliser un nom plus ou moins précis. Le nom complet d'une table, et donc d'un objet, est de la forme suivante :

```
nomBase.nomSchema.nomObjet
```

Cependant, comme habituellement les objets référencés sont présents sur la base courante, il est possible d'omettre le nom de la base.

Le nom du schéma peut également ne pas être spécifié. Dans un tel cas de figure, le moteur de base de données cherchera l'objet dans le schéma associé à l'utilisateur, puis, si cette recherche est infructueuse, dans le schéma dbo (comme **database owner**).

6. La gestion d'une base de données

6.1 Le schéma de la base de données

SQL Server Management Studio permet de créer une représentation graphique de la base de données. Cette représentation est appelée schéma de base de données. Elle peut contenir tout ou une partie simplement des tables présentes dans la base de données. Toutes les tables présentes sur un schéma appartiennent à la même base de données.

Les informations présentes au niveau de chaque table sont paramétrables, ce qui permet d'adapter la quantité d'informations présentes en fonction du nombre de tables et de l'espace dont on dispose.

Pour créer un schéma, il faut sélectionner, depuis l'explorateur d'objets, le choix **Nouveau schéma de base de données** dans le menu contextuel associé au nœud **Bases de données** - ***nomBase*** - **Diagrammes de base de données**.

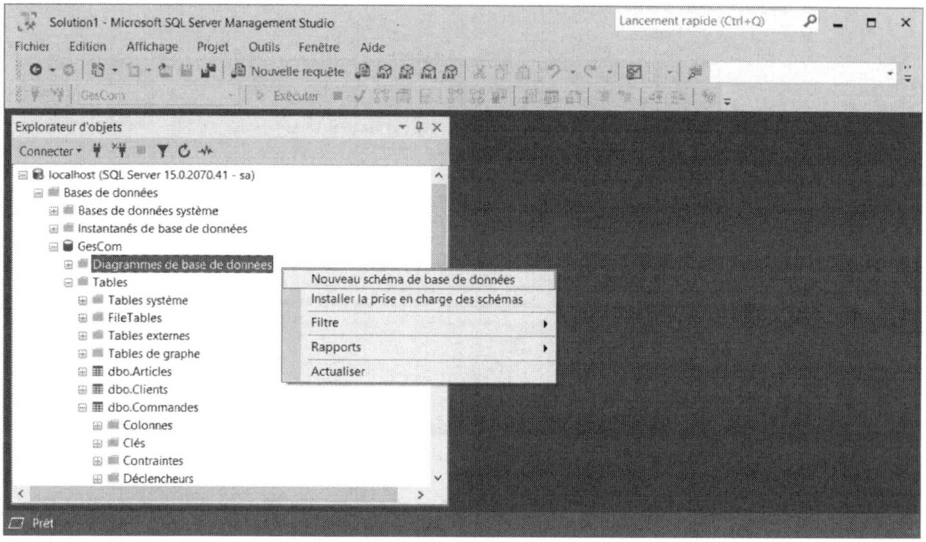

Par défaut, les éléments système permettant la prise en charge des schémas ne sont pas installés. Aussi, lors de la création du premier schéma, une boîte de dialogue est affichée pour demander l'autorisation afin de créer les objets nécessaires :

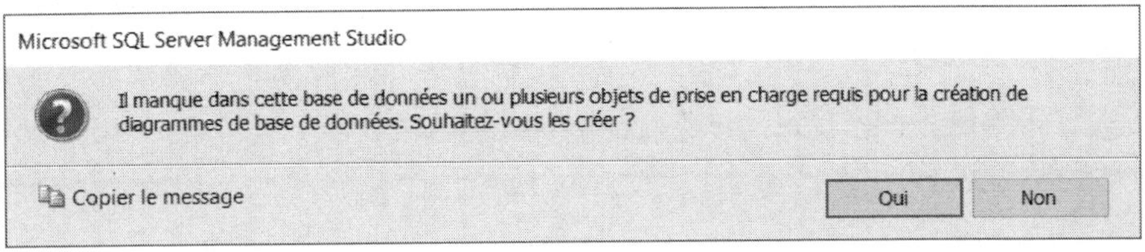

Lorsque les objets sont créés, il est nécessaire de refaire la demande de création de schéma de base de données. SQL Server Management Studio propose alors de sélectionner les tables qui y seront présentes. Dans le cas où l'on souhaite rajouter une table sur le schéma, il suffit de passer par le menu contextuel associé au schéma.

SQL Server propose une organisation du schéma qu'il est possible d'adapter. Pour modifier la représentation graphique d'une table, il faut sélectionner l'option **Vue table** depuis le menu contextuel associé à la table sur le schéma.

Exemple

Ci-dessous une représentation graphique de la base GesCom utilisée dans ce livre.

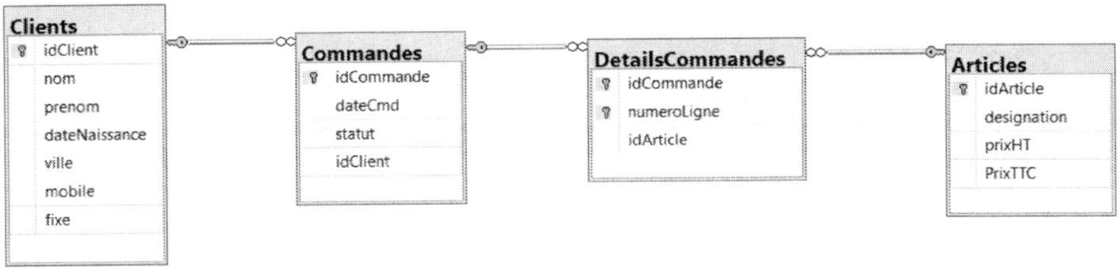

6.2 La gestion de l'espace de stockage

SQL Server utilise différents types de fichiers pour stocker l'ensemble des informations relatives à une base.

Fichier primaire

Il en existe un seul par base de données, c'est le point d'entrée. Ce fichier porte l'extension *.mdf.

Fichiers secondaires

Il peut en exister plusieurs par base de données. Ils portent l'extension *.ndf.

Fichiers journaux

Ces fichiers (il peut y en avoir plusieurs) contiennent le journal des transactions et portent l'extension *.ldf.

Les groupes de fichiers

Il est possible de préciser un groupe de fichiers lors de la mise en place des fichiers. Ces groupes présentent l'avantage d'équilibrer les charges de travail sur les différents disques du système. Les données sont écrites de façon équitable sur les différents fichiers du groupe.

Structure des fichiers de données

Les fichiers de données sont découpés en pages de 8 Ko. Les données sont stockées à l'intérieur des pages, ainsi la taille maximale d'une ligne est de 8060 octets hors types texte et image. Cette taille de 8 Ko autorise :

- de meilleurs temps de réponse lors des opérations de lecture/écriture,
- de supporter des lignes de données plus longues et donc de moins faire appel aux types texte et image,
- une meilleure gestion des bases de très grande taille.

Ces pages sont regroupées dans des extensions. Les extensions sont constituées de huit pages contiguës (64 Ko). Elles représentent l'unité d'allocation d'espace aux tables et aux index. Pour éviter de perdre de la place disque, il existe deux types d'extensions :

- Uniforme : réservée à un seul objet.
- Mixte : partagée par plusieurs objets, 8 au maximum.

Lorsqu'une table est créée, les pages sont allouées dans une extension mixte. Quand les données représentent huit pages, alors des extensions uniformes sont allouées à la table.

Les fichiers de données

Les fichiers de données peuvent être redimensionnés de façon dynamique ou manuelle. Lors de la création du fichier, il faut préciser :

- le nom logique du fichier pour le manipuler avec le langage Transact-SQL,
- le nom physique pour préciser l'emplacement du fichier,
- une taille initiale,
- une taille maximale,
- un pas d'incrémentation.

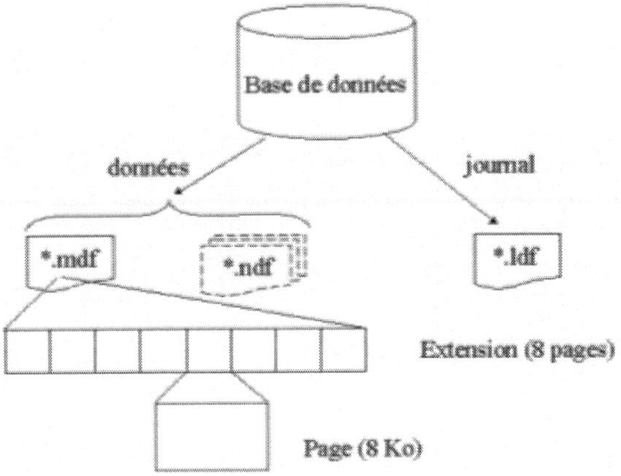

6.3 La gestion de l'objet DATABASE

Une DATABASE contient tous les autres objets :

- Le catalogue de base de données.
- Les objets utilisateurs (tables, vues, déclencheurs, procédures).
- Les index, les types de données, les contraintes.
- Le journal de transactions.

La personne qui crée la base doit disposer des droits suffisants et devient le propriétaire de la base. SQL Server est capable de gérer 32767 bases de données.

Remarque

Les fichiers qui constituent une base de données ne doivent pas être placés sur un répertoire réseau partagé.

Lors de leur création, les fichiers sont initialisés avec des zéros de façon à écraser toutes les données déjà présentes. Cette opération entraîne une surcharge de travail lors de la création des fichiers, mais elle permet d'optimiser les temps de réponse lorsque la base est en production.

Il est possible d'allouer de l'espace disque à la base sans qu'il soit initialisé par des 0. Cette opération est identifiée sous le terme initialisation instantanée. Les données anciennement présentes sur le disque sont écrasées au fur et à mesure des besoins de la base.

SQL Server est capable d'utiliser des partitions brutes pour la création des fichiers de bases de données. Cependant, dans la très grande majorité des cas, la méthode à privilégier est de créer les fichiers sur une partition NTFS.

En effet, l'utilisation d'une partition brute ne permet pas de signaler au système d'exploitation, et donc à l'administrateur, que cette partition est actuellement utilisée par SQL Server. L'espace, non utilisé du point de vue système, peut ainsi être facilement utilisé pour étendre une partition ou bien créer une nouvelle partition. En utilisant des partitions brutes, le risque de mauvaises manipulations augmente donc considérablement pour un gain qui n'est que peu significatif.

Enfin, il n'est possible de créer qu'un seul fichier de données par partition brute.

Les fichiers créés sur des partitions NTFS supportent sans soucis la compression NTFS et éventuellement certains groupes de fichiers peuvent être positionnées en lecture seule. Ces considérations ne s'appliquent qu'aux bases de données utilisateurs et ne peuvent pas être appliquées sur les fichiers relatifs aux bases de données système.

6.3.1 La création d'une base de données

Syntaxe

```
CREATE DATABASE nom_base[ ON [PRIMARY]
[( [ NAME = nomLogique, ]
FILENAME = 'nomPhysique'
[, SIZE = taille]
[, MAXSIZE = { tailleMaxi | UNLIMITED } ]
[, FILEGROWTH = valeurIncrément] ) [,...]]
[ LOG ON { fichier } ]
[COLLATE nom_classement]
[ FOR ATTACH | FOR ATTACH_REBUILD_LOG ] [ ; ]
```

`NAME`

Nom logique du fichier.

`FILENAME`

Emplacement et nom physique du fichier.

`SIZE`

Taille initiale du fichier en mégaoctets (MB) ou kilo-octets (KB). Si aucune unité de taille n'est spécifiée, alors SQL Server considère que la taille est exprimée en mégaoctets (MB). Dans tous les cas, la taille est exprimée avec une valeur entière.

`MAXSIZE`

Taille maximum du fichier indiquée en Ko ou Mo (par défaut Mo). Si aucune valeur n'est précisée, alors la taille du fichier sera limitée par la place libre sur le disque.

`UNLIMITED`

Pas de taille maximum, la limite est la place libre sur le disque.

`FILEGROWTH`

Précise le pas d'incrément pour la taille du fichier, qui ne pourra jamais dépasser la valeur maximale. Ce pas peut être précisé en pourcentage ou de façon statique en Ko ou Mo. Les extensions possèdent une taille de 64 Ko. C'est donc la valeur minimale du pas d'incrément qu'il faut fixer.

Si cette valeur n'est pas spécifiée, alors la croissance est de 1 Mo pour les fichiers de données et de 10 % pour les fichiers journaux.

`LOG ON`

Emplacement du journal de transactions. Le journal de transactions stocke les modifications apportées aux données. À chaque INSERT, UPDATE ou DELETE, une écriture est faite dans le journal avant l'écriture dans la base. La validation des transactions est également consignée dans le journal. Ce journal sert à la récupération des données en cas de panne.

`COLLATE`

Indique le classement par défaut de la base de données. Le nom de classement peut être un classement SQL ou Windows. S'il n'est pas précisé, c'est le classement par défaut de l'instance SQL Server qui est utilisé.

`FOR ATTACH`

Pour créer une base en utilisant des fichiers déjà créés. La base à attacher doit être du niveau de compatibilité 90 (soit SQL 2005) au minimum.

`FOR ATTACH_REBUILD_LOG`

Avec cette option, il est possible de créer la base en lui attachant les fichiers de données (.mdf et .ndf), mais pas nécessairement les fichiers journaux. Les fichiers journaux sont alors reconstruits à vide. Si une base est attachée de cette façon, il est important d'effectuer rapidement une sauvegarde complète de la base et de planifier tous les processus de sauvegarde. En effet, il n'est pas possible de s'appuyer sur les sauvegardes faites avant l'attachement, car les séquences des journaux ne correspondent plus.

Exemple

Création de la base de données GesCom (6 Mo) avec le journal de transactions (2 Mo) et les règles de tri sont celles du français mettant au même niveau une même lettre majuscule et minuscule et avec ou sans accent.

```
CREATE DATABASE GesCom
ON PRIMARY(
       NAME=gescom_data,
       FILENAME='C:\data\gescom_data.mdf',
       SIZE=6MB,
       MAXSIZE=15MB,
       FILEGROWTH=1MB)
LOG ON(
       NAME=gescom_log,
       FILENAME='C:\data\gescom_log.ldf',
       SIZE=2MB,
       MAXSIZE=2MB,
       FILEGROWTH=0MB)
COLLATE FRENCH_CI_AI;
```

Il est bien sûr possible de réaliser cette opération via un assistant graphique de SQL Server Management Studio. Pour cela, après avoir sélectionné le nœud **Bases de données** depuis l'explorateur, il faut faire le choix **Nouvelle base de données** depuis le menu contextuel pour voir l'écran suivant s'afficher.

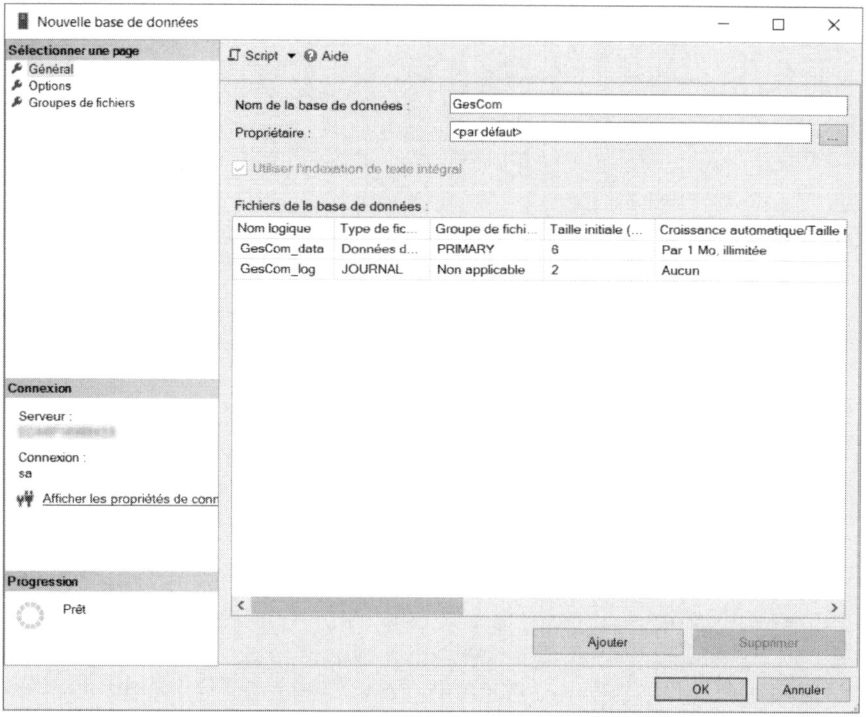

Depuis cette boîte de dialogue, il est possible de définir les différentes options de création de la base de données.

6.3.2 La modification de la taille des fichiers

Il est possible d'augmenter ou de diminuer la taille des fichiers de façon automatique ou manuelle.

Augmenter la taille des fichiers

Si un pas d'incrément (FILEGROWTH) et une taille maximum sont précisés lors de la création du fichier, le fichier changera de taille en fonction des besoins.

Il est possible de modifier manuellement la taille, la taille maximale et le taux d'augmentation d'un fichier de données avec la commande ALTER DATABASE.

```
ALTER DATABASE nom
MODIFY FILE
(NAME=nomLogique
[,SIZE=taille]
[,MAXSIZE=tailleMaxi]
[FILEGROWTH=valeurIncrément]) [ ; ]
```

Exemple

Augmenter la taille d'un fichier existant :

```
ALTER DATABASE GesCom
MODIFY FILE (
       NAME=gescom_data,
       SIZE=20MB
);
```

Il est également possible d'ajouter des fichiers.

```
ALTER DATABASE nom
ADD FILE (
NAME = nomLogique,
FILENAME = 'nomPhysique'
[, SIZE = taille]
[, MAXSIZE = { tailleMaxi | UNLIMITED } ]
[, FILEGROWTH = valeurIncrément] )
```

Exemple

Ajout d'un deuxième fichier à la base GesCom :

```
ALTER DATABASE GesCom
ADD FILE (
       NAME=gescom_data2,
       FILENAME='C:\data\gescom_data2.mdf',
       SIZE=20MB
);
```

La commande ALTER DATABASE permet une action beaucoup plus importante sur la base que la simple modification de taille des fichiers. Il est ainsi possible d'ajouter et de supprimer des fichiers et des groupes de fichiers, de modifier le nom de la base, de préciser le mode de fin par défaut des transactions en cours et de changer le classement de la base.

Remarque

Pour connaître les différents classements disponibles sur le serveur, il faut exécuter la requête suivante :

```
SELECT * FROM ::fn_helpcollations();
```

Pour illustrer la grande diversité de classements offerte par SQL Server, remarquez que cette requête retourne plus de 5500 lignes.

Diminuer la taille des fichiers

La taille des fichiers peut diminuer de façon automatique si l'option **auto-shrink** a été positionnée sur la base.

Les commandes DBCC SHRINKFILE et DBCC SHRINKDATABASE permettent d'exécuter manuellement la diminution de taille. DBCC SHRINKFILE ne va porter que sur un fichier en particulier tandis que DBCC SHRINKDATABASE va scruter tous les fichiers de la base.

L'opération de réduction des fichiers commence toujours par la fin du fichier. Par exemple, si la base dispose d'un fichier de 500 Mo que l'on souhaite ramener à une taille de 400 Mo, ce sont les 100 derniers mégaoctets du fichier qui vont être réorganisés afin de ne plus détenir aucune donnée avant leur libération.

L'option auto-shrink, lorsqu'elle est activée, ne permet pas de contrôler le déroulement des opérations de réduction de taille. Il est donc prudent de prendre en compte ce point avant d'activer l'option, car elle peut entraver des opérations d'administration préventives (comme l'agrandissement de fichiers) mises en place par l'administrateur.

La quantité d'espace réellement libérée est fonction de la taille idéale fixée en paramètre à DBCC SHRINKFILE et de la réalité des données. Si, dans l'exemple précédent, le fichier contient 450 Mo d'extensions utilisés, alors seulement 50 Mo d'espace seront libérés.

Syntaxe

```
DBCC SHRINKFILE (nom_fichier {[ ,EMPTYFILE | [ , taille_cible ]
[ , NOTRUNCATE | TRUNCATEONLY } ] })[ WITH NO-INFOMSGS ]
DBCC SHRINKDATABASE  (nom_base [ , pourcentage_cible ]
[ , { NOTRUNCATE | TRUNCATEONLY } ] )
[ WITH NO_INFOMSGS ] [ ; ]
```

`DBCC SHRINKFILE`

Réduit la taille du fichier de données ou du fichier journal pour la base de données spécifiée.

`DBCC SHRINKDATABASE`

Réduit la taille des fichiers de données dans la base de données spécifiée.

`Taille_cible`

Indique la taille souhaitée du fichier après réduction.

`Pourcentage_cible`

Indique le pourcentage d'espace libre que l'on souhaite obtenir dans le fichier de données après réduction de la base.

`EMPTYFILE`

Permet de demander à la commande DBCC_SHRINKFILE de transférer toutes les données présentes dans ce fichier de données vers un autre fichier du même groupe. Une fois vide, le fichier pourra être supprimé à l'aide d'une commande ALTER TABLE.

`NOTRUNCATE`

Réorganise le fichier en positionnant les pages occupées en haut de fichier, mais il n'est pas diminué.

`TRUNCATEONLY`

Coupe le fichier sans faire aucune réorganisation du fichier.

`WITH NO_INFOMSGS`

Les messages d'une gravité inférieure à 10 ne sont pas affichés.

6.3.3 La suppression d'une base de données

Lors de la suppression d'une base de données avec la commande DROP DATABASE, les fichiers physiques sont également supprimés.

Syntaxe

```
DROP DATABASE [ IF EXISTS ] nom_base [ ,...n ] [;]
```

IF EXISTS

Cette option, disponible depuis SQL Server 2016, évite de provoquer une erreur si aucune base de données de ce nom existe.

Si certains fichiers sont détachés de la base avant sa suppression, alors ils ne seront pas supprimés et il sera nécessaire d'effectuer cette opération de façon manuelle depuis l'explorateur de fichiers.

Enfin, si des utilisateurs sont connectés sur la base, il n'est pas possible de la supprimer. Pour forcer la déconnexion de ces derniers et permettre la suppression de la base, il est nécessaire de basculer vers le mode SINGLE_USER à l'aide de l'instruction ALTER DATABASE.

L'instruction DROP DATABASE ne peut être exécutée que si le mode autocommit est activé (ce qui est le cas par défaut). Il n'est pas possible de supprimer les bases système.

6.3.4 La configuration d'une base de données

Il est possible de configurer une base de données pour fixer un certain nombre d'options afin d'obtenir le comportement souhaité de la base en fonction des besoins des utilisateurs. On accède à ces différentes options en se positionnant sur la base puis par le menu contextuel associé à la base.

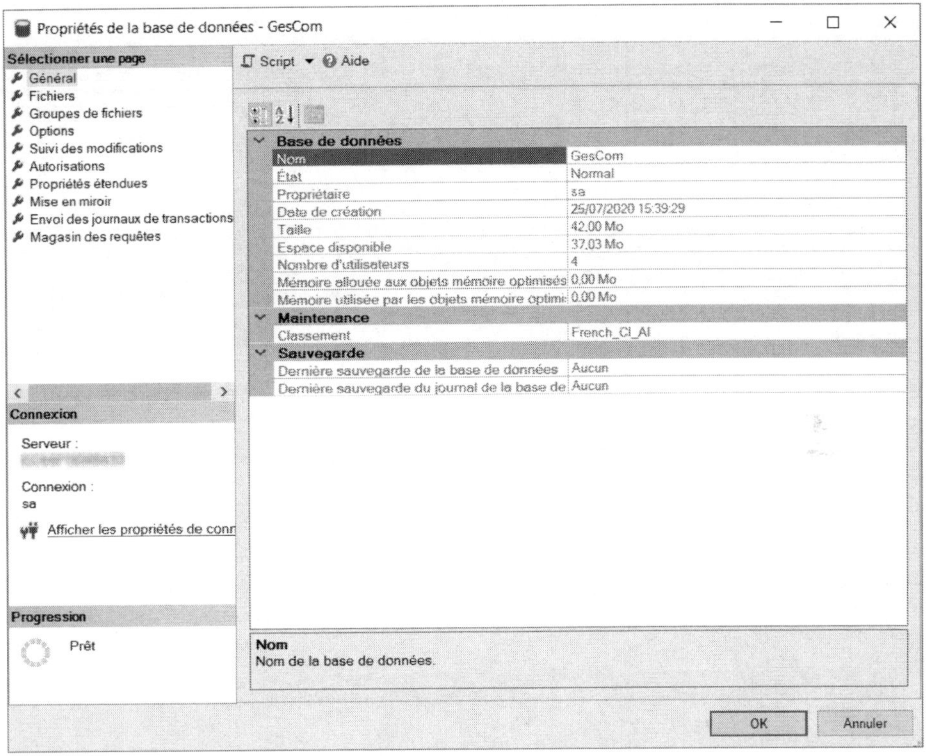

L'instruction ALTER DATABASE propose de très nombreuses options dont les principales sont listées ci-dessous.

Syntaxe

```
ALTER DATABASE {nomBase | CURRENT} SET option [ ; ]
```

État de la base

```
ONLINE
```

Permet de rendre la base de données de nouveau visible.

OFFLINE

Permet de rendre inaccessible la base de données. La base de données est fermée et arrêtée proprement. Il n'est pas possible de faire des opérations de maintenance sur une base de données offline.

EMERGENCY

La base de données est mise en lecture seule, la journalisation est désactivée et son accès est limité aux seuls administrateurs du serveur.

Accès

SINGLE_USER

Accès limité à un seul utilisateur.

RESTRICTED_USER

Seuls les membres des rôles db_owner, dbcreator ou sysadmin peuvent se connecter à la base.

MULTI_USER

C'est le mode par défaut qui permet à tous les utilisateurs disposant de privilèges suffisants d'accéder à l'information.

Opérations possibles

READ_ONLY

La base est accessible uniquement pour les opérations de lecture.

READ_WRITE

La base est accessible pour les opérations de lecture/écriture.

Paramétrage

`ANSI_NULL_DEFAULT`

Permet de préciser le comportement des colonnes avec la valeur NULL. Si ce paramètre est actif (valeur ON), alors par défaut les colonnes acceptent les valeurs NULL et les refusent dans le cas contraire (valeur OFF).

`RECURSIVE_TRIGGERS`

Autorise la récursivité des triggers.

`TORN_PAGE_DETECTION`

Permet de détecter les pages incomplètes.

`AUTO_CLOSE`

La base est arrêtée et les ressources sont libérées après la déconnexion du dernier utilisateur.

`AUTO_SHRINK`

Les fichiers de la base pourront être automatiquement réduits.

`AUTO_CREATE_STATISTICS`

Toutes les statistiques manquantes lors de l'optimisation d'une requête sont créées. Cette option est active (positionnée à ON) par défaut.

Ce type de paramétrage correspond à la plupart des bases de données.

`AUTO_UPDATE_STATISTICS`

Toutes les statistiques obsolètes pour la bonne optimisation d'une requête sont recalculées.

Cette option est active (positionnée à ON) par défaut afin de garantir la validité des statistiques.

`AUTO_UPDATE_STATISTICS_ASYNC`

Les statistiques qui permettent de représenter la pertinence des index sont mises à jour de façon asynchrone. La requête qui provoque la mise à jour des statistiques n'attend pas que les statistiques soient à jour pour s'exécuter. Ce sont les futures requêtes qui profiteront de cette mise à jour. Cette option n'est pas active (positionnée à OFF) par défaut.

`QUOTED_IDENTIFIERS`

Les identificateurs délimités peuvent être encadrés par des guillemets doubles.

`ANSI_NULLS`

Si le paramètre est actif (ON), alors toutes les comparaisons avec une valeur NULL sont évaluées à inconnues. Si le paramètre est non actif (OFF), alors les comparaisons avec les valeurs NULL et les valeurs non Unicode sont évaluées à VRAI si les deux valeurs sont NULL.

Cette option de configuration est encore présente dans SQL Server 2019. Cependant, pour les versions à venir, cette option sera activée par défaut (ON) et les applications ne pourront changer la valeur de ce paramètre sans générer une erreur. Cette mise en garde est présente depuis SQL Server 2012, il est donc important de respecter cette préconisation sur les applications en cours de développement et de profiter des opérations de mise à jour des applications existantes pour se mettre à niveau.

`ANSI_WARNINGS`

Permet de faire remonter des messages d'erreur ou des avertissements lorsque certaines conditions sont remplies.

`ARITHABORT`

Permet d'arrêter le traitement du lot d'instructions lors d'un dépassement de capacité ou d'une division par zéro.

`CONCAT_NULL_YIELDS_NULL`

Le résultat est NULL si l'un des deux opérandes d'une opération de concaténation est NULL.

`CURSOR_CLOSE_ON_COMMIT`

Permet de fermer tous les curseurs lors de la définition d'une transaction ou lors de la fin d'une transaction.

`CURSOR_DEFAULT`

Les déclarations de curseur ont pour valeur par défaut LOCAL.

Permet de spécifier si la déclaration du curseur a une portée limitée au lot Transact-SQL dans lequel il est défini (LOCAL) ou bien si le curseur est visible depuis n'importe quel lot Transact-SQL s'exécutant sur la même connexion.

`NUMERIC ROUNDABORT`

Une erreur est levée si une perte de précision intervient au cours d'un calcul.

`PAGE_VERIFY`

Cette option permet de valider la qualité des informations stockées au niveau de chaque page. L'option par défaut CHECKSUM est celle recommandée par SQL Server.

`PARAMETERIZATION`

En mode SIMPLE, par défaut les requêtes sont paramétrées en fonction des règles en vigueur sur le serveur. En utilisant le mode FORCED, SQL Server paramètre toutes les requêtes avant de dresser le plan d'exécution.

Mode de journalisation

`RECOVERY SIMPLE`

Permet de minimiser l'espace occupé par le journal car SQL Server libère l'espace dès que les informations ne sont plus utiles dans le cadre de la restauration automatique (le fichier journal est tronqué lors de chaque point de synchronisation).

`RECOVERY BULK_LOGGED`

Permet d'optimiser la taille du journal pour permettre la restauration des données après un problème sur un fichier, mais également restaurer les opérations affectant les données comme les index.

`RECOVERY FULL`

Permet de conserver dans le journal toutes les informations nécessaires pour autoriser la restauration après un problème sur un fichier de données.

Gestion des transactions

`ROLLBACK AFTER nombre`

L'annulation des transactions est effective après `nombre` secondes d'attente.

`ROLLBACK IMMEDIATE`

L'annulation de la transaction est immédiate.

`NO_WAIT`

Si la transaction n'accède pas immédiatement aux ressources qui lui sont nécessaires, elle est annulée.

`ANSI_PADDING`

Permet de spécifier si les espaces à droite sur les données de type caractère doivent être supprimés ou pas.

`COMPATIBILITY`

Permet de fixer le niveau de compatibilité de la base de données :
- 80 pour SQL Server 2000,
- 90 pour SQL Server 2005,
- 100 pour SQL Server 2008,
- 110 pour SQL Server 2012,
- 120 pour SQL Server 2014,

- 130 pour SQL Server 2016,
- 140 pour SQL Server 2017,
- 150 pour SQL Server 2019.

DATE_CORRELATION_OPTIMIZATION

Avec cette option, SQL Server se charge de maintenir la corrélation des statistiques entre deux tables liées par une contrainte de clé étrangère et qui possèdent toutes les deux une colonne de type DATETIME.

Accès externe

DB_CHAINING

Permet de gérer les contextes de sécurité lors de l'accès à la base à partir d'une autre base.

TRUSTWORTHY

Cette propriété permet de minimiser certaines menaces résultant de l'attachement d'une base de données.

Service Broker

ENABLE_BROKER

Active le service Broker.

DISABLE_BROKER

Désactive le service Broker.

NEW_BROKER

Permet de préciser que la base doit recevoir un nouvel identifiant Service Broker.

ERROR_BROKER_CONVERSATIONS

Les conversations en cours vont recevoir un message d'erreur et vont ainsi être clôturées.

Snapshot (capture instantanée)

`ALLOW_SNAPSHOT_ISOLATION`

Lorsque ce mode est activé, toutes les transactions sont capables de travailler avec une capture instantanée (snapshot) de la base telle qu'elle était au début de la transaction.

`READ_COMMITTED_SNAPSHOT`

Lorsque ce mode est activé, toutes les instructions perçoivent les données telles qu'elles étaient au début de l'instruction.

6.4 Les bases de données en mémoire

SQL Server propose les in-memory OLTP, qu'il est possible de traduire par bases de données en mémoire. Il s'agit ici non pas d'une simple présence des données en mémoire, mais plus exactement d'un moteur de base de données optimisé pour s'exécuter en mémoire. Ce type de base est composé d'au moins une table optimisée pour sa présence en mémoire, du fait de sa très fréquente utilisation. Une base de données en mémoire (in-memory) peut contenir des tables classiques et des tables optimisées pour être présentes en mémoire.

De même, les requêtes peuvent travailler avec des données issues des différents types de tables. Dans le cadre des procédures stockées, si une procédure fait référence exclusivement à une table optimisée pour être présente en mémoire, alors, lors de la compilation, c'est du code machine qui est généré. Cela permet un gain de temps non négligeable lors des exécutions, en comparaison au code interprété habituellement utilisé.

Ce type de base permet de présenter un gain de performances pour les bases de données de type OLTP fortement sollicitées sous forme de transactions courtes et simples. Il s'agit donc plus à ce niveau d'un choix proposé à l'administrateur de base de données pour améliorer les performances de la base, à condition que l'administrateur connaisse bien comment sont utilisées les données présentes dans la base. C'est à ce niveau que le développeur d'applications peut avoir son rôle à jouer, afin de structurer correctement la base et les tables. En effet, cela nécessite d'appliquer certaines options lors de la création de la base et des tables.

6.4.1 La création d'une base de données en mémoire

Pour être tout à fait exact, ce n'est pas vraiment une base de données en mémoire qui est créée, il s'agit plus en fait de préparer une base de données à être capable d'héberger des tables en mémoire. Comme toujours, les bases de données passent par la notion de groupe de fichiers pour relier une ou plusieurs tables à un espace de stockage.

Dans le cadre des bases de données en mémoire, il faut donc définir un espace de stockage (FILEGROUP) associé à un ou plusieurs fichiers physiques (pour la persistance des données), mais également systématiquement présent en mémoire (pour les performances). Ceci est effectué lors la définition du groupe de fichiers en utilisant l'option CONTAINS MEMORY_OPTIMIZED_DATA.

Une base de données ne peut contenir qu'un seul groupe de fichiers de ce type.

Exemple

Dans l'exemple ci-dessous, le groupe de fichiers memoire est défini sur la base GesCom.

```
ALTER DATABASE GesCom
ADD FILEGROUP memoire CONTAINS MEMORY_OPTIMIZED_DATA;
```

Comme pour tout groupe de fichiers, il est ensuite nécessaire d'y associer un ou plusieurs fichiers physiques.

```
ALTER DATABASE GesCom
ADD FILE (
       NAME='memoire1',
       FILENAME='C:\data\memoire1.ndf'
) TO FILEGROUP memoire;
```

6.4.2 La création d'une table en mémoire

Une table peut être définie de type mémoire (également appelé in-memory) lors de sa création. Contrairement à la création de table classique, le groupe de fichiers de type mémoire défini sur la base de données va être utilisé, mais n'est pas référencé lors de la création de la table.

Il existe deux types de tables in-memory : celles pour lesquelles les données sont persistantes et celles pour lesquelles les données ne sont pas persistantes.

Dans le cas de données persistantes, le groupe de fichiers précisé lors de la création de la table sera utilisé pour le stockage persistant des informations.

La création d'une table de type in-memory est en tout point semblable à la création d'une table classique, simplement l'option MEMORY_OPTIMIZED=ON est positionnée. Cette table nécessite cependant la présence d'une clé primaire. De plus, cette clé primaire ne doit pas organiser physiquement la table, elle sera donc définie avec l'option NONCLUSTERED. Les différents types d'index et cette notion d'organisation physique de la table sont traités à la section Les index de ce chapitre.

Par défaut, les données sont persistantes ; plus exactement l'option DURABILITY possède la valeur SCHEMA_AND_DATA. Dans le cas où seule la structure doit être conservée, l'option MEMORY_OPTIMIZED=ON sera complétée par DURABILITY=SCHEMA_ONLY.

Exemple

Dans le code présenté ci-dessous, la table Journal de type in-memory est définie.

```
CREATE TABLE Journal(
id     INT IDENTITY CONSTRAINT pk_journal PRIMARY KEY NONCLUSTERED,
le     DATETIME,
detail NVARCHAR(500)
) WITH (MEMORY_OPTIMIZED=ON);
```

Dans ce second exemple, la même table est définie, mais cette fois-ci les données ne seront pas persistantes :

```
CREATE TABLE Journal(
id     INT IDENTITY CONSTRAINT pk_journal PRIMARY KEY NONCLUSTERED,
le     DATETIME,
detail NVARCHAR(500)
) WITH (MEMORY_OPTIMIZED=ON, DURABILITY=SCHEMA_ONLY);
```

7. La surveillance et la vérification des bases et des objets

Après la création et l'utilisation des tables et des index, il est parfois utile de vérifier la cohérence des données et des pages.

L'instruction DBCC le permet :

```
DBCC CHECKDB [(nombase[,NOINDEX])]
```

Elle vérifie, pour toutes les tables de la base, la liaison entre pages de données et d'index, les ordres de tri et le pointeur. Des informations sur l'espace disque du journal sont également fournies.

Pour effectuer ces vérifications, l'exécution de l'instruction DBCC CHECKDB entraîne automatiquement l'exécution des instructions DBCC CHECKALLOC et DBCC CHECKCATALOG au niveau de la base de données, DBCC CHECKTABLE pour chaque table et chaque vue.

L'instruction DBCC CHECKTABLE peut être exécutée de façon autonome au niveau d'une table en utilisant la syntaxe suivante :

```
DBCC CHECKTABLE (nomtable[,NOINDEX|identification index])
```

Si l'identificateur d'index est fourni, seul celui-ci sera vérifié. Si NOINDEX est spécifié, les index ne sont pas vérifiés.

8. Exercice

8.1 La création de la base de données

Créez à l'aide d'un script une base de données nommée Location. Choisissez celle-ci comme contexte d'exécution pour être prêt pour la suite des exercices.

Remarque

Vous pouvez choisir de remplacer cet exercice par celui de la section La création d'une base de données si vous souhaitez vous entraîner à construire une base de données en paramétrant finement les fichiers à créer.

8.2 La création des tables

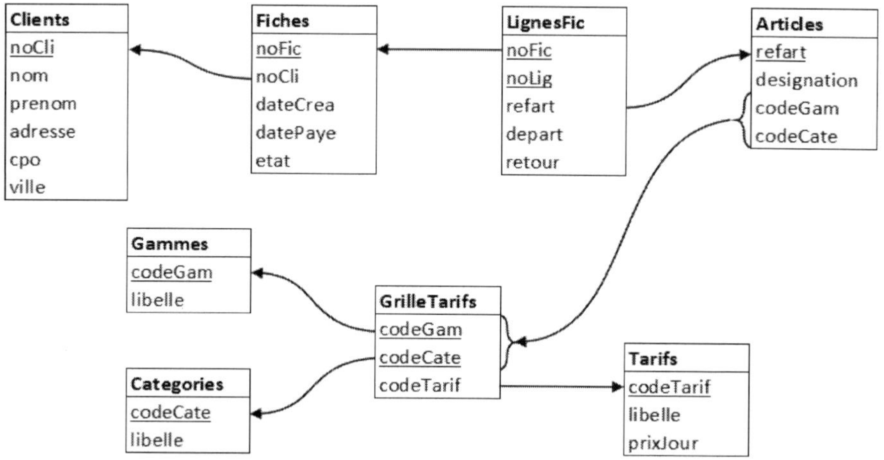

Créez les tables de votre base de données en respectant les règles suivantes :

- Les contraintes de type clé primaire (éléments soulignés dans le schéma).
- Les contraintes d'intégrité référentielle (flèches dans le schéma) :
  - Les fiches de location sont conservées (sans client associé) pour les clients qui sont supprimés (en application du droit à l'oubli du RGPD).
  - Suppression des lignes de location pour les fiches de location qui sont supprimées.
  - Modification du codeTarif répercutée en cas de changement.
- Les contraintes d'unicité :
  - Les libellés des gammes, des catégories et des tarifs sont uniques.
- Les contraintes de validation suivantes :
  - Le code postal est compris entre 01000 et 95999.
  - Les états possibles sont 'EC', 'RE' et 'SO' (en cours, rendue et soldée).
  - Le prix d'une journée est toujours positif.
  - La date de paiement d'une fiche est toujours, si elle est renseignée, postérieure à sa date de création.

  - La date de retour d'une ligne est toujours, si elle est renseignée, postérieure à sa date de départ.
  - La date de paiement d'une fiche est renseignée si l'état est soldé et n'est pas renseignée dans le cas contraire.
- Les contraintes de non-nullité (valeurs requises) :
  - codeCate, codeGam, codeTarif, cpo, dateCrea, depart, designation, etat, libelle, nom, prixJour, refart et ville.
- Les valeurs par défaut :
  - Table Clients
    - Colonne ville : 'Nantes'.
  - Table Fiches
    - Colonne etat : « en cours »
    - Colonne dateCrea : date du jour
  - Table LignesFic
    - Colonne depart : date du jour
- Les types de données :
  - Colonnes de type numérique :
    - noCli (6 chiffres),
    - noFic (6 chiffres),
    - noLig (2 chiffres),
    - prixJour (3 chiffres avant la virgules et 2 après).
  - Colonnes de type chaîne de caractères :
    - adresse (maximum 120 caractères),
    - codeCate (4 caractères),
    - codeGam (2 caractères),
    - codeTarif (2 caractères),
    - cpo (5 caractères),
    - designation (maximum 80 caractères),
    - etat (2 caractères),
    - libelle (maximum 30 caractères),
    - nom (maximum 30 caractères),
    - prenom (maximum 30 caractères),

    - refart (3 caractères),
    - ville (maximum 80 caractères).
  - Colonnes de type date :
    - dateCrea (Date et heure),
    - datePaye (Date et heure),
    - depart (Date et heure),
    - retour (Date et heure).
- Les valeurs auto-incrémentées :
  - La clé primaire noFic de la table Fiches doit être générée automatiquement. Les premiers numéros de fiches sont les numéros 1001, 1002, 1003...

Voici quelques informations complémentaires pour bien comprendre le principe de la base de données. Il n'est pas demandé de les coder.

- Lorsqu'un article est rendu, la valeur de la colonne retour de la table LignesFic est affectée à la date du jour pour enregistrer le retour de l'article.
- Lorsque tous les articles d'une fiche ont été rendus, la fiche passe en état « rendu ».
- Lorsque le client règle sa fiche, la colonne datePaye de Fiches est affectée à la date du jour et la fiche passe en état « soldée ».

8.3 L'ajout d'une colonne calculée

Ajoutez une colonne calculée duree dans la table LignesFic pour connaître le nombre entier de jours de location. Pour effectuer ce calcul, if faut utiliser l'expression suivante : `DATEDIFF(DAY, depart, retour)+1`. La fonction `DATEDIFF()` est évoquée dans le chapitre prochain.

Le résultat de ce calcul ne doit pas être stocké mais recalculé lorsque cela est nécessaire.

8.4 L'ajout d'index pour accélérer les jointures

Pour accélérer les jointures, vous devez ajouter des index sur les clés étrangères qui le nécessitent.

8.5 L'ajout d'index pour accélérer les recherches et les tris

Ajoutez un index sur le nom et le prénom des clients, car il est très fréquent de rechercher un client à partir de son nom et de son prénom ou de trier en fonction de ces informations. Cet index doit être un index couvrant contenant le numéro du client (noCli) au niveau de ces feuilles afin de ne pas avoir à accéder à la table Clients lorsqu'aucune autre information n'est nécessaire dans cette table.

8.6 La création d'une base de données plus finement paramétrée

Créez une base de données LocationSki avec les caractéristiques suivantes.

Les fichiers données et journaux doivent être définis selon des caractéristiques précises.

Le fichier de données va être défini à l'aide des caractéristiques suivantes :

- Nom logique : LocationSki_ppal
- Nom physique : c:\data\location_ski_ppal.mdf (le dossier peut bien entendu être adapté en fonction du contexte technique utilisé pour ces exercices)
- Taille initiale du fichier : 20 Mo
- Taille maximale : 50 Mo
- Accroissement par paquets de 5 Mo

Pour le fichier journal, il va être nécessaire de respecter les critères suivants :

- Nom logique : Locationski_log
- Nom physique : c:\data\location_ski_log.ldf (le dossier peut bien entendu être adapté en fonction du contexte technique utilisé pour ces exercices)
- Taille initiale du fichier : 5 Mo
- Taille maximale : 20 Mo
- Accroissement par paquets de 2 Mo

9. Solutions des exercices

9.1 La création de la base de données

```
CREATE DATABASE Location;
GO
USE Location;
```

9.2 La création des tables

```
CREATE TABLE clients(
noCli         NUMERIC(6)     CONSTRAINT pk_clients PRIMARY KEY,
nom           VARCHAR(30)    NOT NULL,
prenom        VARCHAR(30)    NULL,
adresse       VARCHAR(120)   NULL,
cpo           CHAR(5)        NOT NULL
CONSTRAINT ck_clients_cpo
CHECK(cpo BETWEEN 1000 AND 95999),
ville         VARCHAR(80)    NOT NULL
                             CONSTRAINT df_clients_ville DEFAULT 'Nantes'
);

CREATE TABLE fiches(
noFic         NUMERIC(6)     IDENTITY(1001,1)
CONSTRAINT pk_fiches PRIMARY KEY,
noCli         NUMERIC(6)     NULL
                              CONSTRAINT fk_fiches_clients
REFERENCES clients(noCli) ON DELETE SET NULL,
dateCrea      DATETIME       NOT NULL
```

```
                              CONSTRAINT df_fiches_dateCrea DEFAULT
GETDATE(),
datePaye      DATETIME        NULL,
etat          CHAR(2)         NOT NULL
                              CONSTRAINT ck_fiches_etat
CHECK(etat IN('EC', 'RE', 'SO'))
CONSTRAINT df_fiches_etat DEFAULT 'EC',
CONSTRAINT ck_fiches_dates CHECK(datePaye IS NULL OR datePaye >
dateCrea),
CONSTRAINT ck_fiches_datePaye_etat
CHECK(datePaye IS NOT NULL AND etat = 'SO'
OR datePaye IS NULL AND etat <> 'SO')
);

CREATE TABLE gammes(
codeGam       CHAR(2)         CONSTRAINT pk_gammes PRIMARY KEY,
libelle       VARCHAR(30)     NOT NULL
                              CONSTRAINT un_gammes_libelle UNIQUE,
);

CREATE TABLE categories(
codeCate      CHAR(4)         CONSTRAINT pk_categories PRIMARY KEY,
libelle       VARCHAR(30)     NOT NULL
                              CONSTRAINT un_categories_libelle UNIQUE,
);

CREATE TABLE tarifs(
codeTarif     CHAR(2)         CONSTRAINT pk_tarifs PRIMARY KEY,
libelle       VARCHAR(30)     NOT NULL
                              CONSTRAINT un_tarifs_libelle UNIQUE,
prixJour      NUMERIC(10,2)   NOT NULL
                              CONSTRAINT ck_tarifs_prixJour
CHECK(prixJour >= 0)
);

CREATE TABLE grilleTarifs(
codeGam       CHAR(2)         CONSTRAINT fk_grilleTarifs_gammes
REFERENCES gammes(codeGam),
codeCate      CHAR(4)         CONSTRAINT fk_grilleTarifs_categories
REFERENCES categories(codeCate),
codeTarif     CHAR(2)         NOT NULL
                              CONSTRAINT fk_grilleTarifs_tarifs
REFERENCES tarifs(codeTarif) ON UPDATE CASCADE,
CONSTRAINT pk_grilleTarifs PRIMARY KEY (codeGam, codeCate)
);

CREATE TABLE articles(
```

```
refart        CHAR(3)       CONSTRAINT pk_articles PRIMARY KEY,
designation   VARCHAR(80)   NOT NULL,
codeGam       CHAR(2)       NOT NULL,
codeCate      CHAR(4)       NOT NULL,
CONSTRAINT fk_articles_grilleTarifs FOREIGN KEY(codeGam, codeCate)
REFERENCES grilleTarifs(codeGam, codeCate)
);

CREATE TABLE lignesFic(
noFic         NUMERIC(6)    CONSTRAINT fk_lignesFic_fiches
REFERENCES fiches(noFic) ON DELETE CASCADE,
noLig         NUMERIC(2),
refart        CHAR(3)       NOT NULL
                            CONSTRAINT fk_lignesFic_articles
REFERENCES articles(refart),
depart        DATETIME      NOT NULL
                            CONSTRAINT df_lignesFic_depart
DEFAULT GETDATE(),
retour        DATETIME      NULL,
CONSTRAINT pk_lignesFic PRIMARY KEY(noFic, noLig),
CONSTRAINT ck_lignesFic_dates CHECK(retour IS NULL OR retour > depart)
);
```

9.3 L'ajout d'une colonne calculée

```
ALTER TABLE lignesFic ADD duree AS DATEDIFF(DAY, depart, retour)+1;
```

9.4 L'ajout d'index pour accélérer les jointures

```
CREATE INDEX in_fiches_noCli ON fiches(noCli);
CREATE INDEX in_lignesFic_refart ON lignesFic(refart);
CREATE INDEX in_articles_codes ON articles(codeGam, codeCate);
CREATE INDEX in_grilleTarifs_codeCate ON grilleTarifs(codeCate);
CREATE INDEX in_grilleTarifs_codeTarif ON grilleTarifs(codeTarif);
```

Il n'est pas nécessaire et même contreproductif de créer un index sur la clé étrangère noFic de LignesFic puisque celle-ci bénéficie déjà d'un index (noFic, noLig) obtenu automatiquement en raison de la clé primaire.

Pour l'index portant sur deux attributs, il faut bien prendre garde à ce que l'ordre de ceux-ci soit le même que la clé primaire, sinon l'index ne pourra pas être utilisé pour effectuer la jointure.

9.5 L'ajout d'index pour accélérer les recherches et les tris

```
CREATE INDEX in_clients_nomPre ON clients(nom, prenom) INCLUDE(noCli);
```

9.6 La création d'une base de données plus finement paramétrée

```
CREATE DATABASE LocationSki
ON PRIMARY (
 NAME=LocationSki_ppal,
 FILENAME='c:\data\location_ski_ppal.mdf',
 SIZE=20Mb,
 MAXSIZE=50Mb,
 FILEGROWTH=5Mb
) LOG ON (
 NAME=LocationSki_log,
 FILENAME='c:\data\location_ski_log.ldf',
 SIZE=5Mb,
 MAXSIZE=20Mb,
 FILEGROWTH=2Mb
);
```

Chapitre 3
Les ordres du SQL

1. Les bases du langage SQL

1.1 Les expressions

Dans la plupart des syntaxes Transact-SQL, il est possible d'utiliser des expressions ou des combinaisons d'expressions pour gérer des valeurs ou pour tirer parti de la programmabilité du langage. Les expressions peuvent prendre différentes formes :

Les valeurs constantes

Exemple

Caractère `'AZERTY', 'Ecole Nantaise d''Informatique'`

Les chaînes de caractères sont entourées d'apostrophes. S'il doit y avoir une apostrophe dans la chaîne de caractères, il est nécessaire d'en mettre deux pour ne pas le confondre avec la fin de la chaîne de caractères.

```
Numérique       10, -15.26, 1.235e-5

Date
constante            date                 heure
'201205'             5 Décembre 2020      00:00:00:000
'05/12/2020'         idem                 idem
'5-12-20 8:30'       idem                 8:30:00:000
'8:30:2'             1er Janvier 1900     08:30:02:000
'5.12.2020 8:30pm'   15 Décembre 2020     20:30:00:000
```

Le format français jj/mm/aaaa est l'un des formats possibles pour les dates.

```
Binaire         0x05,   0xFF,   0x5aef1b
Nulle           NULL
```

Les noms de colonne

Un nom de colonne pourra être employé comme expression, la valeur de l'expression étant la valeur "stockée" de la colonne.

Les fonctions

On peut utiliser comme expression n'importe quelle fonction, la valeur de l'expression est le résultat retourné par la fonction.

Exemple

```
expression                       valeur
SQRT(9)                          3
substring('ABCDEF',2,3)          'BCD'
```

Les variables

Les variables peuvent être employées en tant qu'expression ou dans une expression, sous la forme @nom_de_variable ou @@nom_de_variable. La valeur de l'expression est la valeur de la variable.

Exemple

```
DECLARE @x CHAR(10);
SELECT @x='AZERTY';
SELECT LOWER(@x);
```

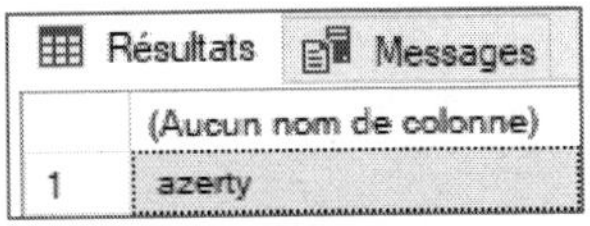

Les sous-requêtes

Une requête SELECT entre parenthèses peut être employée en tant qu'expression ayant pour valeur le résultat de la requête, soit une valeur unique, soit un ensemble de valeurs. Les requêtes SELECT sont présentées à la section L'extraction de lignes de ce chapitre.

Exemple

Stockage du nombre de clients dans une variable :

```
DECLARE @nombre INT;
SELECT @nombre = (SELECT COUNT(*) FROM Clients);
SELECT @nombre;
```

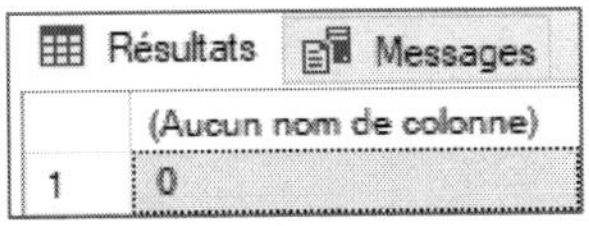

Les expressions booléennes

Elles sont destinées à tester des conditions (IF, WHILE, WHERE, etc.). Ces expressions sont composées de la manière suivante :

```
expression1 opérateur expression2
```

1.2 Les opérateurs

Les opérateurs vont permettre de constituer des expressions calculées, des expressions booléennes ou des combinaisons d'expressions.

1.2.1 Les opérateurs arithmétiques

Ils permettent d'effectuer des calculs élémentaires et de renvoyer un résultat.

+ Addition

- Soustraction

* Multiplication

/ Division : division entière si les deux opérandes sont des entiers, division réelle sinon.

% Modulo (reste de la division entière)

(...) Parenthèses

Exemple

```
DECLARE @prixArticle NUMERIC(6,2) = 145.2;
DECLARE @TVA NUMERIC(2,2) = 20.0/100;
SELECT @prixArticle*(1+@TVA);
```

Résultats | Messages

	(Aucun nom de colonne)
1	174.2400

```
DECLARE @nb INT = (SELECT COUNT(*) FROM Clients);
IF @nb%2=0 PRINT 'nombre de clients pair';
ELSE PRINT 'nombre de clients impair';
```

```
nombre de clients pair
```

Remarque

Les opérateurs + et - fonctionnent également sur les dates.

1.2.2 La concaténation de chaînes de caractères

La concaténation permet de constituer une seule chaîne de caractères à partir de plusieurs expressions de type caractère. L'opérateur de concaténation est le signe plus (+).

Exemple

```
DECLARE @nom CHAR(4) = 'LEVY';
DECLARE @prenom CHAR(5) = 'Simon';
SELECT 'M. ' + @nom + ' ' + @prenom;
```

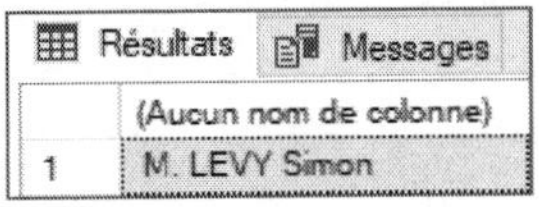

Il existe de plus la fonction CONCAT() qui permet de réaliser des concaténations. Contrairement à l'opérateur +, cette fonction appartient à la norme SQL. Elle a également l'avantage de pouvoir être utilisée avec des nombres sans que la somme soit effectuée.

1.2.3 Les opérateurs binaires

Ils permettent le calcul entre entiers, traduits implicitement en valeurs binaires.

& ET

| OU

^ OU Exclusif

~ NON

1.2.4 Les opérateurs de comparaison

Ils permettent la constitution d'expressions booléennes en comparant des expressions. Ces expressions peuvent être placées entre parenthèses.

`exp1 = exp2`

Égal.

`exp1 > exp2`

Supérieur.

`exp1 >= exp2`

Supérieur ou égal.

Remarque

`exp1!>exp2` est également possible mais n'est pas dans la norme.

`exp1 < exp2`

Inférieur.

`exp1 <= exp2`

Inférieur ou égal.

Remarque

`exp1 !< exp2` est également possible mais n'est pas dans la norme.

`exp1 <> exp2`

Différent.

Remarque

`exp1 != exp2` est également possible mais n'est pas dans la norme.

`exp IN (exp1, exp2,...)`

Compare à chaque expression de la liste.

`exp IS NULL` ou `exp IS NOT NULL`

Teste l'absence de valeur (NULL). Pour tester si une variable n'a pas de valeur affectée, il est indispensable d'utiliser l'opérateur IS NULL.

`exp LIKE 'masque'`

Filtre la chaîne de caractères ou la date suivant le masque spécifié.

Le masque peut être composé de :

_

Un caractère quelconque.

%

n caractères quelconques, avec n compris entre zéro et l'infini.

`[ab...]`

Un caractère dans la liste ab... .

`[a-z]`

Un caractère dans l'intervalle a-z.

`[^ab...]`

Un caractère en dehors de la liste ou de l'intervalle spécifié.

`ab...`

Le caractère lui-même.

Pour utiliser _ , %, [et ^ en tant que caractères de recherche, il faut les encadrer de [].

Exemple

```
masque        Chaînes correspondantes
'G%'          commençant par "G"
'_X%1'        deuxième caractère "X", dernier "1"
'%[1-9]'      se terminant par un chiffre compris entre "1" et "9"
'[^XW]%'      ne commençant ni par X ni par W
'LE[_]%'      commençant par "LE_"
```

`exp LIKE 'masque' ESCAPE 'e'`

Lorsque le masque contient un caractère spécial comme _ ou *, il est nécessaire de les faire précéder d'un caractère spécifique appelé caractère d'échappement. Afin de s'adapter à toutes les situations possibles, le caractère d'échappement est libre et il est simplement nécessaire de le spécifier après le mot-clé ESCAPE.

`exp BETWEEN min AND max`

Teste si la valeur de `exp` est incluse dans l'intervalle compris entre les valeurs min et max (bornes incluses).

`EXISTS (sous-requête)`

Renvoie VRAI si la sous-requête a renvoyé au moins une ligne.

Les opérateurs booléens

Ils permettent de combiner des expressions booléennes (expb) en renvoyant une valeur booléenne.

`expb1 OR expb2`

Vrai si une des deux expressions est vraie.

`expb1 AND expb2`

Vrai si les deux expressions sont vraies.

`NOT expb`

Vrai si `expb` est fausse.

1.3 Les fonctions

De nombreuses fonctions sont disponibles pour valoriser des colonnes ou pour effectuer des tests. Des exemples seront donnés avec l'instruction SELECT.

Parmi toutes les fonctions proposées en standard par SQL Server, il est possible de les regrouper par type : rowset, agrégation, ranking, scalaire. Pour ce dernier type de fonctions, il faut en plus les classer par catégories : mathématique, chaîne de caractères, date... car elles sont très nombreuses.

Certaines fonctions, plus particulièrement les fonctions permettant de manipuler les données de type caractère, prennent en compte le classement défini au niveau du serveur.

1.3.1 Les fonctions d'agrégation

Ces fonctions renvoient une valeur unique résultant d'un calcul statistique sur un groupe de lignes.

Les fonctions d'agrégat sont déterministes, c'est-à-dire qu'appliquées à un même ensemble de données, la fonction retournera toujours le même résultat.

À l'exception de la fonction COUNT, les fonctions d'agrégat ne tiennent pas compte des absences de valeur (NULL).

`COUNT(*)`

Dénombre les lignes.

`COUNT([ALL|DISTINCT] expr)`

Dénombre toutes les expressions non nulles pour l'attribut (ALL) ou les expressions non nulles uniques pour l'attribut (DISTINCT).

`COUNT_BIG`

Son fonctionnement est identique à celui de la fonction COUNT mais le résultat retourné est au format bigint à la place de int pour la fonction COUNT.

`SUM([ALL|DISTINCT] expr)`

Somme de toutes les expressions non nulles (ALL) ou les expressions non nulles uniques (DISTINCT).

`AVG([ALL|DISTINCT] expr)`

Moyenne de toutes les expressions non nulles (ALL) ou les expressions non nulles uniques (DISTINCT).

`MIN(exp)` ou `MAX(exp)`

Valeur minimum ou maximum de toutes les expressions.

`STDEV ([ALL|DISTINCT] exprn)`

Écart type de toutes les valeurs de l'expression donnée, non nulles (ALL) ou les expressions non nulles uniques (DISTINCT).

`STDEVP ([ALL|DISTINCT] exprn)`

Écart type de la population pour toutes les valeurs de l'expression donnée, non nulles (ALL) ou les expressions non nulles uniques (DISTINCT).

`VAR ([ALL|DISTINCT] exprn)`

Variance de toutes les valeurs de l'expression donnée, non nulles (ALL) ou les expressions non nulles uniques (DISTINCT).

`VARP ([ALL|DISTINCT] exprn)`

Variance de la population pour toutes les valeurs de l'expression donnée, non nulles (ALL) ou les expressions non nulles uniques (DISTINCT).

`GROUPING`

S'utilise conjointement à ROLLUP et CUBE. Indique la valeur 1 lorsque la ligne est générée par une instruction ROLLUP ou CUBE, sinon elle indique la valeur 0.

`CHECKSUM (*|exp[,...])`

Permet de calculer un code de contrôle par rapport à une ligne de la table ou par rapport à une liste d'expressions, plusieurs colonnes par exemple. Cette fonction permet la production d'un code de hachage.

`CHECKSUM_AGG([ALL|DISTINCT]exp)`

Permet le calcul d'une valeur de hachage par rapport à un groupe de données. Ce code de contrôle permet de savoir rapidement si des modifications ont eu lieu sur un groupe de données, car la valeur produite par cette fonction n'est plus la même.

1.3.2 Les fonctions mathématiques

Ces fonctions renvoient une valeur résultant de calculs mathématiques classiques (algèbre, trigonométrie, logarithmes, etc.).

`ABS(expn)`

Valeur absolue de `expn`.

`CEILING(expn)`

Arrondi par excès : plus petit entier supérieur ou égal à `expn`.

`FLOOR(expn)`

Arrondi par défaut : plus grand entier inférieur ou égal à `expn`.

`ROUND(expn, n[, f])`

Arrondit `expn` à la précision `n`. Si `n` est positif, `n` représente le nombre de décimales. Si `n` est égal à zéro, arrondit à l'entier le plus proche. Si `n` est négatif, arrondit à la dizaine la plus proche (-1), à la centaine (-2), etc., ou renvoie 0 si `n` est supérieur au nombre de chiffres entiers de `expn`. Si `f` est précisé, son rôle est de tronquer `expn`. Les valeurs pouvant être prises par `f` sont interprétées comme pour `n`. La valeur de `f` ne sera prise en compte que si `n` est égal à 0.

Exemple

expn	**n**	**f**	**résultat**
1.256	2		1.260
1.256	4		1.256
1.256	0		1.000
11.25	-1		10
11.25	-2		.00
11.25	-3		.00
150.75	0		151
150.75	0	1	150

`SIGN(expn)`

Renvoie 1 si `expn` est positive, -1 si elle est négative et 0 si elle est égale à zéro.

`SQRT(expn)`

Racine carrée de `expn`.

`POWER(expn,n)`

`expn` à la puissance `n`.

`SQUARE(expn)`

Calcul du carré de `expn`.

1.3.3 Les fonctions trigonométriques

`PI()`

Valeur du nombre PI.

`DEGREES(expn)`

Conversion en degrés de `expn` en radians.

`RADIANS(expn)`

Conversion en radians de `expn` en degrés.

`SIN(expn), TAN(expn), COS(expn), COT(expn)`

Sinus, tangente, cosinus et cotangente de l'angle `expn` en radians.

`ACOS(expn), ASIN(expn), ATAN(expn)`

Arc cosinus, arc sinus et arc tangente de `expn`.

`ATN2(expn1,expn2)`

Angle (radian) dont la tangente passe par le point `expn1, expn2`.

1.3.4 Les fonctions logarithmiques

`EXP(expn)`

Exponentielle de `expn`.

`LOG(expn[,base])`

Calcule le logarithme classique (base=**e**) si le paramètre `base` n'est pas valorisé ; sinon, calcule le logarithme par rapport à la valeur de la base spécifiée.

`LOG10(expn)`

Logarithme à base 10 de `expn`.

1.3.5 La fonction de tirage de nombres aléatoires

`RAND([expn])`

Nombre pseudo-aléatoire compris entre 0 et 1. `expn` représente la valeur de départ de la suite de valeurs pseudo-aléatoires. Ce paramètre permet de reproduire les mêmes valeurs afin de pouvoir rejouer un même scénario. Cela est très pratique pour débugger.

1.3.6 Les fonctions sur les dates

Les fonctions sur les dates manipulent des expressions de type date et utilisent des formats représentant la partie de la date à gérer.

Ces formats sont :

Format	Abréviation	Signification
YEAR	YY, YYYY	Année (de 0001 à 9999)
QUARTER	QQ, Q	Trimestre (1 à 4)
MONTH	MM, M	Mois (1 à 12)
DAY OF YEAR	DY, Y	Jour dans l'année (1 à 366)
DAY	DD, D	Jour dans le mois (1 à 31)
WEEKDAY	DW	Jour dans la semaine (1 Lundi à 7 Dimanche)
HOUR	HH	Heure (0 à 23)
MINUTE	MI, N	Minute (0 à 59)
SECONDS	SS, S	Seconde (0 à 59)
MILLISECOND	MS	Milliseconde (0 à 999)
WEEK	WK, WW	Semaine de l'année

`GETDATE()` ou `GETUTCDATE()`

Date et heure système.

`DATENAME(format,expd)`

Renvoie la partie date sous forme de texte.

`DATEPART(format,expd)`

Renvoie la valeur de la partie date selon le format.

Il est possible de configurer le premier jour de la semaine par l'intermédiaire de la fonction SET DATEFIRST(numero_jour). Les jours sont numérotés de 1 pour le lundi à 7 pour le dimanche. Il est possible de connaître la configuration actuelle en interrogeant la fonction @@datefirst.

```
SELECT @@DATEFIRST;
```

`DATEDIFF(format,expd1,expd2)`

Différence selon le format entre les deux dates.

`DATEADD(format,n,expd)`

Ajoute `n format` à la date `expd`.

`DAY(expd)`

Retourne le numéro du jour dans le mois.

`MONTH(expd)`

Retourne le numéro du mois.

`YEAR(expd)`

Retourne l'année.

Remarque

Pour les trois fonctions précédentes, si l'expression passée en paramètre est la valeur 0, alors SQL Server effectue ses calculs sur le 1er janvier 1900.

`SWITCHOFFSET (datetimeoffset, zoneHoraire)`

Convertit la donnée de type `DATETIMEOFFSET` passée en paramètre vers la zone horaire passée en second paramètre.

`SYSDATETIME`

Retourne la date et heure courante du serveur au format **datetime2**. Le décalage par rapport au temps GMT (OFFSET) n'est pas inclus. Cette fonction offre plus de précision que la valeur retournée par GETDATE() ou bien GETUTCDATE().

`SYSDATETIMEOFFSET`

Fonctionnement similaire à `SYSDATETIME` mais la donnée de type date et heure retournée est au format **datetimeoffset** et inclut donc le décalage par rapport à l'heure GMT.

`EOMONTH (date [, nombreDeMois])`

Cette fonction permet de connaître le dernier jour du mois correspondant à la date passée en paramètre. Si un nombre de mois est renseigné, alors la fonction calcule le dernier jour du mois de la date résultante de la date passée en paramètre à laquelle on a ajouté le nombre de mois.

Pour faciliter la construction de données de type date et heure à partir de valeurs entières, SQL Server propose les fonctions détaillées ci-dessous.

`DATEFROMPARTS (`*`italique, mois, jour`*`)`

Retourne une valeur de type **date** composée à partir de nombres entiers pour l'année, le mois et le jour.

```
DATETIME2FROMPARTS (année, mois, jour, heure, minute,
seconde, fraction, précision)
```

Retourne une valeur de type **datetime2** composée à partir des nombres entiers fournis en paramètre pour représenter les différentes valeurs.

```
DATETIMEFROMPARTS (année, mois, jour, heure, minute,
seconde, millisecondes)
```

Retourne une valeur de type **datetime** composée à partir des nombres entiers fournis en paramètre pour représenter les différentes valeurs.

`DATETIMEOFFSETFROMPARTS(année, mois, jour, heure, minute, seconde, fraction, decalage_heure, decalage_minute, précision)`

Retourne une valeur de type **datetimeoffset** composée à partir des nombres entiers fournis en paramètre pour représenter les différentes valeurs.

`SMALLDATETIMEFROMPARTS (`*`année, mois, jour, heure, minute`*`)`

Retourne une valeur de type **smalldatetime** composée à partir des nombres entiers fournis en paramètre pour représenter les différentes valeurs.

`TIMEFROMPARTS (heure, minute, seconde, fraction, précision)`

Retourne une valeur de type **time** composée à partir des nombres entiers fournis en paramètre pour représenter les différentes valeurs.

1.3.7 Les fonctions sur les chaînes de caractères

`ASCII(expc)`

Valeur du code ASCII du premier caractère de `expc`.

`UNICODE(expc)`

Valeur numérique correspondant au code caractère Unicode de `expc`.

`CHAR(expn)`

Caractère correspondant au code ASCII `expn`.

`NCHAR(expn)`

Caractère Unicode correspondant au code numérique `expn`.

`LTRIM(expc), RTRIM(expc), TRIM(expc)`

Supprime les espaces non significatifs à droite (RTRIM) ou à gauche (LTRIM) ou les deux (TRIM) de `expc`.

`HASHBYTES({'SHA2_256'|'SHA2_512'}, expc)`

Calcule l'empreinte de `expc` avec l'algorithme de hachage indiqué. Seul SHA2 en version 256 ou 512 bits est conseillé. Les autres algorithmes (MD2, MD4, MD5, SHA et SHA1) sont obsolètes en raison de leurs failles de sécurité.

Remarque

Cette fonction doit être utilisée pour ne pas stocker en clair les mots de passe dans vos bases de données. Seule l'empreinte du mot de passe est stockée. Pour tester la connexion avec un mot de passe, l'empreinte de ce mot de passe est également calculée et les deux empreintes sont comparées.

`STR(expn[,lg[,nbd]])`

Convertit le nombre `expn` en chaîne de longueur totale `lg` dont `nbd` caractères à droite de la marque décimale.

`SPACE(n)`

Renvoie `n` espaces.

`REPLICATE(expc,n)`

Renvoie `n` fois `expc`.

`CHARINDEX('masque',expc), PATINDEX('%masque%',expc)`

Renvoie la position de départ de la première expression 'masque' dans `expc`. `PATINDEX` permet d'utiliser des caractères génériques (voir LIKE) et de travailler avec les types `text`, `char` et `varchar`.

`LOWER(expc),UPPER(expc)`

Changement de casse. Convertit `expc` en minuscule ou en majuscule.

`REVERSE(expc)`

Retourne `expc` à l'envers (lue de droite à gauche).

`RIGHT(expc, n)`

Renvoie les `n` caractères les plus à droite de `expc`.

`LEFT(expc, n)`

Renvoie les `n` caractères les plus à gauche de `expc`.

`SUBSTRING(expc, dp, lg)`

Renvoie `lg` caractères de `expc` à partir de `dp`.

`STUFF(expc1, dp, lg, expc2)`

Supprime `lg` caractères de `expc1` à partir de `dp`, puis insère `expc2` à la position `dp`.

`SOUNDEX(expc)`

Renvoie le code phonétique de `expc`. Ce code est composé de la première lettre de `expc` et de trois chiffres.

`DIFFERENCE(expc1, expc2)`

Compare les SOUNDEX des deux expressions. Renvoie une valeur de 1 à 4, 4 signifiant que les deux expressions offrent la plus grande similitude.

`LEN(expc)`

Retourne le nombre de caractères de `expc`.

`QUOTENAME(expc[, delimiteur])`

Permet de transformer `expc` en identificateur valide pour SQL Server.

`REPLACE(expc1, expc2, expc3)`

Permet de remplacer dans `expc1` toutes les occurrences de `expc2` par `expc3`.

`CONCAT(expc1, expc2 [, ...])`

Retourne une chaîne de caractères composée de la concaténation des différentes chaînes de caractères passées en paramètre.

FORMAT(valeur, [format[, localisation])

Retourne la représentation sous forme de chaîne de caractères de la date ou de la valeur numérique passée en paramètre et en respectant le format souhaité. Un paramètre supplémentaire de localisation peut être spécifié si ... ière ; par exemple, la représentation ... nçais et les Anglo-Saxons.

1.3

olonne')

ıtification est id_col dans la table

nnées.

ULT" est positionnée pour la base.

HOST_ID()

Numéro d'identification de la station de travail.

HOST_NAME()

Nom de la station de travail.

`IDENT_INCR('nom_table')`

Valeur de l'incrémentation définie pour la colonne IDENTITY de la table ou de la vue portant sur une table ayant une colonne IDENTITY.

`IDENT_SEED('nom_table')`

Valeur initiale définie pour la colonne IDENTITY de la table, ou de la vue portant sur une table ayant une colonne IDENTITY.

`IDENT_CURRENT('nom_table')`

Retourne la dernière valeur de type identité utilisée par cette table.

`INDEX_COL('nom_table', id_index, id_cle)`

Nom de la colonne indexée correspondant à l'index.

`ISDATE(exp)`

Renvoie 1 si l'expression de type varchar a un format de date valide.

`ISNULL(exp, valeur)`

Renvoie valeur si `exp` est NULL.

Remarque

Il est préférable d'utiliser la fonction COALESCE(). D'une part, contrairement à ISNULL(), elle fait partie de la norme SQL et, d'autre part, elle permet de prendre plus de valeurs en paramètre.

`ISNUMERIC(exp)`

Renvoie 1 si l'expression de type varchar a un format numérique valide.

`NULLIF(exp1, exp2)`

Renvoie NULL si `exp1 = exp2`.

`OBJECT_ID('nom')`

Numéro d'identification de l'objet 'nom'.

`OBJECT_NAME(id)`

Nom de l'objet identifié par `id`.

`STATS_DATE(id_table, id_index)`

Date de dernière mise à jour de l'index.

`SUSER_SID(['nom_acces'])`

Numéro d'identification correspondant au nom d'accès.

`SUSER_SNAME([id])`

Nom d'accès identifié par `id`.

`USER_NAME([id])`

Nom de l'utilisateur identifié par `id`. À n'utiliser qu'avec la contrainte DEFAULT (fonctions niladiques).

`CURRENT_TIMESTAMP`

Date et heure système, équivalent à GETDATE().

`SYSTEM_USER`

Nom d'accès.

`CURRENT_USER`, `USER`, `SESSION_USER`

Nom de l'utilisateur de la session.

`OBJECT_PROPERTY(id, propriété)`

Permet de retrouver les propriétés d'un objet de la base.

`ROW_NUMBER`

Permet de connaître le numéro séquentiel d'une ligne issue d'une partition depuis un jeu de résultats. Cette numérotation commence à 1 pour chaque première ligne de chaque partition.

`RANK`

Permet de connaître le rang d'une ligne issue d'une partition depuis un jeu de résultats. Le rang d'une ligne est supérieur d'une unité au rang de la ligne issue de la même partition.

`DENSE_RANK`

Fonctionne comme `RANK` mais ne s'applique qu'aux lignes présentes dans le jeu de résultats.

`HAS_DBACCESS('nomBase')`

Permet de savoir si, avec le contexte de sécurité actuel, il est possible d'accéder à la base de données passée en paramètre (retour=1) ou si ce n'est pas possible (retour=0).

`HAS_PERMS_BY_NAME`

Permet de savoir par programmation si l'on dispose d'un privilège ou non. Ce type de fonction peut s'avérer intéressant dans le cadre d'un changement de contexte.

`KILL`

Cette fonction, bien connue des utilisateurs des systèmes Unix/Linux, permet de mettre fin à une session utilisateur. Pour mettre fin à une connexion, il est nécessaire de passer en paramètre l'identifiant de session (sessionID ou SPID) ou bien l'identifiant du lot actuellement en cours d'exécution (UOW - *Unit Of Work*). Le UOW peut être connu en interrogeant la colonne request_owner_guid de la vue sys.dm_tran_locks. L'identifiant de session peut quant à lui être obtenu en interrogeant le contenu de la variable @@SPID, en exécutant la procédure **sp_who** ou bien encore en interrogeant la colonne session_id de vues telles que sys.dm_tran_locks ou sys_dm_exec_sessions. Si l'annulation porte sur une transaction de grande envergure, alors l'opération peut être relativement longue.

`NEWID()`

Permet de générer une valeur de type UniqueIdentifier.

`NEWSEQUENTIALID()`

Cette fonction, destinée à être utilisée uniquement pour générer une valeur par défaut, permet de générer la prochaine valeur de type UniqueIdentifier. Comme la prochaine valeur de type UniqueIdentifier est prédictible, cette fonction ne doit pas être mise en place dans les structures nécessitant un haut niveau de sécurité.

`PARSENAME('nomObjet', partieAExtraire)`

Permet d'extraire à partir d'un nom complet d'objet le nom de l'objet (*partieAExtraire=1*), le nom du schéma (*partieAExtraire=2*), le nom de la base de données (*partieAExtraire=3*) ou bien le nom du serveur (*partieAExtraire=4*).

`PUBLISHINGSERVERNAME`

Permet de savoir qui est à l'origine d'une publication.

1.3.9 Les fonctions de conversion de type

`CAST(expression AS type_donnée)`

Permet de convertir une valeur dans le type spécifié.

`CONVERT(type_donnée, exp[, style])`

Conversion de l'expression dans le type spécifié. Un style peut être utilisé dans les conversions date ou heure.

`TRY_CONVERT(type_donnée, exp[, style])`

TRY_CONVERT réalise le même type de conversion de données que la fonction CONVERT simplement lorsque l'expression n'est pas convertible dans le type de données précisé alors TRY_CONVERT retourne NULL. Une conversion demandée incompatible provoque le déclenchement d'une exception.

Sans le siècle (aa)	Avec le siècle (aaaa)	Standard	Sortie
-	0 ou 100	défaut	(mois/mmm)jj aaaa hh:mi AM (ou PM)
1	101	USA	mm/jj/aa
2	102	ANSI	aa.mm.jj
3	103	anglais/français	jj/mm/aa
4	104	allemand	jj.mm.aa
5	105	italien	jj-mm-aa

Sans le siècle (aa)	Avec le siècle (aaaa)	Standard	Sortie
6	106	-	jj mmm aa
7	107	-	mmm jj,a
8	108	-	hh:mi:ss
-	9 ou 109	défaut	(mois/mmm)jj aaaa hh:mi:ss:mmm AM
10	110	USA	mm-jj-aa
11	111	Japon	aa/mm/jj
12	112	ISO	aammjj
-	13 ou 113	européen	jj(mois/mmm)aaaa hh:mi:ss:mmm (24h)
14	114	-	hh:mi:ss:mmm (24h)
-	20 ou 120	ODBC canonique	yyyy-mm-jj hh:mi:ss (24h)
-	21 ou 121	ODBC canonique	yyyy-mm-jj hh:mi:ss.mmm (24h)
-	126	ISO8601	yyyy-mm-jjThh:mi:ss.mmm
-	130	Hijri	dd mois yyyy hh:mi:ss:mmmAM
-	131	Hijri	dd/mm/yy hh:mi:ss:mmmAM

Remarque

Dans le cas où l'année est saisie sur deux caractères, alors SQL Server utilise 2049 comme année charnière, c'est-à-dire que pour toute valeur comprise entre 0 et 49, SQL Server considère qu'il s'agit d'une année du XXIe siècle, tandis que pour toute valeur comprise entre 50 et 99, SQL Server considère qu'il s'agit d'une année du XXe siècle. Ainsi, 08 correspond à 2008 tandis que 89 correspond à 1989. Bien entendu, cette date charnière est un paramètre de SQL Server et peut être configurée en conséquence.

```
PARSE (chaineDeCaractères AS typeDeDonnées [USING localisation])
```

La fonction PARSE est dédiée à la conversion en une valeur typée une valeur représentée sous la forme d'une chaîne de caractères. Cette chaîne de caractères est de type nvarchar(4000).

La localisation permet d'indiquer à la fonction PARSE comment interpréter certains caractères spécifiques comme le séparateur des milliers et des décimales qui change d'un pays à un autre.

Dans le cas où la chaîne de caractères n'est pas une représentation valide du type de données, alors la fonction PARSE retourne une erreur.

Exemple

```
SELECT PARSE('48775' AS INT); -- retourne l'entier 48775
```

```
TRY_PARSE (chaineDeCaractères AS typeDeDonnées [USING localisation])
```

La fonction TRY_PARSE fonctionne de façon identique à la fonction PARSE ; simplement, si la chaîne de caractères ne représente pas un type de données correct, alors la fonction retourne NULL.

Travailler avec les dates

Pour travailler de façon simple avec les dates et éviter toute erreur de conversion et tout problème de formatage, l'opération la plus simple consiste à s'appuyer sur le format ISO 8601. Comme son nom l'indique, ce format est normalisé et permet la transformation aisée d'une chaîne de caractères en donnée de type date/heure. Dans le format ISO 8601, la date est exprimée ainsi : yyyy-mm-ddThh:mm:ss[.mmm]. Toutes les informations année, mois, jour, heure (sur 24 H) minutes et secondes doivent être valorisées. Seules les informations relatives aux millièmes de seconde sont optionnelles. Dans ce format, les séparateurs sont également obligatoires et ne peuvent pas être modifiés.

```
SELECT PARSE('2020-11-03T10:53:22' AS DATETIME2)
```

Résultats | Messages

	(Aucun nom de colonne)
1	2020-11-03 10:53:22.0000000

1.3.10 Les fonctions logiques

```
IIF (expression_booléenne, valeurVrai, valeurFaux)
```

Cette fonction évalue l'expression booléenne puis retourne la première valeur (si l'expression est vraie) ou bien la seconde (si l'expression est fausse).

```
CHOOSE (indice, valeur1, valeur2, ...)
```

Cette fonction retourne la valeur correspondant à la valeur de l'indice.

2. Les instructions du Data Manipulation Language

Le langage de manipulation de données ou DML (*Data Manipulation Language*) est composé des instructions permettant la gestion, la visualisation et l'extraction des lignes des tables et des vues.

2.1 L'insertion de lignes

L'insertion de lignes dans une table, ou au travers d'une vue selon certaines conditions, se fait par la commande INSERT.

Les contraintes sont contrôlées et les triggers sont déclenchés lors de l'exécution de la commande. La forme "INSERT ..... VALUES ....." crée une seule ligne, alors que "INSERT ..... SELECT ....." permet de créer éventuellement plusieurs lignes.

Syntaxe

```
INSERT [INTO] nom_objet [(col,...)]{DEFAULT VALUES|VALUES
(val,...)|requête| EXECUTE procedure}
```

```
nom_objet
```

Nom valide de table ou de vue.

```
(col,...)
```

Liste des colonnes à valoriser. Les colonnes non citées prendront la valeur par défaut ou NULL si la colonne n'a pas de valeur par défaut. Si la liste est omise, toutes les colonnes devront être associées à une valeur.

Remarque

Il est préférable de nommer la liste des colonnes valorisées afin d'éviter de se tromper dans l'ordre des colonnes.

`DEFAULT VALUES`

Toutes les colonnes citées prendront leur valeur par défaut ou NULL si elles n'en ont pas.

`(val,...)`

Liste de valeurs composée d'expressions constantes, des mots-clés NULL ou DEFAULT, ou de variables. Il doit y avoir autant de valeurs que de colonnes à valoriser, du même type, et dans le même ordre.

`requête`

Instruction SELECT renvoyant autant de valeurs, dans le même ordre et du même type que les colonnes à valoriser. Cette forme de syntaxe permet d'insérer plusieurs lignes en une seule opération.

`procedure`

Nom d'une procédure stockée locale ou distante. Seules les valeurs des colonnes renvoyées par un ordre SELECT contenu dans la procédure valoriseront les colonnes concernées par l'INSERT.

Exemples

NULL et valeurs par défaut

```
INSERT INTO Clients VALUES(138, 'Dubois', 'Zoé', '12/07/1998',
'Tours', '0777666555', '0413223140');
INSERT INTO Clients VALUES(142, 'Duchemin', 'Julie', NULL, 'Nantes',
NULL, '0123443210');
INSERT INTO Clients VALUES(DEFAULT, 'Dupond', 'Jean', '27/12/1946',
DEFAULT, '0605030201', '0123456789');
```

Dans ce premier exemple, les trois instructions doivent donner la liste des colonnes valeurs correspondant aux attributs de la table et dans le même ordre que celui de création de ces colonnes.

La première instruction a une valeur à fournir pour l'ensemble des attributs.

La deuxième instruction utilise le mot-clé NULL pour indiquer que certaines colonnes n'auront pas de valeur pour cet enregistrement.

La troisième instruction utilise le mot-clé DEFAULT pour utiliser la valeur par défaut associée à cet attribut. Le premier permet de renseigner la valeur de idClient avec la première valeur de la séquence. Le second utilise la chaîne de caractères Nantes comme valeur pour la ville.

Remarque

Ces instructions fonctionnent, bien que les colonnes fixe et portable soit définie de type numérique alors que la valeur insérée est une chaîne de caractères (ne contenant que des chiffres). SQL Server effectue lui-même la conversion de façon implicite.

```
INTO Clients(nom, prenom, dateNaissance, ville, portable)
VALUES('Labiche', 'Adeline', '05/06/1983', 'Paris', '0765432100');
INSERT INTO Clients(fixe, nom, prenom, dateNaissance, idClient)
VALUES('0203040506', 'Dubois', 'Julie', '21/11/2000', 35);
```

Dans ce second exemple, les colonnes valorisées sont précisées après le nom de la table. Les autres colonnes utilisent la valeur par défaut de la colonne s'il en existe une ou ne seront pas renseignées (NULL).

La première instruction utilise la valeur par défaut pour idClient, c'est-à-dire la valeur suivante de la séquence. La colonne fixe sera initialisée avec NULL puisqu'elle ne possède pas de valeur par défaut.

La seconde instruction montre qu'il est possible de renseigner les attributs dans l'ordre de notre choix à condition que celui-ci corresponde à l'ordre annoncé du nom des colonnes valorisées.

Identity

```
INSERT INTO Commandes VALUES('1/9/2020', 'LI', 20);
INSERT INTO Commandes VALUES('1/9/2020', 'AC', 35);
INSERT INTO Commandes VALUES('2/9/2020', 'PR', 138);
```

La table Commandes possède une valeur auto-incrémentée pour sa clé primaire idCommande. Lorsque les colonnes à valoriser ne sont pas spécifiées, il faut procurer une valeur pour toutes les colonnes sauf celle-ci.

Si nous tentons d'affecter une valeur à une colonne utilisant IDENTITY, cela provoque une erreur :

```
INSERT INTO Commandes(idCommande, dateCmd, statut, idClient)
VALUES(9, '2/9/2020', 'PR', 138);
Impossible d'insérer une valeur explicite dans la colonne identité
de la table 'Commandes' quand IDENTITY_INSERT est défini à OFF.
```

Comme le message d'erreur l'indique, il est nécessaire de modifier le paramétrage de SQL Server :

```
SET IDENTITY_INSERT Commandes ON;
INSERT INTO Commandes(idCommande, dateCmd, statut, idClient)
VALUES(9, '2/9/2020', 'PR', 138);
SET IDENTITY_INSERT Commandes OFF;
```

Colonnes calculées

```
INSERT INTO Articles VALUES(45, 'perforateur', 90);
INSERT INTO Articles VALUES(22, 'foret SDS 12', 6.90);
INSERT INTO Articles VALUES(75, 'fraisoir', 8.90);
INSERT INTO Articles VALUES(37, 'burin plat SDS', 4.70);
```

Les colonnes calculées ne doivent pas être valorisées, que leurs données soient persistantes ou qu'elles ne le soient pas.

Insertion avec un SELECT

Ajout d'un article cadeau à toutes les commandes.

```
INSERT INTO Articles VALUES(99, 'cadeau', 0);
INSERT INTO DetailsCommandes(idCommande, numeroLigne, idArticle)
SELECT idCommande, 0, 99 FROM commandes;
```

Dans cet exemple, la requête SELECT apporte un ensemble de lignes qui a exactement le format attendu par la requête INSERT. La requête SELECT est présentée en détail à la section L'extraction de lignes de ce chapitre.

1	0	99
2	0	99
3	0	99
9	0	99

Toutes ces lignes sont ajoutées à la table DetailsCommandes.

Insertion avec un EXECUTE

```
CREATE TABLE #IndexGesCom(
idIndex       INT   IDENTITY  CONSTRAINT pk_indexGesCom PRIMARY KEY,
nom          VARCHAR(100)    NOT NULL,
descript     VARCHAR(100)    NOT NULL,
clés        VARCHAR(100)    NOT NULL
);

INSERT INTO #IndexGesCom EXECUTE sp_helpindex Clients;
INSERT INTO #IndexGesCom EXECUTE sp_helpindex Commandes;
INSERT INTO #IndexGesCom EXECUTE sp_helpindex DetailsCommandes;
INSERT INTO #IndexGesCom EXECUTE sp_helpindex Articles;
```

Une table est créée pour stocker des informations sur les index utilisés par cette base de données. La procédure sp_helpindex retourne des lignes avec trois colonnes de type chaîne de caractères. L'ensemble de ces lignes sont insérées dans la table.

Le # devant le nom de la table indique que cette table est temporaire. Cette notion est abordée à la section Les requêtes de création de tables et les tables temporaires de ce chapitre. Cet exemple fonctionne également avec une simple table, mais il n'y a aucun intérêt à stocker de manière pérenne ces informations puisqu'elles sont déjà présentes dans les tables système.

L'instruction INSERT permet d'insérer plusieurs lignes de données de façon simultanée lorsqu'elle est associée à une clause SELECT ou EXECUTE, mais il est également possible d'ajouter plusieurs lignes en précisant directement les valeurs des données à insérer. Pour cela, les données relatives à chaque ligne à insérer sont spécifiées entre parenthèses derrière la clause VALUES et chaque ensemble de valeurs est séparé par une virgule.

Syntaxe

```
INSERT INTO nom_table[(col, ...)]
VALUES((valeurLigne1, ...),(valeurLigne2, ...), (...);
```

`nom_table`

Nom de la table concernée par l'opération d'ajout de lignes.

`(col, ...)`

Nom des différentes colonnes de la table pour lesquelles des valeurs sont fournies. L'ordre des colonnes défini à cet endroit définit également l'ordre dans lequel les valeurs doivent être fournies.

`(valeurLigne1, ...)`

Valeurs des données à ajouter dans la table, chaque ensemble de valeurs doit fournir une donnée pour chaque colonne spécifiée dans la liste des colonnes.

Exemple

Dans l'exemple suivant, plusieurs enregistrements sont insérés dans la table DetailsCommandes à l'aide d'une seule instruction INSERT :

```
INSERT INTO DetailsCommandes(idCommande, numeroLigne, idArticle)
VALUES
(1, 1, 45),
(1, 2, 22),
(2, 1, 45),
(2, 2, 22),
(2, 3, 37),
(3, 1, 45),
(3, 2, 22);
```

Remarque

L'inconvénient de cette manière de procéder est que si une ligne pose un problème, vous ne saurez pas de laquelle il s'agit. Avec de multiples requêtes INSERT, la ligne posant un problème est clairement indiquée. L'avantage est qu'une seule requête insérant de multiples lignes est plus rapide que de faire appel à de multiples requêtes insérant une ligne.

2.2 La modification de lignes

La modification des valeurs des colonnes de lignes existantes s'effectue par l'instruction UPDATE. Cette instruction peut mettre à jour plusieurs colonnes de plusieurs lignes d'une table à partir d'expressions ou à partir de valeurs d'autres tables.

Syntaxe

```
UPDATE nom_objet SET col=exp[,...]
[FROM nom_objet[,...]][WHERE cond]
```

`nom_objet`

Nom de table ou de vue.

`col`

Nom de la colonne à mettre à jour.

`exp`

N'importe quel type d'expression renvoyant une seule valeur de même type que la colonne. Les mots-clés DEFAULT et NULL sont autorisés.

`FROM nom_objet`

Permet de mettre à jour chaque ligne à partir des données d'autres tables ou vues.

`cond`

Expression booléenne permettant de limiter les lignes à mettre à jour.

Exemples

Mise en majuscules de tous les noms de famille des clients :

```
UPDATE Clients SET nom = UPPER(nom);
```

Avant exécution :

Clients	idClient	nom	prenom	dateNaissance	ville	portable	fixe
	15	Dupond	Jean	27/12/1946	Nantes	605030201	123456789
	20	Labiche	Adeline	05/06/1983	Paris	765432100	*NULL*
	35	Dubois	Julie	21/11/2000	Nantes	*NULL*	203040506
	138	Dubois	Zoé	12/07/1998	Tours	777666555	413223140
	142	Duchemin	Julie	*NULL*	Nantes	*NULL*	123443210

Après exécution :

Clients	idClient	nom	prenom	dateNaissance	ville	portable	fixe
	15	DUPOND	Jean	27/12/1946	Nantes	605030201	123456789
	20	LABICHE	Adeline	05/06/1983	Paris	765432100	*NULL*
	35	DUBOIS	Julie	21/11/2000	Nantes	*NULL*	203040506
	138	DUBOIS	Zoé	12/07/1998	Tours	777666555	413223140
	142	DUCHEMIN	Julie	*NULL*	Nantes	*NULL*	123443210

La modification est effectuée pour toutes les lignes de la table.

Modification du statut des commandes prêtes : le livreur est passé les récupérer, elles sont en cours d'acheminement.

```
UPDATE Commandes SET statut = 'AC' WHERE statut = 'PR';
```

Avant exécution :

Commandes	idCommande	dateCmd	statut	idClient
	1	2020-09-01 00:00:00.000	LI	20
	2	2020-09-01 00:00:00.000	AC	35
	3	2020-09-02 00:00:00.000	PR	138
	9	2020-09-02 00:00:00.000	PR	138

Après exécution :

Commandes	idCommande	dateCmd	statut	idClient
	1	2020-09-01 00:00:00.000	LI	20
	2	2020-09-01 00:00:00.000	AC	35
	3	2020-09-02 00:00:00.000	AC	138
	9	2020-09-02 00:00:00.000	AC	138

La restriction indiquée par le mot-clé WHERE permet de ne modifier que certaines lignes de la table.

Mise à jour d'une clé primaire référencée par une contrainte d'intégrité référentielle avec une clause ON UPDATE CASCADE :

```
UPDATE Articles SET idArticle = 12 WHERE idArticle = 45;
```

Avant exécution :

Articles	idArticle	designation	prixHT	prixTTC
	22	foret SDS 12	6.90	8.280
	37	burin plat SDS	4.70	5.640
	45	perforateur	90.00	108.000
	75	fraisoir	8.90	10.680
	99	cadeau	0.00	0.000

DétailsCommandes	idCommande	numeroLigne	idArticle	quantite
	1	0	99	1
	1	1	45	1
	1	2	22	1
	2	0	99	1
	2	1	45	1
	2	2	22	1
	2	3	37	1
	3	0	99	1
	3	1	45	1
	3	2	22	1
	9	0	99	1

Après exécution :

Articles	idArticle	designation	prixHT	prixTTC
	12	perforateur	90.00	108.000
	22	foret SDS 12	6.90	8.280
	37	burin plat SDS	4.70	5.640
	75	fraisoir	8.90	10.680
	99	cadeau	0.00	0.000

DétailsCommandes	idCommande	numeroLigne	idArticle	quantite
	1	0	99	1
	1	1	12	1
	1	2	22	1
	2	0	99	1
	2	1	12	1
	2	2	22	1
	2	3	37	1
	3	0	99	1
	3	1	12	1
	3	2	22	1
	9	0	99	1

La contrainte d'intégrité référentielle entre les tables DetailsCommandes et Articles sur les colonnes idArticle a été définie avec la clause ON UPDATE CASCADE. Ainsi, non seulement la valeur de idArticle de la table Articles a été modifiée de 45 à 12, mais également toutes les valeurs 45 de la colonne idArticle de la table DetailsCommandes ont été mises à jour avec la valeur 12. La contrainte d'intégrité référentielle reste donc bien respectée.

Si la clause ON UPDATE CASCADE n'est pas présente, la valeur par défaut est ON UPDATE NO ACTION. C'est-à-dire que la modification de la clé primaire ne change pas la valeur de la clé étrangère qui y fait référence. Si des lignes font référence à cette clé primaire, alors un message d'erreur apparaît pour indiquer qu'il y a violation de la contrainte d'intégrité référentielle.

2.3 La suppression de lignes

L'instruction DELETE permet de supprimer une ou plusieurs lignes d'une table ou vue en fonction d'une condition ou des données d'une autre table.

Syntaxe

```
DELETE [FROM] nom_objet [FROM nom_objet [,...]][WHERE cond]
```

`nom_objet`

Nom de table ou de vue.

`FROM nom_objet`

Permet d'utiliser les colonnes d'autres tables ou vues dans la clause WHERE.

`cond`

Expression booléenne permettant de restreindre les lignes à supprimer.

Exemples

```
DELETE FROM Articles;
```

La tentative de suppression de tous les articles est un échec car au moins un article a été commandé. La contrainte d'intégrité référentielle qui existe entre les tables Articles et DetailsCommandes bloque la suppression de l'article en question. L'instruction DELETE, comme toutes les autres instructions SQL, est correctement exécutée dans sa totalité ou bien ne l'est pas du tout. C'est donc cette dernière option qui est retenue dans le cas présent.

L'instruction DELETE est en conflit avec la contrainte REFERENCE "fk_detailsCommandes_articles". Le conflit s'est produit dans la base de données GesCom, table dbo.DetailsCommandes, colonne idArticle.

L'instruction a été arrêtée.

Remarque

L'option ON DELETE lors de la création de la contrainte d'intégrité référentielle permet de contourner ce problème.

Suppression de tous les clients :

```
DELETE FROM Clients;
```

La contrainte d'intégrité référentielle entre Clients et Commandes possède la clause ON DELETE CASCADE. La suppression d'une ligne dans la table Clients entraine la suppression de toutes les lignes de Commandes qui y font référence. Or, il y a également une contrainte d'intégrité référentielle entre Commandes et DetailsCommandes avec la clause ON DELETE CASCADE. La suppression d'une ligne de Commandes entraîne donc la suppression de toutes les lignes de DetailsCommandes qui y font référence.

Ainsi, la suppression de tous les clients a déclenché en cascade la suppression de toutes les commandes ainsi que de tous leurs détails. Il est maintenant possible de supprimer tous les articles.

Remarque

Ainsi, en une seule instruction, les trois quarts des données de la base ont été supprimées. Il faut donc bien faire attention aux conséquences d'une instruction DELETE !

Suppression de l'article dont la désignation commence par « frais » :

```
DELETE FROM Articles WHERE designation LIKE 'frais%';
```

Avant exécution :

Articles	idArticle	designation	prixHT	prixTTC
	12	perforateur	90.00	108.000
	22	foret SDS 12	6.90	8.280
	37	burin plat SDS	4.70	5.640
	75	fraisoir	8.90	10.680
	99	cadeau	0.00	0.000

Après exécution :

Articles	idArticle	designation	prixHT	prixTTC
	12	perforateur	90.00	108.000
	22	foret SDS 12	6.90	8.280
	37	burin plat SDS	4.70	5.640
	99	cadeau	0.00	0.000

La restriction introduite par le mot-clé WHERE permet de ne pas supprimer toutes les lignes mais uniquement celles satisfaisant la condition.

© Étienne Issartial et Thomas Gx de CommitStrip.com

La variable @@ROWCOUNT contient le nombre de lignes supprimées par la dernière instruction DELETE.

L'instruction DELETE propose également la clause TOP afin de ne supprimer que les n premières lignes (TOP n) du jeu de données. L'utilisation de la clause TOP dans l'instruction DELETE présente le même mode de fonctionnement que lors de son utilisation avec l'instruction SELECT. C'est pourquoi la clause TOP est détaillée au niveau de l'instruction SELECT plus loin dans ce chapitre.

Remarque

La clause OUTPUT qui permet de connaître les lignes supprimées existe pour l'instruction DELETE comme pour les autres instructions SQL DML. Cette clause est détaillée au chapitre Transact-SQL : le langage procédural car le traitement du résultat fait souvent appel à du code procédural.

L'instruction DELETE est une instruction journalisée donc les informations affectant les données sont enregistrées dans le journal. Lors de la suppression de nombreuses lignes cette opération de journalisation peut s'avérer fortement consommatrice de temps. Aussi, lorsqu'il est nécessaire de supprimer toutes les lignes d'une table, il est préférable d'utiliser l'instruction TRUNCATE TABLE.

Syntaxe

```
TRUNCATE TABLE nomTable;
```

Exemple

L'instruction TRUNCATE TABLE est utilisée pour supprimer toutes les informations présentes dans la table DetailsCommandes.

```
TRUNCATE TABLE DetailsCommandes;
```

Les différences de la suppression avec TRUNCATE par rapport à DELETE sont les suivantes :

- TRUNCATE supprime nécessairement tous les enregistrements d'une table. Pas de restriction possible.
- TRUNCATE ne peut pas être utilisé sur une table référencée par une clé étrangère.
- S'il y a une colonne définie avec IDENTITY, le compteur de celle-ci est réinitialisé avec TRUNCATE.
- Les données supprimées avec TRUNCATE ne peuvent être restaurées.
- TRUNCATE est plus rapide et utilise moins de verrous.

2.4 L'extraction de lignes

L'instruction SELECT permet de visualiser les données stockées dans les bases, d'effectuer des calculs ou des transformations sur ces données, ou de valoriser des tables à partir d'autres tables.

Cette instruction a une syntaxe complexe que l'on peut étudier en deux parties :

- Syntaxe de base permettant la visualisation et les opérations de l'algèbre relationnelle telles que les restrictions, les projections, les produits cartésiens, les jointures, les calculs élémentaires, les calculs d'agrégats et les unions.
- Syntaxe INTO permettant la création d'une nouvelle table à partir du résultat du SELECT.

Syntaxe de base

```
SELECT [ALL|DISTINCT]{*|liste_expressions}
FROM liste_objet
[WHERE cond]
[GROUP BY liste_expressions]
[HAVING cond]
[ORDER BY liste_expression]
[UNION[ALL]SELECT.....]
```

`ALL`

Permet l'extraction de toutes les lignes (option par défaut).

`DISTINCT`

N'affiche pas les doublons, c'est-à-dire les lignes résultantes identiques.

`*`

Extrait toutes les colonnes.

`liste_expressions`

Liste composée de noms de colonnes, constantes, fonctions, expressions calculées ou de toute combinaison d'expressions séparées par des virgules. Chaque expression pourra être complétée par un titre de colonne sous la forme : `titreColonne = exp` ou `exp[AS]titreColonne`, afin de modifier le titre par défaut du résultat, qui est soit nul, soit le nom de la colonne dans la table.

`liste_objet`

Liste de tables ou de vues séparées par des virgules, à partir desquelles les données seront extraites. Chaque nom d'objet pourra être suivi d'un nom d'alias permettant de citer la table ou la vue sous un autre nom. De plus, il est possible d'orienter le fonctionnement interne de la requête en plaçant des directives de requêtes pour l'optimiser, entre parenthèses, derrière chaque nom d'objet.

2.5 Les opérations de l'algèbre relationnelle

2.5.1 La sélection de colonnes

Le mot-clé SELECT permet d'introduire une liste de colonnes à extraire des tables dans l'ordre choisi ou toutes les colonnes dans l'ordre de création avec * (ou nom_table.*).

Remarque

Il est préférable de nommer les colonnes souhaitées pour obtenir une requête plus performante : d'une part, ces colonnes n'ont pas à être recherchées dans une table système, et d'autre part, uniquement les colonnes nécessaires sont récupérées. Cela permet de respecter l'une des recommandations pour un numérique plus greenIT !

En cas d'ambiguïté dans les noms de colonnes, on doit utiliser la forme : nom_table.nom_col.

La colonne résultante aura le même nom que la colonne initiale sauf si on emploie un titre ou un alias de colonne.

Exemples

Affichage de toutes les colonnes de toutes les lignes de la table Articles :

```
SELECT * FROM Articles;
```

Résultats | Messages

	idArticle	designation	prixHT	prixTTC
1	12	perforateur	90.00	108.000
2	22	foret SDS 12	6.90	8.280
3	37	burin plat SDS	4.70	5.640
4	75	fraisoir	8.90	10.680
5	99	cadeau	0.00	0.000

Dans l'exemple présenté ci-dessous, toutes les colonnes ne participent pas à la sélection, mais simplement celles dont le nom est référencé à la suite du mot-clé SELECT.

```
SELECT designation, prixTTC FROM Articles;
```

Résultats | Messages

	designation	prixTTC
1	perforateur	108.000
2	foret SDS 12	8.280
3	burin plat SDS	5.640
4	fraisoir	10.680
5	cadeau	0.000

Dans cet exemple, un nouveau nom est donné aux colonnes afin de rendre le résultat plus facilement interprétable. Il est à noter que si nous souhaitons inclure des caractères spéciaux (espace, apostrophe...), alors le nom de la colonne doit être encadré par les délimiteurs de chaînes de caractères de SQL Server.

```
SELECT 'désignation' = designation, prixTTC 'prix TTC de l''article'
FROM Articles;
```

Résultats | Messages

	désignation	prix TTC de l'article
1	perforateur	108.000
2	foret SDS 12	8.280
3	burin plat SDS	5.640
4	fraisoir	10.680
5	cadeau	0.000

Le nouveau nom de la colonne peut être perçu comme un alias de colonne. Il peut être devant le nom de la colonne avec un signe égal (comme pour la première colonne) ou positionné directement derrière (comme pour la seconde colonne).

Il est également possible de renommer une colonne en utilisant le mot-clé **AS** entre le nom de la colonne et son alias dans la clause SELECT. Le résultat observé sera le même que celui présenté dans l'exemple ci-dessus.

De même, il est possible de faire appel aux fonctions dans la liste de sélection. Dans ce cas, il est préférable de renommer la colonne, car sinon elle n'a pas de nom !

```
SELECT designation, CONVERT(NUMERIC(6,2), prixTTC) 'prix TTC de
l''article' FROM Articles;
```

Résultats | Messages

	designation	prix TTC de l'article
1	perforateur	108.00
2	foret SDS 12	8.28
3	burin plat SDS	5.64
4	fraisoir	10.68
5	cadeau	0.00

2.5.2 La restriction

La restriction consiste à n'extraire qu'un certain nombre de lignes répondant à une ou plusieurs conditions. La clause WHERE permet la mise en œuvre des restrictions. Les conditions sont des expressions booléennes composées de nom de colonnes, de constantes, de fonctions, d'opérateurs de comparaison et des opérateurs logiques.

Exemples

Clients de Nantes :

```
SELECT idClient, nom, prenom, ville
FROM Clients
WHERE ville = 'Nantes';
```

Résultats | Messages

	idClient	nom	prenom	ville
1	15	DUPOND	Jean	Nantes
2	35	DUBOIS	Julie	Nantes
3	142	DUCHEMIN	Julie	Nantes

Articles entre 5€ et 10€ hors taxe :

```
SELECT designation, prixHT
FROM Articles
WHERE prixHT BETWEEN 5 AND 10;
```

Résultats | Messages

	designation	prixHT
1	foret SDS 12	6.90
2	fraisoir	8.90

Clients dont le prénom commence par "DU" et dont la quatrième lettre est "O" et qui sont nés avant l'an 2000 ou dont la date de naissance n'est pas connue :

```
SELECT *
FROM Clients
WHERE nom LIKE 'DU_O%'
AND (dateNaissance IS NULL OR dateNaissance < '1/1/2000');
```

Résultats | Messages

	idClient	nom	prenom	dateNaissance	ville	portable	fixe
1	15	DUPOND	Jean	1946-12-27	Nantes	605030201	123456789
2	138	DUBOIS	Zoé	1998-07-12	Tours	777666555	413223140

Dans l'exemple ci-dessous, la restriction est faite sur des dates pour extraire les commandes effectuées au mois de juin au cours des trois dernières années. Pour exprimer le critère de façon simple, les fonctions de manipulation des dates sont nécessaires.

```
SELECT idCommande, statut, idClient, dateCmd
FROM Commandes
WHERE DATEPART(MONTH, dateCmd) = 6
AND DATEDIFF(YEAR, dateCmd, GETDATE())<3
```

Résultats | Messages

	idCommande	statut	idClient	dateCmd

Remarque

Cette dernière requête ne retourne aucun enregistrement. Tout simplement car dans notre jeu d'essai, il n'y a aucune commande au mois de juin ! Ce n'est pas parce qu'une requête ne retourne aucune ligne qu'elle est fausse !

2.5.3 Les calculs élémentaires

L'utilisation d'expressions calculées grâce à des opérateurs arithmétiques ou des fonctions, permet d'obtenir des nouvelles colonnes avec le résultat de ces calculs effectués pour chaque ligne résultante.

Exemples

Simulation d'une augmentation de 10 % des tarifs :

```
SELECT designation, prixHT prixActuel,
CONVERT(NUMERIC(6,2), prixHT*1.1) futurPrix
FROM Articles;
```

Résultats | Messages

	designation	prixActuel	futurPrix
1	perforateur	90.00	99.00
2	foret SDS 12	6.90	7.59
3	burin plat SDS	4.70	5.17
4	fraisoir	8.90	9.79
5	cadeau	0.00	0.00

Affichage des clients avec nom et prénom concaténés et leur âge :

```
SELECT prenom+' '+nom patronyme,
DATEDIFF(YEAR, dateNaissance, GETDATE()) age
FROM Clients;
```

	patronyme	age
1	Julie DUBOIS	20
2	Zoé DUBOIS	22
3	Julie DUCHEMIN	NULL
4	Jean DUPOND	74
5	Adeline LABICHE	37

Remarque

L'inconvénient de la méthode DATEDIFF est qu'elle se contente de comparer les valeurs des années sans se poser la question de savoir si la date anniversaire est passée.

2.5.4 La projection

L'opération de projection permet de regrouper des lignes par rapport à des colonnes. Le résultat de cette opération permettra d'obtenir des lignes uniques sur une sélection de colonnes. La projection s'effectue à l'aide de l'option DISTINCT ou de la clause GROUP BY liste_col. La liste de colonnes ou d'expressions de regroupement doit être rigoureusement identique à la liste de colonnes sélectionnées.

Même si ces deux instructions permettent d'obtenir un résultat similaire, le traitement effectué est lui complètement différent. Avec l'option DISTINCT les informations sont affichées dans l'ordre d'extraction de la base et seules des informations distinctes les unes des autres sont affichées. Dans le cas de la clause GROUP BY, toutes les informations sont extraites de la base puis regroupées (triées) par rapport au critère de regroupement spécifié. Des sous-ensembles sont ainsi constitués et seules les étiquettes de ces sous-ensembles sont affichées.

Remarque

L'utilisation du mot-clé DISTINCT est préférable car cela rend l'instruction plus lisible et plus efficace.

Exemples

Liste des villes où habitent les clients :

```
SELECT DISTINCT ville
FROM Clients;
```

ou :

```
SELECT ville
FROM Clients
GROUP BY ville;
```

Résultats | Messages

	ville
1	Nantes
2	Paris
3	Tours

L'ensemble des valeurs de la ligne doit être identique à l'ensemble des valeurs d'une ligne déjà présente pour ne pas apparaître dans la table résultante :

```
SELECT DISTINCT nom, ville
FROM Clients;
```

ou :

```
SELECT nom, ville
FROM Clients
GROUP BY nom, ville;
```

Résultats | Messages

	nom	ville
1	DUBOIS	Nantes
2	DUBOIS	Tours
3	DUCHEMIN	Nantes
4	DUPOND	Nantes
5	LABICHE	Paris

Il y a plusieurs fois le nom DUBOIS et plusieurs fois la ville de Nantes. Mais les couples nom et ville sont uniques.

2.5.5 Les calculs d'agrégat

Les calculs d'agrégat permettent de réaliser un calcul sur un ensemble de lignes. Ce type de calcul est possible au travers des fonctions de calcul d'agrégat dont les plus couramment utilisées sont COUNT, SUM, AVG, MIN et MAX. Si le calcul porte sur toutes les lignes, alors il suffit simplement d'inclure la ou les fonctions de calcul d'agrégat au niveau de la clause SELECT.

Il est fréquent que le calcul doive être réalisé pour des groupes d'enregistrements bien particuliers. Dans ce cas, les groupes sont définis par l'intermédiaire de la clause GROUP BY. Cette clause permet de construire les groupes avant de réaliser le calcul.

La clause WHERE permet de faire des restrictions sur des critères simples et sur des calculs simples. Pour effectuer des restrictions sur des calculs d'agrégats, il est nécessaire d'utiliser la clause HAVING.

Exemples

Prix minimum, moyen et maximum des articles :

```
SELECT MIN(prixHT) PrixMin, MAX(prixHT) PrixMax, AVG(prixHT) PrixMoyen
FROM Articles
WHERE prixHT <> 0;
```

Résultats | Messages

	PrixMin	PrixMax	PrixMoyen
1	4.70	90.00	27.625000

Nombre d'articles commandés par commandes :

```
SELECT idCommande, COUNT(*) NbArticles
FROM DetailsCommandes
GROUP BY idCommande;
```

Résultats | Messages

	idCommande	NbArticles
1	1	3
2	2	4
3	3	3
4	9	1

Liste des villes comportant au moins deux clients :

```
SELECT ville
FROM Clients
GROUP BY ville
HAVING COUNT(*) >= 2
```

Résultats | Messages

	ville
1	Nantes

Une erreur classique avec les calculs d'agrégats est de mettre dans le SELECT des attributs (hors ceux utilisés dans un calcul d'agrégat) qui ne sont pas présents dans le GROUP BY.

Exemple

La requête suivante, qui utilise une jointure (présentée à la section suivante), provoque une erreur.

```
SELECT Clients.idClient, nom, prenom, COUNT(*) NbCommandes
FROM Clients INNER JOIN Commandes ON Clients.idClient =
Commandes.idClient
GROUP BY Clients.idClient;
```

La colonne 'Clients.nom' n'est pas valide dans la liste de sélection parce qu'elle n'est pas contenue dans une fonction d'agrégation ou dans la clause GROUP BY.

Il faut corriger la requête comme ceci :

```
SELECT Clients.idClient, nom, prenom, COUNT(*) NbCommandes
FROM Clients INNER JOIN Commandes ON Clients.idClient =
Commandes.idClient
GROUP BY Clients.idClient, nom, prenom;
```

Résultats | Messages

	idClient	nom	prenom	NbArticles
1	20	LABICHE	Adeline	1
2	35	DUBOIS	Julie	1
3	138	DUBOIS	Zoé	2

Les groupes formés ne sont pas différents puisque le nom et le prénom ont une dépendance fonctionnelle avec leur clé primaire idClient. Néanmoins, pour chaque groupe, SQL Server est assuré que toutes lignes d'un groupe ont bien la même valeur pour ces colonnes.

2.5.6 Le produit cartésien

Syntaxe

```
SELECT liste_colonne FROM nomtable CROSS JOIN nomtable [ .... ]
```

Le produit cartésien permet d'extraire des données de plusieurs tables en associant chaque ligne de chaque table citée. Les tables concernées doivent être séparées par le mot-clé CROSS JOIN derrière le FROM. Si on veut citer le même nom de colonne venant de deux tables différentes, celui-ci doit être précédé du nom de table ou du nom d'alias.

Cette opération peut être utilisée pour des simulations d'association de données ou pour générer un grand nombre de lignes (le nombre de lignes résultantes sera le produit du nombre de lignes de chaque table).

Exemples

Association de chaque article à chaque client :

```
SELECT nom, prenom, designation nomArticle
FROM Clients CROSS JOIN Articles;
```

	nom	prenom	nomArticle
1	DUPOND	Jean	burin plat SDS
2	LABICHE	Adeline	burin plat SDS
3	DUBOIS	Julie	burin plat SDS
4	DUBOIS	Zoé	burin plat SDS
5	DUCHEMIN	Julie	burin plat SDS
6	DUPOND	Jean	cadeau
7	LABICHE	Adeline	cadeau
8	DUBOIS	Julie	cadeau
9	DUBOIS	Zoé	cadeau
10	DUCHEMIN	Julie	cadeau
11	DUPOND	Jean	foret SDS 12
12	LABICHE	Adeline	foret SDS 12
13	DUBOIS	Julie	foret SDS 12
14	DUBOIS	Zoé	foret SDS 12
15	DUCHEMIN	Julie	foret SDS 12
16	DUPOND	Jean	fraisoir
17	LABICHE	Adeline	fraisoir
18	DUBOIS	Julie	fraisoir
19	DUBOIS	Zoé	fraisoir
20	DUCHEMIN	Julie	fraisoir
21	DUPOND	Jean	perforateur
22	LABICHE	Adeline	perforateur
23	DUBOIS	Julie	perforateur
24	DUBOIS	Zoé	perforateur
25	DUCHEMIN	Julie	perforateur

Remarque

Avant la norme SQL2 (1992), le produit cartésien utilisait des virgules à la place des CROSS JOIN. Cette syntaxe n'est plus à utiliser dans de nouveaux développements.

2.5.7 La jointure

La jointure permet d'associer logiquement des lignes de tables différentes. Les jointures sont généralement utilisées pour mettre en correspondance les données d'une ligne comportant une clé étrangère avec les données de la ligne comportant la clé primaire.

Syntaxe

```
SELECT liste_colonne
FROM nomtable INNER JOIN nomtable
ON
nomtable.nomcolonne opérateur nomtable.nomcolonne [...]
```

Outre le fait d'être normalisée, cette syntaxe présente l'avantage de ne pas mélanger dans la clause WHERE les critères de restrictions et les critères de jointure. La requête écrite en respectant la syntaxe normalisée sera donc plus facile à construire et à relire.

Exemples

Visualisation des commandes avec leurs détails :

```
SELECT c.idCommande, dateCmd, statut, idClient, idArticle, quantite
FROM Commandes c
INNER JOIN DetailsCommandes d ON c.idCommande = d.idCommande;
```

Résultats | Messages

	idCommande	dateCmd	statut	idClient	idArticle	quantite
1	1	2020-09-01 00:00:00.000	LI	20	99	1
2	1	2020-09-01 00:00:00.000	LI	20	12	1
3	1	2020-09-01 00:00:00.000	LI	20	22	1
4	2	2020-09-01 00:00:00.000	AC	35	99	1
5	2	2020-09-01 00:00:00.000	AC	35	12	1
6	2	2020-09-01 00:00:00.000	AC	35	22	1
7	2	2020-09-01 00:00:00.000	AC	35	37	1
8	3	2020-09-02 00:00:00.000	AC	138	99	1
9	3	2020-09-02 00:00:00.000	AC	138	12	1
10	3	2020-09-02 00:00:00.000	AC	138	22	1
11	9	2020-09-02 00:00:00.000	AC	138	99	1

Des alias de tables sont définis dans cette requête. Cela permet d'éviter d'avoir à écrire les noms des tables, qui sont parfois longs. Une fois qu'un alias de table est défini dans une requête. Il n'est plus possible d'utiliser le nom de la table dans cette requête : il faut passer par l'alias.

Remarque

*Dans le cadre de cette requête d'extraction, comme toutes les colonnes de la table Commandes participent à l'affichage final, il est possible d'utiliser le caractère * précédé de l'alias de la table (car il est défini ici), c'est-à-dire : c.*.*

Montant total de chaque commande :

```
SELECT idCommande, CONVERT(NUMERIC(6,2), SUM(quantite*prixTTC)) montant
FROM DetailsCommandes d
INNER JOIN Articles a ON d.idArticle = a.idArticle
GROUP BY idCommande;
```

Résultats | Messages

	idCommande	montant
1	1	116.28
2	2	121.92
3	3	116.28
4	9	0.00

Remarque

Avant la norme SQL2 (1992), la jointure était effectuée en réalisant un produit cartésien puis en supprimant les lignes n'ayant pas le point commun souhaité avec une restriction. Cette syntaxe n'est plus à utiliser dans de nouveaux développements. La syntaxe actuelle présente l'avantage de ne pas mélanger dans la clause WHERE les critères de restriction et les critères de jointure. La requête est donc plus facile à construire et à relire. Néanmoins, l'optimiseur de requêtes de SQL Server identifiera dans les deux cas la jointure et il n'existe pas de différence de traitement entre l'ancienne syntaxe et l'actuelle.

2.5.8 La jointure externe

La jointure externe permet d'obtenir, en plus des lignes obtenues par la jointure interne, les lignes n'ayant pas de correspondance dans l'autre table.

Jointure externe totale :

```
nom_table1 FULL OUTER JOIN nom_table2 ON nom_table1.col1=nom_table2.col2
```

Jointure externe partielle à gauche :

```
nom_table1 LEFT OUTER JOIN nom_table2 ON nom_table1.col1=
nom_table2.col2
```

Jointure externe partielle à droite :

```
nom_table1 RIGHT OUTER JOIN nom_table2 ON nom_table1.col1=
nom_table2.col2
```

Le choix de la jointure externe se fait selon que nous souhaitons voir les lignes de la première (LEFT) ou de la deuxième table (RIGHT).

La jointure externe complète (FULL OUTER JOIN) permet quant à elle d'afficher les données issues des deux tables même s'il n'est pas possible d'établir de correspondance.

Syntaxe

```
SELECT liste_colonne
FROM nomtable {LEFT|RIGHT|FULL} OUTER JOIN
nomtable
ON nomtable.nomcolonne opérateur nomtable.nomcolonne [...]
```

Exemple

Liste des commandes par client. Les clients n'ayant pas de commande apparaissent quand même :

```
SELECT *
FROM clients l LEFT OUTER JOIN Commandes o ON l.idClient = o.idClient;
```

Résultats | Messages

	idClient	nom	prenom	dateNaissance	ville	portable	fixe	idCommande	dateCmd	statut	idClient
1	15	DUPOND	Jean	1946-12-27	Nantes	605030201	123456789	NULL	NULL	NULL	NULL
2	20	LABICHE	Adeline	1983-06-05	Paris	765432100	NULL	1	2020-09-01 00:00:00.000	LI	20
3	35	DUBOIS	Julie	2000-11-21	Nantes	NULL	203040506	2	2020-09-01 00:00:00.000	AC	35
4	138	DUBOIS	Zoé	1998-07-12	Tours	777666555	413223140	3	2020-09-02 00:00:00.000	AC	138
5	138	DUBOIS	Zoé	1998-07-12	Tours	777666555	413223140	9	2020-09-02 00:00:00.000	AC	138
6	142	DUCHEMIN	Julie	NULL	Nantes	NULL	123443210	NULL	NULL	NULL	NULL

Les clients Jean DUPOND et Julie DUCHEMIN sont présents dans cette table alors qu'ils n'ont effectué aucune commande.

Remarque

*L'ancienne syntaxe SQL Server *= et =* pour définir les jointures externes n'est plus supportée depuis SQL Server 2008. La syntaxe normalisée présentée ci-dessus est donc à utiliser obligatoirement pour les jointures externes.*

Auto-jointure

Il est possible d'associer des lignes d'une table à d'autres lignes de la même table en réalisant une auto-jointure. L'utilisation des alias de table est alors obligatoire pour éviter les ambiguïtés de syntaxe.

Supposons que nous souhaitons ranger les produits par catégories et que ces catégories puissent être hiérarchisées. Il faut modifier notre base de données de la manière suivante :

```
CREATE TABLE Categories (
idCategorie    INT          IDENTITY  CONSTRAINT pk_categories PRIMARY KEY,
libelle        VARCHAR(50)  NOT NULL,
idCatParent    INT          NULL      CONSTRAINT fk_categories_categories
                                      REFERENCES Categories(idCategorie),
CONSTRAINT un_categories_libelleCat UNIQUE(libelle, idCatParent)
);

ALTER TABLE Articles ADD idCategorie INT NULL
CONSTRAINT fk_articles_categories REFERENCES Categories(idCategorie);

INSERT INTO Categories VALUES
('Terrasse et jardin', NULL),
('Outillage', NULL),
('Salle de bain', NULL),
('Cuisine', NULL),
('Rangements et dressing', NULL),
('Menuiserie', NULL),
('Carrelage et parquet', NULL),
('Décoration et éclairage', NULL),
('Peinture et droguerie', NULL),
('Électricité et domotique', NULL),
('Chauffage et plomberie', NULL),
('Quincaillerie', NULL);
INSERT INTO Categories VALUES
('Électroportatif', 2),
('À main', 2),
('Accessoire et consommable', 2),
('Chevilles, vis, clous et boulons', 12),
('Portes', 12),
('Fenêtres', 12),
('Meubles', 12),
('Étagères', 12);

UPDATE Articles SET idCategorie = 13 WHERE idArticle=12;
UPDATE Articles SET idCategorie = 15 WHERE idArticle<>12;
```

Il faut effectuer une auto-jointure pour afficher les catégories avec leurs sous-catégories :

```
SELECT cat.libelle Categorie, sousCat.libelle SousCategorie
FROM Categories cat
INNER JOIN Categories sousCat ON cat.idCategorie = sousCat.idCatParent;
```

Résultats | Messages

	Categorie	SousCategorie
1	Outillage	À main
2	Outillage	Accessoire et consommable
3	Quincaillerie	Chevilles, vis, clous et boulons
4	Outillage	Électroportatif
5	Quincaillerie	Étagères
6	Quincaillerie	Fenêtres
7	Quincaillerie	Meubles
8	Quincaillerie	Portes

2.5.9 Le tri

La clause ORDER BY permet de trier les données issues d'une requête de type SELECT. Elle permet de préciser selon quelles colonnes les données seront triées. Pour chaque critère de tri, il faut préciser si on utilise l'ordre croissant (par défaut) ou l'ordre décroissant.

Les colonnes sont définies, soit par leur nom, soit par leur numéro d'ordre dans la clause SELECT.

En manipulant la colonne par son numéro d'ordre, il est possible d'effectuer des tris sur des colonnes présentant le résultat d'un calcul élémentaire ou bien d'agrégat. La première colonne est numérotée 1.

Syntaxe

```
ORDER BY colonne1[, colonne2, ... ] [ASC|DESC]
```

ASC|DESC

Permet de préciser si les données doivent être triées par ordre croissant (ASC) ou décroissant (DESC). Dans ce tri des informations, l'absence de valeur (NULL) est considérée comme la plus petite valeur possible.

Exemple

Les clients sont affichés par ordre alphabétique croissant de leurs noms et prénoms et villes.

```
SELECT nom, prenom, dateNaissance, ville
FROM Clients
ORDER BY nom, prenom, ville;
```

ou :

```
SELECT nom, prenom, dateNaissance, ville
FROM Clients
ORDER BY 1, 2, 4;
```

Résultats | Messages

	nom	prenom	dateNaissance	ville
1	DUBOIS	Julie	2000-11-21	Nantes
2	DUBOIS	Zoé	1998-07-12	Tours
3	DUCHEMIN	Julie	NULL	Nantes
4	DUPOND	Jean	1946-12-27	Nantes
5	LABICHE	Adeline	1983-06-05	Paris

Remarque

Bien qu'il soit possible de préciser le numéro des colonnes au lieu du nom des colonnes dans la clause ORDER BY, il s'agit d'une pratique qui n'est pas à recommander. La lecture de la requête est plus complexe et un changement dans l'ordre des colonnes au niveau de la clause SELECT a un impact direct sur le tri, ce qui est un effet bord indésirable.

La clause ORDER BY utilisée avec les options OFFSET et FETCH permet de limiter la taille du jeu de résultats. Le fait de limiter la taille du jeu de résultats permet d'avoir des requêtes plus rapides en temps d'exécution et qui permettent donc d'afficher un résultat plus rapide au niveau du programme client. Pour permettre d'avoir le résultat souhaité, il est possible de préciser le nombre de lignes à ignorer avant d'intégrer la ligne au jeu de résultats grâce à l'option OFFSET ainsi que le nombre de lignes présentes dans le jeu de résultats par l'intermédiaire de FETCH.

Les options OFFSET et FETCH sont actives par rapport au jeu de données triées en fonction de la clause ORDER BY.

Syntaxe

```
ORDER BY colonne1[, colonne2, ... ] [ASC|DESC]
OFFSET nombreEntier {ROW|ROWS}
[FETCH {FIRST|NEXT} nombreEntier {ROW|ROWS} ONLY]
```

`ROW` et `ROWS`	Ces synonymes sont fournis uniquement pour des raisons de compatibilité avec la norme SQL.
`FIRST` et `NEXT`	Ces synonymes sont fournis uniquement pour des raisons de compatibilité avec la norme SQL.

Exemple

Soient les libellés des catégories :

```
SELECT libelle
FROM Categories
ORDER BY libelle;
```

Résultats | Messages

	libelle
1	À main
2	Accessoire et consommable
3	Carrelage et parquet
4	Chauffage et plomberie
5	Chevilles, vis, clous et boulons
6	Cuisine
7	Décoration et éclairage
8	Électricité et domotique
9	Électroportatif
10	Étagères
11	Fenêtres
12	Menuiserie
13	Meubles
14	Outillage
15	Peinture et droguerie
16	Portes
17	Quincaillerie
18	Rangements et dressing
19	Salle de bain
20	Terrasse et jardin

Nous pouvons choisir de ne récupérer que trois lignes en ayant sauté les neuf premières :

```
SELECT libelle
FROM Categories
ORDER BY libelle
OFFSET 9 ROWS
FETCH NEXT 3 ROWS ONLY;
```

Résultats | Messages

	libelle
1	Étagères
2	Fenêtres
3	Menuiserie

Remarque

Cette syntaxe est très pratique pour effectuer une pagination afin de ne pas afficher tous les éléments d'un seul coup mais les récupérer petit à petit. Cela permet d'une part de gagner en performances mais également d'être plus écoresponsable !

La clause ORDER BY utilisée conjointement avec l'instruction CASE permet de définir un ordre de tri conditionnel, c'est-à-dire qui n'est pas le même en fonction de critères définis à l'avance.

La mise en place de ce type de tri impose que les valeurs qui permettent de décider du tri à adopter soient connues avant même d'exécuter la requête.

Il existe deux façons principales d'utiliser ce tri conditionnel. La première consiste à définir une colonne qui joue le rôle de drapeau pour indiquer par exemple si le tri est fait de façon ascendante ou descendante sur une ou plusieurs colonnes. La seconde consiste à dire qu'en fonction de la valeur contenue dans une colonne, le tri s'effectue sur une colonne ou bien une autre.

Syntaxe

```
ORDER BY CASE
colonne WHEN valeur THEN colonneATrier
[...] ELSE colonneATrier]
END [ASC|DESC]
[;]
```

Exemple

```
SELECT *
FROM Clients
ORDER BY CASE ville WHEN 'Nantes' THEN nom
ELSE prenom END;
```

Résultats | Messages

	idClient	nom	prenom	dateNaissance	ville	portable	fixe
1	20	LABICHE	Adeline	1983-06-05	Paris	765432100	NULL
2	35	DUBOIS	Julie	2000-11-21	Nantes	NULL	203040506
3	142	DUCHEMIN	Julie	NULL	Nantes	NULL	123443210
4	15	DUPOND	Jean	1946-12-27	Nantes	605030201	123456789
5	138	DUBOIS	Zoé	1998-07-12	Tours	777666555	413223140

Les clients nantais sont triés par nom et les autres par prénom.

2.5.10 L'union

L'opérateur UNION permet d'obtenir un ensemble de lignes provenant de plusieurs requêtes. Toutes les requêtes doivent fournir le même nombre de colonnes, de même type.

Remarque

Les opérateurs ensemblistes qui traduisent l'union, l'intersection et la différence sont souvent oubliés car rarement utilisés. Il est important de ne pas les ignorer car ils permettent parfois de simplifier considérable certaines requêtes complexes.

Syntaxe

```
SELECT ...
UNION [ALL]
SELECT ... [;]
```

Exemple

Soit la table des clients archivés :

```
CREATE TABLE ClientsArchives (
idClient       INT            CONSTRAINT pk_clientsArchives PRIMARY KEY,
nom            VARCHAR(50)    NOT NULL,
prenom         VARCHAR(40)    NULL,
dateNaissance  DATE           NULL
                              CONSTRAINT ck_clientsArchives_dateNaissance
```

```
                                    CHECK(dateNaissance < GETDATE()),
ville          VARCHAR(50)          NOT NULL
                                    CONSTRAINT df_clientsArchives_ville
                                    DEFAULT 'Nantes',
portable       NUMERIC(10)          NULL,
fixe           NUMERIC(10)          NULL,
CONSTRAINT un_clientsArchives_nomPrenomDateN
UNIQUE(nom, prenom, dateNaissance),
CONSTRAINT ck_clientsArchives_telephones
CHECK(portable IS NOT NULL OR fixe IS NOT NULL)
);

INSERT INTO ClientsArchives VALUES
(7, 'MICHEL', 'Martine', '09/04/1950', 'Lyon', '0612345678',
'0455667788'),
(20, 'LABICHE', 'Adeline', '05/06/1983', 'Paris', '0765432100', NULL),
(42, 'MARTIN', 'Enzo', '21/11/2000', 'Lille', NULL, '0304050607');
```

Affichage de tous les clients (archivés ou pas) :

```
SELECT* FROM Clients
UNION
SELECT * FROM ClientsArchives;
```

Résultats | Messages

	idClient	nom	prenom	dateNaissance	ville	portable	fixe
1	7	MICHEL	Martine	1950-04-09	Lyon	612345678	455667788
2	15	DUPOND	Jean	1946-12-27	Nantes	605030201	123456789
3	20	LABICHE	Adeline	1983-06-05	Paris	765432100	NULL
4	35	DUBOIS	Julie	2000-11-21	Nantes	NULL	203040506
5	42	MARTIN	Enzo	2000-11-21	Lille	NULL	304050607
6	138	DUBOIS	Zoé	1998-07-12	Tours	777666555	413223140
7	142	DUCHEMIN	Julie	NULL	Nantes	NULL	123443210

La ligne commune aux deux tables n'apparaît qu'une seule fois car par défaut l'union est réalisée en supprimant les doublons. Il faut ajouter le mot-clé ALL pour ne pas supprimer les doublons.

2.5.11 La différence

L'opérateur EXCEPT permet de mettre en pratique dans SQL Server l'opérateur de différence défini en algèbre relationnelle. Il permet de localiser les lignes d'informations présentes dans un jeu de résultats et qui ne le sont pas dans un autre.

Cette différence ne peut être réalisée qu'entre des jeux de résultats possédant la même structure, c'est-à-dire le même nombre de colonnes, définies dans le même ordre et sur les mêmes types de données pour les deux jeux de résultats.

Syntaxe

```
SELECT ...
EXCEPT
SELECT ... [;]
```

Exemple

Afficher la liste des anciens clients (qui sont uniquement dans CLientsArchives).

```
SELECT * FROM ClientsArchives
EXCEPT
SELECT * FROM Clients;
```

Résultats | Messages

	idClient	nom	prenom	dateNaissance	ville	portable	fixe
1	7	MICHEL	Martine	1950-04-09	Lyon	612345678	455667788
2	42	MARTIN	Enzo	2000-11-21	Lille	NULL	304050607

2.5.12 L'intersection

L'opérateur INTERSECT correspond à la traduction en Transact-SQL de l'opérateur ensembliste d'intersection. Il va ainsi être possible d'identifier en une seule requête SQL les lignes d'informations qui sont présentes de façon simultanées dans deux jeux de résultats distincts mais de même structure.

Comme pour l'union et la différence, l'intersection ne peut être mise en place qu'entre des jeux de résultats de même structure.

Syntaxe

```
SELECT ...
INTERSECT
SELECT ... [;]
```

Exemple

Afficher la liste des clients qui sont à la fois archivés et actifs :

```
SELECT * FROM ClientsArchives
INTERSECT
SELECT * FROM Clients;
```

Résultats | Messages

	idClient	nom	prenom	dateNaissance	ville	portable	fixe
1	20	LABICHE	Adeline	1983-06-05	Paris	765432100	NULL

2.5.13 L'extraction des premières lignes seulement

La clause TOP permet d'extraire seulement les premières lignes d'un jeu de résultats. Cette clause est disponible pour les instructions SELECT, INSERT, UPDATE, DELETE et MERGE.

Remarque

Dans le cas d'une pagination de requête, il est conseillé d'utiliser OFFSET et FETCH (cf. section Le tri de ce chapitre).

Le nombre de lignes retournées est spécifié en tant que paramètre de la clause TOP. Ce nombre peut être exprimé en valeur ou bien en pourcentage. Dans un cas comme dans l'autre, il est important de ne pas sous-estimer les notions d'arrondi et d'égalité de critères de tri.

Dans le cas d'un pourcentage, la clause TOP retourne toujours un nombre entier de lignes. Aussi, si la valeur calculée du nombre de lignes à retourner est toujours arrondi à l'entier immédiatement supérieur.

Exemple

Si la table compte 511 lignes d'informations et que la clause TOP 10 PERCENT est employé alors 52 lignes seront retournées.

Autre cas particulier à prendre en compte est celui des égalités. L'utilisation de la clause TOP est très souvent associée à celle de la clause ORDER BY afin de trier les données selon l'ordre souhaité. Comme lors de tout tri, il peut arriver que certaines lignes contiennent des valeurs équivalentes au niveau des critères de tri. Afin d'être sûr d'inclure toutes les lignes, il est préférable d'ajouter l'option WITH TIES lors de l'utilisation de la clause TOP.

Syntaxe

```
SELECT TOP (nombre)[PERCENT] [WITH TIES] listeColonne
FROM listeTables...
```

`nombre`

Représente le nombre de lignes retournées. Il s'agit alors d'un nombre entier (bigint), ou du pourcentage de lignes à ramener. Ce pourcentage peut être exprimé sous forme de float.

`PERCENT`

Spécifie que le nombre représente un pourcentage.

`WITH TIES`

L'option WITH TIES permet d'inclure dans le jeu de résultat les lignes étant égales sur les critères de sélection. En utilisant cette option, il peut arriver que le nombre de lignes réellement retourné soit supérieur au nombre de lignes précisé dans la clause TOP.

Remarque

Dans la clause SELECT, les parenthèses encadrant le nombre de lignes ou le pourcentage exprimé par TOP sont optionnelles, mais il est très fortement recommandé de les utiliser.

Exemples

La première moité des clients triés par nom de famille :

Résultats | Messages

	nom	prenom
1	DUBOIS	Julie
2	DUBOIS	Zoé
3	DUCHEMIN	Julie

```
SELECT TOP(50) PERCENT nom, prenom
FROM Clients
ORDER BY nom;
```

Dans ce second exemple, la clause WITH TIES permet d'obtenir les deux plus grosses commandes avec ex-æquo :

```
SELECT TOP(2) WITH TIES c.idCommande, COUNT(*) nbArticles
FROM Commandes c
INNER JOIN DetailsCommandes d ON c.idCommande = d.idCommande
GROUP BY c.idCommande
ORDER BY nbArticles DESC;
```

Résultats | Messages

	idCommande	nbArticles
1	2	4
2	3	3
3	1	3

Les commandes n°1 et n°3 sont ex-æquo à la seconde position. Même si nous avons demandé à obtenir deux lignes (TOP(2)), nous en obtenons trois car il n'y a pas de raison de mettre plutôt seulement l'une ou seulement l'autre.

2.6 Les requêtes de création de tables et les tables temporaires

Il est possible de créer une nouvelle table à partir d'une requête en utilisant la syntaxe suivante :

```
SELECT ..... INTO nom_table FROM .....
```

La nouvelle table aura le schéma correspondant aux colonnes extraites. Dans le cas de colonnes calculées, un nom d'alias ou un titre devra être précisé.

La commande SELECT ... INTO opère de façon parallèle afin d'accélérer la création de la table de destination, l'extraction des données et l'ajout des données dans la table de destination.

Si le nom de la table est précédé de #, la table sera temporaire locale. S'il est précédé de ##, ce sera une table temporaire globale, ces deux types de tables étant stockées dans la base tempdb.

Une table temporaire locale n'est accessible que par la session qui l'a créée et disparaît à la déconnexion. Une table temporaire globale est accessible par toutes les sessions et est supprimée à la fin de la dernière session qui l'a utilisée.

Lorsque les tables sont créées pour permettre de solutionner des extractions complexes, il est souvent plus judicieux de créer une table temporaire.

Le fait de choisir la création d'une table temporaire ne doit pas occulter le fait qu'il est tout de même nécessaire de la supprimer au plus vite à l'aide de l'instruction DROP TABLE.

Il est important de souligner que très souvent il existe des façons plus élégantes de résoudre les requêtes complexes que de passer par la création d'une table intermédiaire (même temporaire). Ces solutions s'articulent autour des vues, des tables CTE et de la bonne écriture de la requête SELECT.

<u>Exemples</u>

Création d'une nouvelle table dans la base courante :

```
SELECT l.* INTO FauxClients
FROM Clients l LEFT OUTER JOIN Commandes o ON l.idClient = o.idClient
WHERE o.idClient IS NULL;
```

La table créée ne possède ni contrainte d'intégrité (clé primaire, clé secondaire, clé étrangère, vérification et valeur par défaut) ni index.

La table créée de cette manière est une table comme si elle avait été créée avec l'instruction CREATE TABLE. Il est donc possible de lui appliquer toutes les opérations possibles sur une table.

La liste des articles et le nombre de fois où ils sont commandés est établie puis stockée dans la table ##ArtCmd qui est une table temporaire globale.

```
SELECT a.idArticle, SUM(quantite) nbFoisCommandees INTO ##ArtCmd
FROM Articles a
RIGHT OUTER JOIN DetailsCommandes d ON a.idArticle = d.idArticle
GROUP BY a.idArticle;

SELECT * FROM ##ArtCmd;
```

Résultats | Messages

	idArticle	nbFoisCommandees
1	12	3
2	22	3
3	37	1
4	99	4

2.7 L'optimiseur de requête

Le langage SQL est un langage interprété qui permet de décrire le résultat que l'on souhaite obtenir. Il est donc relativement facile d'obtenir une description valide du résultat. Bien entendu, pour un même résultat il peut exister différentes façons de le décrire.

À partir de cette description (requête SELECT), l'optimiseur décide du meilleur chemin à utiliser pour fournir le résultat.

La clause OPTION de la requête SELECT permet de spécifier à l'optimiseur de requête la façon dont il doit dresser le plan d'exécution de la requête. Toutefois, comme le volume de données bouge sans cesse et que des améliorations de structure peuvent être apportées (en définissant des index par exemple), cette solution est à utiliser avec parcimonie. Dans tous les cas, il est préférable de laisser à l'optimiseur de requête le soin de dresser le plan d'exécution. En effet, la quasi-totalité du temps, l'optimiseur trouve le meilleur plan d'exécution possible. Les directives à destination de l'optimiseur de requête doivent être utilisées en dernier recours et mises en place par un développeur expérimenté ou bien par l'administrateur de la base de données qui possède une vue globale de l'organisation des données dans la base.

2.8 Les tables CTE

Les tables CTE (*Common Table Expression*) ont pour objectif de simplifier l'écriture et donc la compréhension des requêtes. Une table CTE peut être considérée comme une table temporaire et spécifique à une instruction du SQL DML. Une alternative à l'utilisation de tables CTE peut être de définir une table temporaire locale (#matable) avant la requête du SQL DML et à supprimer cette table temporaire locale immédiatement après l'exécution de la requête. Bien évidemment, cette alternative est beaucoup plus lourde à gérer et donc moins propre du point de vue de la programmation.

Les tables CTE permettent d'écrire de façon simple des requêtes complexes en simplifiant considérablement l'écriture de requêtes imbriquées.

Les tables CTE peuvent être utilisées dans le cadre d'une requête d'extraction de données (SELECT) mais également pour les requêtes de modification de données (INSERT, UPDATE ou bien DELETE) même si ce dernier cas est plus rare.

Remarque

Les CTE sont des éléments de la norme SQL 3.

Syntaxe

```
WITH nomTableCTE(nomColonne1, nomColonne2, ...) AS
(
requêteSelect
)
requêteSelect [;]
```

La table CTE est créée en utilisant l'instruction WITH suivie du nom de la table accompagné de la liste des colonnes. Enfin, la requête SELECT qui sert de base à la construction de la table CTE est définie après le mot-clé AS.

Exemple de mise en place d'une table CTE :

```
WITH SousCategories AS(
SELECT idCatParent, libelle sousCategorie FROM Categories WHERE
idCatParent IS NOT NULL
)
SELECT libelle categorie, sousCategorie
FROM Categories c INNER JOIN SousCategories s
ON c.idCategorie = s.idCatParent;
```

Résultats | Messages

	categorie	sousCategorie
1	Outillage	À main
2	Outillage	Accessoire et consommable
3	Quincaillerie	Chevilles, vis, clous et boulons
4	Outillage	Électroportatif
5	Quincaillerie	Étagères
6	Quincaillerie	Fenêtres
7	Quincaillerie	Meubles
8	Quincaillerie	Portes

Une fois définie, la table CTE doit être utilisée immédiatement, sinon une erreur est levée.

Les tables CTE sont plus faciles et plus rapides à créer que les tables temporaires grâce à la syntaxe particulièrement simple mais aussi parce que la table CTE n'entraîne pas d'ordre du DDL. Les restrictions d'usages de la table CTE sont néanmoins plus nombreuses que celles d'une table temporaire :

- Elles doivent être utilisées immédiatement après leur définition.
- Il n'est pas possible d'utiliser les instructions COMPUTE, ORDER BY, INTO, FOR XML, FOR BROWSE.

2.9 La génération de lignes statistiques

ROLLUP et CUBE

Pour améliorer les résultats effectués par les calculs d'agrégats et permettre le calcul de sommes intermédiaires, SQL Server propose les ROLLUP et CUBE. Un usage réfléchi de ces instructions peut donner la possibilité de faire exécuter tous les calculs par le serveur afin que le programme client soumettant la requête n'ait plus qu'une tâche de mise en forme à exécuter.

Remarque

Les clauses COMPUTE et COMPUTE BY ne sont plus disponibles dans SQL Server. Il est donc nécessaire de modifier les requêtes y faisant référence en utilisant la clause ROLLUP pour obtenir les mêmes résultats.

Les opérateurs ROLLUP et CUBE sont utilisés en combinaison avec la clause GROUP BY et les fonctions statistiques, afin d'obtenir des lignes supplémentaires comportant le calcul de la fonction, pour des regroupements combinés.

La clause WITH ROLLUP permet de créer des lignes comportant les résultats statistiques pour les regroupements des colonnes du GROUP BY combinées de la gauche vers la droite. Par exemple, si on demande la somme pour un regroupement sur les colonnes A, B et C, la clause WITH ROLLUP fournira, en plus, la somme pour un regroupement sur A, la somme pour un regroupement sur A et B, et la somme totale.

La clause WITH CUBE permet de créer des lignes supplémentaires pour toutes les combinaisons de regroupement des colonnes du GROUP BY. Pour l'exemple précédent, on aura, en plus, la somme pour un regroupement sur B, la somme pour un regroupement sur C, la somme pour un regroupement sur A et C ainsi que la somme pour un regroupement sur B et C.

Remarque

On peut utiliser au maximum 10 expressions de regroupement pour une taille totale de 900 octets.

Exemples

Calcul du nombre de clients par ville et du nombre total de clients :

```
SELECT ville, COUNT(*) nbClients
FROM Clients
GROUP BY ville
WITH ROLLUP;
```

Résultats | Messages

	ville	nbClients
1	Nantes	3
2	Paris	1
3	Tours	1
4	NULL	5

La clause WITH ROLLUP permet d'ajouter la dernière ligne qui contient le nombre de clients toutes villes confondues.

Soit la requête permettant de connaître les articles commandés :

```
SELECT a.idArticle, designation, libelle categorie,
       COALESCE(SUM(quantite), 0) nbAchats
FROM Articles a
INNER JOIN Categories c ON a.idCategorie = c.idCategorie
LEFT OUTER JOIN DetailsCommandes d ON a.idArticle = d.idArticle
GROUP BY a.idArticle, designation, libelle;
```

Résultats | Messages

	idArticle	designation	categorie	nbAchats
1	12	perforateur	Électroportatif	3
2	22	foret SDS 12	Accessoire et consommable	3
3	37	burin plat SDS	Accessoire et consommable	1
4	75	fraisoir	Accessoire et consommable	0
5	99	cadeau	Accessoire et consommable	4

Pour obtenir le nombre total d'articles commandés par catégorie et par nombre de ventes :

```
WITH ArticleCommandes AS(
SELECT a.idArticle, designation, libelle categorie,
COALESCE(SUM(quantite), 0) nbAchats
FROM Articles a
INNER JOIN Categories c ON a.idCategorie = c.idCategorie
LEFT OUTER JOIN DetailsCommandes d ON a.idArticle = d.idArticle
GROUP BY a.idArticle, designation, libelle
)
SELECT categorie, nbAchats, COUNT(*) nbArticles
FROM ArticleCommandes
GROUP BY categorie, nbAchats
WITH ROLLUP;
```

Résultats | Messages

	categorie	nbAchats	nbArticles
1	Accessoire et consommable	0	1
2	Accessoire et consommable	1	1
3	Accessoire et consommable	3	1
4	Accessoire et consommable	4	1
5	Accessoire et consommable	NULL	4
6	Électroportatif	3	1
7	Électroportatif	NULL	1
8	NULL	NULL	5

La première ligne correspond aux articles de la catégorie Accessoire et consommable n'ayant eu aucune vente ; il y a un seul article dans ce groupe (le fraisoir). De même pour les trois lignes suivantes avec des ventes (1 fois, 3 fois et 4 fois). La cinquième ligne correspond au total pour la catégorie Accessoire et consommable quel que soit le nombre de ventes ; il y a quatre articles concernés (ceux des quatre lignes précédentes). La sixième ligne correspond aux articles de la catégorie Électroportatif vendus trois fois ; il y a un article concerné. La septième ligne est le total pour cette catégorie. Enfin, la dernière ligne correspond au total tous nombres de ventes confondus et toutes catégories confondues.

Si on remplace WITH ROLLUP par WITH CUBE, le résultat devient :

Résultats | Messages

	categorie	nbAchats	nbArticles
1	Accessoire et consommable	0	1
2	NULL	0	1
3	Accessoire et consommable	1	1
4	NULL	1	1
5	Accessoire et consommable	3	1
6	Électroportatif	3	1
7	NULL	3	2
8	Accessoire et consommable	4	1
9	NULL	4	1
10	NULL	NULL	5
11	Accessoire et consommable	NULL	4
12	Électroportatif	NULL	1

Les totaux par nombre d'achats sont ajoutés. Par exemple la ligne 7 : nombre d'articles vendus 3 fois toutes catégories confondues.

Il est possible de remplacer tous les NULL par des valeurs plus parlantes :

```
WITH ArticleCommandes AS(
SELECT a.idArticle, designation, libelle categorie,
COALESCE(SUM(quantite), 0) nbAchats
FROM Articles a
INNER JOIN Categories c ON a.idCategorie = c.idCategorie
LEFT OUTER JOIN DetailsCommandes d ON a.idArticle = d.idArticle
GROUP BY a.idArticle, designation, libelle
)
SELECT COALESCE(categorie, 'Toutes catégories confondues')
catégorie,
       COALESCE(CONVERT(CHAR, nbAchats), 'Tous nombres de ventes
confondus') 'nombre de ventes',
       COUNT(*) 'nombre d''articles'
FROM ArticleCommandes
GROUP BY categorie, nbAchats
WITH CUBE
ORDER BY 1, 2;
```

	catégorie	nombre de ventes	nombres d'articles
1	À main	0	1
2	À main	Tous nombres de ventes confondu	1
3	Accessoire et consommable	0	1
4	Accessoire et consommable	1	1
5	Accessoire et consommable	3	1
6	Accessoire et consommable	4	1
7	Accessoire et consommable	Tous nombres de ventes confondus	4
8	Électroportatif	3	1
9	Électroportatif	Tous nombres de ventes confondus	1
10	Toutes catégories confondues	0	2
11	Toutes catégories confondues	1	1
12	Toutes catégories confondues	3	2
13	Toutes catégories confondues	4	1
14	Toutes catégories confondues	Tous nombres de ventes confondus	6

Opérateur OVER

Sans utiliser de GROUP BY, cette clause permet de partitionner les données ou bien de les trier avant, par exemple, d'appliquer une fonction de calcul d'agrégat ou une fonction de tri, c'est-à-dire ROW_NUMBER, DENSE_RANK, RANK et NTILE.

Dans le cadre d'une fonction de tri, la clause OVER va pouvoir contenir un partitionnement et/ou une instruction ORDER BY pour effectuer un tri. Dans le cas où une fonction de calcul d'agrégat est utilisée, seul le partitionnement des données est possible avec la clause OVER.

La clause OVER permet par exemple de réaliser le calcul d'agrégat sur un regroupement puis d'affecter à chaque ligne du regroupement la valeur calculée.

Syntaxe

```
OVER ([PARTITION BY expression, ...][ORDER BY colonne, ...])
```

Exemple

Dans cet exemple, le calcul du nombre de lignes de la commande est effectué pour chaque commande. Ce résultat est présenté sur chaque ligne correspondant aux différentes lignes de détails de la commande.

```
SELECT idCommande, idArticle,
       COUNT(*) OVER(PARTITION BY idCommande) nbArticlesDeLaCommmande
FROM DetailsCommandes;
```

Résultats | Messages

	idCommande	idArticle	nbArticlesDeLaCommmande
1	1	99	3
2	1	12	3
3	1	22	3
4	2	99	4
5	2	12	4
6	2	22	4
7	2	37	4
8	3	99	3
9	3	12	3
10	3	22	3
11	9	99	1

Les fonctions analytiques

La clause OVER peut également être utilisée dans la cadre des fonctions analytiques afin de définir l'étendue des données sur lequel le calcul analytique sera effectué.

SQL Server propose les fonctions suivantes :

`CUME_DIST`

Calcule la distribution cumulative d'une valeur.

`FIRST_VALUE` et `LAST_VALUE`

Retournent, respectivement, la première et la dernière valeur de l'étendue définie avec OVER.

`LAG` et `LEAD`

Permettent d'accéder à des données situées sur une autre ligne dans la même étendue (antérieure à la ligne courante pour LAG et postérieure pour LEAD).

`PERCENTILE_CONT`, `PERCENTILE_DISC`

En fonction du centile passé en paramètre, ces fonctions effectuent le calcul sur une distribution continue, ordonnée des valeurs.

`PERCENTILE_RANK`

Permet de connaître le rang relatif d'une ligne d'information au sein de l'étendue définie par la clause OVER.

Syntaxe

```
fonctionAnalityque OVER (instructionOrderBy)
```

Opérateur NTILE

Cette fonction est utilisée conjointement à OVER et permet de diviser chaque partition en des groupes de données équilibrés. Par exemple, avec l'instruction NTILE(4) OVER... le résultat de chaque partition sera divisé en 4 groupes. Les données seront réparties de façon équitable dans chaque groupe. Si le nombre de lignes présentes dans la partition n'est pas un multiple du nombre de groupes à créer, alors les premiers groupes contiennent une ligne de plus que les derniers groupes.

Dans le cas présenté ici, si quatre groupes doivent être créés et que la partition contient 15 lignes, alors les trois premiers groupes vont contenir quatre lignes et le quatrième groupe contiendra trois lignes.

Syntaxe

```
NTILE(entier) OVER ...
```

Exemple

```
SELECT idCategorie, designation,
NTILE(3) OVER(PARTITION BY idCategorie ORDER BY designation) répartition
FROM Articles;
```

Résultats | Messages

	idCategorie	designation	répartition
1	13	perforateur	1
2	15	burin plat SDS	1
3	15	cadeau	1
4	15	foret SDS 12	2
5	15	fraisoir	3

Les partitions sont définies par idCategorie. La première ligne est donc seule et les quatre lignes suivantes sont dans une seconde partition. Au sein de chaque partition, les lignes sont réparties dans les trois groupes.

2.10 Les sous-requêtes

Il est possible d'imbriquer une requête SELECT dans une autre requête SELECT (ou dans une instruction UPDATE ou DELETE) dans tous les cas d'utilisation d'une expression. En général, l'utilisation se fait avec les clauses WHERE ou HAVING.

On peut distinguer plusieurs types de sous-requêtes :

- Sous-requêtes renvoyant une seule valeur. Elles peuvent être utilisées avec les opérateurs =, <>, <, <=, >, >=.
- Sous-requêtes renvoyant une liste de valeurs. Elles peuvent être utilisées avec les opérateurs IN, EXISTS, ANY, SOME ou ALL.
- Sous-requêtes corrélées (ou subordonnées). La clause WHERE de la requête interne fait référence à une des tables de la requête externe. Dans ce cas, la sous-requête interne est exécutée pour chaque ligne extraite par la requête externe.

Les cas d'utilisation de sous-requêtes corrélées sont rares et bien souvent un tel type de sous requête peut être transformé en sous-requête imbriquée. C'est-à-dire en une sous-requête qui peut être exécutée de façon indépendante de la requête externe. La sous-requête imbriquée est donc exécutée une seule fois même si la requête externe traite n lignes de données. Il est donc facile de comprendre que l'utilisation des sous-requêtes imbriquées est préférable. Afin d'optimiser les temps d'exécution, l'optimiseur de requête de SQL Server tente de transformer les sous-requêtes corrélées en sous-requête imbriquées.

L'utilisation de sous requête évite bien souvent d'avoir recours à des tables temporaires, il est donc fréquent d'avoir recours à ce type de formulation.

Exemples

Les articles dont le prix est inférieur au prix moyen des articles :

```
SELECT *
FROM Articles
WHERE prixHT < (SELECT AVG(prixHT) FROM Articles);
```

Résultats | Messages

	idArticle	designation	prixHT	prixTTC	idCategorie
1	22	foret SDS 12	6.90	8.280	15
2	37	burin plat SDS	4.70	5.640	15
3	75	fraisoir	8.90	10.680	15
4	99	cadeau	0.00	0.000	15

L'utilisation du signe de comparaison < suppose que la sous-requête ne ramène qu'une et une seule ligne d'information. Dans le cas contraire, une erreur sera propagée. La sous-requête est de type imbriqué puisqu'elle peut être exécutée seule. Elle apporte la valeur 22,10. Ensuite, la requête principale est effectuée avec la restriction qui est devenue WHERE prixHT < 22.1.

Les clients n'ayant passé aucune commande :

```
SELECT *
FROM Clients
WHERE idClient NOT IN (SELECT DISTINCT idClient FROM Commandes);
```

Résultats | Messages

	idClient	nom	prenom	dateNaissance	ville	portable	fixe
1	15	DUPOND	Jean	1946-12-27	Nantes	605030201	123456789
2	142	DUCHEMIN	Julie	NULL	Nantes	NULL	123443210

La sous-requête retourne trois valeurs :

Résultats | Messages

	idClient
1	20
2	35
3	138

Lors de l'exécution de la requête externe, l'opérateur NOT IN teste si la valeur de idClient n'est pas l'une de ces trois valeurs.

L'opérateur EXISTS est bien particulier puisqu'il accepte en paramètre une requête de type SELECT. Dans le cas où cette requête retourne au moins une ligne d'informations, alors EXISTS retourne la valeur booléenne VRAI. Dans le cas où la requête ne retourne aucune ligne, alors EXISTS retourne la valeur booléenne FAUX. L'opérateur est souvent présent dans les requêtes corrélées car la sous-requête est évaluée pour chaque ligne de données de la requête externe.

Exemple

Dans cet exemple, une sous-requête corrélée est mise en place et la négation de l'opérateur EXISTS est utilisée afin d'afficher les articles non commandés.

Liste des articles ne faisant partie d'aucune commande :

```
SELECT *
FROM Articles a
WHERE NOT EXISTS(SELECT * FROM DetailsCommandes d
                 WHERE d.idArticle = a.idArticle);
```

Remarque

Il existe une formulation différente de la requête qui permet de ne pas passer par une sous requête corrélée.

2.11 Le pivot

Les deux instructions PIVOT et UNPIVOT du Transact-SQL sont puissantes et d'une grande facilité d'emploi. L'objectif de PIVOT est de transformer un résultat présenté sous forme de lignes distinctes en colonnes distinctes. UNPIVOT réalise l'opération inverse. Le travail réalisé par PIVOT était effectué auparavant en définissant une instruction case compliquée, ou en s'appuyant sur les autres opérateurs tels que la jointure, l'union, le calcul d'agrégat pour présenter l'information comme souhaitée. Dans tous les cas, un codage long est fastidieux et peut être la source de dysfonctionnements.

Avant d'utiliser cette opération, il faut définir quelles sont les données qui vont être concernées et quelle colonne va représenter le PIVOT. En général, l'objectif est de réaliser un tableau de synthèse pour lequel la valeur présente dans la cellule provient d'un calcul d'agrégat dépendant de la ligne et de la colonne.

i	colonnePivot	valeur
1	A	1
1	B	2
1	C	3
2	A	4
2	B	5
2	C	6

PIVOT →

← UNPIVOT

i	A	B	C
1	1	2	3
2	4	5	6

2.11.1 Le principe de fonctionnement

L'instruction PIVOT fait partie de la clause FROM de l'instruction SELECT. L'utilisation de cette instruction va donc permettre de créer une pseudo table qui sera interne à la requête.

Avant de faire appel à la fonction PIVOT, il faut déterminer quel est le calcul d'agrégat à effectuer et pour quelles valeurs de la colonne il est possible de réaliser ce traitement. La colonne autour de laquelle le pivot est effectué doit posséder une valeur convertible en nvarchar car les valeurs vont se transformer en nom de colonne. Il n'est donc pas possible d'organiser un pivot autour d'une valeur au format binaire.

Extrait de syntaxe

```
SELECT
FROM [...]
PIVOT (calculAgregat FOR colonnePivot IN
(listeDeValeur)) [AS] aliasDeTable
```

La liste de valeurs permet de préciser les valeurs de la colonne PIVOT qui vont se transformer en colonnes. Dans la liste, chaque valeur doit être spécifiée entre crochets [ ] sans apostrophe pour les chaînes de caractères. Cette même notation sera reprise derrière la clause SELECT afin de préciser le titre de la colonne ainsi que l'ordre des colonnes.

L'alias de table pour le PIVOT est indispensable.

Remarque

Lorsque le PIVOT est utilisé avec un calcul d'agrégat alors les NULL ne sont pas prises en compte dans la réalisation du calcul. Si l'on souhaite traiter ces valeurs, il faut utiliser la fonction Transact-SQL COALESCE.

2.11.2 Un exemple d'utilisation

Dans l'exemple suivant, la table DetailsCommandes contient les références des articles commandés. Pour l'instant, il existe quatre commandes distinctes avec pour idCommande 1, 2, 3 et 9.

Pour obtenir une vue synthétique par article commandé, il est nécessaire de parcourir quatre lignes d'informations. Il n'est donc pas facile de lire l'information.

En revanche, en faisant pivoter les informations par rapport à l'idCommande et en affichant en regard de cette dernière les quantités commandées pour chacune des quatre commandes, alors l'information est plus pertinente.

Exemple d'extraction en utilisant PIVOT

Dans l'exemple présenté ci-après, les données pivotent par rapport à l'idCommande. Dans la clause PIVOT, les nouvelles colonnes sont définies, soit ici une pour chaque commande. La valeur placée dans la cellule d'intersection (idArticle) est calculée comme étant la somme des quantités commandées.

```
SELECT idArticle, [1] Commande1, [2] Commande2, [3] Commande3, [9] Commande9
FROM DetailsCommandes PIVOT(SUM(quantite) FOR idCommande IN([1], [2], [3],
[9])) p;
```

Résultats | Messages

	idArticle	Commande1	Commande2	Commande3	Commande9
1	12	1	1	1	NULL
2	22	1	1	1	NULL
3	37	NULL	1	NULL	NULL
4	99	1	1	1	1

Afin d'éclaircir le résultat, il est possible de réaliser des jointures avec d'autres tables. Dans l'exemple suivant, une jointure est faite avec la table des articles afin de connaître la désignation des articles. Il est également fait appel à COALESCE pour transformer les NULL en zéro.

Exemple d'utilisation d'une jointure en plus du pivot

```
SELECT designation, COALESCE([1],0) Commande1, COALESCE([2],0)
Commande2, COALESCE([3],0) Commande3, COALESCE([9],0) Commande9
FROM DetailsCommandes PIVOT(SUM(quantite) FOR idCommande IN([1],
[2], [3], [9])) p
INNER JOIN Articles a ON p.idArticle = a.idArticle;
```

Résultats | Messages

	designation	Commande1	Commande2	Commande3	Commande9
1	perforateur	1	1	1	0
2	foret SDS 12	1	1	1	0
3	burin plat SDS	0	1	0	0
4	cadeau	1	1	1	1

2.11.3 Le pivot en sens inverse

La fonction UNPIVOT réalise le travail inverse à celui fait par PIVOT. Cependant son usage est plus restreint car le cas se présente moins fréquemment de vouloir transformer des colonnes en lignes. Si toutefois le cas se présente, alors cette fonctionnalité peut être mise en œuvre à l'aide de la syntaxe suivante :

```
SELECT ... colonneUnpivot, AliasNouvelleColonne
FROM table
UNPIVOT (AliasNouvelleColonne FOR colonneUnPivot IN
listeDeValeur) [AS] aliasDeTable
```

Les colonnes de la liste de valeurs doivent être de même type.

Comme pour l'utilisation du PIVOT, il est possible de faire des jointures avec une table qui contient la colonne UNPIVOT.

Exemple d'utilisation d'UNPIVOT

```
SELECT idClient, typeInfo, info
FROM Clients UNPIVOT(info FOR typeInfo IN(nom, ville)) u;
```

Résultats | Messages

	idClient	typeInfo	info
1	15	nom	DUPOND
2	15	ville	Nantes
3	20	nom	LABICHE
4	20	ville	Paris
5	35	nom	DUBOIS
6	35	ville	Nantes
7	138	nom	DUBOIS
8	138	ville	Tours
9	142	nom	DUCHEMIN
10	142	ville	Nantes

Les colonnes nom et ville sont transformées pour devenir des lignes. Ainsi, pour chaque client, deux lignes sont créées : une pour le nom et une autre pour la ville.

2.12 La fusion de données

L'instruction MERGE permet en une seule opération Transact-SQL d'effectuer des modifications, des ajouts et même des suppressions sur une même table de destination. La sélection de l'action à réaliser s'effectue en précisant des critères de sélection. Naturellement, l'instruction MERGE ne peut pas utiliser la même table comme source et destination. Toutefois, il est possible de définir une condition de jointure entre la source et la destination afin de limiter les données manipulées.

Cette instruction permet de simplifier certains traitements de l'information, pour la construction de synthèses par exemple. Sans cette instruction, il est nécessaire de définir un lot Transact-SQL avec un curseur pour être en mesure de traiter chaque ligne de la source de façon individuelle et de décider ainsi de l'action à effectuer.

L'instruction MERGE est particulièrement utile dans le cadre des entrepôts de données car elle permet en fonction des données présentes dans la table de l'entrepôt (table cible) et de celles présentant dans la base OLTP (source) de décider de l'action à réaliser. Par exemple, dans le cas où l'on souhaite connaître la quantité vendue d'un produit, il est possible soit de mettre à jour (UPDATE) cette quantité, soit, lorsque c'est la première vente d'un nouveau produit, d'ajouter cette valeur (INSERT).

Syntaxe

```
MERGE [ INTO ] tableCible
USING sourceDonnées
ON <conditionSélection>
[ WHEN MATCHED [ AND <conditionSélection> ]
      THEN <opération> ]
[ WHEN [TARGET] NOT MATCHED [ AND < conditionSélection > ]
      THEN <opération> ]
[ WHEN SOURCE NOT MATCHED [ AND < conditionSélection > ]
      THEN <opération> ]
```

`tableCible`

Il s'agit de la table qui contient les données sur lesquelles vont porter les instructions INSERT, UPDATE et DELETE.

`sourceDonnées`

C'est à partir de cette source de données que sont issues les informations qui permettent de sélectionner le type d'opération à exécuter ainsi que les données à utiliser.

`conditionSélection`

Critère de restriction permettant de savoir si les données doivent être sélectionnées ou bien si l'opération qui suit doit être exécutée.

`opération`

Instruction INSERT, UPDATE ou bien DELETE à exécuter sur la table cible.

Exemples

Des évolutions sont apportées sur notre catalogue (nouveaux articles, nouveaux tarifs...). Pour cela, une table temporaire est créée contenant ces évolutions :

```
CREATE TABLE #EvolutionArticles(
idArticle     INT           CONSTRAINT pk_articles PRIMARY KEY,
designation   VARCHAR(50)   NULL,
prixHT        NUMERIC(8,2)  NOT NULL,
idCategorie   INT           NULL,
);

INSERT INTO #EvolutionArticles VALUES
(7, 'meuleuse d''angle', 66.58, 13),
(75, 'fraisoir (promo -20%)', 7.42, 15);
```

La première ligne correspond à un nouvel article et la seconde à une mise à jour du tarif et de la désignation d'un article déjà présent dans la table Articles.

L'instruction MERGE est ensuite utilisée pour mettre à jour la table Articles :

```
MERGE INTO Articles a USING #EvolutionArticles e
ON (a.idArticle = e.idArticle)
WHEN MATCHED THEN
       UPDATE SET a.PrixHT = e.PrixHT,
       a.designation = e.designation,
       a.idCategorie = e.idCategorie
```

```
WHEN NOT MATCHED THEN
       INSERT VALUES(e.idArticle, e.designation, e.prixHT,
e.idCategorie);
```

Voici la table Articles après sa mise à jour :

Résultats | Messages

	idArticle	designation	prixHT	prixTTC	idCategorie
1	7	meuleuse d'angle	66.58	79.896	13
2	12	perforateur	90.00	108.000	13
3	22	foret SDS 12	6.90	8.280	15
4	37	burin plat SDS	4.70	5.640	15
5	75	fraisoir (promo -20%)	7.42	8.904	15
6	99	cadeau	0.00	0.000	15

3. Les vues

SQL Server permet la gestion d'objets associés aux tables : les vues (VIEWS). Une vue est une table virtuelle, c'est-à-dire un objet ayant la même utilisation qu'une table par rapport au langage de manipulation de données, à quelques restrictions près, mais n'occupant pas d'espace disque pour les données. Une vue ne "stocke" que la requête correspondant à l'extraction.

Les intérêts d'utilisation d'une vue sont multiples :

- Simplification des structures des tables. Certaines tables peuvent comporter de nombreuses colonnes avec des noms et des types peu pratiques à manipuler. Une vue fournira à l'utilisateur les mêmes données dans une forme simplifiée.
- Réutilisation de requêtes. Lorsque les requêtes sont souvent exécutées (jointures, calculs), une vue permettra de stocker l'instruction et de l'utiliser plus simplement.
- Sécurité d'accès. Il est possible de cacher des lignes et des colonnes aux utilisateurs en ne mettant à leur disposition que des vues de projection ou de restriction à la place des tables initiales.

La modification des données au travers d'une vue n'est autorisée que si une seule table correspondant à la vue est modifiée et si la requête de la vue n'utilise pas de calculs.

Une vue est définie à partir d'une requête de type SELECT. Cette requête est enregistrée dans la base sous un nom (le nom de la vue). Dès que la vue est définie, elle est utilisée de la même façon qu'une table dans les requêtes et plus particulièrement les requêtes d'extraction de données. La requête servant de base à la définition de la vue peut, bien entendu, contenir des jointures, des restrictions, des calculs élémentaires et des calculs d'agrégats. Toutefois, les clauses INTO, OPTION et ORDER BY ne peuvent pas être présentes dans la définition de la vue. En revanche, si l'option TOP est utilisée, alors la clause ORDER BY est autorisée.

La vue se distingue de la table CTE car contrairement à la table CTE elle est enregistrée de façon durable dans la base. Par rapport aux tables temporaires, la vue possède l'avantage de présenter un jeu de données toujours à jour.

Comme pour les tables, SQL Server donne la possibilité de créer des index sur les vues afin d'améliorer les temps de réponse. Toutefois un index unique organisé (CLUSTERED) doit être créé en premier sur la vue afin de la matérialiser avant de définir éventuellement d'autres index.

Remarque

Les déclencheurs de type INSTEAD OF sont particulièrement bien adaptés pour les vues car ils permettent de détourner les actions INSERT, UPDATE et DELETE vers les tables qui composent la vue. Ces déclencheurs donnent la possibilité d'avoir des vues dont le comportement est totalement translucide pour l'utilisateur de la base de données.

3.1 La création

On peut créer une vue par un script SQL ou par un assistant graphique de SQL Server Management Studio.

Syntaxe

```
CREATE [OR ALTER] VIEW nom [(colonne,...)]
[WITH ENCRYPTION | WITH SCHEMABINDING| WITH VIEW_METADATA]
AS requête [WITH CHECK OPTION]
```

`OR ALTER`

La vue est remplacée si elle existait déjà. Cette option est disponible depuis SQL Server 2016 SP1.

`nom`

Nom de la vue, doit être unique dans la base.

`colonne`

Dans le cas où l'on souhaite renommer les colonnes, il est possible de les définir lors de la création de la vue, ce qui évite de surcharger la requête avec des alias de colonne.

`requête`

Instruction SELECT ne comportant pas de clause ORDER BY, UNION, COMPUTE ou INTO.

`WITH ENCRYPTION`

Permet de crypter le code dans les tables système.

`WITH SCHEMABINDING`

Permet de lier la vue au schéma. Avec une telle option, les objets référencés dans la vue doivent être nommés de la façon *nom_schema.nom_objet* et les tables utilisées dans la vue ne peuvent être supprimées. De même, si une opération ALTER TABLE affecte la définition de la vue, alors elle échoue.

`WITH VIEW_METADATA`

Permet de préciser à SQL Server de renvoyer les informations de métadonnées correspondant à la vue et non pas celles des tables qui composent la vue. Cette demande d'informations de métadonnées est particulièrement importante dans le cadre de l'accès aux données via une interface de programmation comme ODBC ou OLEDB.

`WITH CHECK OPTION`

Permet de ne pas autoriser l'insertion ni la modification de données ne répondant pas aux critères de la requête.

Exemple

Simplification de la table Clients :

```
GO
CREATE OR ALTER VIEW ClientsNantais AS
SELECT idClient, nom, ville, portable
FROM Clients
WHERE ville = 'Nantes'
WITH CHECK OPTION;
GO
```

La création d'une vue doit être effectuée dans son propre lot d'instructions. C'est pour cela que le mot-clé GO est utilisé avant et après cette instruction.

La vue peut être ensuite utilisée comme une table :

```
SELECT * FROM ClientsNantais;
```

Résultats | Messages

	idClient	nom	ville	portable
1	15	DUPOND	Nantes	605030201
2	35	DUBOIS	Nantes	NULL
3	142	DUCHEMIN	Nantes	NULL

Création d'une vue par SQL Server Management Studio :

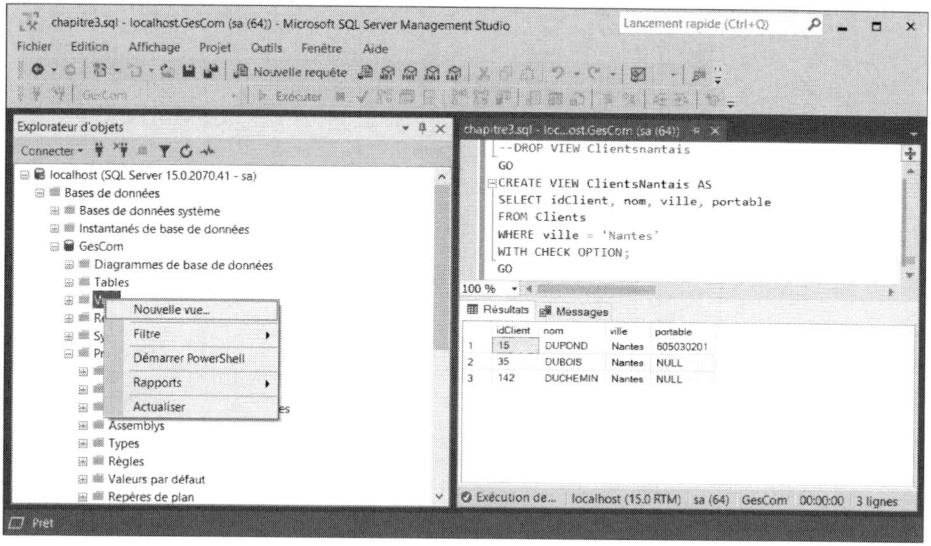

Lors de la création d'une vue depuis SQL Server Management Studio, l'éditeur graphique est automatiquement exécuté. Il est alors nécessaire de sélectionner la ou les tables qui participent à la requête sous-jacente de la vue en cours de définition.

Pour une vue existante, il est possible de modifier sa définition par l'intermédiaire de l'éditeur graphique de SQL Server Management Studio en sélectionnant le choix **Création** depuis le menu contextuel associé à la vue dans l'explorateur d'objets.

Exemple

Édition d'une vue par SQL Server Management Studio :

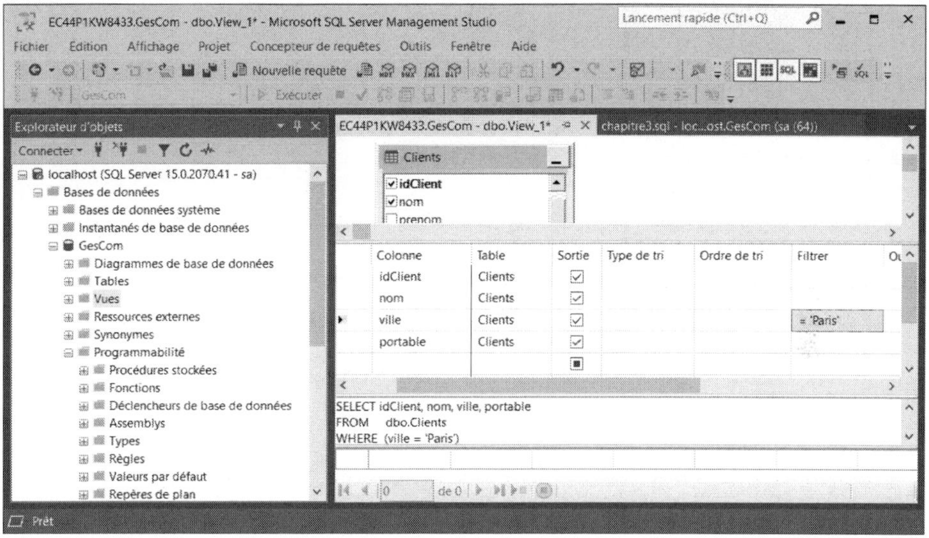

3.2 La manipulation des données

Bien que les vues ne contiennent pas de données, il est possible de manipuler les données au travers d'elles.

Exemples

```
INSERT INTO ClientsNantais VALUES(3, 'COZY', 'Nantes', '0748152630');
```

Cette instruction permet d'ajouter au travers de la vue ClientsNantais un enregistrement dans la table Clients. Cela n'est possible que si tous les champs obligatoires ne possédant pas de valeur par défaut sont présents dans la vue. De plus, il est impératif que la ligne soit visible au travers de la vue (qu'elle respecte la restriction indiquée lors de la création de la vue) si l'option WITH CHECK OPTION a été indiquée pour la vue. Si cette option n'est pas présente, il est même possible d'insérer des lignes de clients n'habitant pas Nantes.

```
DELETE FROM ClientsNantais WHERE portable LIKE '7%';
```

Seuls les clients visibles au travers de la vue ClientsNantais sont concernés par cette suppression.

3.3 La suppression

Comme pour l'ensemble des objets, il faut utiliser l'instruction DROP pour supprimer une vue.

Syntaxe

```
DROP VIEW nom
```

4. Exercices

4.1 La suppression des données

Supprimez toutes les données présentes dans la base de données et réinitialisez la valeur auto-incrémentée de la table Fiches afin de pouvoir réexécuter ce script à chaque fois que vous aurez besoin de réinitialiser votre jeu d'essai.

Remarque

Le ON DELETE CASCADE positionné sur une contrainte d'intégrité référentielle vous permet de limiter le nombre de requêtes à effectuer.

4.2 L'insertion du jeu d'essai

Insérez le jeu d'essai présenté dans l'exercice L'identification des clés primaires et des clés secondaires du chapitre Le modèle relationnel.

4.3 Le test des contraintes d'intégrité

Essayez d'insérer un enregistrement qui viole l'une des contraintes (clé primaire, intégrité référentielle, unicité et vérification). Testez l'ensemble des contraintes présentées dans l'exercice La création des tables du chapitre Implémentation des bases de données.

4.4 La traduction de l'algèbre relationnelle en requêtes SQL

Transformez les requêtes écrites en algèbre relationnel dans l'exercice L'algèbre relationnelle du chapitre Le modèle relationnel, en requêtes SQL.

4.5 L'écriture de requêtes SQL

Pour effectuer les requêtes suivantes, il est conseillé de compléter votre jeu d'essai en exécutant le script jeuEssaiAdditionnel.sql présent dans les fichiers en téléchargement de ce livre. Cela n'est pas indispensable mais permet d'avoir un jeu d'essai plus réaliste.

1 Liste des clients (nom, prénom, adresse, code postal, ville) ayant au moins une fiche de location en cours.

2 Détails de la fiche de location de M. Dupond Jean de Paris (avec la désignation des articles loués, la date de départ et de retour).

3 Afficher tous les articles (référence, désignation et libellé de la catégorie) dont le libellé de la catégorie contient ski.

4 Calcul du nombre de clients par ville et nombre total de clients.

5 Calcul du nombre d'articles actuellement en cours de location.

6 Nombre d'articles loués par client.

7 Affichage des clients qui ont effectué (ou sont en train d'effectuer) plus de 200 € de location.

8 Liste de tous les articles (loués au moins une fois) et nombre de fois qu'ils ont été loués triés du plus loué au moins loué.

9 Liste des fiches (n°, nom, prénom) qui ont moins de 150 € de locations.

10 Liste de tous les articles et nombre de fois qu'ils ont été loués triés du plus loué à ceux qui n'ont jamais été loués.

11 Liste des clients qui ne possèdent aucune fiche de location.

12 Liste des fiches (noFic, nom, refart, designation) qui possèdent des articles en cours de location depuis au moins 5 jours.

13 Liste des clients fidèles (plus de 450 € de chiffre d'affaires au cours des 12 derniers mois) qui sont des skieurs alpins (la catégorie ski alpin représente plus de 60 % du montant total de l'ensemble des locations).

14 Dresser le tableau de bord suivant :

categorie	**Janvier**	**Février**	**Mars**	**Avril**	**Mai**	**...**	**Décembre**

Ce tableau de bord concerne les douze mois de l'année en cours. Seuls les articles rendus sont considérés. Pour chaque mois et chaque catégorie, le chiffre d'affaires est indiqué.

4.6 La création d'une vue

Créez une vue permettant d'accéder rapidement aux montants des fiches. Elle possède les attributs : noFic, etat et montant.

5. Correction des exercices

5.1 La suppression des données

```
USE Location;

-- supprime également les données présentes dans Fiches et dans
LignesFic en raison du ON DELETE CASCADE
DELETE FROM clients;
DELETE FROM articles;
DELETE FROM grilleTarifs;
DELETE FROM tarifs;
DELETE FROM gammes;
DELETE FROM categories;

DBCC CHECKIDENT('Fiches', RESEED, 1000) WITH NO_INFOMSGS;
```

5.2 L'insertion du jeu d'essai

```
-- clients

INSERT INTO clients VALUES(1, 'Albert', 'Anatole', 'Rue des acacias', '61000',
'Amiens');
INSERT INTO clients VALUES(2, 'Bernard', 'Barnabé', 'Rue du bar',
'01000', 'Bourg en Bresse');
INSERT INTO clients VALUES(3, 'Dupond', 'Camille', 'Rue Crébillon',
'44000', DEFAULT);
INSERT INTO clients VALUES(4, 'Desmoulins', 'Daniel', 'Rue descendante', '21000',
'Dijon');
INSERT INTO clients VALUES(5, 'Ernest', 'Etienne', 'Rue de l''échafaud', '42000',
'Saint Étienne');
INSERT INTO clients VALUES(6, 'Ferdinand', 'François','Rue de la convention',
'44100', DEFAULT);
INSERT INTO clients VALUES(9, 'Dupond', 'Jean', 'Rue des mimosas',
'75018', 'Paris');
INSERT INTO clients VALUES(14, 'Boutaud', 'Sabine', 'Rue des platanes', '75002',
'Paris');

-- fiches

INSERT INTO fiches VALUES(14, GETDATE()-15, GETDATE()-13, 'SO');
INSERT INTO fiches VALUES(4,  GETDATE()-13, NULL, DEFAULT);
INSERT INTO fiches VALUES(1,  GETDATE()-12, GETDATE()-10, 'SO');
INSERT INTO fiches VALUES(6, GETDATE()-11, NULL, DEFAULT);
```

```
INSERT INTO fiches VALUES(3, GETDATE()-10, NULL, DEFAULT);
INSERT INTO fiches VALUES(9, GETDATE()-10, NULL, 'RE');
INSERT INTO fiches VALUES(1, GETDATE()-3,  NULL, DEFAULT);
INSERT INTO fiches VALUES(2, DEFAULT,      NULL, DEFAULT);

-- gammes

INSERT INTO gammes VALUES('PR', 'Matériel Professionnel');
INSERT INTO gammes VALUES('HG', 'Haut de gamme');
INSERT INTO gammes VALUES('MG', 'Moyenne gamme');
INSERT INTO gammes VALUES('EG', 'Entrée de gamme');

-- categories

INSERT INTO categories VALUES('MONO', 'Monoski');
INSERT INTO categories VALUES('SURF', 'Surf');
INSERT INTO categories VALUES('PA',   'Patinette');
INSERT INTO categories VALUES('FOA',  'Ski de fond alternatif');
INSERT INTO categories VALUES('FOP',  'Ski de fond patineur');

INSERT INTO categories VALUES('SA', 'Ski alpin');

-- tarifs

INSERT INTO tarifs VALUES('T1', 'Base', 10);
INSERT INTO tarifs VALUES('T2', 'Chocolat', 15);
INSERT INTO tarifs VALUES('T3', 'Bronze', 20);
INSERT INTO tarifs VALUES('T4', 'Argent', 30);
INSERT INTO tarifs VALUES('T5', 'Or', 50);
INSERT INTO tarifs VALUES('T6', 'Platine', 90);

-- grilleTarifs

INSERT INTO grilleTarifs VALUES('EG', 'MONO', 'T1');
INSERT INTO grilleTarifs VALUES('MG', 'MONO', 'T2');
INSERT INTO grilleTarifs VALUES('EG', 'SURF', 'T1');
INSERT INTO grilleTarifs VALUES('MG', 'SURF', 'T2');
INSERT INTO grilleTarifs VALUES('HG', 'SURF', 'T3');
INSERT INTO grilleTarifs VALUES('PR', 'SURF', 'T5');
INSERT INTO grilleTarifs VALUES('EG', 'PA', 'T1');
INSERT INTO grilleTarifs VALUES('MG', 'PA', 'T2');
INSERT INTO grilleTarifs VALUES('EG', 'FOA', 'T1');
INSERT INTO grilleTarifs VALUES('MG', 'FOA', 'T2');
INSERT INTO grilleTarifs VALUES('HG', 'FOA', 'T4');
INSERT INTO grilleTarifs VALUES('PR', 'FOA', 'T6');
INSERT INTO grilleTarifs VALUES('EG', 'FOP', 'T2');
INSERT INTO grilleTarifs VALUES('MG', 'FOP', 'T3');
INSERT INTO grilleTarifs VALUES('HG', 'FOP', 'T4');
INSERT INTO grilleTarifs VALUES('PR', 'FOP', 'T6');
INSERT INTO grilleTarifs VALUES('EG', 'SA',  'T1');
INSERT INTO grilleTarifs VALUES('MG', 'SA',  'T2');
```

```
INSERT INTO grilleTarifs VALUES('HG', 'SA',  'T4');
INSERT INTO grilleTarifs VALUES('PR', 'SA',  'T6');

-- articles

INSERT INTO articles VALUES('F01', 'Fischer Cruiser', 'EG', 'FOA');
INSERT INTO articles VALUES('F02', 'Fischer Cruiser', 'EG', 'FOA');
INSERT INTO articles VALUES('F03', 'Fischer Cruiser', 'EG', 'FOA');
INSERT INTO articles VALUES('F04', 'Fischer Cruiser', 'EG', 'FOA');
INSERT INTO articles VALUES('F05', 'Fischer Cruiser', 'EG', 'FOA');
INSERT INTO articles VALUES('F10', 'Fischer Sporty Crown', 'MG', 'FOA');
INSERT INTO articles VALUES('F20', 'Fischer RCS Classic GOLD', 'PR', 'FOA');
INSERT INTO articles VALUES('F21', 'Fischer RCS Classic GOLD', 'PR', 'FOA');
INSERT INTO articles VALUES('F22', 'Fischer RCS Classic GOLD', 'PR', 'FOA');
INSERT INTO articles VALUES('F23', 'Fischer RCS Classic GOLD', 'PR', 'FOA');
INSERT INTO articles VALUES('F50', 'Fischer SOSSkating VASA', 'HG', 'FOP');
INSERT INTO articles VALUES('F60', 'Fischer RCS CARBOLITE Skating', 'PR', 'FOP');

INSERT INTO articles VALUES('F61', 'Fischer RCS CARBOLITE Skating', 'PR', 'FOP');
INSERT INTO articles VALUES('F62', 'Fischer RCS CARBOLITE Skating', 'PR', 'FOP');
INSERT INTO articles VALUES('F63', 'Fischer RCS CARBOLITE Skating', 'PR', 'FOP');
INSERT INTO articles VALUES('F64', 'Fischer RCS CARBOLITE Skating', 'PR', 'FOP');
INSERT INTO articles VALUES('P01', 'Décathlon Allegre junior 150', 'EG', 'PA');
INSERT INTO articles VALUES('P10', 'Fischer mini ski patinette', 'MG', 'PA');
INSERT INTO articles VALUES('P11', 'Fischer mini ski patinette', 'MG', 'PA');
INSERT INTO articles VALUES('S01', 'Décathlon Apparition', 'EG', 'SURF');
INSERT INTO articles VALUES('S02', 'Décathlon Apparition', 'EG', 'SURF');
INSERT INTO articles VALUES('S03', 'Décathlon Apparition', 'EG', 'SURF');
INSERT INTO articles VALUES('A01', 'Salomon 24X+Z12', 'EG', 'SA');
INSERT INTO articles VALUES('A02', 'Salomon 24X+Z12', 'EG', 'SA');
INSERT INTO articles VALUES('A03', 'Salomon 24X+Z12', 'EG', 'SA');
INSERT INTO articles VALUES('A04', 'Salomon 24X+Z12', 'EG', 'SA');
INSERT INTO articles VALUES('A05', 'Salomon 24X+Z12', 'EG', 'SA');
INSERT INTO articles VALUES('A10', 'Salomon Pro Link Equipe 4S', 'PR', 'SA');
INSERT INTO articles VALUES('A11', 'Salomon Pro Link Equipe 4S', 'PR', 'SA');
INSERT INTO articles VALUES('A21', 'Salomon 3V RACE JR+L10', 'PR', 'SA');

-- lignesFic

INSERT INTO lignesFic VALUES(1001, 1, 'F05', GETDATE()-15, GETDATE()-13);
INSERT INTO lignesFic VALUES(1001, 2, 'F50', GETDATE()-15, GETDATE()-14);
INSERT INTO lignesFic VALUES(1001, 3, 'F60', GETDATE()-13,
DATEADD(HH,6,GETDATE()-13));
INSERT INTO lignesFic VALUES(1002, 1, 'A03', GETDATE()-13, GETDATE()-9);
INSERT INTO lignesFic VALUES(1002, 2, 'A04', GETDATE()-12, GETDATE()-7);
INSERT INTO lignesFic VALUES(1002, 3, 'S03', GETDATE()-8,  NULL);
INSERT INTO lignesFic VALUES(1003, 1, 'F50', GETDATE()-12, GETDATE()-10);
INSERT INTO lignesFic VALUES(1003, 2, 'F05', GETDATE()-12, GETDATE()-10);
INSERT INTO lignesFic VALUES(1004, 1, 'P01', GETDATE()-6,  NULL);
INSERT INTO lignesFic VALUES(1005, 1, 'F05', GETDATE()-10, GETDATE()-5);
INSERT INTO lignesFic VALUES(1005, 2, 'F10', GETDATE()-5,  NULL);
```

```
INSERT INTO lignesFic VALUES(1006, 1, 'S01', GETDATE()-10, GETDATE()-9);
INSERT INTO lignesFic VALUES(1006, 2, 'S02', GETDATE()-10, GETDATE()-9);
INSERT INTO lignesFic VALUES(1006, 3, 'S03', GETDATE()-10, GETDATE()-9);
INSERT INTO lignesFic VALUES(1007, 1, 'F50', GETDATE()-3,  GETDATE()-2);
INSERT INTO lignesFic VALUES(1007, 2, 'F60', GETDATE()-2,  NULL);
INSERT INTO lignesFic VALUES(1007, 3, 'F05', GETDATE()-3,  NULL);
INSERT INTO lignesFic VALUES(1007, 4, 'S02', DEFAULT,      NULL);
INSERT INTO lignesFic VALUES(1008, 1, 'S01', DEFAULT,      NULL);
```

5.3 Le test des contraintes d'intégrité

```
-- tests sur les clés primaires

INSERT INTO clients VALUES(9, 'Moustard', 'Robert', 'Rue des hortensias',
'44800', 'Saint-Herblain');
INSERT INTO lignesFic VALUES(1002, 3, 'A21', GETDATE(), NULL);
INSERT INTO articles VALUES('F64', 'Fischer RCS CARBOLITE Skating',
'PR', 'FOP');
INSERT INTO grilleTarifs VALUES('EG', 'FOA', 'T2');
INSERT INTO tarifs VALUES('T3', 'Moyen', 23);
INSERT INTO categories VALUES('PA', 'Patin à glace');
INSERT INTO gammes VALUES('EG', 'Bas de gamme');

-- tests sur les contraintes d'intégrité référentielle (clés étrangères)

INSERT INTO fiches VALUES(10, GETDATE(), NULL, 'EC');
INSERT INTO lignesFic VALUES(1009, 1, 'A11', GETDATE()-2, NULL);
INSERT INTO lignesFic VALUES(1008, 2, 'A99', GETDATE()-2, NULL);
INSERT INTO articles VALUES('M99', 'Monoski Dynamic', 'PR', 'MONO');
INSERT INTO grilleTarifs VALUES('BG', 'SA', 'T1');
INSERT INTO grilleTarifs VALUES('EG', 'SKI', 'T1');
INSERT INTO grilleTarifs VALUES('HG', 'MONO', 'T0');

-- tests sur les contraintes d'unicité (clés secondaires)

INSERT INTO gammes VALUES('MP', 'Matériel Professionnel');
INSERT INTO categories VALUES('SU', 'Surf');
INSERT INTO tarifs VALUES('T7', 'Platine', 120);

-- tests sur les contraintes de vérification

INSERT INTO clients VALUES(19, 'DIRSTEL', 'Christelle', 'Rue Jean Meyer',
'999',  'Sélestat');
INSERT INTO clients VALUES(19, 'DIRSTEL', 'Christelle', 'Rue Jean Meyer',
'96000', 'Sélestat');
```

```
INSERT INTO fiches VALUES(1, GETDATE(), NULL, 'AA');
INSERT INTO tarifs VALUES('T0', 'Promo', -10);
INSERT INTO fiches VALUES(1, GETDATE(), GETDATE()-2, 'SO');
INSERT INTO lignesFic VALUES(1008, 2, 'P11', GETDATE(), GETDATE()-2);

-- tests sur la non-nullité

INSERT INTO articles VALUES('F99', 'Fischer Cruiser', 'EG', NULL);
INSERT INTO articles VALUES('F99', 'Fischer Cruiser', NULL, 'FOA');
INSERT INTO grilleTarifs VALUES('HG', 'MONO', NULL);
INSERT INTO clients VALUES(20, 'Schneider', 'Raymond', 'Route du Rhin',
NULL, 'Illkirch-Graffenstaden');
INSERT INTO fiches VALUES(6, NULL, NULL, 'EC');
INSERT INTO lignesFic VALUES(1008, 2, 'A01', NULL, NULL);
INSERT INTO articles VALUES('A22', NULL, 'PR', 'SA');
INSERT INTO fiches VALUES(6, GETDATE(), NULL, NULL);
INSERT INTO gammes VALUES('OC', NULL);
INSERT INTO categories VALUES('BA', NULL);
INSERT INTO tarifs VALUES('T0', NULL, 5);
INSERT INTO clients VALUES(20, NULL, 'Raymond', 'Route du Rhin', '67400',
'Illkirch-Graffenstaden');
INSERT INTO tarifs VALUES('T0', 'PROMO', NULL);
INSERT INTO lignesFic VALUES(1008, 2, NULL, GETDATE(), NULL);
INSERT INTO clients VALUES(20, 'Schneider', 'Raymond', 'Route du Rhin',
'67400', NULL);
```

5.4 La traduction de l'algèbre relationnelle en requêtes SQL

```
-- La liste des clients (toutes les informations) dont le nom commence
par un « D ».
SELECT *
FROM clients
WHERE nom LIKE 'D%';

-- Les noms et prénoms de tous les clients
SELECT nom, prenom
FROM clients;

-- La liste des fiches (n°, état) pour les clients (nom, prénom) qui
habitent en Loire-atlantique (44).
SELECT noFic, etat, nom, prenom
FROM clients c INNER JOIN fiches f ON c.noCli = f.noCli
WHERE cpo LIKE '44%';
```

```
-- Le détail de la fiche n°1002
SELECT l.noFic numeroDeFiche,
       nom,
       prenom prénom,
       l.refart référence,
       designation désignation,
       CONVERT(VARCHAR, depart, 103) départ,
       COALESCE(CONVERT(VARCHAR, retour, 103), '-') retour,
       prixJour prixParJour,
       (DATEDIFF(DAY, depart, COALESCE(retour,
GETDATE()))+1)*prixJour montant
FROM fiches f
       INNER JOIN clients c ON f.noCli = c.noCli
       INNER JOIN lignesFic l ON f.noFic = l.noFic
       INNER JOIN articles a ON l.refart = a.refart
       INNER JOIN grilleTarifs g ON a.codeCate = g.codeCate
AND a.codeGam = g.codeGam
       INNER JOIN tarifs t ON g.codeTarif = t.codeTarif
WHERE l.noFic = 1002;

-- Le prix journalier moyen de location par gamme.
SELECT g.Libelle, CONVERT(NUMERIC(6,2), (AVG(prixjour)))
tarifJournalierMoyen
FROM gammes g
INNER JOIN grilleTarifs gt ON g.codeGam = gt.codeGam
INNER JOIN tarifs t ON gt.codeTarif = t.codeTarif
GROUP BY g.libelle;

-- Les articles qui ont été loués au moins trois fois
SELECT l.refart, designation, COUNT(*) nombreDeLocations
FROM lignesFic l
INNER JOIN articles a ON l.refart = a.refart
GROUP BY l.refart, designation
HAVING COUNT(*) >= 3;

-- Le détail de la fiche n°1002 avec le total
SELECT l.noFic [numéro de fiche],
             nom,
             prenom AS 'prénom',
             l.refart 'référence',
             designation [désignation],
              CONVERT(VARCHAR, depart, 103) 'départ',
             COALESCE(CONVERT(VARCHAR, retour, 103), '-') retour,
             prixJour AS [prix par jour],
             (DATEDIFF(DAY, depart,
COALESCE(retour, GETDATE()))+1)*prixJour montant,
```

```
            SUM((DATEDIFF(DAY, depart,
COALESCE(retour, GETDATE()))+1)*prixJour) OVER() montantTotal
FROM fiches f
       INNER JOIN clients c ON f.noCli = c.noCli
       INNER JOIN lignesFic l ON f.noFic = l.noFic
       INNER JOIN articles a ON l.refart = a.refart
       INNER JOIN grilleTarifs g ON a.codeCate = g.codeCate AND
a.codeGam = g.codeGam
       INNER JOIN tarifs t ON g.codeTarif = t.codeTarif
WHERE l.noFic = 1002;
```

5.5 L'écriture de requêtes SQL

```
-- Liste des clients (nom, prénom, adresse, code postal, ville) ayant au
moins une fiche de location en cours.
SELECT DISTINCT nom, prenom prénom, adresse, cpo codePostal, ville
FROM clients c
INNER JOIN fiches f ON c.noCli = f.noCli
WHERE etat like 'EC';

-- Détails de la fiche de location de M. Dupond Jean de Paris (avec la
désignation des articles loués, la date de départ et de retour)
SELECT f.noFic numéroFiche, designation, CONVERT(VARCHAR, depart, 103)
départ, COALESCE(CONVERT(VARCHAR, retour, 103), '-') retour
FROM clients c
INNER JOIN fiches f ON c.noCli = f.noCli
INNER JOIN lignesFic l ON f.noFic = l.noFic
INNER JOIN articles a ON l.refart = a.refart
WHERE nom = 'Dupond' AND prenom = 'Jean' AND ville = 'Paris';

-- Afficher tous les articles (référence, désignation et libellé de la
catégorie) dont le libellé de la catégorie contient ski.
SELECT refart, designation, libelle
FROM articles a
INNER JOIN categories c ON a.codeCate = c.codeCate
WHERE libelle LIKE '%ski%';


-- Calcul du nombre de clients par ville et nombre total de clients.
SELECT ville, COUNT(*) nombreClientsDeCetteVille,
SUM(COUNT(*)) OVER() nombreClientsTotal
FROM clients
GROUP BY ville;
```

```
-- Calcul du nombre d'articles actuellement en cours de location.
SELECT COUNT(*) 'nombre d''articles en cours de location'
FROM lignesFic
WHERE retour IS NULL;

-- Nombre d'articles loués par client.
SELECT nom, prenom, COUNT(*) AS 'nombre de location effectuées'
FROM clients c
INNER JOIN fiches f ON c.noCli = f.noCli
INNER JOIN lignesFic l ON f.noFic = l.noFic
GROUP BY c.noCli, nom, prenom;

-- Affichage des clients qui ont effectué (ou sont en train d'effectuer)
plus de 200€ de location.
SELECT nom, prenom, SUM((DATEDIFF(DAY, depart, COALESCE(retour,
GETDATE()))+1)*prixJour) total
FROM clients c
INNER JOIN fiches f ON c.noCli = f.noCli
INNER JOIN lignesFic l ON f.noFic = l.noFic
INNER JOIN articles a ON l.refart = a.refart
INNER JOIN grilleTarifs g ON a.codeCate = g.codeCate AND
a.codeGam = g.codeGam
INNER JOIN tarifs t ON g.codeTarif = t.codeTarif
GROUP BY c.noCli, nom, prenom
HAVING SUM((DATEDIFF(DAY, depart,
COALESCE(retour, GETDATE()))+1)*prixJour) >= 200;

-- Liste de tous les articles et nombre de fois qu'ils ont été loués.
SELECT l.refart, designation, nbloc=COUNT(*)
FROM lignesFic l
INNER JOIN articles a ON l.refart = a.refart
GROUP BY l.refart, designation
ORDER BY nbloc DESC;

-- Liste des fiches (n°, nom, prénom) qui ont moins de 150€ de locations
SELECT f.nofic, nom, prenom, total=SUM((DATEDIFF(DAY, depart,
COALESCE(retour, GETDATE()))+1)*prixJour)
FROM clients c
INNER JOIN fiches f ON c.noCli = f.noCli
INNER JOIN lignesFic l ON f.noFic = l.noFic
INNER JOIN articles a ON l.refart = a.refart
INNER JOIN grilleTarifs g ON a.codeCate = g.codeCate AND
a.codeGam = g.codeGam
INNER JOIN tarifs t ON g.codeTarif = t.codeTarif
GROUP BY f.noFic, nom, prenom
HAVING SUM((DATEDIFF(DAY, depart,
```

```
COALESCE(retour, GETDATE()))+1)*prixJour)<150;

-- Liste de tous les articles et nombre de fois qu'ils ont été loués triés
du plus loué à ceux qui n'ont jamais été loués.
SELECT a.refart, designation, nbloc=COUNT(l.refart)
FROM lignesFic l
RIGHT OUTER JOIN articles a ON l.refart = a.refart
GROUP BY a.refart, designation
ORDER BY nbloc DESC;

-- Liste des clients qui ne possèdent aucune fiche de location.
SELECT nom, prenom, ville
FROM clients c
LEFT OUTER JOIN fiches f ON c.noCli = f.noCli
WHERE f.noCli IS NULL;

-- Liste des fiches (noFic, nom, refart, designation) qui possèdent des
articles en cours de location depuis au moins 5 jours.
SELECT f.noFic, nom, l.refart, designation
FROM clients c
INNER JOIN fiches f ON c.noCli = f.noCli
INNER JOIN lignesFic l ON f.noFic = l.noFic
INNER JOIN articles a ON l.refart = a.refart
WHERE retour IS NULL and DATEDIFF(DAY, depart, GETDATE())>=5

-- La liste des clients fidèles (au moins 200€ de chiffre d'affaire au
cours des 12 derniers mois) qui sont des skieurs alpins (la catégorie ski
alpin représente plus de 60% du montant total de l'ensemble
des locations).
SELECT noCli
FROM fiches f
INNER JOIN lignesFic l ON f.noFic = l.noFic
INNER JOIN articles a ON l.refart = a.refart
INNER JOIN grilleTarifs g ON a.codeCate = g.codeCate AND
a.codeGam = g.codeGam
INNER JOIN tarifs t ON g.codeTarif = t.codeTarif
WHERE dateCrea > DATEADD(YEAR, -1, GETDATE())
GROUP BY noCli
HAVING SUM((DATEDIFF(DAY, depart,
COALESCE(retour, GETDATE()))+1)*prixJour)>=100
INTERSECT
SELECT t.nocli
FROM (
       SELECT noCli, SUM((DATEDIFF(DAY, depart, COALESCE(retour,
GETDATE()))+1)*prixJour) montantTotal
       FROM fiches f
```

```
        INNER JOIN lignesFic l ON f.noFic = l.noFic
        INNER JOIN articles a ON l.refart = a.refart
        INNER JOIN grilleTarifs g ON a.codeCate = g.codeCate AND a.codeGam
= g.codeGam
        INNER JOIN tarifs t ON g.codeTarif = t.codeTarif
        GROUP BY noCli
) t INNER JOIN (
        SELECT noCli, SUM((DATEDIFF(DAY, depart, COALESCE(retour,
GETDATE()))+1)*prixJour) montantSkiFond
        FROM fiches f
        INNER JOIN lignesFic l ON f.noFic = l.noFic
        INNER JOIN articles a ON l.refart = a.refart
        INNER JOIN grilleTarifs g ON a.codeCate = g.codeCate AND
a.codeGam = g.codeGam
        INNER JOIN tarifs t ON g.codeTarif = t.codeTarif
        INNER JOIN categories c ON g.codeCate = c.codeCate
        WHERE c.libelle LIKE '%Ski%Fond%'
        GROUP BY noCli
) s ON t.noCli = s.noCli
WHERE montantSkiFond > 0.6 * montantTotal

-- Dresser le tableau de bord
WITH Locations AS (
SELECT c.libelle categorie, MONTH(depart) mois, (DATEDIFF(DAY, depart,
retour)+1)*prixJour tarif
FROM lignesFic l
INNER JOIN articles a ON l.refart = a.refart
INNER JOIN grilleTarifs g ON a.codeCate = g.codeCate AND
a.codeGam = g.codeGam
INNER JOIN tarifs t ON g.codeTarif = t.codeTarif
INNER JOIN categories c ON g.codeCate = c.codeCate
WHERE YEAR(depart) = YEAR(GETDATE()) AND retour IS NOT NULL)
SELECT categorie, [1] Janvier, [2] Février, [3] Mars, [4] Avril, [5] Mai,
[6] Juin, [7] Juillet, [8] Août, [9] Septembre, [10] Octobre,
[11] Novembre, [12] Décembre
FROM Locations PIVOT(SUM(tarif) FOR mois IN([1], [2], [3], [4], [5], [6],
[7], [8], [9], [10], [11], [12])) p;
```

5.6 La création d'une vue

```
GO
CREATE OR ALTER VIEW montantsFiches AS
SELECT f.nofic, etat, SUM((DATEDIFF(DAY, depart, retour)+1)*prixJour)
montant
FROM fiches f
INNER JOIN lignesFic l ON f.nofic = l.nofic
INNER JOIN articles a ON l.refart = a.refart
INNER JOIN grilleTarifs g ON a.codeCate = g.codeCate AND
a.codeGam = g.codeGam
INNER JOIN tarifs t ON g.codeTarif = t.codeTarif
GROUP BY f.noFic, etat;
GO
```

Chapitre 4
Transact-SQL : le langage procédural

1. Le SQL procédural

SQL Server est un serveur de base de données relationnelle et à ce titre, il fournit tous les éléments pour stocker de façon structurée les données mais aussi les outils nécessaires pour travailler avec les données au travers de SQL. Avec le Transact-SQL, il est également possible de définir des traitements procéduraux directement dans la base de données. Ces traitements vont pouvoir être utilisables par tous les utilisateurs de la base sous réserve qu'ils possèdent les privilèges nécessaires. Il est possible de conserver la définition de ces traitements et de les rendre paramétrables par l'intermédiaire de la création de procédures et de fonctions.

Des traitements procéduraux pourront également être mis en place pour définir des contraintes d'intégrité complexes, il s'agira alors de déclencheurs de base de données (TRIGGER).

Le Transact-SQL est un langage procédural qui intègre complètement et nativement le langage SQL. Il est ainsi possible de tirer parti des deux langages. Par exemple, il va être très facile de définir une variable en Transact-SQL puis d'inclure cette variable dans une requête SQL. Lors de l'exécution de la requête, c'est la valeur contenue par la variable qui est prise en compte.

Le Transact-SQL n'a pas pour objectif de se substituer aux requêtes SQL mais plutôt de permettre un complément par rapport aux tâches réalisables en SQL.

À l'aide du Transact-SQL, il va être possible de définir des procédures et des fonctions dans la base de données. Les déclencheurs de base de données vont permettre la mise en place au niveau de la base de règles métiers complexes.

1.1 Les variables

1.1.1 Les variables utilisateur

Une variable est une zone mémoire, caractérisée par un nom et un type, permettant de stocker une valeur. Les variables Transact-SQL doivent obligatoirement être déclarées avant leur utilisation. Elles peuvent ensuite remplacer n'importe quelle expression dans les instructions SQL.

Déclaration de variables

```
DECLARE @nom_variable type [= expr][,...][;]
```

`nom_variable`

Nom précédé du caractère @.

`type`

Type système ou défini par l'utilisateur.

Valorisation des variables

```
SELECT @nom_variable = expr [,...][FROM...]
```

Exemple

Dans les scripts suivants, les variables sont tout d'abord définies. La variable @choix est ensuite valorisée avec la valeur 20. Puis une requête de type SELECT permet de renseigner le contenu des variables @nom et @prenom. Cette requête fonctionne correctement car la restriction sur une valeur unique de la clé primaire permet de garantir qu'une seule ligne de données sera remontée depuis la base. Enfin, la dernière instruction SELECT permet de visualiser le contenu des variables @nom et @prenom.

```
DECLARE @choix int;
DECLARE @nom CHAR(30), @prenom CHAR(30);
SELECT @choix=20;
SELECT @nom=nom, @prenom=prenom
FROM clients
WHERE idClient = @choix;
SELECT @nom, @prenom;
```

Résultats | Messages

	(Aucun nom de colonne)	(Aucun nom de colonne)
1	LABICHE	Adeline

1.1.2 Les variables système

Ces variables sont définies par le système, et peuvent être utilisées seulement en lecture. Elles se distinguent des variables utilisateur par le double @.

`@@CONNECTIONS`

Nombre de connexions ou de tentatives de connexion depuis le dernier démarrage de SQL Server.

`@@CPU_BUSY`

Temps consacré par l'unité centrale à SQL Server depuis le dernier démarrage de celui-ci. Le résultat est exprimé en unité CPU. Il faut multiplier par @@TIMETICKS pour obtenir un résultat en microsecondes.

`@@CURSOR_ROWS`

Nombre de lignes affectées dans le dernier curseur ouvert. Les curseurs sont présentés dans la section Les curseurs de ce chapitre.

@@DATEFIRST

Renvoie la valeur courante du paramètre SET DATEFIRST.

@@DBTS

Valeur du type de données timestamp courant pour la base de données.

@@ERROR

Dernier numéro d'erreur généré par le système.

@@FETCH_STATUS

Contient le statut d'une commande de curseur FETCH.

@@IDENTITY

Enregistre la dernière valeur IDENTITY insérée.

@@IDLE

Temps, en millisecondes, pendant lequel SQL Server est resté inactif depuis son dernier démarrage.

@@IO_BUSY

Temps, en millisecondes, consacré par SQL Server à effectuer des opérations d'entrée/sortie depuis son dernier démarrage.

@@LANGID

Identificateur de la langue actuellement utilisée.

@@LANGUAGE

Langue actuellement utilisée.

@@LOCK_TIMEOUT

Timeout, en millisecondes, de la session en cours.

@@MAX_CONNECTIONS

Nombre maximal de connexions simultanées qu'il est possible d'établir avec SQL Server.

@@MAX_PRECISION

Renvoie le niveau de précision utilisé par les types de données **decimal** et **numeric**.

@@NESTLEVEL

Niveau d'imbrication de l'instruction en cours d'exécution.

@@OPTIONS

Informations sur les valeurs courantes des options SET.

@@PACK_RECEIVED

Nombre de paquets entrants lus par SQL Server depuis son dernier démarrage.

@@PACK_SENT

Nombre de paquets sortants écrits par SQL Server depuis son dernier démarrage.

@@PACKET_ERRORS

Nombre d'erreurs qui se sont produites alors que SQL Server envoyait ou recevait des paquets depuis son dernier démarrage.

@@PROCID

Identificateur de la procédure stockée Transact-SQL du traitement en cours d'exécution.

@@REMSERVER

Renvoie le nom du serveur contenu dans l'enregistrement des noms d'accès d'un serveur distant.

@@ROWCOUNT

Nombre de lignes affectées par la dernière instruction.

@@SERVERNAME

Nom du serveur SQL local.

`@@SERVICENAME`

Nom du service en cours d'exécution.

`@@SPID`

Numéro d'identification du processus courant sur le serveur.

`@@TEXTSIZE`

Longueur maximale, en octets, des données texte ou image renvoyées par une instruction SELECT.

`@@TIMETICKS`

Nombre de millisecondes par pulsation.

`@@TOTAL_ERRORS`

Nombre d'erreurs rencontrées par SQL Server en lisant ou en écrivant des données depuis son dernier démarrage.

`@@TOTAL_READ`

Nombre de lectures de données sur le disque effectuées par SQL Server depuis son dernier démarrage.

`@@TOTAL_WRITE`

Nombre d'écritures de données sur le disque effectuées par SQL Server depuis son dernier démarrage.

`@@TRANCOUNT`

Nombre de transactions actuellement actives pour l'utilisateur courant.

`@@VERSION`

Date, numéro de version et type de processeur de la version courante de SQL Server.

Ces variables système contiennent de nombreuses informations et en les interrogeant il est déjà possible d'obtenir beaucoup d'informations sur le serveur.

Exemple

Dans l'exemple ci-dessous, la variable @@VERSION est interrogée et la version exacte de SQL Server est retournée. Avec ce numéro de version, il est par exemple possible de savoir quels Service Packs sont appliqués sur le serveur en s'appuyant sur les tableaux de correspondance disponibles sur le site web Technet de Microsoft.

```
SELECT @@VERSION;
Microsoft SQL Server 2019 (RTM-GDR) (KB4517790) - 15.0.2070.41 (X64)
Oct 28 2019 19:56:59   Copyright (C) 2019 Microsoft Corporation
Developer Edition (64-bit) on Windows 10 Pro 10.0 <X64> (Build 18363: )
```

1.1.3 L'affichage

L'instruction PRINT affiche un message.

Syntaxe

```
PRINT {'texte'|@variable|@@variablesystème}
```

Exemple

```
DECLARE @nb INT;
SELECT @nb=COUNT(*) FROM Clients;
PRINT 'Nombre de clients :'
PRINT @nb;
```

Affichage

```
Nombre de clients :
5
```

1.2 Les transactions

1.2.1 Le principe

Il est possible de définir une transaction comme un ensemble indivisible d'instructions, c'est-à-dire dans lequel toutes les instructions réussissent ou bien aucune. Cette notion de transaction est bien présente dans le monde réel, par exemple lors d'un retrait d'argent à un distributeur automatique bancaire les deux éléments indivisibles sont le débit du compte et la distribution des billets. Si l'un de ces éléments ne peut être exécuté correctement (et quelle qu'en soit la raison) alors c'est l'ensemble qui est mis en échec.

En effet, il n'est pas envisageable de distribuer des billets sans que le compte ne soit débité du montant correspondant.

1.2.2 La gestion des transactions

Le premier point à prendre en considération est le verrouillage des informations. En effet, lorsque SQL Server lit des données ou les modifie, il verrouille les lignes d'informations manipulées. Ce verrouillage dure le temps de l'exécution de l'instruction ou le temps de la transaction.

Suivant le type de verrous posés, il est possible ou non à d'autres transactions d'accéder simultanément à la même information.

Une transaction est un ensemble d'instructions de manipulations de données s'exécutant dans une même unité de travail. La validation d'une transaction assure que toutes les instructions en faisant partie se sont correctement terminées, l'annulation de la transaction assurera l'annulation de l'ensemble des instructions.

Seules les instructions du DML (SELECT, INSERT, UPDATE, DELETE) sont prises en compte dans une transaction.

Les transactions sont utiles pour assurer l'intégrité et la cohérence des données lors de modifications multiples, pour améliorer les performances, pour tester les effets de modification, pour gérer les verrouillages.

Une transaction est caractérisée par le mot-clé ACID (*Atomicity Consistency Isolation Durability*) qui peut se traduire en français par Atomique Consistance Indépendance Durée.

- Atomique car une transaction représente une unité atomique (non divisible) de travail pour le serveur.
- Consistance car à la fin de la transaction les informations présentes dans la base doivent être consistantes, c'est-à-dire cohérentes par rapport aux règles de structuration des données mises en place.

- Indépendance car les données visibles sont, soit celles d'avant la transaction, soit celles résultantes de la transaction. Il n'est pas possible, depuis une autre transaction, de visualiser les données en cours de modification dans une transaction.
- Durée car lorsqu'une transaction est validée, les changements apportés par la transaction sur les données sont durables et le gestionnaire de bases de données doit garantir que, quoi qu'il arrive au niveau du système, ces changements seront toujours visibles.

SQL Server fonctionne par défaut en mode AUTO COMMIT. Dans ce mode, SQL Server considère que chaque instruction SQL compose sa propre transaction. Ce mode est bien entendu à privilégier car il présente de nombreux avantages comme minimiser le temps de détention des verrous mais aussi minimiser les risques d'interblocages.

Remarque

Il est possible de modifier ce mode par défaut en utilisant l'option de configuration SET IMPLICIT_TRANSACTIONS qui est positionnée à ON par défaut.

Toutefois il est parfois nécessaire de déclarer des transactions qui sont composées de plusieurs instructions. SQL Server propose donc une instruction pour marquer le début de la transaction (BEGIN TRAN) puis deux autres pour terminer la transaction soit en succès (COMMIT TRAN) soit en échec (ROLLBACK TRAN). Dans ce dernier cas, il est possible de limiter la portée de cette annulation en précisant le point de contrôle défini au préalable (SAVE TRAN).

Syntaxes

Début de transaction :

```
BEGIN TRAN[SACTION][nomtransaction]
```

Validation de transaction :

```
COMMIT TRAN[SACTION][nomtransaction]
```

Déclaration d'un point de contrôle :

```
SAVE TRAN[SACTION]nom_du_point_de_contrôle
```

Annulation de transaction :

```
ROLLBACK TRAN[SACTION] [{nomtransaction/nom point de contrôle}]
```

Exemple

Dans l'exemple suivant, une transaction est déclarée, puis l'instruction ROLLBACK TRAN permet d'annuler toutes les instructions comprises entre le point de contrôle P1 et l'instruction ROLLBACK TRAN. Enfin, le reste de la transaction est validée, c'est-à-dire simplement la première instruction UPDATE.

```
BEGIN TRAN;
SELECT idArticle FROM Articles WHERE idCategorie = 13;
```

Résultats | Messages

	idArticle	designation	prixHT
1	7	meuleuse d'angle	66.58
2	12	perforateur	90.00

```
UPDATE Articles SET prixHT = prixHT * 1.02 WHERE idCategorie = 13;
SELECT idArticle, designation, prixHT FROM Articles WHERE idCategorie = 13;
```

Résultats | Messages

	idArticle	designation	prixHT
1	7	meuleuse d'angle	67.91
2	12	perforateur	91.80

```
SAVE TRAN p1;
UPDATE Articles SET prixHT = prixHT * 1.07 WHERE idCategorie = 13;
SELECT idArticle, designation, prixHT FROM Articles WHERE idCategorie = 13;
```

Résultats | Messages

	idArticle	designation	prixHT
1	7	meuleuse d'angle	72.66
2	12	perforateur	98.23

```
ROLLBACK TRAN p1;
SELECT idArticle, designation, prixHT FROM Articles WHERE idCategorie = 13;
```

Résultats | Messages

	idArticle	designation	prixHT
1	7	meuleuse d'angle	67.91
2	12	perforateur	91.80

```
COMMIT TRAN;
SELECT idArticle, designation, prixHT FROM Articles WHERE idCategorie = 13;
```

Résultats | Messages

	idArticle	designation	prixHT
1	7	meuleuse d'angle	67.91
2	12	perforateur	91.80

1.2.3 La gestion des verrous

Lors de transactions concurrentes, SQL Server gère automatiquement des verrous afin de garantir la cohérence des données de chaque transaction.

Ces verrous peuvent être posés à différents niveaux : lignes, pages, tables, extensions... Le type de verrou est choisi par SQL Server afin de minimiser les coûts.

Une transaction ne pourra pas modifier des lignes accessibles par une autre transaction, et ne pourra lire des lignes en cours de modification (lecture cohérente).

Les types disponibles sont :

Verrous partagés

Destinés aux opérations de lecture, ils empêchent la modification de données. Plusieurs transactions peuvent poser des verrous partagés sur les mêmes éléments.

Verrous de mise à jour

Mis en place en vue d'opérations de modifications (UPDATE LOCK). Seule une transaction peut acquérir un verrou de ce type sur une ressource, les autres transactions doivent attendre. Si la transaction ne met pas à jour les données lues, alors le verrou se transforme en verrou partagé.

Verrous exclusifs

Destinés aux opérations d'écriture, ils n'autorisent aucun autre verrou. Ils agissent au niveau table ou page.

Verrous d'intention

Ils permettent à SQL Server de signaler qu'une transaction souhaite acquérir un verrou de mise à jour ou partagé sur la ressource. La pose de verrous exclusifs est impossible.

Il est possible d'agir sur les verrous de plusieurs façons, au niveau de la configuration, au niveau des transactions ou en obtenant des informations par l'intermédiaire de la vue dynamique **sys.dm_tran_locks**.

SET TRANSACTION

On peut définir le système de verrouillage des instructions SELECT pour toutes les transactions de la session.

Syntaxe

```
SET TRANSACTION ISOLATION LEVEL option
```

Options

```
READ UNCOMMITTED
```

Ce niveau permet de lire des modifications non encore validées effectuées par d'autres transactions. Ce type de lecture est appelé lecture sale ou dirty reads, car les données visualisées ne seront pas forcément conservées en cas d'annulation de transaction (ROLLBACK). Dans ce mode de fonctionnement, les instructions DML ne vont pas réclamer un verrou partagé lors de la lecture des données car rien n'empêche la modification des données lues, même si la modification n'est pas encore validée.

READ COMMITTED

C'est le mode de fonctionnement par défaut. Seules les modifications validées (COMMIT) sont visibles. Les instructions du DML utilisent toujours un verrouillage exclusif. Cependant, les verrous acquis pour la lecture des informations sont relâchés, non pas en fin de transaction mais dès que la lecture est terminée. Dans le cas où la même ligne est lue plus d'une fois au cours de la même transaction, il n'est pas garanti que la lecture de la même ligne retourne toujours le même lot d'informations. Ce cas peut se présenter si les données sont modifiées et validées par une autre transaction entre les deux opérations de lecture.

REPEATABLE READ

Avec ce mode de fonctionnement, les données lues ou modifiées par une transaction ne sont plus accessibles par les autres transactions et ce, afin de garantir que la lecture répétée d'une ligne de données retourne toujours les mêmes informations. Cependant, les informations lues sont encore accessibles en lecture pour les autres transactions. Les verrous sont donc définis pour la durée de la transaction. Avec ce type de verrouillage, des informations peuvent être ajoutées dans les tables entre le début et la fin de la transaction et donc le jeu de données n'est plus le même. Ce type de problème peut avoir une incidence significative lors, par exemple, d'un calcul de remise par rapport à un chiffre d'affaires effectué par une transaction et simultanément une commande supplémentaire est ajoutée par une autre transaction. Cette nouvelle commande vient modifier le résultat du calcul de remise.

SERIALIZABLE

Avec ce mode de fonctionnement, les données lues ou modifiées par une transaction sont accessibles uniquement par cette transaction. Les données simplement lues restent accessibles en lecture seule pour les autres transactions. Les verrous sont définis pour la durée de la transaction au niveau des lignes de données. Des verrous de plus haut niveau, dans les index, sont également définis afin d'éviter l'ajout de données dans le jeu de résultats de la transaction. S'il n'existe pas d'index couvrant la requête de lecture, alors un verrou de plus haut niveau est posé, c'est-à-dire un verrouillage au niveau de la table.

Options de verrouillage

Il est possible de spécifier le verrouillage d'une table pour une instruction SELECT particulière.

Il est très fortement recommandé de laisser la gestion des verrous au moteur relationnel de SQL Server afin d'optimiser cette gestion. La gestion manuelle ne permet que rarement une gestion optimum et peut donc provoquer des problèmes d'interblocage ou de délai d'attente pour les autres transactions.

Syntaxe

```
SELECT.....FROM nomtable WITH (option de verrou)
```

Options de verrou

`NOLOCK`

Pas de verrous.

`HOLDLOCK`

Maintien de verrous partagés jusqu'à la fin de la transaction.

`UPDLOCK`

Maintien de verrous de mises à jour de pages jusqu'à la fin de la transaction.

`TABLOCK`

Utilisation de verrous partagés sur la table.

`PAGLOCK`

Utilisation de verrous partagés sur les pages.

`TABLOCKX`

Maintien d'un verrou exclusif.

`ROWLOCK`

Permet de spécifier qu'un verrou de niveau ligne doit être choisi lorsque l'optimiseur de requête aurait plutôt fait le choix d'en acquérir un au niveau de la page ou de la table.

Exemple

Pose d'un verrou partagé pendant l'extraction (niveau table) :

```
SELECT ville, COUNT(*) 'Nbre Clients'
FROM Clients WITH(TABLOCK HOLDLOCK)
GROUP BY ville;
```

Résultats | Messages

	ville	Nbre Clients
1	Nantes	3
2	Paris	1
3	Tours	1

Remarque

On peut activer le verrouillage au niveau ligne lors des insertions (IRL : Insert Row-level Locking) en exécutant la procédure stockée : sp_tableoption 'nom-table','insert row lock','true'.

Les verrous mortels

Les verrous sont nécessaires pour permettre un accès raisonné aux données. Les transactions doivent être aussi courtes que possible (dans le sens contenir uniquement les instructions nécessaires et si possible être limitées dans le temps). Plus les transactions sont longues et complexes, plus le risque d'interblocage augmente. L'interblocage ou verrou mortel (deadlock en anglais) correspond à un cas où les transactions se bloquent les unes les autres.

Dans le cas où SQL Server détecte un verrou mortel, alors une transaction est choisie comme victime et SQL Server annule (ROLLBACK) la transaction. En effectuant cette opération, toutes les modifications sont perdues et tous les verrous acquis sont libérés. Ce qui permet aux autres transactions en situation d'attente de se poursuivre normalement.

SQL Server propose non pas de pouvoir choisir la transaction à considérer comme victime mais d'influencer le choix en donnant un critère d'importance à la transaction. Ce paramétrage s'effectue au niveau de la transaction à l'aide de l'instruction SET DEADLOCK_PRIORITY. Si deux transactions sont configurées avec le même niveau de priorité alors SQL Server choisit une transaction comme victime sans qu'il soit possible de la choisir.

Syntaxe

```
SET DEADLOCK_PRIORITY {nombreEntier|LOW|NORMAL|HIGH}
```

`LOW` correspond à la valeur -5.

`NORMAL` correspond à la valeur 0.

`HIGH` correspond à la valeur 5.

`nombreEntier` est une valeur entière comprise entre -10 et 10.

Exemple

Dans l'exemple suivant, une transaction est créée avec une priorité haute puis, dans un premier temps, un client (le n°15) est mis à jour au cours de cette transaction. Cette ligne est verrouillée car la modification n'est pas encore validée.

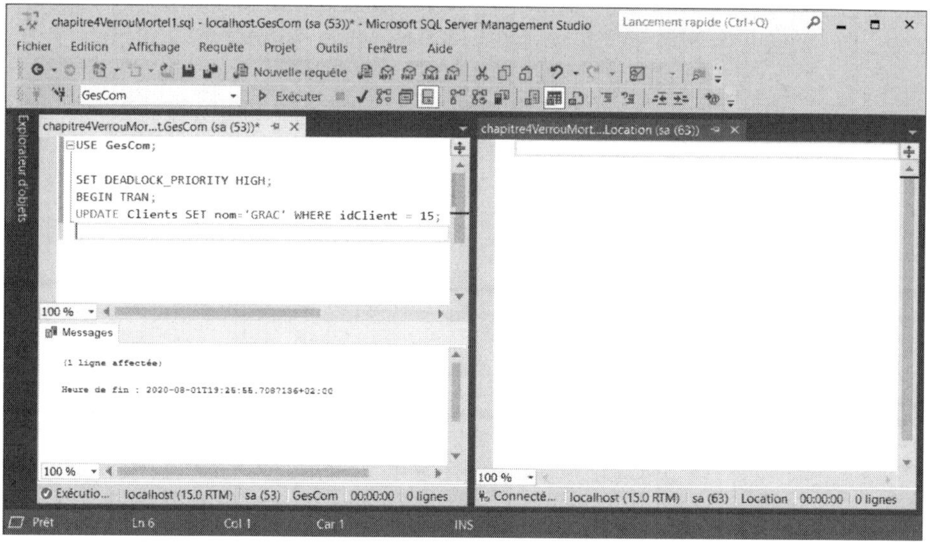

Une seconde transaction démarre et effectue des modifications sur un autre client (ici le client n°20).

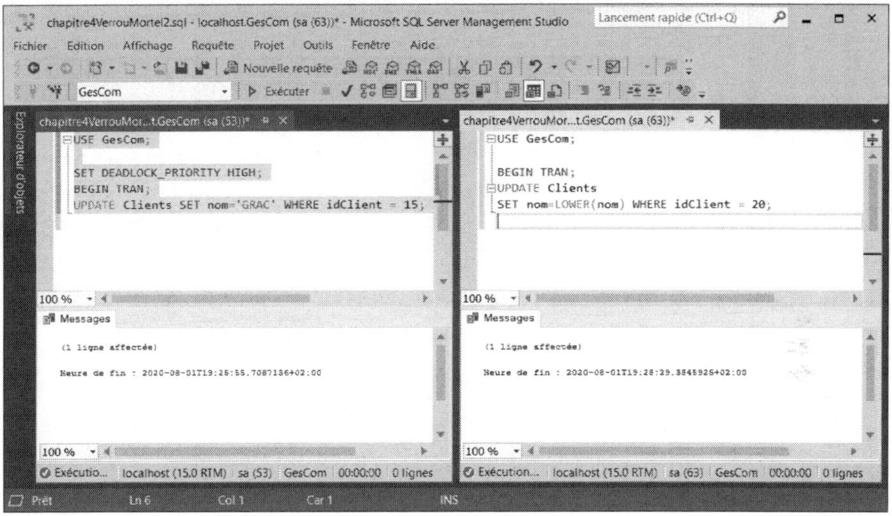

La première transaction continue d'effectuer des modifications (sur le client n°20) et bloque car cette ligne d'information est verrouillée par la modification de l'autre transaction (remarquez l'icône en bas à gauche à côté de **Exécution**).

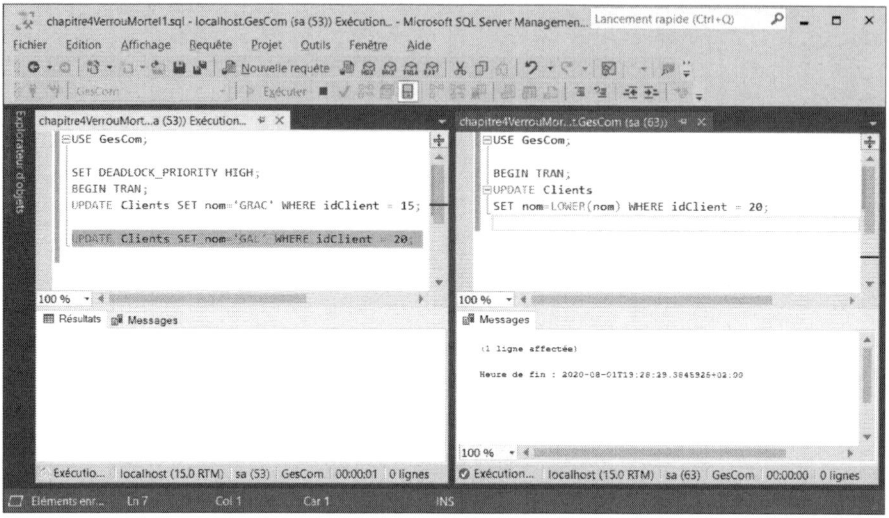

La seconde transaction, n'étant pas encore bloquée, continue ses opérations de modification avec une mise à jour portant sur le client n°15. Cette ligne est verrouillée par la première transaction. Il y a donc un verrou mortel. Les transactions s'attendent l'une l'autre.

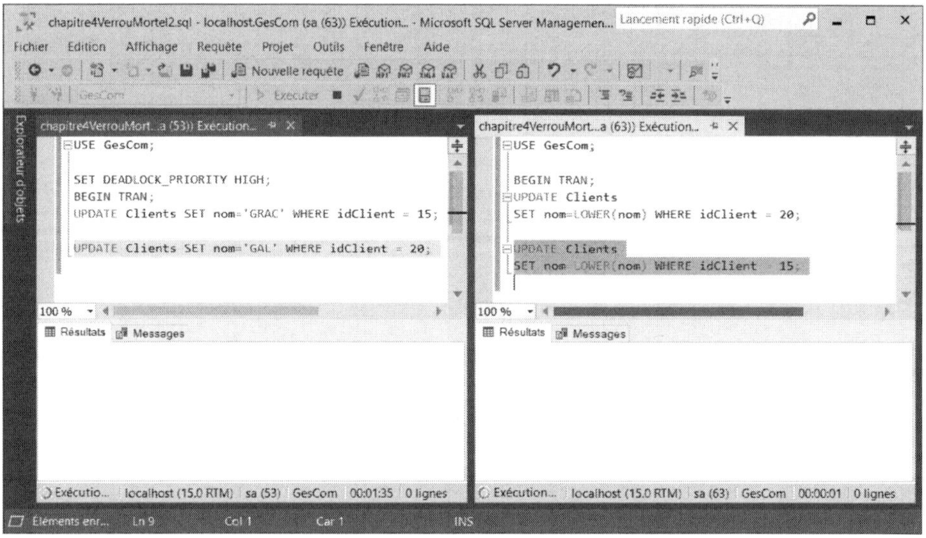

Toutefois, après quelques instants, la situation se débloque. La modification apparaît comme effectuée pour la première transaction et celle de la seconde a été abandonnée.

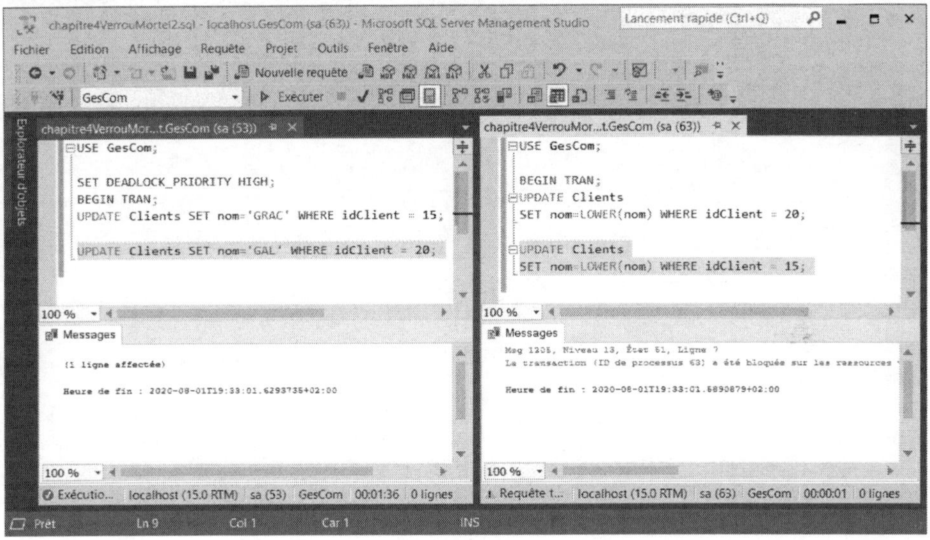

En effet la première transaction a affiché sa préférence pour ne pas être la victime en cas de verrou mortel (avec une priorité haute). SQL Server a détecté le verrou mortel et a annulé la seconde transaction avec le message d'erreur suivant :

```
La transaction (ID de processus 63) a été bloquée sur les ressources
verrou par un autre processus et a été choisie comme victime. Réexé-
cutez la transaction.
```

L'instruction en cours d'attente de libération de verrou s'exécute dès que la seconde transaction se termine.

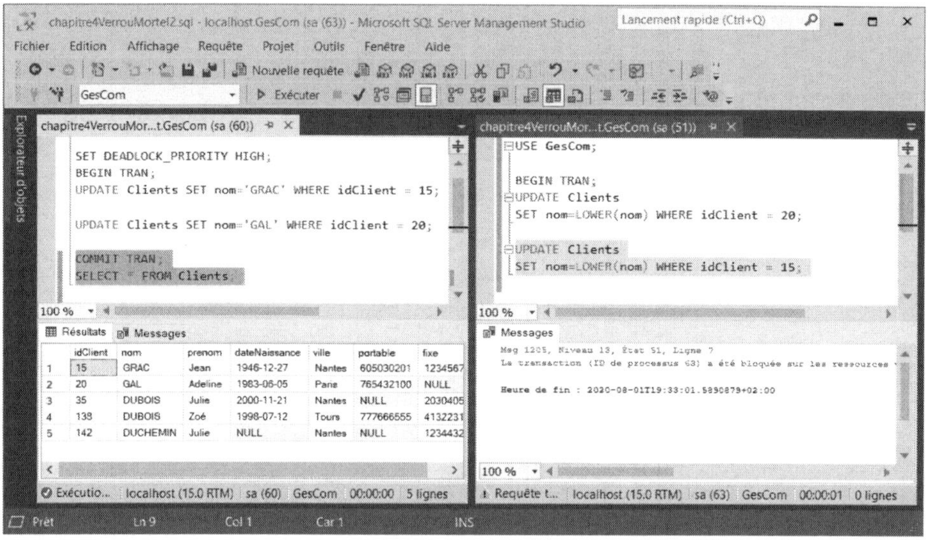

1.2.4 Les transactions à validation différée

Les transactions, et plus exactement la validation des transactions, peuvent dans certains cas devenir un point de ralentissement du système. En effet, lors de la validation de la transaction, on travaille de façon synchrone avec le serveur, c'est-à-dire que la modification doit être enregistrée comme validée dans le journal des transactions avant de relâcher les verrous posés au cours de la transaction et de rendre la main à l'utilisateur. Ce mode de fonctionnement est celui par défaut de SQL Server, mais il est également possible d'activer un autre mode de validation des transactions dit différé dans le sens où il travaille de façon asynchrone. Ce mode de fonctionnement permet de relâcher les verrous et de reprendre la main sur les données même si toutes les informations ne sont pas encore écrites dans le journal des transactions. En opérant de la sorte, le temps pendant lequel les données sont bloquées est minimisé et cela limite donc le temps de blocage possible d'autres utilisateurs. Cependant, ce mode de fonctionnement ne permet pas de garantir que l'écriture dans le journal des transactions est finalisée.

Le mode de fonctionnement optimum d'une base de données repose sans doute sur les deux modes de transaction afin de permettre de travailler plus rapidement tout en prenant toutes les garanties nécessaires pour les données les plus sensibles sur lesquelles aucune perte n'est possible.

SQL Server propose de définir le mode de fonctionnement possible au niveau de la base par l'intermédiaire de l'option DELAYED_DURABILITY de l'instruction ALTER DATABASE.

Syntaxe

```
ALTER DATABASE nomBase
SET DELAYED_DURABILITY={DISABLED|ALLOWED|FORCE}
```

DISABLED

La validation des transactions est possible uniquement en mode synchrone. Il s'agit là du paramétrage par défaut.

ALLOWED

Il est possible de demander à la transaction une écriture différée.

FORCE

Seul le mode à écriture différée est actif.

1.3 Les lots d'instructions et les scripts

Un lot d'instructions est un ensemble d'instructions Transact-SQL qui sera compilé et exécuté en une seule unité. Il se termine par la commande **GO**.

Un lot peut comporter n'importe quelle instruction ou série d'instructions ainsi que des transactions.

L'intérêt des lots réside dans l'amélioration des performances, ainsi que dans la compilation unique. Dans le cas d'une erreur de syntaxe, aucune instruction n'est exécutée.

Cependant, les lots sont soumis à certaines restrictions :

- Il n'est pas possible de combiner certaines instructions dans un même lot : CREATE PROCEDURE, CREATE TRIGGER, CREATE VIEW.
- Il n'est pas possible d'agir sur des définitions de colonne et d'utiliser ces modifications dans un même lot (valeurs par défaut, contrainte CHECK, ajout de colonnes à une table).
- Il n'est pas possible de supprimer un objet et de le recréer dans un même lot.

Les scripts sont des ensembles de lots qui seront exécutés successivement à partir d'un fichier texte. Ces fichiers ont, par convention, l'extension '.sql'.

1.4 Le contrôle de flux

C'est un ensemble de fonctionnalités comportant des instructions (RETURN, THROW, PRINT) et des structures de contrôles (séquence, alternative, répétitive) qui améliorent l'utilisation des instructions Transact-SQL en permettant à l'utilisateur de contrôler leur exécution.

1.4.1 Le retour

L'instruction RETURN permet de sortir inconditionnellement d'une procédure ou fonction en renvoyant éventuellement une valeur.

Syntaxe

```
RETURN [expr]
```

Exemple

Renvoi d'une valeur d'une procédure pour indiquer le bon fonctionnement :

```
GO
CREATE PROC p1 AS
       RETURN 0;
GO
```

Utilisation :

```
DECLARE @valeur INT;
EXEC @valeur = p1;
SELECT @valeur;
```

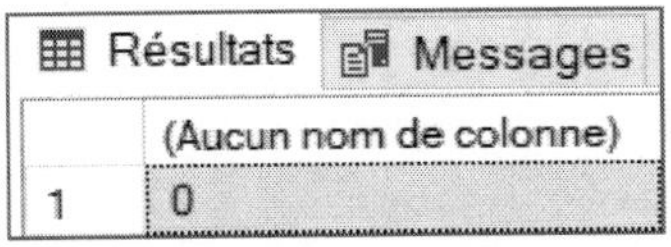

1.4.2 L'expression CASE

C'est une expression qui permet d'attribuer des valeurs conditionnelles. Il y a deux possibilités d'utiliser CASE :

- L'expression CASE simple détermine le résultat en comparant une expression à un jeu d'expressions simples.

Syntaxe

```
CASE expression
      WHEN valeur THEN
      valeurattribuée1
     [...]
     [ELSE valeurattribuée n]
END
```

- L'expression CASE élaborée évalue un ensemble d'expressions booléennes pour déterminer le résultat.

Syntaxe

```
CASE
      WHEN {condition} THEN
      valeurattribuée1
     [...]
     [ELSE valeurattribuée n]
END
```

Renvoie la valeur attribuée en fonction de la valeur de l'expression ou en fonction d'une condition.

Exemple

Le premier exemple utilise la syntaxe simple.

```
SELECT idCommande,
       CASE statut
              WHEN 'AP' THEN 'à préparer'
              WHEN 'EP' THEN 'en préparation'
              WHEN 'PR' THEN 'préparée'
              WHEN 'AC' THEN 'acheminement'
              WHEN 'LI' THEN 'livré'
              WHEN 'EL' THEN 'en litige'
       END état
FROM Commandes;
```

Résultats | Messages

	idCommande	état
1	1	livré
2	2	acheminement
3	3	acheminement
4	9	acheminement

L'exemple suivant montre l'utilisation de l'instruction CASE en syntaxe élaborée (avec une condition de comparaison au niveau de la clause WHEN). Cette condition va fournir un résultat de type booléen.

```
SELECT nom, prenom,
  CASE
    WHEN dateNaissance<DATEADD(YEAR, -75, GETDATE()) THEN 'senior'
    WHEN dateNaissance>DATEADD(YEAR, -18, GETDATE()) THEN 'mineur'
    WHEN dateNaissance>DATEADD(YEAR, -25, GETDATE()) THEN 'jeune adulte'
    ELSE 'plein tarif'
  END reduction
FROM Clients;
```

Résultats | Messages

	nom	prenom	reduction
1	DUBOIS	Julie	jeune adulte
2	DUBOIS	Zoé	jeune adulte
3	DUCHEMIN	Julie	plein tarif
4	GAL	Adeline	plein tarif
5	GRAC	Jean	plein tarif

1.4.3 Les blocs d'instructions

Les blocs d'instructions sont une structure de contrôle permettant de délimiter une série d'instructions (bloc). Elle est utilisée avec les tests (IF) et les boucles (WHILE).

Syntaxe

```
BEGIN
    {instruction | bloc}
    ...
END
```

1.4.4 La structure de contrôle alternative

IF est la structure de contrôle alternative permettant de tester une condition et d'exécuter une instruction ou un bloc si le test est vrai.

Syntaxe

```
IF condition
   {instruction|bloc}
[ELSE]
   {instruction|bloc}
```

Exemple

```
DECLARE @idC INT = 20;
IF EXISTS(SELECT * FROM Clients WHERE idClient = @idC)
BEGIN
       DECLARE @nom VARCHAR(50);
       DECLARE @prenom VARCHAR(40);
       SELECT @nom=nom, @prenom=prenom FROM Clients WHERE idClient = @idC;
       PRINT 'Nom : '+@nom;
       PRINT 'Prénom : '+@prenom;
END
ELSE
       PRINT 'Pas de client n°'+@idC;
```

Affichage :

```
Nom : GAL
Prénom : Adeline
```

Si la valeur choisie pour la variable @idC ne correspond pas à un idClient, alors le message "Pas de client n°X" s'affiche.

1.4.5 Les boucles

Une boucle est la structure de contrôle répétitive qui permet de répéter l'exécution d'une série d'instructions. Il existe une seule boucle en Transact-SQL : la boucle WHILE. Elle répète les instructions tant que sa condition est vraie.

Syntaxe

```
WHILE condition
      {instruction|bloc}
```

L'instruction BREAK permet la sortie de la boucle.

L'instruction CONTINUE interrompt l'itération courante pour repartir à la première instruction de la boucle.

Exemple

Affichage de la table de multiplication de 7:

```
DECLARE @i INT = 1;
WHILE @i <= 10
BEGIN
   PRINT CONCAT(@i,' × 7 = ', @i*7);
   SELECT @i=@i+1;
END
```

Affichages :

```
1 × 7 = 7
2 × 7 = 14
3 × 7 = 21
4 × 7 = 28
5 × 7 = 35
6 × 7 = 42
7 × 7 = 49
8 × 7 = 56
9 × 7 = 63
10 × 7 = 70
```

1.4.6 Les valeurs des lignes affectées

La clause OUTPUT permet de connaître les lignes affectées par l'opération du DML INSERT, UPDATE ou DELETE. Ce retour d'information permet à l'application qui a demandé l'exécution de l'instruction DML de savoir quelles lignes d'informations sont concernées.

La valeur des colonnes retournées par l'intermédiaire de la clause OUTPUT est celle après application des contraintes d'intégrité et exécution de l'instruction DML mais avant l'exécution du ou des déclencheurs associés à la table et à l'instruction DML. Elle ne tient pas compte des lignes mises à jour ou supprimées en raison des ON UPDATE CASCADE ou ON UPDATE CASCADE.

Remarque

Cette clause est disponible depuis SQL Server 2005.

Syntaxe

```
OUTPUT [listeColonne] INTO @variable
```

`listeColonne`

Représente la liste des colonnes retournées dans la variable. Ces colonnes peuvent provenir directement de l'instruction DML, ou correspondre à un résultat de calcul élémentaire. Les données peuvent être issues directement de la table. En utilisant les préfixes DELETED et INSERTED, il est possible de voir les données touchées par la suppression/modification et après modification/insertion.

`@variable`

La variable doit être de type table et elle doit être déclarée avant son utilisation dans la clause OUTPUT.

```
INSERT INTO table(listeColonne)
OUTPUT [listeColonne] INTO @variable
VALUES (listeValeurs)

DELETE table
OUTPUT [listeColonne] INTO @variable
WHERE condition
```

```
UPDATE table SET colonne=valeur
OUTPUT [listeColonne] INTO @variable
WHERE condition
```

<u>Exemple</u>

Utilisation de la clause OUTPUT afin de connaître la valeur affectée par une colonne de type IDENTITY lors de l'ajout d'informations.

```
DECLARE @idCommande TABLE(idCommande INT);
INSERT INTO Commandes OUTPUT INSERTED.idCommande INTO @idCommande
VALUES('3/9/2020', 'AP', 20);
SELECT * FROM @idCommande;
```

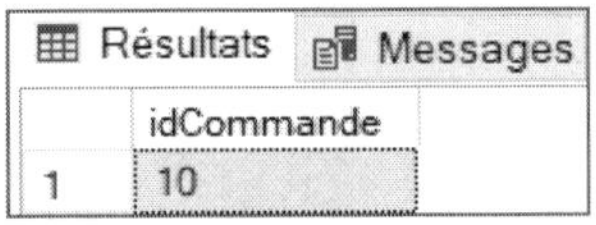

1.5 Les curseurs

L'utilisation de curseurs est une technique permettant de traiter ligne par ligne le résultat d'une requête, contrairement au SQL (SELECT) qui traite un ensemble de lignes (il utilise en réalité un curseur implicite sur lequel l'utilisateur n'a aucun contrôle).

Les curseurs peuvent être mis en œuvre par des instructions Transact-SQL (curseurs de la norme SQL) ou par l'API OLEDB.

Il faut utiliser les curseurs de la norme lorsqu'il faut traiter les lignes individuellement dans un ensemble ou lorsque le SQL ne peut pas agir uniquement sur les lignes concernées. Les curseurs des API sont utilisés par les applications clientes pour traiter des volumes importants ou pour gérer plusieurs ensembles de résultats.

Les curseurs sont utilisés de façon très fréquente dans le code Transact-SQL associé aux déclencheurs (cette notion est vue plus loin dans ce chapitre).

Pour pouvoir fonctionner correctement, le curseur a besoin de respecter les étapes suivantes :

- Être correctement défini, ce qui signifie définir correctement et complètement la requête de type SELECT associée.
- Être ouvert, c'est-à-dire exécuter la requête associée et stocker ce résultat en mémoire.
- Parcourir le jeu de résultat.
- Fermer le curseur, ce qui permet de libérer l'espace mémoire occupé par le jeu de résultat.
- Désallouer le curseur, soit effacer la définition du curseur.

Le développeur doit également penser à définir les variables nécessaires pour stocker les données issues d'une ligne de résultat.

Remarque

N'utilisez les curseurs que si le SQL "ensembliste" n'est pas possible. Ils sont généralement coûteux en mémoire et en temps de traitement.

1.5.1 La déclaration

L'instruction DECLARE CURSOR permet la déclaration et la description du curseur de la norme SQL.

Syntaxe

```
DECLARE nomcurseur[INSENSITIVE][SCROLL]CURSOR
    FOR SELECT ....
    FOR {READ ONLY|UPDATE[OF liste_colonne]}]
```

`INSENSITIVE`

Seules les opérations sur la ligne suivante sont permises.

`SCROLL`

Les déplacements dans les lignes du curseur peuvent être effectués dans tous les sens.

UPDATE

Précise que des mises à jour vont être réalisées sur la table d'origine du curseur.

Un curseur INSENSITIVE avec une clause ORDER BY ne peut pas être mis à jour. Un curseur contenant ORDER BY, UNION, DISTINCT ou HAVING est INSENSITIVE et READ ONLY.

En plus de cette syntaxe conforme au standard ISO, Transact-SQL propose une syntaxe étendue qui offre plus de possibilités au niveau des curseurs :

```
DECLARE nomcurseur CURSOR [ LOCAL | GLOBAL ]
     [ FORWARD_ONLY | SCROLL ]
     [ STATIC | KEYSET | DYNAMIC | FAST_FORWARD ]
     [ READ_ONLY | SCROLL_LOCKS | OPTIMISTIC ]
     [ TYPE_WARNING ]
     FOR SELECT ...
     [ FOR UPDATE [ OF liste_colonne [ ,...n ] ] ]
```

LOCAL

La portée du curseur est locale au lot, procédure ou fonction en cours d'exécution dans lequel le curseur est défini. En dehors de ce lot, il n'est pas possible de référencer le curseur.

GLOBAL

La portée du curseur est globale à la connexion. L'option de base de données **default to local cursor** est définie à faux (false) par défaut. Cette option permet de définir la portée par défaut du curseur.

FORWARD_ONLY

Les données sont extraites du curseur dans leur ordre d'apparition (de la première à la dernière).

STATIC

Une copie temporaire des données est faite sur tempdb afin que le curseur ne soit pas affecté par les modifications qui peuvent intervenir sur la base.

KEYSET

Les lignes et leur ordre dans le curseur sont fixés au moment de l'ouverture du curseur. Les références vers chacune de ces lignes d'informations sont conservées dans une table temporaire au sein de tempdb.

DYNAMIC

Le curseur reflète exactement les données présentes dans la base. Ce qui signifie que le nombre de lignes, leur ordre et leur valeur peuvent être modifiés de façon dynamique.

FAST_FORWARD

Permet de définir un curseur en avant et en lecture seule (FORWARD_ONLY et READ_ONLY).

SCROLL_LOCKS

Permet de garantir le succès des instructions UPDATE et DELETE qui peuvent être exécutées relativement au curseur. Avec ce type de curseur, un verrou est posé lors de l'ouverture du curseur pour éviter qu'une autre transaction tente de modifier les données.

OPTIMISTIC

Avec cette option, il se peut qu'une opération de mise à jour (UPDATE) ou bien de suppression (DELETE) réalisée au sein du curseur ne puisse s'effectuer correctement car une autre transaction aura modifié les données en parallèle.

TYPE_WARNING

Un message d'avertissement (warning) est envoyé à l'application cliente si des conversions implicites de type sont effectuées.

1.5.2 L'ouverture

L'instruction OPEN permet de rendre le curseur utilisable et de créer éventuellement les tables temporaires associées. La variable @@CURSOR_ROWS est valorisée après le mot-clé OPEN.

Compte tenu de l'espace disque et mémoire utilisé et du verrouillage éventuel des données lors de l'ouverture du curseur, cette opération doit être exécutée la plus proche possible du traitement des données issues du curseur.

Syntaxe

```
OPEN [GLOBAL] nomcurseur
```

1.5.3 La récupération d'une ligne

L'instruction FETCH permet d'extraire une ligne du curseur et de valoriser des variables avec leur contenu. Après le fetch, la variable @@FETCH_STATUS est à 0 si le fetch s'est bien passé.

Syntaxe

```
FETCH[ {NEXT|PRIOR|FIRST|LAST|ABSOLUTE n|RELATIVE n]
    [FROM] [GLOBAL] nomcurseur[ INTO Listevariable]
```

`NEXT`

Lit la ligne suivante (seule option possible pour les INSENSITIVE CURSOR).

`PRIOR`

Lit la ligne précédente.

`FIRST`

Lit la première ligne.

`LAST`

Lit la dernière ligne.

`ABSOLUTE n`

Lit la énième ligne de l'ensemble.

`RELATIVE n`

Lit la énième ligne à partir de la ligne courante.

1.5.4 La fermeture

L'instruction CLOSE entraîne la fermeture du curseur et libération de la mémoire.

Cette opération doit intervenir dès que possible afin de libérer les ressources le plus tôt possible.

Syntaxe

```
CLOSE nomcurseur
```

1.5.5 La désallocation

L'instruction DEALLOCATE supprime le curseur et les structures associées.

Syntaxe

```
DEALLOCATE nomcurseur
```

1.5.6 Des exemples

L'affichage des articles proposés à la vente :

```
DECLARE c_art CURSOR FOR
SELECT designation, prixTTC FROM Articles ORDER BY prixHT DESC;
DECLARE @nomArticle VARCHAR(50);
DECLARE @prixArticle NUMERIC(6,2);
PRINT 'Les articles proposés à la vente sont :';
OPEN c_art;
FETCH NEXT FROM c_art INTO @nomArticle, @prixArticle;
WHILE @@FETCH_STATUS = 0
BEGIN
      PRINT ' - ' + @nomArticle + ' ' + FORMAT(@prixArticle, 'C', 'fr-fr');
      FETCH NEXT FROM c_art INTO @nomArticle, @prixArticle;
END
CLOSE c_art;
DEALLOCATE c_art;
```

Affichage :

```
Les articles proposés à la vente sont :
   perforateur 108,00 €
   meuleuse d'angle 79,90 €
   fraisoir (promo -20%) 8,90 €
   foret SDS 12 8,28 €
   burin plat SDS 5,64 €
   cadeau 0,00 €
```

Si le même script Transact-SQL travaille avec plusieurs curseurs, la variable @@FETCH_STATUS correspond à l'état du dernier curseur utilisé. Pour connaître en détail l'état de chaque curseur, il faut interroger la colonne **fetch_status** de la vue dynamique **sys.dm_exec_cursors**.

Exemple

```
DECLARE cLesClients CURSOR FOR SELECT idClient, nom, prenom FROM Clients;
DECLARE @idCli INT;
DECLARE @nom VARCHAR(50);
DECLARE @prenom VARCHAR(40);
DECLARE @nombre INT;
DECLARE @date DATE;
BEGIN
  OPEN cLesClients;
  FETCH NEXT FROM cLesClients INTO @idCli, @nom, @prenom;
  WHILE(@@FETCH_STATUS=0)
  BEGIN
    SELECT @nombre=COUNT(*) FROM Commandes WHERE idClient=@idCli;
    PRINT CONCAT(@nom, ' ', @prenom, ' --> ', @nombre, ' commande(s)');
    IF @nombre > 0
    BEGIN
      PRINT 'date :';
      DECLARE cCommandes CURSOR FOR SELECT dateCmd
        FROM Commandes WHERE idClient = @idCli;
      OPEN cCommandes;
      FETCH NEXT FROM cCommandes INTO @date;
      WHILE(@@FETCH_STATUS=0)
      BEGIN
        PRINT CONVERT(DATE, @date, 103);
        FETCH NEXT FROM cCommandes INTO @date;
      END
      CLOSE cCommandes;
      DEALLOCATE cCommandes;
    END
    FETCH NEXT FROM cLesClients INTO @idCli, @nom, @prenom;
  END
  CLOSE cLesClients;
  DEALLOCATE cLesClients;
END;
```

Affichage :

```
DUPOND Jean --> 0 commande(s)
LABICHE Adeline --> 1 commande(s)
date :
2020-09-01
DUBOIS Julie --> 1 commande(s)
date :
2020-09-01
DUBOIS Zoé --> 2 commande(s)
date :
```

```
2020-09-02
2020-09-02
DUCHEMIN Julie --> 0 commande(s)
```

1.6 Les exceptions

1.6.1 Les messages d'erreur

Pour chaque erreur, SQL Server produit un message d'erreur. Ce message est, par défaut, affiché à l'écran et sa lecture complète permet bien souvent de résoudre le problème.

La plupart de ces messages sont définis dans SQL Server, mais il est également possible de définir ses propres messages par l'intermédiaire de la procédure **sp_addmessage**.

La structure des messages

Quelle que soit leur origine, tous les messages d'erreur possèdent la même structure et les mêmes champs d'informations qui sont :

- **numéro** : chaque message est identifié de façon unique par un numéro. Ce numéro est indépendant de la langue choisie pour installer SQL Server. Ainsi, le programme déclenche une erreur identifiée par son numéro. Ensuite, SQL Server sélectionne le message à afficher depuis la table **sys.messages** de la base master en fonction du numéro de l'erreur et de la langue d'installation du serveur.
- **message au format texte** : le message est spécifique à chaque message d'erreurs. Beaucoup de messages possèdent des variables afin d'adapter le message générique au cas précis et délivrer ainsi plus d'informations.
- **sévérité** : c'est un indicateur sur la gravité de l'erreur. Ainsi des messages avec une sévérité de 1 ou 2 sont donnés simplement à titre informatif.
- **état** : une même erreur peut avoir différentes origines, c'est-à-dire être provoquée depuis différents contextes. Pour chaque type de contexte, un état est associé. Ce numéro d'état peut s'avérer utile lors de la recherche d'informations dans la documentation.

- **nom de la procédure** : si l'erreur est provoquée depuis une procédure stockée, alors son nom est affiché.
- **numéro de la ligne** : numéro de la ligne à l'origine de l'erreur, que cette ligne se trouve dans un lot d'instructions, une fonction, une procédure stockée ou bien un déclencheur de base de données.

La gravité des messages d'erreur

Dans SQL Server, chaque message d'erreur possède une gravité également nommée sévérité. Cette gravité permet de classer les messages par rapport au risque potentiel associé. Il existe 25 niveaux différents de gravité.

La gravité est représentée par un nombre entier compris entre 0 et 24. Cette sévérité est associée au message d'erreur lors de sa création.

Inférieure à 9

Le message est donné à simple titre d'information. Il n'est pas bloquant. Si la gravité est de 0 alors le message n'est pas visible.

Égale à 10

C'est un message de type information pour décrire une erreur faite par l'utilisateur dans l'information qu'il vient de saisir.

Entre 11 et 16

L'erreur peut être résolue par l'utilisateur.

Égale à 17

Ressources insuffisantes. Signale, par exemple, que SQL Server manque d'espace disque, ou bien que l'instance a atteint certaines limites fixées par l'administrateur.

Égale à 18

Erreur interne non fatale. Une erreur interne s'est produite mais la requête a pu être traitée correctement et la connexion au serveur est maintenue.

Égale à 19

Erreur SQL dans l'accès à une ressource. SQL Server a atteint une limite non configurable de l'instance. À partir de ce niveau, tous les messages doivent être remontés à l'administrateur.

Égale à 20

Erreur fatale dans le processus courant. Le processus en cours vient de subir une erreur grave, mais l'instance SQL Server n'est pas affectée.

Égale à 21

Erreur fatale dans les processus de l'instance, cependant, il y a peu de chance que la base de données en elle-même soit affectée par ce problème.

Égale à 22

Erreur fatale concernant l'intégrité d'une table. L'intégrité des données contenues dans une table n'est pas respectée. L'administrateur peut utiliser DBCC CHECKDB pour savoir si d'autres tables sont affectées et tentera de rétablir l'intégrité par l'intermédiaire de DBCC.

Égale à 23

L'intégrité de la base n'est plus garantie. Si l'outil DBCC s'avère inefficace, l'administrateur peut être conduit à restaurer la base pour remédier au problème.

Égale à 24

Problème matériel, tel qu'un échec d'accès au disque.

1.6.2 Le déclenchement d'une erreur par le programmeur

Le programmeur peut décider de suspendre l'exécution et d'informer avec un message d'erreur en fonction du comportement du code. Pour lever déclencher une erreur, il va faire appel à l'instruction THROW. La gravité d'une erreur déclenchée par l'utilisateur est toujours de niveau 16.

Remarque

Avant SQL Server 2012, THROW n'existait pas et il était nécessaire d'utiliser RAISERROR. Pour les nouveaux développements, il est souhaitable d'utiliser THROW.

Syntaxe

```
THROW [identifiant, message, état ] [;])
```

`identifiant`

Numéro d'identification du message tel qu'il est enregistré dans la table **sys.messages**. Le message sélectionné est fonction de son identifiant et de la langue de la session. Par défaut, c'est le message en langue anglaise qui est sélectionné.

`message`

Il est possible de définir directement le texte du message, dans la limite de 2047 caractères.

`état`

Permet de tracer l'origine de l'erreur.

Exemple

Déclenchement d'une erreur définie par l'utilisateur :

```
THROW 50100, ' Article plus en stock ! ', 12;
```

Affichage

```
Msg 50100, Niveau 16, État 12, Ligne 142
Article plus en stock !
```

1.6.3 La création d'un message d'erreur

Il est possible de définir ses propres messages d'erreur, afin de pouvoir faire remonter une erreur de type applicative vers l'application cliente en respectant le mécanisme de gestion des erreurs de SQL Server. En travaillant de cette manière au niveau des procédures stockées, des fonctions et des déclencheurs, il est très facile pour le programme appelant de gérer les erreurs.

Pour définir un nouveau message d'erreur, il faut faire appel à la procédure stockée **sp_addmessage**.

Les messages ajoutés à l'aide de la procédure **sp_addmessage** peuvent être supprimés par la procédure **sp_dropmessage**.

Syntaxe

```
sp_addmessage [ @msgnum = ] identifiant ,
     [ @severity = ] sévérité ,
     [ @msgtext = ] 'message'
     [ , [ @lang = ] 'langue' ]
     [ , [ @with_log = ] TRUE|FALSE ]
     [ , [ @replace = ] 'replace' ]
```

`@msgnum`

Nombre entier (int) qui permet de spécifier le numéro du message. Les messages définis par l'utilisateur doivent avoir un identifiant compris entre 50001 et 2 147 483 647.

`@severity`

Nombre entier (smallint) qui permet de préciser la gravité du message. Cette gravité doit être comprise entre 0 et 24.

`@msgtext`

Chaîne de caractères qui représente le texte affiché lorsque l'erreur est levée.

`@lang`

Chaîne de caractères qui permet de préciser la langue du message. En premier lieu, le message doit être défini en anglais 'us_english', puis il peut être localisé en français en précisant 'Français' ou 'French'.

`@with_log`

Permet de préciser si le message sera consigné dans l'observateur des évènements de Windows ou non.

`@replace`

Permet de demander d'écraser, s'il existe, le message qui porte le même numéro que celui en cours de création.

Exemple

```
EXEC sp_addmessage @msgnum=50005, @severity=12,
                   @msgtext='Empty stock',
                   @lang='us_english',
                   @replace='replace';
EXEC sp_addmessage @msgnum=50005, @severity=12,
                   @msgtext='Stock vide',
                   @lang='french',
                   @replace='replace';
DECLARE @msg NVARCHAR(2048) = FORMATMESSAGE(50005);
THROW 50005, @msg, 12;
```

Affichage :

```
Msg 50005, Niveau 16, État 12, Ligne 155
Stock vide
```

Pour définir une erreur critique avec enregistrement dans les logs, il faut procéder comme ceci :

```
EXEC sp_addmessage @msgnum=50666, @severity=21,
                   @msgtext='Critical Error',
                             @lang='us_english',
                             @replace='replace',
                             @with_log=TRUE;
EXEC sp_addmessage @msgnum=50666, @severity=21,
                   @msgtext='Erreur grave',
                             @lang='Français',
                             @replace='replace';
DECLARE @msgGrave NVARCHAR(2048) = FORMATMESSAGE(50666);
THROW 50666, @msgGrave, 1;
```

Affichage :

```
Msg 50666, Niveau 16, État 1, Ligne 169
Erreur grave
```

Pour connaître les différents codes de langue, il suffit d'exécuter la procédure `sp_helplanguage` sans aucun paramètre.

```
EXEC sp_helplanguage;
```

Résultats | Messages

	langid	dateformat	datefirst	upgrade	name	alias	months	shortmonths
1	0	mdy	7	0	us_english	English	January,February,March,April,May,June,July,August,...	Jan,Feb,Mar,Apr,May,Jun,Jul,Aug,Sep,Oct,Nov,Dec
2	1	dmy	1	0	Deutsch	German	Januar,Februar,März,April,Mai,Juni,Juli,August,Sept...	Jan,Feb,Mär,Apr,Mai,Jun,Jul,Aug,Sep,Okt,Nov,Dez
3	2	dmy	1	0	Français	French	janvier,février,mars,avril,mai,juin,juillet,août,septem...	janv,févr,mars,avr,mai,juin,juil,août,sept,oct,nov,déc
4	3	ymd	7	0	日本語	Japanese	01,02,03,04,05,06,07,08,09,10,11,12	01,02,03,04,05,06,07,08,09,10,11,12
5	4	dmy	1	0	Dansk	Danish	januar,februar,marts,april,maj,juni,juli,august,septe...	jan,feb,mar,apr,maj,jun,jul,aug,sep,okt,nov,dec
6	5	dmy	1	0	Español	Spanish	Enero,Febrero,Marzo,Abril,Mayo,Junio,Julio,Agosto,...	Ene,Feb,Mar,Abr,May,Jun,Jul,Ago,Sep,Oct,Nov,Dic
7	6	dmy	1	0	Italiano	Italian	gennaio,febbraio,marzo,aprile,maggio,giugno,luglio...	gen,feb,mar,apr,mag,giu,lug,ago,set,ott,nov,dic
8	7	dmy	1	0	Nederlands	Dutch	januari,februari,maart,april,mei,juni,juli,augustus,se...	jan,feb,mrt,apr,mei,jun,jul,aug,sep,okt,nov,dec
9	8	dmy	1	0	Norsk	Norwegian	januar,februar,mars,april,mai,juni,juli,august,septe...	jan,feb,mar,apr,mai,jun,jul,aug,sep,okt,nov,des
10	9	dmy	7	0	Português	Portuguese	janeiro,fevereiro,março,abril,maio,junho,julho,agost...	jan,fev,mar,abr,mai,jun,jul,ago,set,out,nov,dez
11	10	dmy	1	0	Suomi	Finnish	tammikuuta,helmikuuta,maaliskuuta,huhtikuuta,tou...	tammi,helmi,maalis,huhti,touko,kesä,heinä,elo,sy...
12	11	ymd	1	0	Svenska	Swedish	januari,februari,mars,april,maj,juni,juli,augusti,septe...	jan,feb,mar,apr,maj,jun,jul,aug,sep,okt,nov,dec
13	12	dmy	1	0	čeština	Czech	leden,únor,březen,duben,květen,červen,červenec,sr...	I,II,III,IV,V,VI,VII,VIII,IX,X,XI,XII
14	13	ymd	1	0	magyar	Hungarian	január,február,március,április,május,június,július,au...	jan,febr,márc,ápr,máj,jún,júl,aug,szept,okt,nov,dec
15	14	dmy	1	0	polski	Polish	styczeń,luty,marzec,kwiecień,maj,czerwiec,lipiec,sie...	I,II,III,IV,V,VI,VII,VIII,IX,X,XI,XII
16	15	dmy	1	0	română	Romanian	ianuarie,februarie,martie,aprilie,mai,iunie,iulie,augu...	Ian,Feb,Mar,Apr,Mai,Iun,Iul,Aug,Sep,Oct,Nov,Dec

Il est possible de définir des variables dans le texte du message de façon à personnaliser le texte du message en fonction du contexte à partir duquel il est levé. Il est ainsi possible, par exemple, de connaître le nom de l'utilisateur, ou de la table affectée par l'opération.

Pour introduire des valeurs issues de variables dans le texte du message d'erreur, il est nécessaire de préciser comment la valeur va être convertie et introduite dans le texte. Le format est toujours sous la forme suivante :

```
%[drapeau][largeur][.precision]type.
```

`drapeau`

Ce drapeau (qui peut être +, -, 0, # ou bien des espaces) a pour objectif le cadrage à gauche des données de type numérique avec complément éventuel avec des zéro et de préciser le comportement à adopter lors de l'affichage de valeurs signées.

`largeur`

Permet de définir le nombre de caractères que va réclamer la représentation textuelle de la valeur numérique.

`precision`

Permet de définir le nombre de décimales à afficher.

`type`

Les caractères suivants sont utilisés pour préciser le type de valeur transmis en paramètre :

Type	Représente
`d` ou `i`	Entier signé
`u`	Entier non signé
`s`	Chaîne de caractères
`o`	Un nombre en octal (base 8)
`x` ou `X`	Un nombre en hexadécimal (base 16)

Lors de la définition du message en anglais, il faut utiliser les paramètres %s pour pouvoir insérer une donnée de type caractère et %d lorsque la valeur est de type numérique. Dans les versions localisées du message, les types des valeurs sont connus, mais en fonction des langues, l'ordre d'utilisation des valeurs n'est pas nécessairement le même. Il faut utiliser `%1 !` pour faire référence au premier paramètre défini dans le texte du message anglais, puis `%2 !` pour le deuxième et ainsi de suite.

Exemple

```
EXEC sp_addmessage @msgnum=50006, @severity=12,
                   @msgtext='Error for customer: %s on invoice: %d',
                   @lang='us_english',
                   @replace='replace';
EXEC sp_addmessage @msgnum=50006, @severity=12,
                   @msgtext='Erreur sur la commande n°%2 !
Du client %1 !',
                   @lang='français',
                   @replace='replace' ;
```

La fonction FORMATMESSAGE permet la préparation du message. Le message ainsi préparé devra être levé par l'intermédiaire de THROW. Cette possibilité de préparer ainsi les messages n'est possible que pour les messages qui possèdent des paramètres et qui ont été définis avec **sp_addmessage**.

Syntaxe

```
FORMATMESSAGE (idmessage, valeurParametre1,...)
```

Exemple

```
DECLARE @msgParam NVARCHAR(2048) = FORMATMESSAGE(50006, 'Zoé DUBOIS', 9);
THROW 50006, @msgParam, 1;
```

Affichage :

```
Msg 50006, Niveau 16, État 1, Ligne 184
Erreur sur la commande n°9 du client Zoé DUBOIS
```

Les données peuvent bien évidemment provenir d'informations stockées dans nos tables de base de données.

Exemple

Dans l'exemple suivant, le message est préparé à l'aide de l'instruction FORMATMESSAGE :

```
DECLARE @idCom INT = 9;
DECLARE @message NVARCHAR(200);
SELECT @message=FORMATMESSAGE(50006, CONCAT(prenom, ' ', nom),
@idCom)
FROM Clients l INNER JOIN Commandes o ON l.idClient = o.idClient
WHERE idCommande = @idCom;
THROW 50006, @message, 2;
```

Affichage :

```
Msg 50006, Niveau 16, État 2, Ligne 189
Erreur sur la commande n°9 du client Zoé DUBOIS
```

1.6.4 La gestion des erreurs

En Transact-SQL, il existe deux moyens de gérer les erreurs qui peuvent se produire lors de l'exécution du code.

- La première possibilité consiste à tester la valeur de la variable système @@error après chaque instruction pour savoir si elle s'est exécutée correctement ou non. Cette approche classique de la gestion des erreurs présente l'inconvénient d'être fastidieuse à écrire et de rendre le code peu lisible.

– La seconde possibilité consiste à regrouper une ou plusieurs instructions Transact-SQL dans un bloc TRY et de centraliser la gestion des erreurs dans un bloc CATCH . Pour un type d'erreur, le traitement de l'erreur est écrit une seule fois même si plusieurs instructions peuvent lever cette même erreur. Ce type de gestion des erreurs est bien connu des développeurs Java, VC++, C#, PHP...

Dans le bloc CATCH, il est possible d'utiliser les fonctions ERROR_MESSAGE(), ERROR_NUMBER(), ERROR_SEVERITY(), ERROR_STATE() pour obtenir des informations sur le message d'erreur, le numéro de l'erreur, la gravité de l'erreur et l'état de l'erreur. En dehors de ce bloc, ces fonctions retournent systématiquement NULL et ne possèdent donc aucun intérêt.

Dans le cas où plusieurs blocs TRY/CATCH sont imbriqués, ces fonctions ne permettent d'obtenir des informations que sur l'erreur déclenchée localement et non pas dans l'un des sous-blocs.

Les blocs TRY et CATCH sont toujours associés. Il n'est pas possible de définir un bloc TRY sans bloc CATCH et réciproquement.

Remarque

Il n'est possible de gérer dans le bloc CATCH que des erreurs dont la sévérité est supérieure à 10 et à condition que l'erreur ne mette pas fin au script.

Syntaxe

```
BEGIN TRY
...
END TRY
BEGIN CATCH
....
END CATCH[;]
```

Le bloc TRY

Le bloc TRY permet de regrouper l'ensemble des instructions qui sont susceptibles de lever des erreurs. Dans le cas où une instruction déclenche une erreur, le contrôle est immédiatement passé à la première instruction du bloc CATCH correspondant au bloc TRY.

Dans le cas où toutes les instructions du bloc TRY s'exécutent sans erreur, alors le bloc CATCH n'est jamais exécuté.

Dans un bloc TRY, il y a toujours au moins une instruction ou un bloc d'instructions, mais il peut y en avoir plusieurs.

Ce bloc est toujours entièrement défini à l'intérieur d'une procédure ou d'une fonction.

Le bloc CATCH

Ce bloc suit immédiatement le bloc TRY. Il est exécuté, si et seulement si une instruction du bloc TRY a levé une erreur.

C'est dans ce bloc que du code est défini pour essayer de traiter au mieux les différents types d'erreurs qui peuvent avoir lieu au niveau du bloc TRY correspondant. Après le traitement de l'erreur, le contrôle est passé à l'instruction, qui suit immédiatement la fin du bloc CATCH (END CATCH).

Les différentes fonctions disponibles uniquement dans ce bloc sont : ERROR_MESSAGE(), ERROR_NUMBER(), ERROR_SEVERITY(), ERROR_STATE(). Elles permettent d'obtenir toutes les informations relatives à l'erreur qui a provoqué l'exécution du bloc et d'adapter le traitement en fonction de cette erreur.

Exemple

L'exemple suivant illustre la mise en place des blocs TRY et CATCH ainsi que la gestion d'une erreur dans le bloc CATCH.

```
DECLARE @m NVARCHAR(200)= FORMATMESSAGE(50006, 'Zoé DUBOIS', 9);
BEGIN TRY
        THROW 50006, @m, 9;
END TRY
BEGIN CATCH
       PRINT CONCAT('L''erreur [', ERROR_MESSAGE(), '] est survenue
mais a été traitée !');
END CATCH;
```

Affichage :

```
L'erreur [Erreur sur la commande n°9 du client Zoé DUBOIS] est
survenue mais a été traitée !
```

La propagation d'une exception

À la suite de la structure du lot Transact-SQL et de la possibilité offerte de traiter les exceptions dans un bloc catch, il doit être possible soit de propager l'exception à un niveau supérieur, soit de lever une autre exception par programmation. Pour effectuer ces tâches, le Transact-SQL utilise l'instruction THROW.

Utilisée dans le bloc CATCH sans paramètre, l'instruction THROW permet de propager l'exception qui a déclenché l'exécution du bloc CATCH à un niveau supérieur.

Dans le cas où l'instruction THROW est utilisée avec les paramètres correspondant à un numéro d'erreur, un message et un état, il agit alors d'une nouvelle exception.

Exemple

```
BEGIN TRY
       THROW 50100, 'une erreur', 16;
END TRY
BEGIN CATCH
      PRINT 'Je l''ai récupérée mais pas complètement traitée alors
je la propage...';
       THROW;
END CATCH;
```

Affichage :

```
Je l'ai récupérée mais pas complètement traitée alors je la propage...
Msg 50100, Niveau 16, État 16, Ligne 136
une erreur
```

2. Les procédures stockées

Les procédures stockées (*Stored Procedures*) sont des objets correspondant à un ensemble d'instructions du DML, pouvant être exécutées par simple appel de leur nom ou par l'instruction EXECUTE (ou EXEC). Ce sont de véritables programmes pouvant recevoir des paramètres, renvoyer des valeurs, être exécutés à distance, ayant leurs propres droits d'accès (privilège EXECUTE). De plus, les procédures stockées sont stockées dans le cache mémoire sous forme compilée lors de leur première exécution, ce qui accroît les performances (pour les exécutions suivantes !). Les procédures stockées sont une des bonnes pratiques à adopter pour écoconcevoir son application. Les procédures stockées peuvent éventuellement être temporaires, c'est-à-dire créées pour une session (locale) ou plusieurs sessions (globale) du user.

Pour SQL Server, une procédure stockée peut être définie comme une suite d'instructions Transact-SQL, stockée dans la base de données et parfaitement identifiée par son nom. Pour permettre à cette suite d'instructions de s'adapter au plus grand nombre de cas, certaines valeurs du script sont paramétrables lors de l'appel de la procédure. Comme toute suite d'instructions Transact-SQL, il est possible par exemple de trouver une instruction SELECT. L'exécution de la procédure déclenchera l'exécution de la requête et le résultat sera envoyé à l'environnement qui a demandé l'exécution de la procédure.

De nombreuses procédures stockées sont fournies par Microsoft et sont créées lors de l'installation des serveurs dans la base **master**. Ces procédures permettent de manipuler les tables système. Leur nom commence par "sp_".

Les différents cas d'utilisation de procédures stockées sont les suivants :

- Enchaînement d'instructions.
- Accroissement des performances.
- Sécurité d'exécution.
- Manipulation des données système.
- Mise en œuvre des règles d'entreprise.
- Traitements en cascade.

La création ou la modification des procédures stockées se fait par des instructions du langage de définition de données (DDL) ou par SQL Server Management Studio.

Syntaxe

```
CREATE [OR ALTER] PROC[EDURE] nom[;numero][(param1[,...])]
[{FOR REPLICATION|WITH RECOMPILE}][WITH ENCRYPTION]AS instructions
```

`OR ALTER`

La procédure est remplacée si elle existait déjà. Cette option est disponible depuis SQL Server 2016 SP1.

`nom`

Nom d'objet unique dans la base. Précédée d'un signe #, la procédure sera temporaire locale. Avec deux #, elle sera temporaire globale.

`numéro`

Numéro d'ordre pour des procédures ayant le même nom.

`param1,...`

Paramètre pouvant être passé à la procédure sous la forme :

```
@nom type [ VARYING ][ = valeur ] [ OUTPUT ]
```

OUTPUT permet de spécifier un paramètre retourné par la procédure.

= valeur positionne une valeur par défaut pour ce paramètre.

VARYING spécifie le jeu de résultats pris en charge comme paramètre de sortie. S'applique uniquement aux paramètres de type cursor.

Remarque

Une procédure stockée peut contenir au maximum 2100 paramètres.

`FOR REPLICATION`

Permet de préciser que la procédure sera utilisée lors de la réplication.

`WITH RECOMPILE`

La procédure sera recompilée à chaque exécution.

```
WITH ENCRYPTION
```

Permet de crypter le code dans les tables système.

Exemples

Il est possible de visualiser le code d'une procédure stockée système depuis SQL Server Management Studio. Il est nécessaire de se positionner, depuis l'explorateur d'objet, sur la procédure (**Bases de données - GesCom - Programmabilité - Procédures stockées - Procédures stockées système**) puis de sélectionner **Modifier** dans le menu contextuel associé.

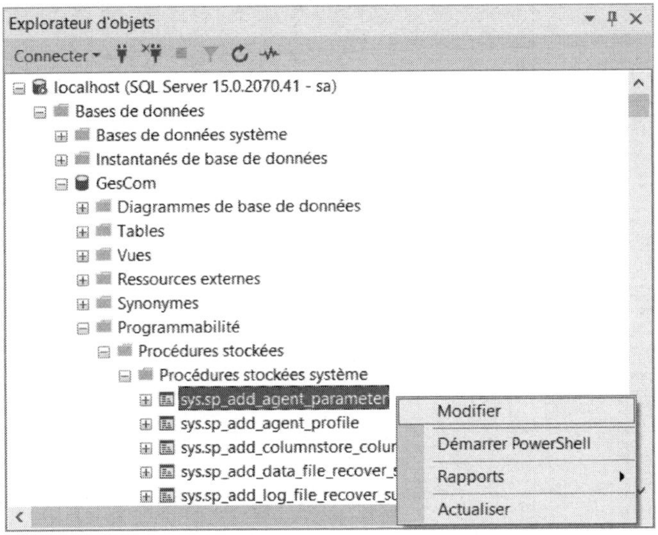

Création d'une procédure stockée de suppression d'une catégorie :

```
GO
CREATE OR ALTER PROCEDURE supprCat(@idCate INT) AS
BEGIN
      IF NOT EXISTS(SELECT * FROM Categories WHERE idCategorie = @idCate)
       BEGIN
             PRINT 'Catégorie inexistante';
             RETURN;
       END
       IF EXISTS(SELECT * FROM Articles WHERE idCategorie = @idCate)
       BEGIN
            PRINT 'Cette catégorie possède des articles';
```

```
            RETURN;
        END
        DELETE FROM Categories WHERE idCategorie = @idCate;
END;
GO
```

Utilisation de la procédure stockée de suppression d'une catégorie client :

```
EXEC supprCat 7;
```

Procédure avec une instruction SELECT pour obtenir les catégories de premier niveau :

```
GO
CREATE OR ALTER PROCEDURE getSuperCategories AS
BEGIN
       SELECT libelle FROM Categories WHERE idCatParent IS NULL;
END;
GO
```

Utilisation :

```
EXEC getSuperCategories;
```

Résultats | Messages

	libelle
1	Carrelage et parquet
2	Chauffage et plomberie
3	Cuisine
4	Décoration et éclairage
5	Électricité et domotique
6	Menuiserie
7	Outillage
8	Peinture et droguerie
9	Quincaillerie
10	Rangements et dressi...
11	Salle de bain
12	Terrasse et jardin

3. Les fonctions stockées

SQL Server prend en charge trois types de fonctions utilisateur : les fonctions scalaires, les fonctions tables en ligne et les fonctions tables multi-instructions.

Une fonction accepte entre 0 et 1024 paramètres d'entrée et retourne, soit une valeur scalaire, soit une table.

Pour chacun des paramètres de la fonction, il est possible de définir une valeur par défaut en utilisant le mot-clé DEFAULT. Mais lors de l'appel de la fonction, il faut préciser le mot-clé DEFAULT pour utiliser la valeur par défaut. Ce comportement est différent de celui des procédures où la valeur par défaut est prise en compte de façon automatique si le paramètre n'est pas précisé lors de l'appel.

Les fonctions de type scalaire retournent, à l'aide du mot-clé RETURN, une valeur scalaire. Bien sûr, les données de type **timestamp**, d'un type de données défini par l'utilisateur et d'un type **table** ou **cursor** ne peuvent être renvoyées. Il en est de même pour les types de données **text**, **ntext** et **image**.

Les fonctions tables retournent comme résultat une table. Elles ne contiennent pas de corps et la table est le résultat d'une commande SELECT unique.

Si la fonction est composée de plusieurs instructions, alors les instructions sont encadrées par les mots-clés BEGIN et END.

Les fonctions disposent d'un champ d'action limité et elles ne peuvent en aucun cas modifier leur environnement d'exécution. Depuis une fonction, il n'est donc pas possible de modifier le contenu d'une table de la base de données. À l'intérieur d'une fonction, les seules actions possibles sont celles qui vont modifier les objets locaux à la fonction.

La fonction est créée à l'aide de l'instruction CREATE FUNCTION. La clause WITH SCHEMABINDING permet de lier la fonction à tous les objets auxquels elle fait référence. Dès lors, toute modification (**ALTER**) ou suppression (**DROP**) de ces objets est vouée à l'échec.

Cette clause, non obligatoire, suppose que tous les objets référencés appartiennent à la même base de données et que le propriétaire de la fonction possède un droit de **REFERENCE** sur les objets référencés par la fonction. Cette clause est recommandée si vous ne souhaitez pas avoir des fonctions qui ne fonctionnent plus à la suite de modifications ou de suppressions des objets utilisés par celles-ci.

3.1 La création

Fonctions scalaires

```
CREATE [OR ALTER] FUNCTION nom_fonction ( [ liste_des_paramètres] )
RETURNS type_données
[ WITH ENCRYPTION| WITH SCHEMABINDING]
[ AS ]
BEGIN
   corps de la fonction
   RETURN valeur
END
```

Fonctions tables en ligne

```
CREATE [OR ALTER] FUNCTION nom_fonction ( [ liste_des_paramètres] )
RETURNS TABLE
[ WITH ENCRYPTION| WITH SCHEMABINDING]
[ AS ]
RETURN [ (requête_SELECT ) ]
```

Fonctions tables multi-instructions

```
CREATE [OR ALTER] FUNCTION nom_fonction ( [ liste_des_paramètres] )
RETURNS @@variable_retour TABLE (nom_colonne type, ...)
[ WITH ENCRYPTION| WITH SCHEMABINDING]
[ AS ]
BEGIN
   corps de la fonction
   RETURN valeur
END
```

Exemples

Création de la fonction nbCommandes() qui retourne le nombre de commandes passées par un client transmis en paramètre :

```
GO
CREATE [OR ALTER] FUNCTION nbCommandes(@idCli INT) RETURNS INT AS
BEGIN
	DECLARE @nb INT;
	SELECT @nb=COUNT(*) FROM Commandes WHERE idClient = @idCli;
	RETURN @nb;
END;
GO
```

Création d'une fonction table inline qui permet de connaître les articles qui possèdent un prix inférieur à celui passé en paramètre :

```
GO
CREATE OR ALTER FUNCTION articlesPetitsPrix(@seuil INT) RETURNS TABLE AS
RETURN (SELECT * FROM Articles WHERE prixHT<@seuil);
GO
```

Création d'une fonction qui retourne une table et qui permet de connaître, pour le client passé en paramètre, le nombre de commandes passées et le montant total de ces commandes :

```
GO
CREATE OR ALTER FUNCTION analyseClient(@idCli INT)
RETURNS @ficheClient TABLE(libelle CHAR(30), valeur NUMERIC(6,2)) AS
BEGIN
	INSERT INTO @FicheClient VALUES('Nombre de commandes',
dbo.nbCommandes(@idCli));
	INSERT INTO @FicheClient
		SELECT 'Montant total', SUM(prixHT*quantite)
		FROM Commandes c
		INNER JOIN DetailsCommandes d ON c.idCommande =
d.idCommande
		INNER JOIN Articles a ON d.idArticle = a.idArticle
		WHERE idClient = @idCli;
	RETURN;
END;
GO
```

Utilisation de la fonction nbCommandes() :

```
SELECT dbo.nbCommandes(20);
```

Résultats | Messages

	(Aucun nom de colonne)
1	2

Utilisation de la fonction de type table :

```
SELECT * FROM articlesPetitsPrix(50);
```

Résultats | Messages

	idArticle	designation	prixHT	prixTTC	idCategorie
1	22	foret SDS 12	6.90	8.280	15
2	37	burin plat SDS	4.70	5.640	15
3	75	fraisoir	8.90	10.680	15
4	99	cadeau	0.00	0.000	15

Utilisation de la fonction de type table multiligne :

```
SELECT * FROM analyseClient(20);
```

Résultats | Messages

	libelle	valeur
1	Nombre de commandes	2.00
2	Montant total	96.90

Création d'une fonction avec l'option WITH SCHEMABINDING et tentative de suppression de la table utilisée par la fonction :

```
GO
CREATE OR ALTER FUNCTION nbArticlesCommandes() RETURNS INT
WITH SCHEMABINDING AS
BEGIN
        DECLARE @nb INT;
        SELECT @nb = SUM(quantite) FROM dbo.DetailsCommandes;
        RETURN @nb;
END;
GO
DROP TABLE DetailsCommandes;
```

Affichages :

```
Impossible de DROP TABLE 'DetailsCommandes' car il est référencé par
l'objet 'nbArticlesCommandes'.
```

3.2 La modification

La commande ALTER FUNCTION accepte les mêmes paramètres que CREATE FUNCTION. La différence principale réside dans le fait que la commande ALTER FUNCTION permet de réécrire le corps d'une fonction qui existe déjà dans la base tandis que la commande CREATE permet de créer une nouvelle fonction. La commande ALTER ne permet pas, par exemple, de changer simplement une ligne de code mais elle permet de changer la totalité de la définition de la fonction.

```
GO
ALTER FUNCTION analyseClient(@idCli INT)
RETURNS @ficheClient TABLE(libelle CHAR(20), valeur NUMERIC(6,2)) AS
BEGIN
       INSERT INTO @FicheClient VALUES('Nombre de commandes',
dbo.nbCommandes(@idCli));
       INSERT INTO @FicheClient
              SELECT 'Montant total', SUM(prixHT*quantite)
              FROM Commandes c
              INNER JOIN DetailsCommandes d ON c.idCommande = d.idCommande
              INNER JOIN Articles a ON d.idArticle = a.idArticle
              WHERE idClient = @idCli;
       RETURN;
END;
GO
```

Remarque

Depuis SQL Server 2016, l'instruction CREATE OR ALTER FUNCTION crée ou modifie une procédure si elle existe déjà.

3.3 La suppression

C'est la commande DROP FUNCTION qui permet de supprimer une fonction.

```
DROP FUNCTION nbArticlesCommandes;
```

Remarque

*Les procédures stockées **sp_help** et **sp_helptext** permettent d'obtenir plus d'informations sur les fonctions définies par l'utilisateur.*

3.4 L'utilisation du résultat d'une fonction en tant que table

Les opérateurs CROSS APPLY et OUTER APPLY permettent de mettre en relation les données issues d'une table/vue de la base de données et une fonction de type table.

Avec CROSS APPLY, toutes les lignes de la table/vue de la base de données sont présentes dans le jeu de résultats même si la fonction de type table retourne une valeur nulle.

Avec OUTER APPLY, seules les lignes de la table/vue pour lesquelles la fonction table retourne une valeur non nulle sont présentes dans le jeu de résultats.

Exemple

Mettre en relation les informations des clients (nom et prénom) en relation avec l'analyse qui est faite de leurs commandes par la fonction analyseClient qui retourne une table.

```
SELECT nom, prenom, libelle, valeur
FROM Clients
OUTER APPLY analyseClient(idClient);
```

Résultats | Messages

	nom	prenom	libelle	valeur
1	DUBOIS	Julie	Nombre de commandes	1.00
2	DUBOIS	Julie	Montant total	101.60
3	DUBOIS	Zoé	Nombre de commandes	2.00
4	DUBOIS	Zoé	Montant total	96.90
5	DUCHEMIN	Julie	Nombre de commandes	0.00
6	DUCHEMIN	Julie	Montant total	NULL
7	DUPOND	Jean	Nombre de commandes	0.00
8	DUPOND	Jean	Montant total	NULL
9	LABICHE	Adeline	Nombre de commandes	2.00
10	LABICHE	Adeline	Montant total	96.90

4. L'exécution des procédures et fonctions

4.1 L'appel

La méthode **execute**, parfois raccourcie en **exec**, permet de demander l'exécution de procédures stockées. Il s'agit de l'usage à privilégier de cette commande. Cependant la méthode execute accepte en paramètre une chaîne de caractères et procède à l'exécution de cette chaîne de caractère sur le moteur de base de données. Cette fonctionnalité permet de contourner un problème parfois rencontré lors de la conception de script Transcat SQL, de procédures ou de fonction qui est comment construire dynamiquement une requête. S'il est simple de valoriser les différents paramètres de la requête, cela n'est pas le cas pour construire la requête en fonction de la valeur ou de la présence de certains paramètres. La méthode EXECUTE permet de construire une chaîne de caractère sous forme de chaîne de caractères puis de demander l'exécution de requête ainsi générée. Cette fonctionnalité présente, en revanche, l'inconvénient de faciliter les attaques par injection SQL. Pour éviter ce type de problème, il est nécessaire que le développeur n'exécute pas une requête ou bien un morceau de requête directement saisi par l'utilisateur sans pour autant faire les contrôles nécessaires pour s'assurer que ce code ne contient aucune attaque SQL.

Syntaxe

```
EXECUTE ('chaîneDeCaractères')
EXECUTE nomProcédure [[@nomParamètre=]valeur, ...]
```

Exemple

```
EXEC ('CREATE SEQUENCE sqTest;');
EXEC sp_help 'sqTest';
```

Résultats | Messages

	Name	Owner	Type	Created_datetime
1	sqTest	dbo	sequence object	2020-08-02 19:20:21.887

L'instruction **EXECUTE** permet également de présenter correctement les valeurs retournées par une procédure stockée ou bien une fonction. Il est alors nécessaire de compléter l'instruction avec la définition du RESULT SET si un seul jeu de valeurs est retourné ou bien des RESULT SETS si plusieurs jeux de données sont retournés, ce qui peut être le cas par une procédure.

Syntaxe

```
Execute {nomProcédure|nomFonction}
[[@nomParamètre=]valeur, ...]
WITH {RESULT SET NONE | RESULT SET UNDEFINED | RESULT
SETS(définitionDuJeuDeDonnées)};
```

`RESULT SET NONE`

L'instruction exécutée ne retourne aucune valeur. Si une valeur est retournée, alors l'exécution est annulée.

`RESULT SET UNDEFINED`

Si l'instruction exécutée retourne des valeurs, alors ces données ne sont pas récupérables mais l'exécution se poursuit sans erreur. Dans le cas où l'instruction ne retourne aucune donnée, là aussi l'exécution se déroule sans erreur.

`RESULT SETS (définitionDuJeuDeDonnées)`

Dans le cas où l'instruction retourne un ou plusieurs jeux de données, il est possible de typer et de renommer les colonnes.

Exemple

Dans cet exemple, une procédure est créée. Lors de son appel avec la méthode EXECUTE, un jeu de résultats est défini, ce qui permet d'adapter la présentation des données, comme par exemple renommer les colonnes.

```
GO
CREATE OR ALTER PROCEDURE nbArtCat(@idCate INT) AS
BEGIN
       SELECT libelle, COUNT(*)
       FROM Articles a INNER JOIN Categories c ON a.idCategorie
= c.idCategorie
       WHERE a.idCategorie = @idCate
       GROUP BY libelle
```

```
END;
GO

EXECUTE nbArtCat @idCate=15
WITH RESULT SETS((libelle VARCHAR(50), valeur INT));
```

Résultats | Messages

	libelle	valeur
1	Accessoire et consommable	4

4.2 Le contexte d'exécution

Le contexte d'exécution est directement lié à la connexion et à l'utilisateur de base de données associé. Le contexte d'exécution permet d'établir la liste des actions possibles et celles qui ne le sont pas. Cette liste est établie à partir des privilèges accordés à l'utilisateur soit directement soit par l'intermédiaire de rôles.

Dans certains cas, il peut être nécessaire et souhaitable de modifier le contexte d'exécution afin de profiter de privilèges étendus mais uniquement dans le cadre d'un script, d'une procédure ou d'une fonction.

Associée au contexte d'exécution, il est nécessaire de bien comprendre la notion de chaîne de propriétés dans SQL Server.

Tout d'abord, lorsqu'un utilisateur accède aux objets dont il est propriétaire, cela ne pose aucun souci car il n'y a pas de rupture de chaîne de propriétés. Ce cas est toutefois relativement rare car les utilisateurs de bases de données créant les objets les utilisent rarement par la suite au quotidien.

Autre cas simple, l'utilisateur a reçu du propriétaire d'un objet le droit de l'utiliser. Par exemple l'utilisateur Paul a reçu de Marie le droit d'utiliser (SELECT) une vue que possède Marie. La requête SELECT, à l'origine de cette vue, fait référence à une table également possédée par Marie. Paul ne dispose d'aucun privilège sur cette table, pourtant il sera en mesure d'utiliser la vue sans soucis car les deux objets (vue et table) ont le même propriétaire.

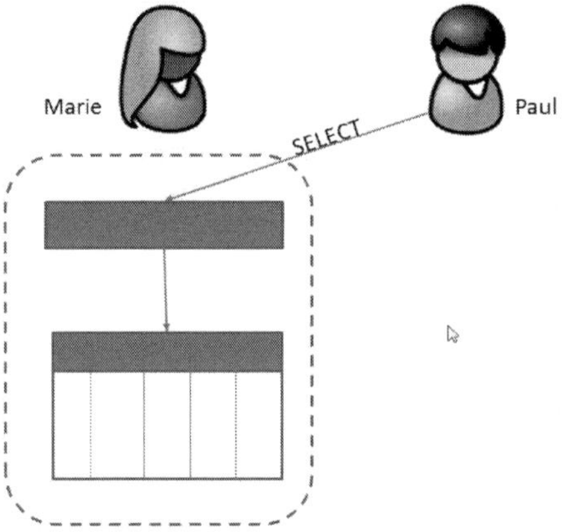

Dans le cas où la vue de Marie que Paul interroge accède à une table dont Marie n'est pas la propriétaire, alors les privilèges accordés à Paul sont vérifiés afin de savoir si Paul possède les privilèges nécessaires pour exécuter la requête.

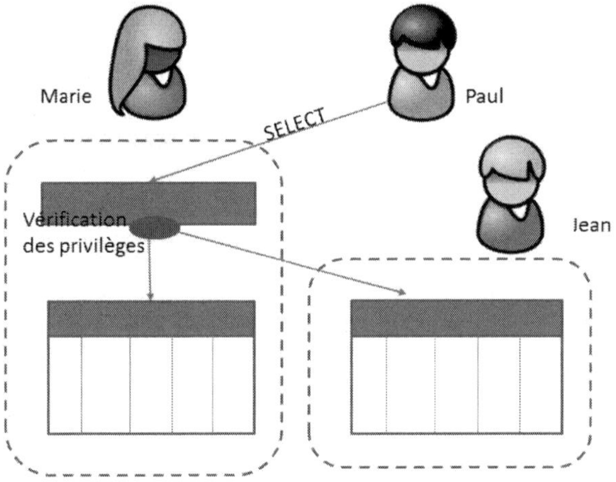

EXECUTE AS

À l'aide de cette instruction, il est possible de demander à se connecter sur la base en utilisant une connexion différente de celle en cours. Cette instruction peut être exécutée de façon autonome dans un script Transact-SQL ou bien être utilisée en tant que clause lors de la création d'une procédure, d'une fonction ou d'un déclencheur.

Pour les procédures, fonctions et déclencheurs, la clause EXECUTE AS donne beaucoup de souplesse pour la programmation et permet à un utilisateur de réaliser des actions pour lesquelles il ne possède pas de privilèges. Pour le développeur, le changement de contexte d'exécution permet également de garantir que la bonne exécution du code ne sera pas entravée pas un problème de droits d'accès aux données.

Lors de l'exécution d'un script Transact-SQL, l'instruction EXECUTE AS permet de réaliser par exemple de façon ponctuelle des opérations qui nécessitent des privilèges élevés alors que le reste du script ne le nécessite pas.

Le contexte d'exécution ainsi choisi doit être le plus étroit possible pour permettre simplement l'instruction spécifiée. Par exemple, il n'est pas concevable de se connecter en tant que propriétaire de la base de données si l'opération demandée est une simple création de table. En exécutant une requête avec des privilèges trop importants, c'est une faille de sécurité qui est ouverte.

Il est donc possible de préciser soit le nom d'une connexion (LOGIN) celui d'un utilisateur de la base de données courante (USER). L'option CALLER n'est utile que lors de l'exécution d'une procédure ou d'un module pour spécifier que les privilèges à utiliser sont ceux accordés au contexte qui exécute le module.

Si l'option WITH NO REVERT est spécifiée lors de l'exécution de l'instruction EXECUTE AS alors il n'est pas possible de quitter le nouveau contexte d'exécution par une instruction REVERT ou EXECUTE AS. Il est nécessaire de se déconnecter.

Syntaxe

```
EXECUTE AS {LOGIN|USER}='identifiant' [WITH NO REVERT] | CALLER [;]
```

Exemple

Dans cette première partie, le contexte est préparé en définissant les comptes des utilisateurs Marie et Paul et des droits d'impersonnalisation sont accordés à Paul sur le schéma de Marie.

```
USE master;
CREATE LOGIN marie WITH PASSWORD='Pa$$w0rd';
CREATE LOGIN paul WITH PASSWORD='Pa$$w0rd';
ALTER LOGIN marie WITH DEFAULT_DATABASE=GesCom;
ALTER LOGIN paul WITH DEFAULT_DATABASE=GesCom;

USE GesCom;
CREATE USER marie FOR LOGIN marie;
CREATE USER paul FOR LOGIN paul;
GRANT CONNECT TO marie;
GRANT CONNECT TO paul;
GRANT CREATE PROCEDURE TO marie;
EXEC sp_addrolemember 'db_datareader', 'marie';
GRANT SELECT ON SCHEMA::dbo TO marie;
GRANT ALTER ON SCHEMA::dbo TO marie;
GRANT EXECUTE ON SCHEMA::dbo TO marie;
GRANT IMPERSONATE ON USER::marie TO paul;
```

Une connexion est ouverte avec le compte de Marie et une autre avec le compte de Paul. Pour cela, il faut utiliser l'icône **Requête de moteur de base de données** (**Fichier - Nouveau**) ou utiliser l'icône à droite de **Nouvelle requête**.

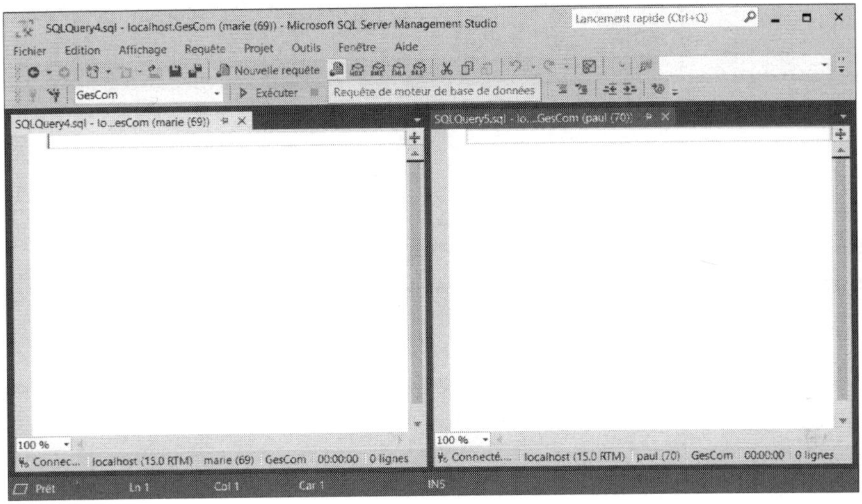

L'utilisatrice Marie définit sur son schéma la procédure `voir` qui permet de visualiser le contenu de la table Clients.

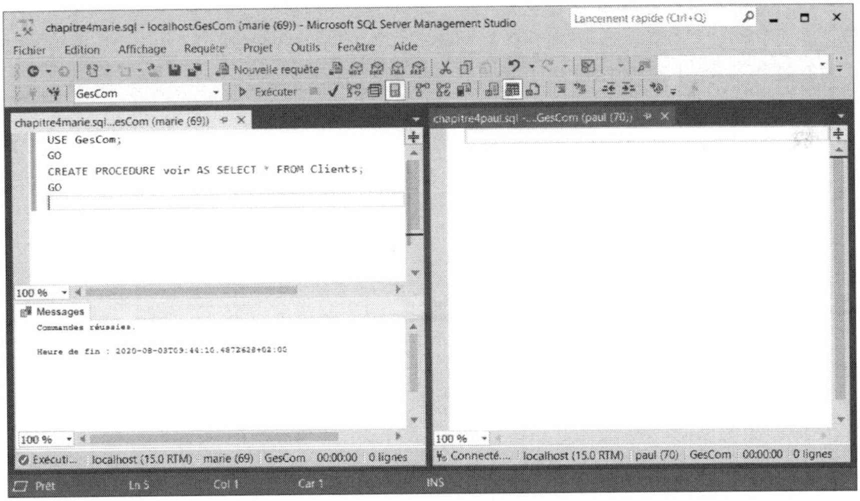

Enfin, l'utilisateur Paul tente d'utiliser la procédure `voir` de Marie. Dans un premier temps, Paul demande à prendre l'identité de Marie avec l'instruction EXECUTE AS. Les identités sont vérifiées à l'aide des fonctions ORIGINAL_LOGIN et SUSER_NAME, puis l'utilisateur Paul peut exécuter sans difficulté la procédure `voir` créée par Marie.

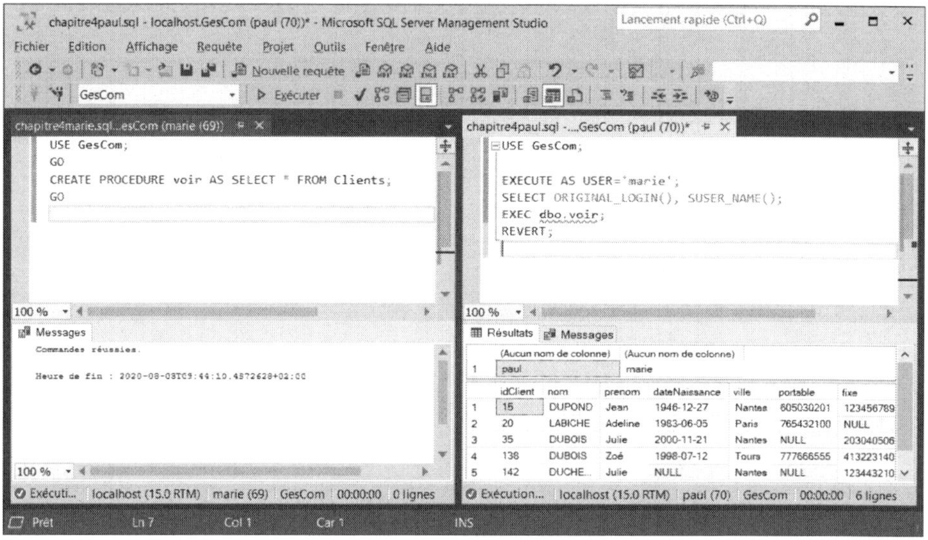

Une autre version de la commande EXECUTE AS permet de préciser le contexte d'exécution d'une procédure, d'une fonction ou d'un déclencheur de base de données. La portée de ce changement de contexte d'exécution est limitée à l'exécution du module.

Syntaxe

```
procédureOuFonctionOuDéclencheur
EXECUTE AS {CALLER|SELF|OWNER|'nomUtilisateur'}
...
```

CALLER

C'est le contexte de celui qui exécute le module qui est pris en compte dans le module.

`SELF`

C'est le contexte de l'utilisateur qui crée ou modifie le module qui est pris en compte.

`OWNER`

C'est le contexte du propriétaire du module qui est utilisé.

`'nomUtilisateur'`

Permet de préciser le contexte d'utilisateur à utiliser.

SETUSER

Contrairement à l'instruction EXECUTE AS qui ne modifie pas la connexion initiale au serveur, l'instruction SETUSER permet de changer de connexion au cours d'un script Transact-SQL. C'est-à-dire que le contexte actuel d'exécution est clôturé et un nouveau contexte d'exécution est ouvert. Il n'est pas possible de revenir au premier contexte d'exécution.

ORIGINAL_LOGIN

Cette fonction permet de déterminer le nom exact de la connexion utilisée initialement pour se connecter au serveur. La connaissance de ce nom ne présente un intérêt que lorsque que le contexte d'exécution diffère de la connexion initiale. Le contexte d'exécution peut être modifié par l'intermédiaire de l'instruction EXECUTE AS.

REVERT

À la suite du changement de contexte d'exécution à l'aide de l'instruction EXECUTE AS, l'instruction REVERT permet de revenir au contexte d'exécution présent avant le changement de contexte avec EXECUTE AS.

Exemple

Dans l'exemple présenté ci-dessous, la procédure dbo.qui est définie afin d'afficher toutes les informations relatives à la connexion initiale au serveur, la connexion utilisée pour exécuter la requête et enfin au compte d'utilisateur utilisé :

```
USE master;
GO
CREATE PROCEDURE qui AS
SELECT ORIGINAL_LOGIN() 'login d''origine', SUSER_NAME() 'login de
contexte', USER_NAME() utilisateur;
GO
GRANT EXEC ON dbo.qui TO PUBLIC;
```

Appel de la procédure avec le contexte actuel :

```
EXEC dbo.qui;
```

Résultats | Messages

	login d'origine	login de contexte	utilisateur
1	sa	sa	dbo

Bascule sur le contexte invité :

```
EXECUTE AS USER='guest';
EXEC dbo.qui;
```

Résultats | Messages

	login d'origine	login de contexte	utilisateur
1	sa	public	guest

Retour au contexte initial :

```
REVERT;
EXEC dbo.qui;
```

Résultats | Messages

	login d'origine	login de contexte	utilisateur
1	sa	sa	dbo

Changement d'utilisateur :

```
SETUSER 'guest';
EXEC dbo.qui;
```

Résultats | Messages

	login d'origine	login de contexte	utilisateur
1	sa	public	guest

Tentative de retour au contexte initial :

```
REVERT;
```

```
Le contexte de sécurité en cours a été défini par "SetUser".
Impossible de le restaurer avec l'instruction "Revert".
```

5. Les déclencheurs

SQL Server propose deux types de déclencheurs : les déclencheurs du DML et ceux du DDL.

Les déclencheurs DML existent depuis longtemps dans SQL Server et sont présents dans de nombreuses bases de données. C'est ce type de déclencheur qui est détaillé ici.

Les déclencheurs du DDL reposent sur le même principe, à savoir associer l'exécution d'une procédure stockée à l'exécution d'une instruction. La particularité tient ici du fait que le déclencheur va être associé à une instruction du DDL, soit une commande CREATE, ALTER, DROP, GRANT, DENY, REVOKE et UPDATE STATISTICS. L'objectif de ces déclencheurs est de suivre l'évolution de la base pour réaliser au mieux les différentes tâches administratives.

C'est pour cette raison que ces déclencheurs ne sont pas présentés dans cet ouvrage.

Un déclencheur DML, que nous nommerons dorénavant simplement déclencheur (ou trigger en anglais), peut être perçu comme un script Transact-SQL enregistré dans la base de données et dont l'exécution est associée à des évènements déclencheurs. Ces évènements déclencheurs sont ceux qui viennent modifier les données (INSERT, UPDATE ou DELETE) sur une table ou sur une vue.

Les déclencheurs permettent la mise en place de règles de gestion complexes qui font appel à des données présentes dans différentes tables ou bien à des calculs car il n'est pas possible de définir de telles règles de validation à l'aide de la contrainte CHECK. Les déclencheurs permettent aussi de supporter la dénormalisation des données afin de garantir la cohérence des données. Sur un schéma normalisé, le moteur SQL Server peut garantir cette cohérence. Mais si pour diverses raisons les données sont dénormalisées (répétition de valeur, données calculées), alors le concepteur de cette dénormalisation doit également prévoir le mécanisme qui va garantir que ces données dénormalisées restent cohérentes. Cette gestion passe par les déclencheurs.

Lors de la création d'un déclencheur, il est donc nécessaire, en plus de le nommer de façon unique, de préciser quel évènement sur quelle table ou vue déclenche l'exécution du code Transact-SQL associé.

Si un déclencheur peut être associé à plusieurs évènements (INSERT, UPDATE ou DELETE), il ne peut cependant porter que sur une seule table ou bien une seule vue.

Un utilisateur n'exécute jamais volontairement un déclencheur. C'est parce qu'il fait une opération de modification des données et parce qu'un déclencheur est associé à l'instruction et la table que le code est exécuté. Le déclencheur fait partie de l'instruction initiale ; si une erreur est déclenchée lors de l'exécution, c'est toute l'instruction qui est en échec.

Le déclencheur est exécuté lors de l'exécution de l'instruction SQL déclenchante, même si plusieurs lignes de données sont affectées. Aussi, les données nouvellement insérées dans le cas d'un INSERT ou d'un UPDATE et les données supprimées dans le cas d'un DELETE ou d'un UPDATE sont disponibles dans des tables particulières nommées respectivement **inserted** et **deleted**.

Ces tables sont particulières car elles ne sont accessibles que dans le corps du déclencheur. Elles sont donc liées au contexte d'exécution de la requête. Lors de la définition du déclencheur, il conviendra donc de définir un curseur sur une ou deux de ces tables s'il souhaite effectuer un traitement sur chaque ligne.

Lorsqu'un déclencheur est associé à une table, il est exécuté après la vérification des contraintes d'intégrité. Il n'est donc pas possible de modifier ou corriger les données utilisateur afin qu'elles vérifient les contraintes définies. En revanche, ce type de déclencheur est parfaitement adapté à l'objectif premier des déclencheurs qui est de permettre la définition de contraintes complexes qui font intervenir des données en provenance de plusieurs tables et/ou qui nécessite la manipulation de plusieurs lignes.

Remarque

Les déclencheurs sont moins performants que les contraintes d'intégrités. Il faut donc y avoir recours uniquement dans le cas où la règle de validation ne peut pas être définie sous la forme d'une contrainte d'intégrité.

Sur les vues, comme sur les tables, il est possible de définir des déclencheurs de type INSTEAD OF. Comme son nom l'indique, ce déclencheur est exécuté à la place de l'ordre initial. Lorsque ce déclencheur est défini sur une vue, il permet de reporter l'instruction sur la ou les tables sous-jacentes. Lors de la définition sur une table, il est alors possible de compléter, corriger les données avant l'exécution de l'instruction qu'il est nécessaire de reprogrammer dans le déclencheur.

Syntaxe

```
CREATE [ OR ALTER ] TRIGGER nom_trigger ON { table | vue }
 [ WITH ENCRYPTION ]
 {FOR | AFTER | INSTEAD OF } {  INSERT , UPDATE ,DELETE }
  [ WITH APPEND ]    [ NOT FOR REPLICATION ]
  AS
  [ IF UPDATE ( colonne )
  | IF ( COLUMNS_UPDATED ( )opérateur_comparaison_bits)]
Instructions_SQL
```

OR ALTER

Le déclencheur est remplacé s'il existait déjà. Cette option est disponible depuis SQL Server 2016 SP1.

`WITH ENCRYPTION`

La définition du déclencheur est enregistrée de façon cryptée. Il n'est donc pas possible de connaître le code du déclencheur a posteriori. Cette option évite également que le déclencheur soit publié dans le cadre d'une réplication.

`FOR`

Permet de préciser à quel ordre SQL DML le déclencheur est associé. Par défaut, le déclencheur est de type AFTER.

`AFTER`

C'est le mode par défaut des déclencheurs. Le code est exécuté après vérification des contraintes d'intégrité et après modification des données.

`INSTEAD OF`

Le corps du déclencheur est exécuté à la place de l'ordre SQL envoyé sur la table ou la vue. Ce type de déclencheur est particulièrement bien adapté pour les vues.

`INSERT, UPDATE, DELETE`

Un déclencheur peut agir par rapport à une ou plusieurs actions. Dans ce cas, on séparera les actions par des virgules.

`WITH APPEND`

Cette clause n'est nécessaire que si le niveau de compatibilité de la base est inférieur ou égal à 65. Elle permet alors d'ajouter plusieurs déclencheurs sur un même ordre SQL et un même objet. Ce comportement est celui par défaut depuis la version 70.

`NOT FOR REPLICATION`

Indique que le déclencheur ne doit pas être exécuté lorsque la modification des données est issue d'un processus de réplication.

`IF UPDATE (`*`colonne`*`)`

Ne peut être utilisé que pour les déclencheurs UPDATE ou INSERT et ne s'exécutera que si la ou les colonnes sont concernées.

`IF ( COLUMNS_UPDATED ( ) opérateur_comparaison_bits)`

Cette fonction permet de connaître les indices de la ou des colonnes qui ont été mises à jour. Pour chaque colonne affectée par la mise à jour, un bit est levé. Pour savoir quelles ont été les colonnes mises à jour, une simple comparaison binaire suffit.

Instructions_SQL

Il est possible d'utiliser toutes les instructions Transact-SQL de manipulation de données (DML). Les instructions suivantes ne sont pas autorisées :

- CREATE et DROP.
- ALTER TABLE et ALTER DATABASE.
- TRUNCATE.
- GRANT et REVOKE.
- UPDATE STATISTICS.
- RECONFIGURE.
- LOAD DATABASE.

Il est possible de définir sur une même table plusieurs déclencheurs pour chaque opération INSERT, UPDATE et DELETE

Si l'instruction SQL échoue, alors le déclencheur n'est pas exécuté.

Remarque

*La procédure stockée **sp_helptrigger** permet de connaître les déclencheurs définis sur une table.*

Les déclencheurs de type AFTER peuvent être posés uniquement sur les tables, il n'est pas possible de poser de tels déclencheurs sur les vues. Il est possible de créer plusieurs déclencheurs AFTER pour une même table et un même ordre SQL (INSERT, UPDATE ou DELETE) de déclenchement. Si plusieurs déclencheurs existent, la procédure stockée **sp_settriggerorder** permet de fixer le déclencheur qui s'exécutera en premier et celui qui s'exécutera en dernier. Les autres déclencheurs s'exécuteront suivant un ordre non maîtrisable.

Remarque

Si une table possède une action en cascade, il n'est plus possible de poser un déclencheur INSTEAD OF.

SQL Server peut autoriser la récursivité des déclencheurs si l'option de base de données **nested triggers** a été activée à l'aide de ALTER DATABASE. Cette option permet de donner une puissance nettement supérieure aux déclencheurs mais elle peut être parfois dangereuse à utiliser.

Parmi les récursions possibles, il faut distinguer la récursion directe de la récursion indirecte.

La récursion directe est gérée par le paramètre **recursive_triggers**. Elle autorise, par exemple, un déclencheur posé sur la table CLIENTS et associé à l'ordre INSERT de contenir un ordre INSERT sur cette même table CLIENTS. Ce second ordre INSERT déclenche lui aussi l'exécution du déclencheur.

La récursion indirecte est gérée par le paramètre de serveur **nested triggers** de la procédure **sp_configure**. Pour illustrer la récursion indirecte, il faut considérer qu'un déclencheur posé sur la table COMMANDES et associé à l'ordre INSERT provoque un ordre INSERT dans la table CLIENTS, et que le déclencheur associé provoque à son tour un ordre INSERT sur la table COMMANDES.

Remarque

Afin d'éviter tout blocage définitif, les déclencheurs ne peuvent pas compter plus de 32 niveaux d'imbrication.

Exemples

Archivage automatique des clients lors de leur suppression :

```
USE GesCom;
GO
CREATE OR ALTER TRIGGER del_clients ON Clients FOR DELETE AS
BEGIN
       INSERT INTO ClientsArchives SELECT * FROM deleted;
END;
GO
```

Test :

```
DELETE FROM Clients WHERE idClient = 15;
SELECT * FROM Clients;
SELECT * FROM ClientsArchives;
```

Résultats | Messages

	idClient	nom	prenom	dateNaissance	ville	portable	fixe
1	20	LABICHE	Adeline	1983-06-05	Paris	765432100	NULL
2	35	DUBOIS	Julie	2000-11-21	Nantes	NULL	203040506
3	138	DUBOIS	Zoé	1998-07-12	Tours	777666555	413223140
4	142	DUCHEMIN	Julie	NULL	Nantes	NULL	123443210

	idClient	nom	prenom	dateNaissance	ville	portable	fixe
1	7	MICHEL	Martine	1950-04-09	Lyon	612345678	455667788
2	15	DUPOND	Jean	1946-12-27	Nantes	605030201	123456789
3	20	LABICHE	Adeline	1983-06-05	Paris	765432100	NULL
4	42	MARTIN	Enzo	2000-11-21	Lille	NULL	304050607

Interdiction de changement de propriétaire d'une commande :

```
GO
CREATE OR ALTER TRIGGER upd_commandes ON Commandes FOR UPDATE AS
IF UPDATE(idClient)
BEGIN
       ROLLBACK TRANSACTION;
       THROW 50100, 'Impossible de changer de client associé à une
commande.', 1;
END;
GO
```

Test :

```
UPDATE Commandes SET idClient = 138 WHERE idCommande = 1;
```

```
Impossible de changer de client associé à une commande. La
transaction s'est terminée dans le déclencheur. Le traitement a été
abandonné.
```

Demande de création d'un déclencheur sur la table Commandes depuis SQL Server Management Studio :

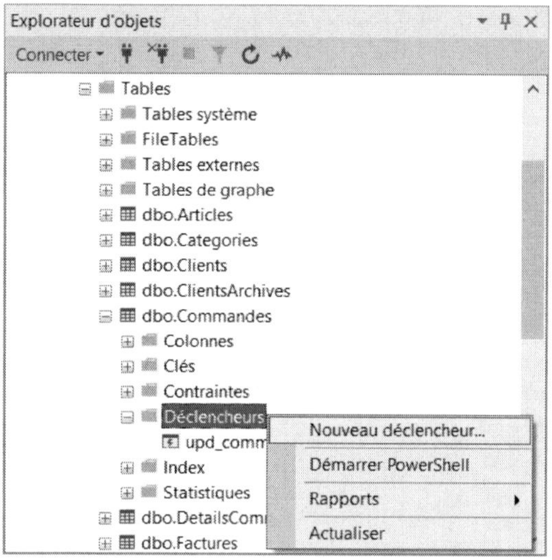

Création d'une facture lorsqu'une commande passe à l'état EP (en préparation) :

```
CREATE TABLE Factures(
idFacture     INT        IDENTITY    CONSTRAINT pk_factures PRIMARY KEY,
idCommande    INT        NOT NULL    CONSTRAINT fk_factures_commandes
                                     REFERENCES Commandes(idCommande),
dateF         DATE       NOT NULL    CONSTRAINT df_factures_dateF
                                     DEFAULT GETDATE(),
Montant NUMERIC(6,4)     NOT NULL    CONSTRAINT ck_facture_montant
                                     CHECK(montant >= 0),
txRemise    INT          NULL
);
GO
```

```
CREATE OR ALTER TRIGGER upd_commandes ON Commandes FOR UPDATE, INSERT
AS
IF UPDATE(statut)
BEGIN
       DECLARE @idCommande INT;
       DECLARE @statut CHAR(2);
       DECLARE cMajCom CURSOR FOR SELECT idCommande,
statut FROM inserted;
       OPEN cMajCom;
       FETCH cMajCom INTO @idCommande, @statut;
       WHILE(@@FETCH_STATUS=0)
       BEGIN
              IF @statut = 'EP'
              BEGIN
                    INSERT INTO Factures(idCommande, montant)
                    SELECT @idCommande, COALESCE(SUM(prixTTC*quan-
tite), 0)
                    FROM DetailsCommandes d
                  INNER JOIN Articles a ON d.idArticle = a.idArticle
                    WHERE idCommande = @idCommande;
              END
              FETCH cMajCom INTO @idCommande, @statut;
       END
       CLOSE cMajCom;
       DEALLOCATE cMajCom;
END;
GO
```

Test :

```
UPDATE Commandes SET statut='EP' WHERE idCommande = 10;
SELECT idFacture, idCommande FROM Factures;
INSERT INTO Commandes VALUES(GETDATE(), 'EP', 20);
SELECT idFacture, idCommande FROM Factures;
```

Résultats | Messages

	idFacture	idCommande
1	1	10

	idFacture	idCommande
1	1	10
2	2	11

Connaître les déclencheurs posés sur la table des commandes :

```
EXEC sp_helptrigger 'dbo.Commandes';
```

Résultats | Messages

	trigger_name	trigger_owner	isupdate	isdelete	isinsert	isafter	isinsteadof	trigger_schema
1	upd_commandes	dbo	1	0	0	1	0	dbo
2	upd_ins_commandes	dbo	1	0	1	1	0	dbo

Choisir le premier et le dernier déclencheur qui s'exécutent lors de chaque opération UPDATE sur la table des commandes :

```
EXEC sp_settriggerorder 'upd_commandes', 'FIRST', 'UPDATE';
EXEC sp_settriggerorder 'upd_ins_commandes', 'LAST', 'UPDATE';
```

6. Exercices

6.1 La création d'une fiche de location et ses lignes associées

Écrivez une procédure AjoutFiche qui prend en paramètre le numéro d'un client et entre un et trois articles. Cette procédure crée une fiche de location et les lignes de location de cette fiche pour les articles empruntés. La date de création de la fiche et du départ des articles est la date du jour.

Exemples d'appel de la procédure

```
EXEC AjoutFiche 3, 'F50';
EXEC AjoutFiche 4, 'F60', 'P10';
EXEC AjoutFiche 5, 'F05', 'F62', 'F63';
```

6.2 Le montant d'une fiche

Écrivez une fonction MontantFiche qui retourne le montant d'une fiche de location dont le numéro est passé en paramètre.

Exemple d'appel

```
SELECT dbo.MontantFiche(1006) montant;
```

Résultats | Messages

	montant
1	60

6.3 L'enregistrement du paiement d'une fiche

Écrivez une procédure PaiementFiche permettant d'enregistrer le paiement d'une fiche de location dont le numéro est passé en paramètre. Si tout se passe bien, la fiche est mise à jour et un message s'affiche. Si la fiche a déjà été payée ou si elle est encore en cours de location car des articles n'ont pas été restitués, alors un message d'erreur s'affiche et la fiche reste inchangée.

Exemples

```
EXEC PaiementFiche 1006;
```

```
Enregistrement du paiement d'un montant de 60 € pour la fiche n°1006
à la date de ce jour
```

```
EXEC PaiementFiche 1002;
```

```
Le paiement d'une fiche n'est possible que si elle est dans l'état
rendue
```

6.4 La synthèse des fiches

Créez une fonction table SyntheseFiches qui permet de visualiser l'état des fiches, leurs propriétaires et leurs montants.

Exemple

```
SELECT * FROM dbo.SyntheseFiches();
```

Résultats | Messages

	noFic	noCli	nom	prenom	état	montant
1	1001	14	Boutaud	Sabine	soldée	180
2	1002	4	Desmoulin	Daniel	en cours	110
3	1003	1	Albert	Anatole	soldée	120
4	1004	6	Ferdinand	François	en cours	NULL
5	1005	3	Dupond	Camille	en cours	60
6	1006	9	Dupond	Jean	soldée	60
7	1007	1	Albert	Anatole	en cours	60
8	1008	2	Bernard	Barnabé	en cours	NULL
9	1009	3	Dupond	Camille	en cours	NULL
10	1010	4	Desmoulin	Daniel	en cours	NULL
11	1011	5	Ernest	Etienne	en cours	NULL
12	1012	5	Ernest	Etienne	en cours	NULL

6.5 La mise à jour automatique de l'état des fiches

Mettez en place un déclencheur de base de données pour mettre à jour l'état d'une fiche à rendue (RE) lorsque le dernier article en location de cette fiche est retourné.

6.6 La vérification de la disponibilité des articles pour la location

Au moment de la location d'un article, vérifiez que celui-ci n'est pas déjà en location à l'aide d'un déclencheur de base de données.

7. Correction des exercices

7.1 La création d'une fiche de location et ses lignes associées

```
GO
CREATE OR ALTER PROCEDURE AjoutFiche(@noCli NUMERIC(6), @refart1
CHAR(3), @refart2 CHAR(3) = NULL, @refart3 CHAR(3) = NULL) AS
BEGIN
       INSERT INTO fiches(noCli) VALUES(@noCli);
       DECLARE @noFic NUMERIC(6) = @@IDENTITY;
       INSERT INTO lignesFic(noFic, noLig, refart) VALUES(@noFic, 1,
@refart1);
       IF @refart2 IS NOT NULL
             INSERT INTO lignesFic(noFic, noLig, refart)
VALUES(@noFic, 2, @refart2);
       IF @refart3 IS NOT NULL
             INSERT INTO lignesFic(noFic, noLig, refart)
VALUES(@noFic, 3, @refart3);
END;
GO
```

7.2 Le montant d'une fiche

```
GO
CREATE OR ALTER FUNCTION MontantFiche(@noFic NUMERIC(6))
RETURNS NUMERIC(6) AS
BEGIN
       DECLARE @montant NUMERIC(6);
       SELECT @montant=montant
       FROM montantsFiches m
       WHERE noFic = @noFic;
       RETURN @montant;
END;
GO
```

7.3 L'enregistrement du paiement d'une fiche

```
GO
CREATE OR ALTER PROCEDURE PaiementFiche(@noFic NUMERIC(6)) AS
BEGIN
	IF (SELECT etat FROM fiches WHERE noFic = @noFic) <> 'RE'
		THROW 50201, 'Le paiement d''une fiche n''est possible
que si elle est dans l''état rendue', 1;
	UPDATE fiches SET datePaye = GETDATE(), etat='SO' WHERE noFic
= @noFic;
	PRINT CONCAT('Enregistrement du paiement d''un montant de ',
dbo.MontantFiche(@noFic), ' € pour la fiche n°', @noFic, ' à la date
de ce jour');
END;
GO
```

7.4 La synthèse des fiches

```
GO
CREATE OR ALTER FUNCTION SyntheseFiches() RETURNS TABLE AS
RETURN (
	SELECT noFic, f.noCli, nom, prenom,
		CASE etat
			WHEN 'EC' THEN 'en cours'
			WHEN 'RE' THEN 'rendue'
			WHEN 'SO' THEN 'soldée'
		END état,
		dbo.MontantFiche(noFic) montant
	FROM fiches f
	INNER JOIN clients c ON f.noCli = c.noCli);
GO
```

7.5 La mise à jour automatique de l'état des fiches

```
GO
CREATE OR ALTER TRIGGER upd_lignesFic ON LignesFic FOR UPDATE AS
IF UPDATE(retour)
BEGIN
       DECLARE @noFic NUMERIC(6);
       DECLARE @statut CHAR(2);
       DECLARE cMajLF CURSOR FOR SELECT noFic FROM inserted WHERE
retour IS NOT NULL;
       OPEN cMajLF;
       FETCH cMajLF INTO @noFic;
       WHILE(@@FETCH_STATUS=0)
       BEGIN
             IF (SELECT COUNT(*) FROM lignesFic WHERE noFic=@noFic
AND retour IS NULL) = 0
                    UPDATE fiches SET etat = 'RE' WHERE noFic=@noFic
AND etat='EC';
             FETCH cMajLF INTO @noFic;
       END
       CLOSE cMajLF;
       DEALLOCATE cMajLF;
END;
GO
```

7.6 La vérification de la disponibilité des articles pour la location

```
GO
CREATE OR ALTER TRIGGER ins_lignesFic ON LignesFic FOR INSERT AS
BEGIN
       DECLARE @noFic NUMERIC(6);
       DECLARE @noLig NUMERIC(2);
       DECLARE @refart CHAR(3);
       DECLARE @depart DATETIME;
       DECLARE @retour DATETIME;
       DECLARE cInsLF CURSOR FOR SELECT noFic, noLig, refart, depart,
COALESCE(retour, GETDATE()) FROM inserted;
       OPEN cInsLF;
       FETCH cInsLF INTO @noFic, @noLig, @refart, @depart, @retour;
       WHILE(@@FETCH_STATUS=0)
       BEGIN
```

```
            IF EXISTS(SELECT * FROM lignesFic WHERE (noFic<>@noFic
OR noLig<>@noLig) AND refart=@refart AND (depart >= @depart AND depart <=
@retour OR depart<@depart AND (retour IS NULL OR retour>=@depart)))
            BEGIN
                  ROLLBACK TRAN;
                  THROW 50202, 'Article déjà loué sur la période', 1;
            END
            FETCH cInsLF INTO @noFic, @noLig, @refart, @depart, @retour;
      END
      CLOSE cInsLF;
      DEALLOCATE cInsLF;
END;
GO
```

Chapitre 5
Gestion des données distribuées

1. Introduction

La gestion des données se fait de plus en plus dans des environnements réseau hétérogènes, c'est-à-dire avec plusieurs serveurs SQL Server qui doivent communiquer, ou avec des données autres que SQL Server installées sur des postes clients, ou encore avec des applications utilisant des données de plusieurs serveurs SQL et d'autres gestionnaires de données (Access, Oracle...).

Ces environnements vont donc poser de nombreux problèmes, parmi lesquels :

- la mise à disposition des utilisateurs de toutes les données,
- la concurrence des accès aux données,
- la cohérence et l'intégrité des données,
- la sécurité d'accès aux données,
- les performances des serveurs de données.

Les différents rôles de l'administrateur et du développeur de bases de données SQL Server consistent à :

- assurer la copie et le transfert des données entre plusieurs bases ou plusieurs serveurs,
- établir la cohérence des données réparties dans plusieurs bases,

- exporter et importer des données vers des gestionnaires de bases de données autres que SQL Server,
- permettre aux utilisateurs d'un serveur d'accéder aux données d'un autre serveur.

Les développeurs d'applications utilisant SQL Server, joueront également un rôle dans cette gestion de données distribuées, par :

- la gestion de l'intégrité des données entre plusieurs serveurs accédés par la même transaction,
- l'accès des applications à des données hétérogènes (SQL Server et autres systèmes de gestion de données).

SQL Server propose toute une gamme de solutions pour assurer ces différentes fonctions.

Pour l'administrateur :

- SSIS permet la copie de données de base à base ou de serveur à serveur,
- la distribution des données sur médias amovibles permettant d'installer une base sur disque amovible,
- la réplication asynchrone permettant de répercuter automatiquement les modifications faites à une base vers d'autres bases,
- le programme BCP qui exporte ou importe des données vers des fichiers du système d'exploitation,
- les procédures stockées distantes qui permettent à un utilisateur d'un serveur, de faire exécuter une procédure sur un autre serveur.

Pour le développeur :

- le "commit" à deux phases qui permet de s'assurer qu'une transaction utilisant plusieurs serveurs est validée correctement sur tous les serveurs,
- les API (*Application Programming Interface*) côté serveur et côté client qui fournissent au développeur les fonctions pour les connexions, l'accès aux données ou les passerelles vers d'autres environnements.

2. SQL Server Integration Services

SQL Server propose avec SSIS (*SQL Server Integration Services*) un ensemble d'outils et de techniques puissants et conviviaux qui permettent d'importer rapidement un important volume de données dans une base SQL Server.

L'extraction, la transformation et le chargement de données (ETL pour *Extract Transform and Load*) sont les trois tâches qu'Integration Services doit remplir.

SSIS peut être utilisé pour récupérer des données stockées dans différents formats en vue d'une intégration dans une base SQL Server. Il peut aussi être utilisé pour consolider, dans une base de type Data Warehouse (ou entrepôt de données), des informations en provenance de plusieurs sources SQL Server par exemple. Il peut également être utilisé pour transférer facilement des données d'une base à une autre et profiter de ce transfert pour réorganiser les données afin de répondre aux nouvelles demandes d'évolution.

SSIS peut également être utilisé pour réaliser des tâches d'administration comme la sauvegarde de tables, de vues, de procédures... Il est ainsi possible d'automatiser ces tâches et de planifier leur exécution.

SSIS peut également être utilisé par l'administrateur pour intégrer dans une base les données d'un fichier plat.

2.1 Les principes de fonctionnement

Le service d'intégration de SQL Server (SSIS) repose sur quatre éléments principaux qui sont :

- le service SSIS proprement dit, qui permet depuis SQL Server Management Studio, de suivre l'exécution en cours des lots et de gérer les stockages des lots,
- le modèle d'objet (*Object Model*) de SSIS propose sous forme d'API d'accéder aux outils SSIS, aux utilitaires en ligne de commande et de personnaliser les applications,
- le runtime SSIS permet l'exécution des lots et gère de ce fait tous les éléments liés comme les journaux, la configuration des connexions, les transactions...

– le flux de données (Data Flow Task). Ce composant intègre le moteur de gestion des données qui lit l'information depuis la source, la stocke dans des tampons mémoire avant de l'écrire sur la destination. Les transformations sont appliquées aux données qui sont dans les tampons mémoire avant qu'elles ne puissent être écrites sur la destination.

Le schéma ci-dessous illustre l'intégration et les relations qui peuvent exister entre ces quatre composants dans la construction de SSIS :

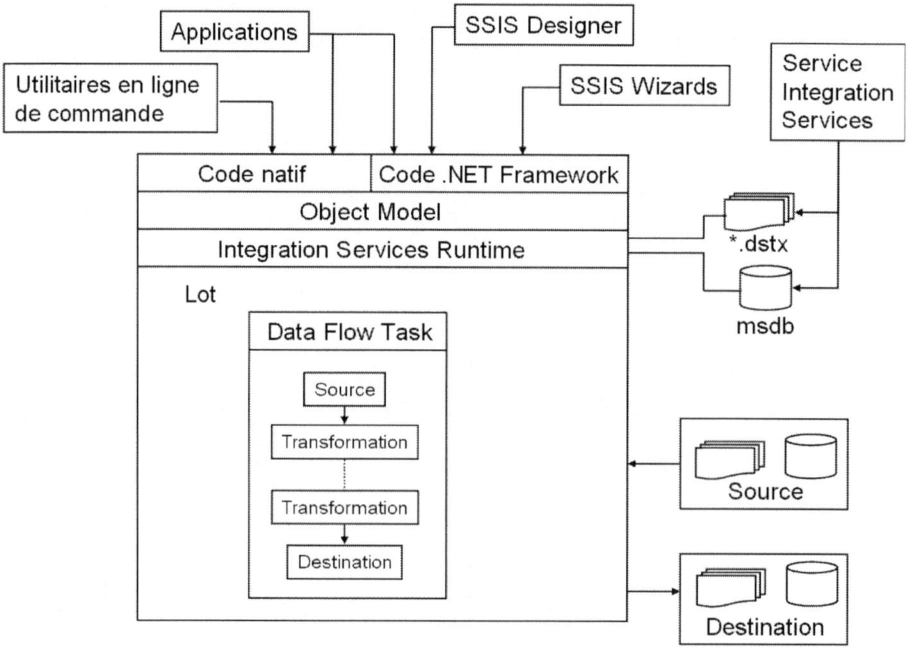

SSIS supporte aussi bien le code natif que le code géré par le Framework. Par exemple, il est possible d'écrire des tâches de transformation personnalisées en C++ (et donc de produire un exécutable) ou en C# (et donc de produire du code géré par le Framework .NET).

Remarque

Le service SSIS complet est à destination des importations massives et répétées qui rentrent dans le cadre d'un entrepôt de données. L'objectif étant ici de travailler sur une base OLTP, seule la partie importation et exportation ponctuelle est présentée. C'est pourquoi les seules manipulations présentes correspondent à l'assistant d'importation/exportation présent dans SQL Server Management Studio. Le concepteur SSIS et la gestion avancée des packages SIS ne sont pas abordés dans cet ouvrage.

2.2 L'assistant d'importation et d'exportation

L'assistant d'importation et d'exportation permet de définir rapidement et simplement des lots SSIS simples, c'est-à-dire qui ne réalisent pas de transformations complexes. L'assistant permet de répondre rapidement aux problèmes les plus courants. Il permet également de fournir un premier socle de travail lors de la conception de lots plus complexes avec le concepteur SSIS.

Pour pouvoir définir un lot SSIS, l'assistant va devoir définir les éléments suivants :

- La source et la destination des données. Suivant le type de source et de destination, des options de paramétrages peuvent être demandées, comme le délimiteur de champs pour l'exportation dans un fichier plat.
- Valider et éventuellement modifier le mappage entre la source et la destination.

Il reste alors à enregistrer le lot SSIS dans la base de données système **MSDB** ou bien sous forme de fichier. Dans le cas où l'assistant est exécuté depuis SQL Server Management Studio, il est possible de l'exécuter immédiatement.

Pour exécuter l'assistant depuis SQL Server Management Studio, il faut réaliser les manipulations suivantes :

- Depuis l'explorateur, sélectionnez la base de données cible ou destination de l'importation ou l'exportation.
- Depuis le menu contextuel associé à la base, sélectionnez **Tâches - Importer des données** ou bien **Tâches - Exporter les données**.

Dans les deux cas, le même assistant est exécuté. La différence de choix implique un choix par défaut de la base d'origine (export) ou bien de destination (import).

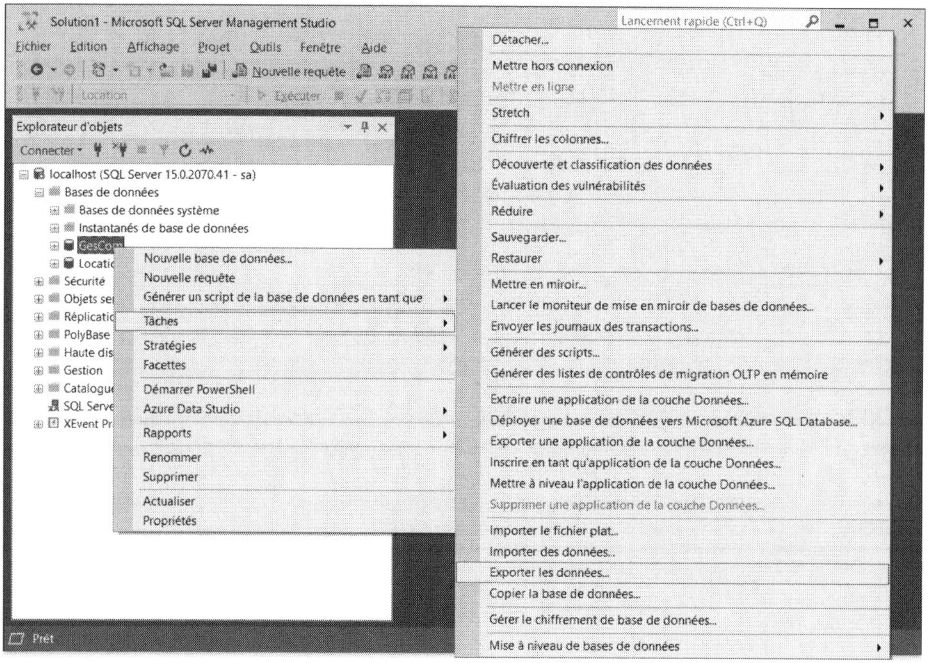

Exemple

L'exemple suivant va permettre d'illustrer l'utilisation de l'assistant pour importer des données depuis un fichier texte.

Tout d'abord, l'écran d'accueil de l'assistant est présenté :

La source de données est sélectionnée comme étant un fichier plat, puis les éléments concernant la structure des données sont enregistrés : le séparateur de lignes, le séparateur de colonnes... Il est possible de paramétrer et de voir comment la source est interprétée en fonction des paramètres saisis en sélectionnant les vues **Colonnes**, **Avancé** et **Aperçu**.

Remarque

*Depuis la vue **Avancé**, le bouton **Suggérer les types** permet d'analyser les premières lignes du fichier source afin de déterminer les types de données de la table de destination au plus juste. Par défaut, seules les 200 premières lignes sont analysées, mais il est possible de préciser le nombre de lignes à prendre en compte pour cette analyse.*

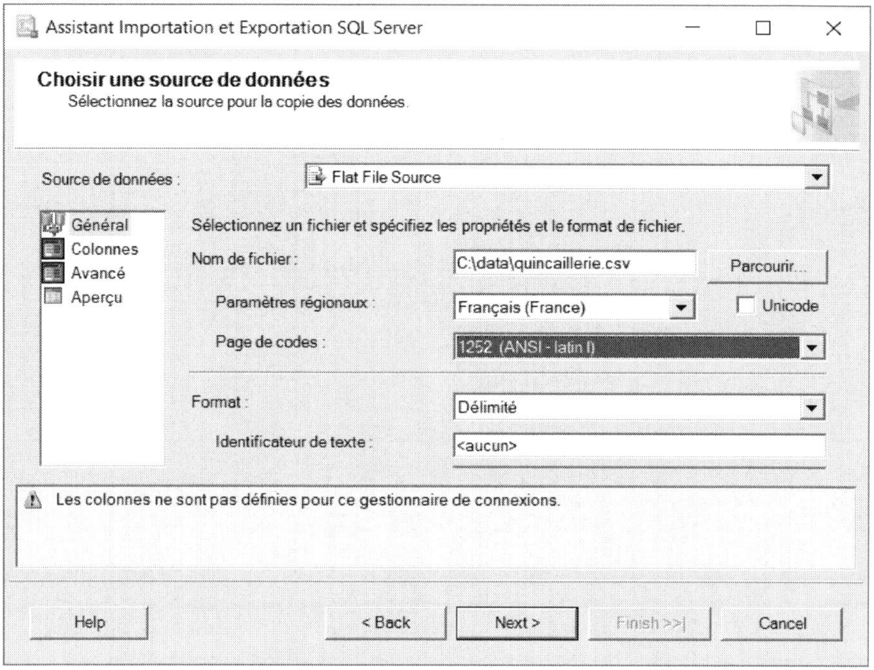

La définition ajustée des colonnes depuis la vue **Avancé** est indispensable car par défaut toutes les colonnes sont typées comme une chaîne de 50 caractères.

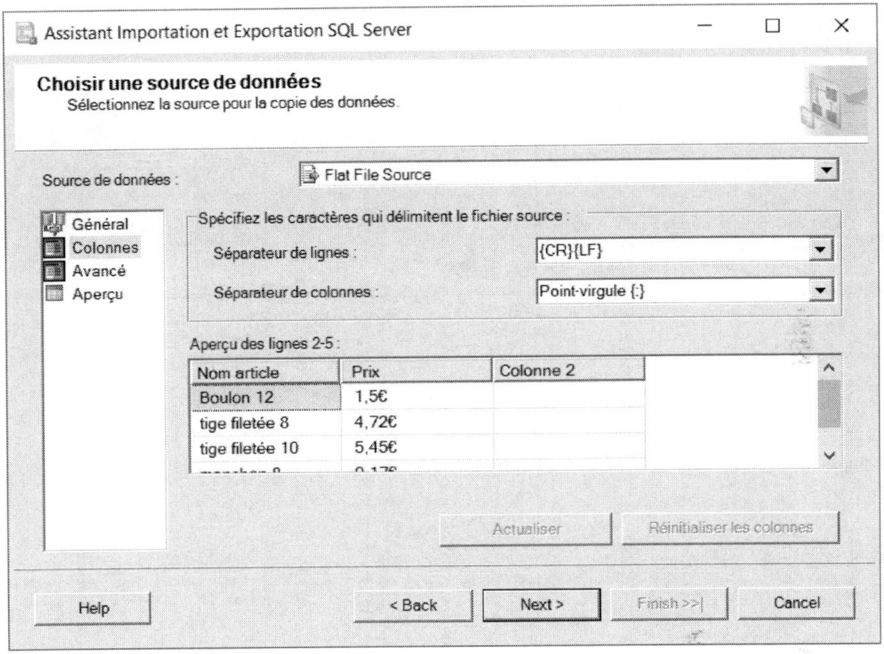

Dans la vue **Avancé**, il est également possible de modifier les colonnes (en supprimer, les renommer).

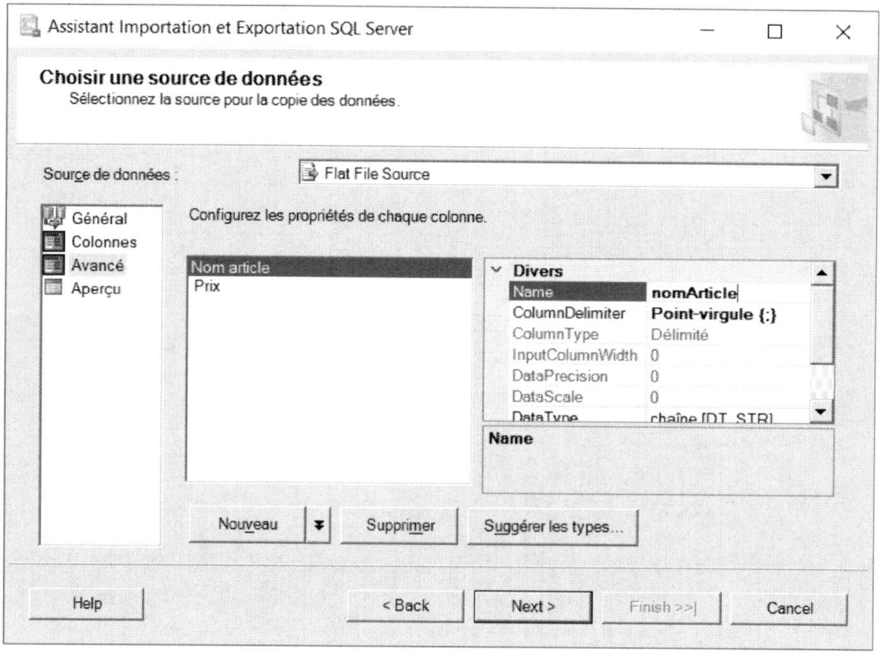

Enfin, depuis la vue **Aperçu**, il est possible de demander à l'assistant d'ignorer les premières lignes du fichier.

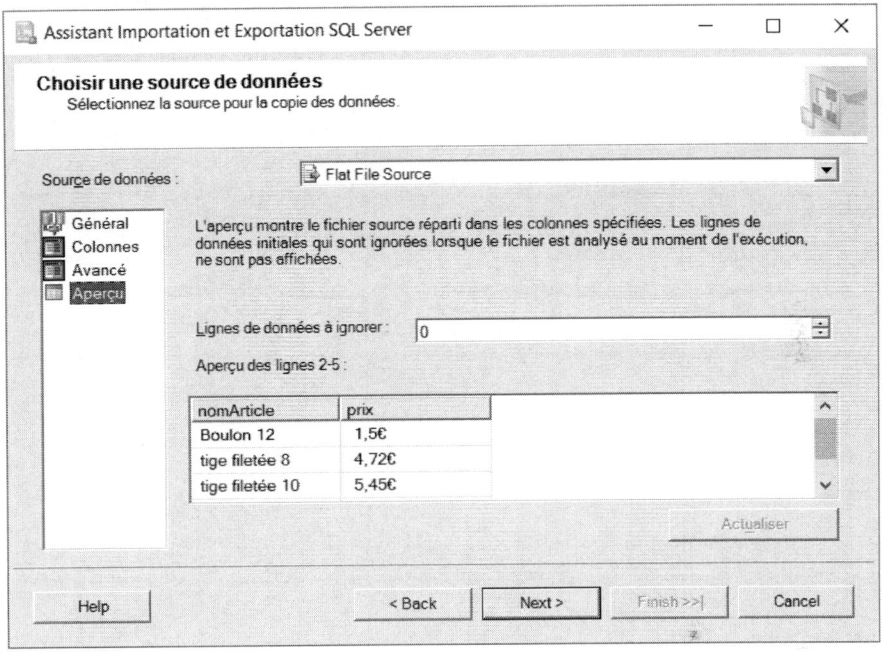

La destination est sélectionnée à l'étape suivante. Après avoir sélectionné l'instance SQL Server à laquelle il faut se connecter, il est possible de créer une nouvelle base de destination en sélectionnant le bouton **Nouvelle**.

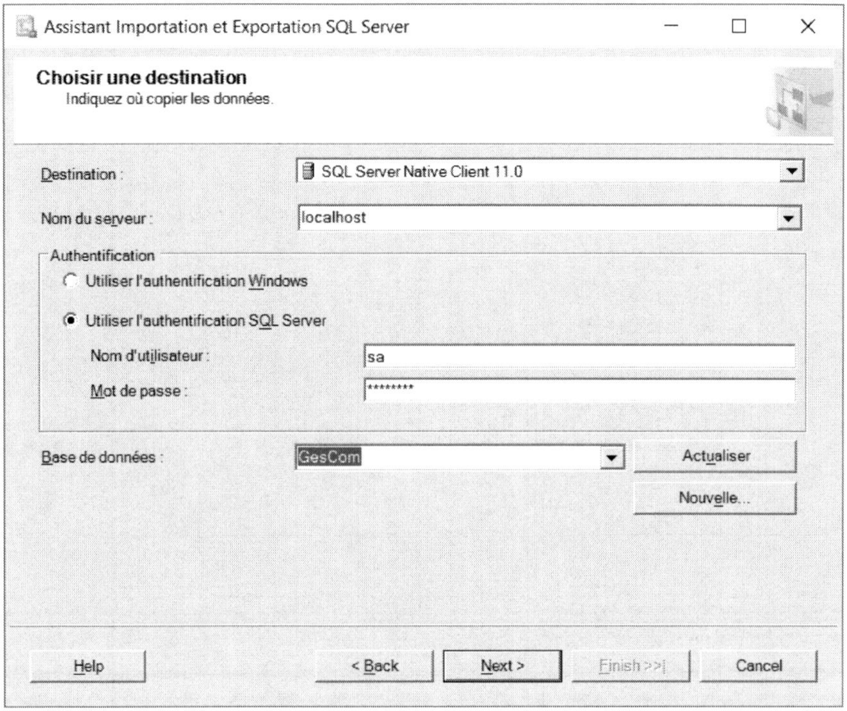

L'assistant propose ensuite la liste des mappages réalisés entre source et destination. La complexité de cet écran dépend du type de source sélectionné (source OLEDB, source SQL Server...).

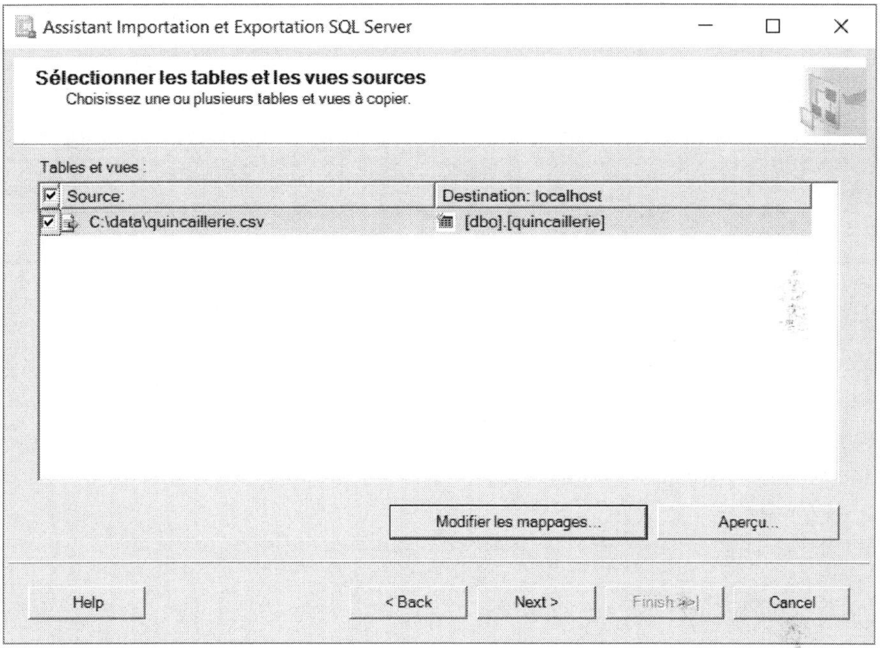

En utilisant le bouton **Modifier les mappages**, il est possible de voir en détail le mappage réalisé au niveau de chaque colonne. Par exemple, les colonnes sont renommées afin de posséder un nom significatif.

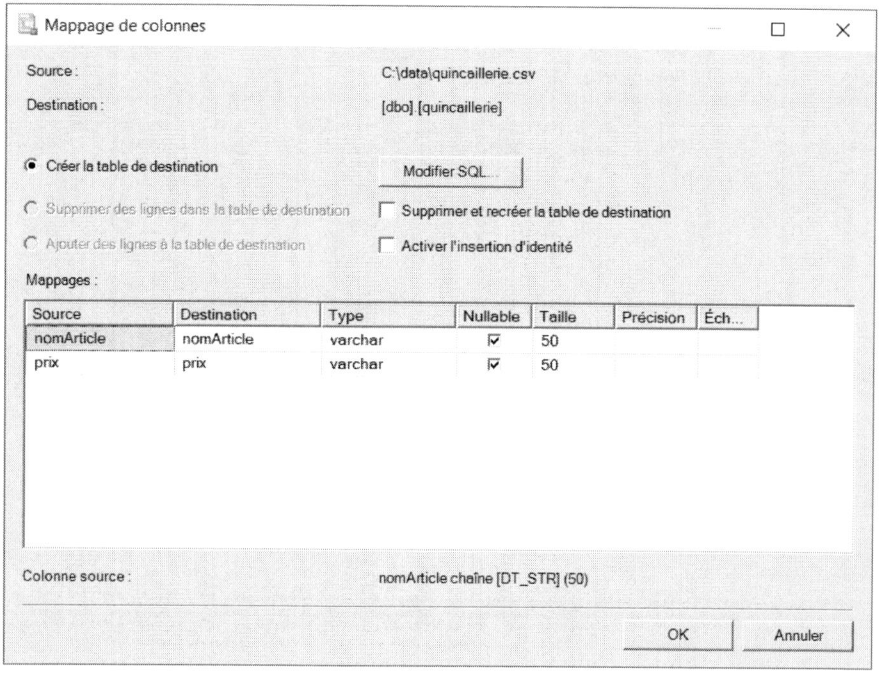

L'assistant propose d'exécuter le lot immédiatement. Il est également possible d'enregistrer sa définition dans la base **msdb** ou bien sous forme de fichier.

Dans le cas où le package est enregistré, il est nécessaire de spécifier le niveau de sécurité souhaité.

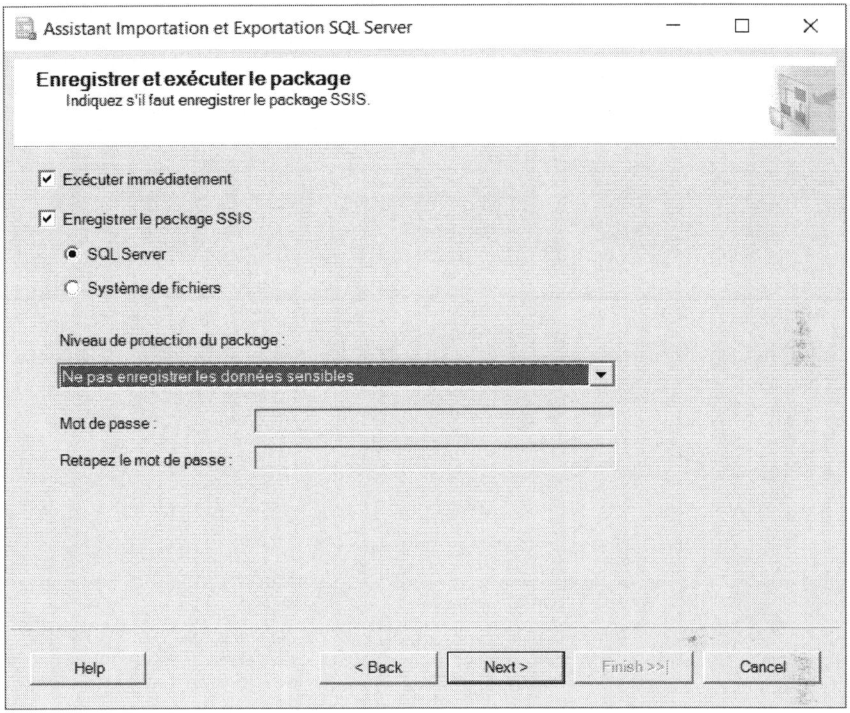

Puis il faut donner un nom et une description au package.

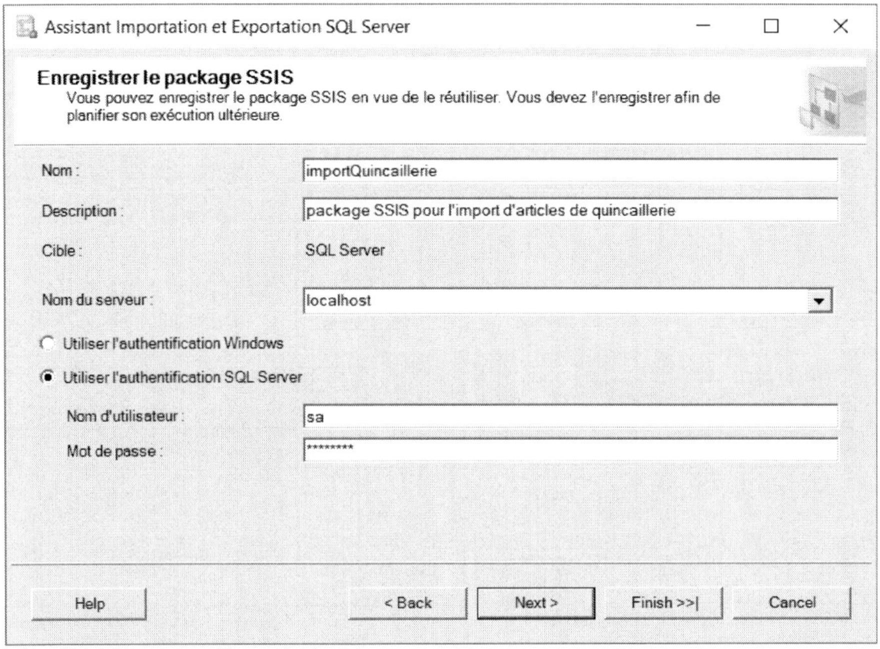

Avant de quitter l'assistant, celui-ci affiche un récapitulatif du travail et des choix effectués.

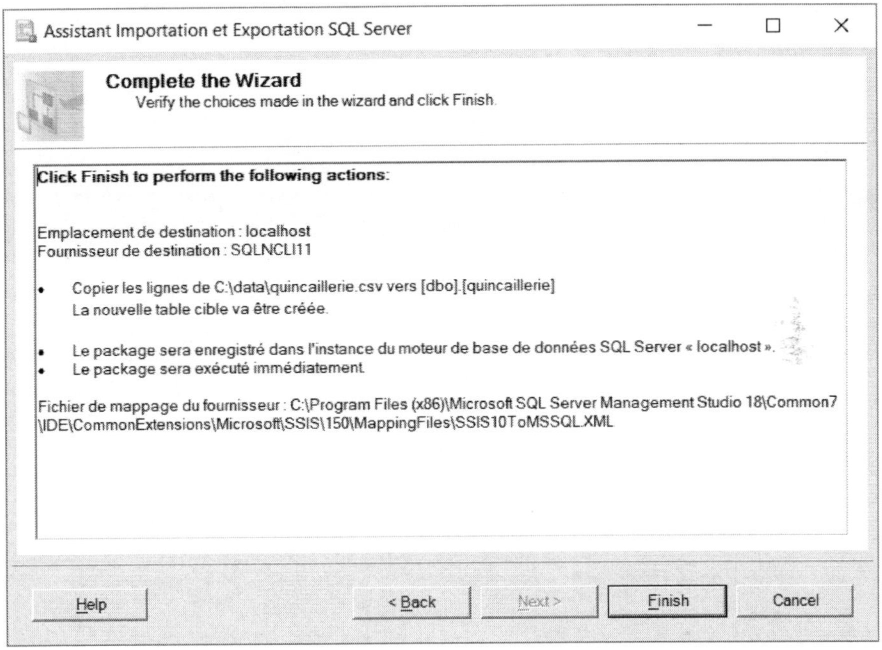

Lors de l'exécution du lot, il est possible de suivre l'avancement des opérations.

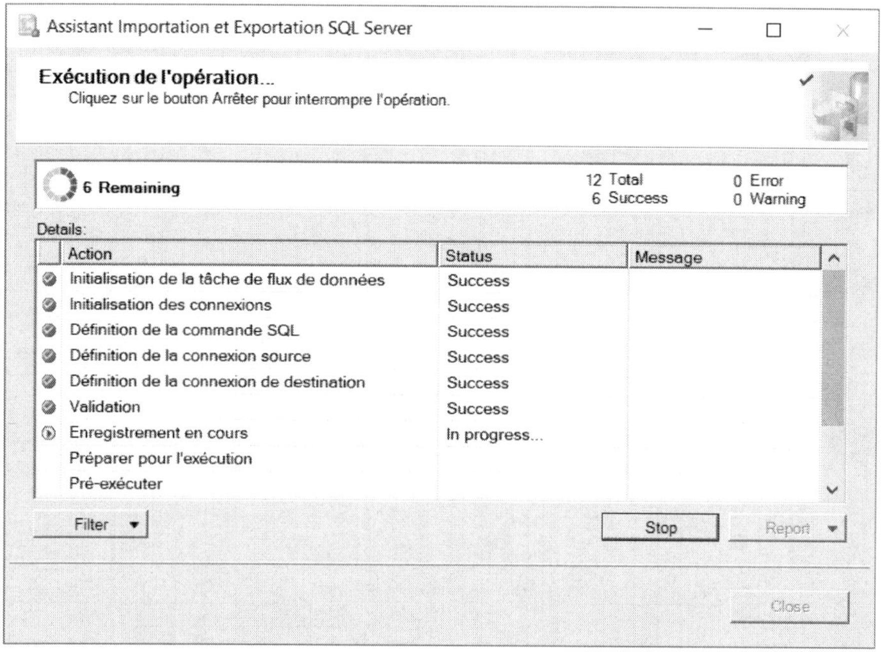

Il est ensuite possible de retravailler les données importées avec un script SQL.

```
USE GesCom;

CREATE SEQUENCE sq_article START WITH 101;
INSERT INTO Articles SELECT NEXT VALUE FOR sq_article, nomArticle,
CON-VERT(NUMERIC(6,2), REPLACE(REPLACE(prix, '€;',''), ',','.')),
12 FROM quin-caillerie;
DROP SEQUENCE sq_article;
DROP TABLE quincaillerie;
```

2.3 Les autres utilitaires

2.3.1 L'utilitaire d'exécution de package

Il est nécessaire d'avoir installé **Integration Services** lors de l'installation de SQL Server. Si cela n'est pas le cas, il faut reprendre les étapes d'installation jusqu'à la sélection de fonctionnalités. Il faut ensuite cocher **Integration Services**.

Pour exécuter les packages enregistrés sur un serveur SQL ou bien sous forme de fichier, il est possible d'utiliser l'utilitaire **dtexecui**, que l'on peut démarrer soit en l'exécutant en ligne de commande, soit via SQL Server Management Studio avec un compte administrateur.

Dans l'explorateur d'objets connectez-vous à **Integration Services**.

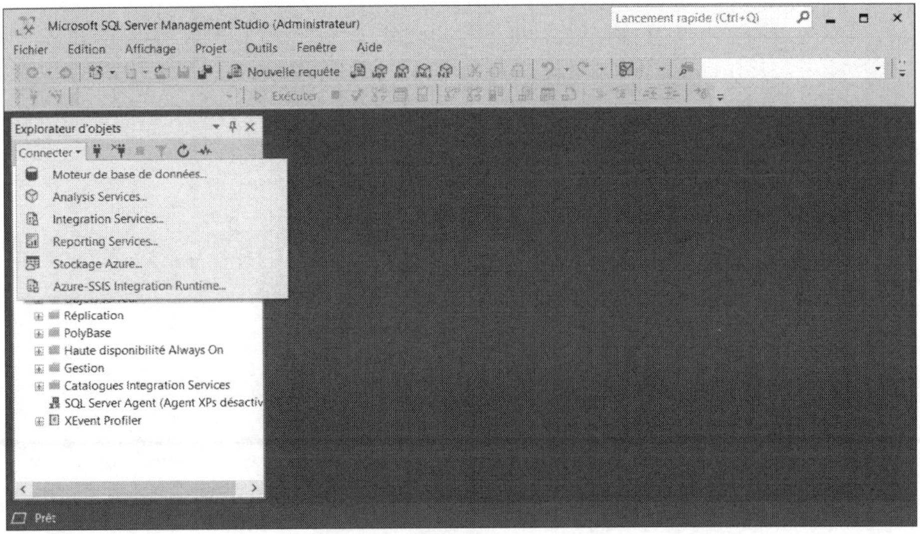

La connexion se réalise nécessairement avec votre authentification Windows.

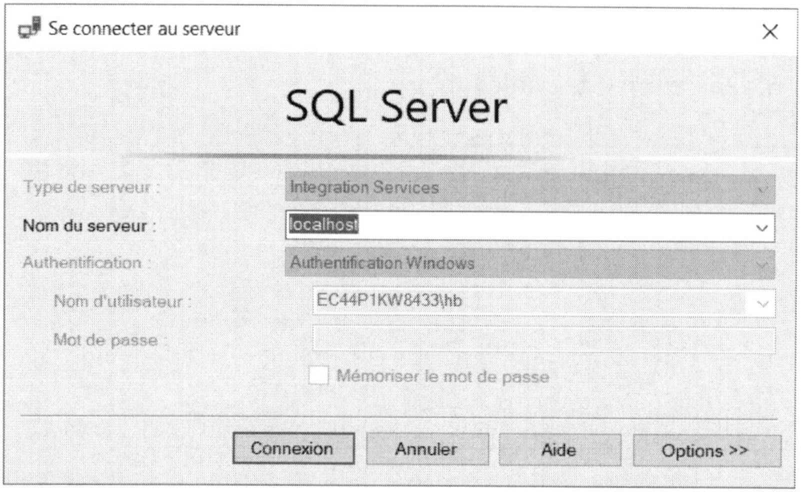

Il est ensuite possible de retrouver les packages existants comme "importQuincaillerie". Il est alors possible de les exécuter.

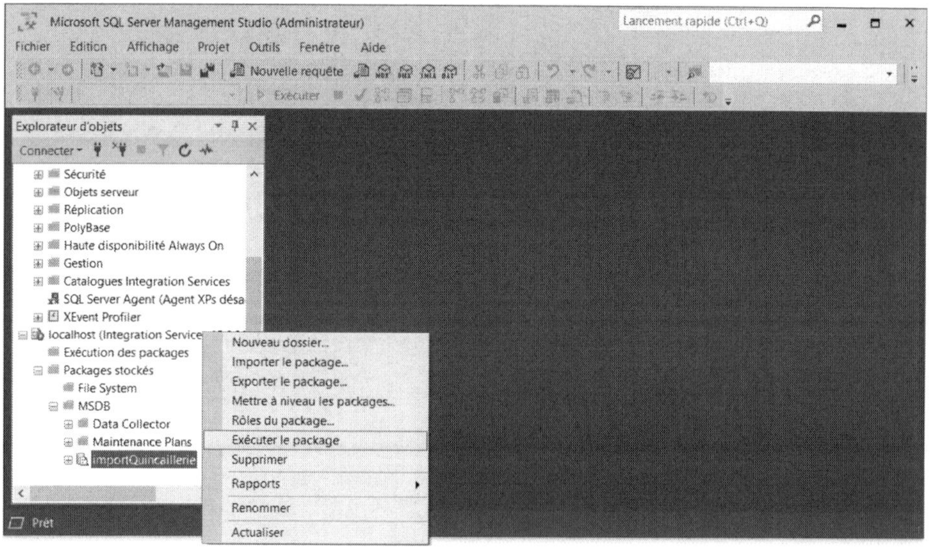

2.3.2 Les utilitaires en ligne de commande

dtexec

Cet utilitaire, en ligne de commande, permet d'exécuter un package SSIS stocké sous forme de fichier. Il est possible de paramétrer l'utilisation du package par l'intermédiaire des différentes options de **dtexec**.

La ligne de commande de **dtexec** est relativement complexe mais il est possible de s'aider de **dtexecui** qui permet de visualiser la ligne de commande générée. Cet utilitaire en pure ligne de commande est intéressant lorsque l'exécution du lot doit être transférée sur un serveur lié.

dtutil

Cet utilitaire en ligne de commande permet de gérer les packages existants qu'ils soient stockés dans la base **msdb** ou sous forme de fichiers. Il est ainsi possible de copier, supprimer, renommer ou plus simplement vérifier l'existence d'un package.

Bien que relativement implicite pour un outil en ligne de commande, il est préférable de gérer les packages SSIS par l'intermédiaire de SQL Server Management Studio, lorsque cela est possible.

Cet utilitaire ne supporte pas l'utilisation d'un fichier de commande ni la redirection vers un fichier.

3. Le transport d'une base de données

Il est possible de détacher et d'attacher les fichiers de données et journaux d'une base de données SQL Server. Cette opération permet de déplacer rapidement et simplement une base depuis une instance SQL Server vers une autre instance située sur le même serveur ou bien un autre serveur. Il est également possible de profiter du moment où la base est détachée pour faire une copie des fichiers afin d'attacher immédiatement la base sur le serveur d'origine et d'attacher une copie de la base sur un serveur de secours ou de test. En effet, cette procédure est beaucoup plus rapide que le fait de passer par une étape de sauvegarde/restauration.

Remarque

*Les procédures **sp_create_removable** et **sp_attach_db** sont maintenues pour des raisons de compatibilité.*

3.1 Le détachement d'une base

En détachant une base de son serveur, les fichiers de données et de journaux sont conservés dans leur état. La base pourra être rattachée à un serveur SQL Server, y compris celui à partir duquel la base a été détachée.

Cette opération est possible pour n'importe quelle base de données utilisateur, à condition qu'elle soit dans un état correct (par exemple, pas en cours de restauration), et qu'elle ne soit pas impliquée dans des opérations administratives au niveau de la base, comme un processus de réplication par exemple.

3.1.1 Depuis SQL Server Management Studio

C'est la solution la plus simple pour détacher une base de données. Il faut sélectionner l'option **Tâches - Détacher** depuis le menu contextuel associé à la base. L'écran suivant apparaît alors.

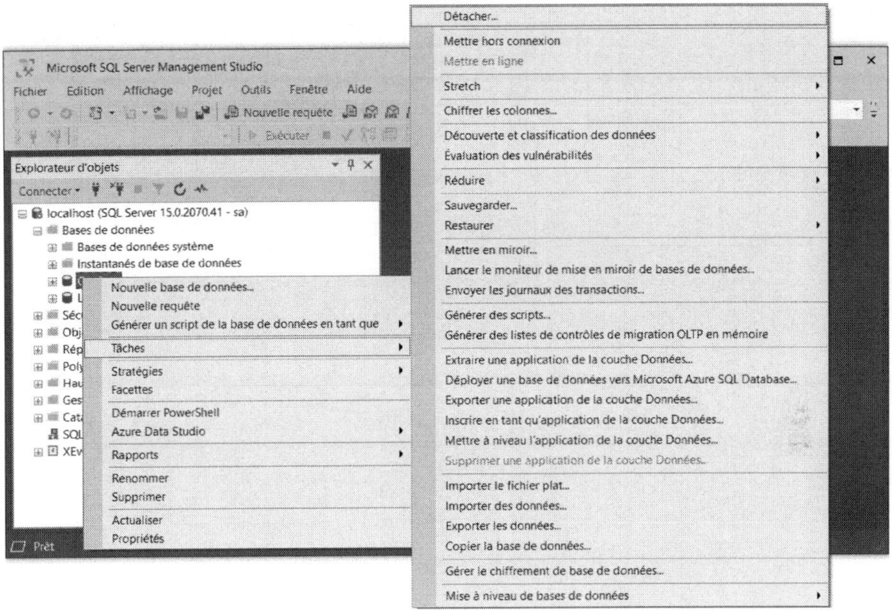

La boîte de dialogue de détachement de la base apparaît alors.

Face à la base de données sélectionnée, deux options sont disponibles sous forme de case à cocher :

- **Supprimer les connexions** : si des utilisateurs sont connectés, cette case à cocher permet de mettre fin à leur connexion.
- **Mettre à jour les statistiques** : il est recommandé de mettre à jour les statistiques des tables avant de l'utiliser.

Dans l'exemple suivant, les cases à cocher **Supprimer les connexions** et **Mettre à jour les statistiques** sont cochées afin de fermer les connexions existantes et de mettre à jour les statistiques avant de détacher la base.

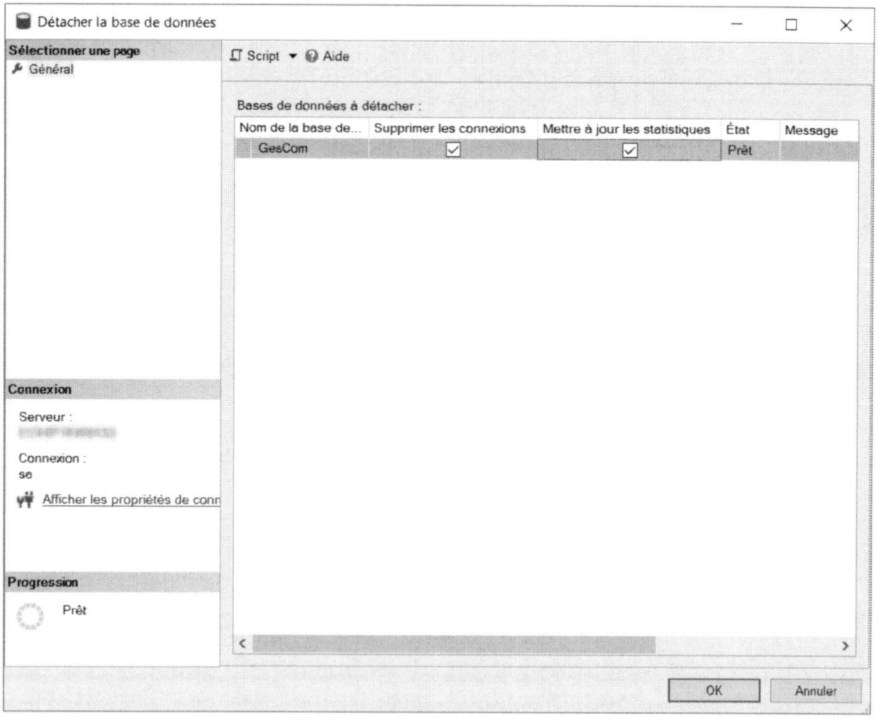

Après traitement, la base est détachée. Il ne reste plus qu'à déplacer les fichiers, si nécessaire, par l'intermédiaire des instructions de manipulation des fichiers.

3.1.2 Avec un script Transact-SQL

En Transact-SQL, il faut utiliser la procédure **sp_detach_db**.

```
sp_detach_db [ @dbname= ] 'base'
    [ , [ @skipchecks= ] {'true'|'false'}]
    [ , [ @keepfulltextindexfile= ] {'true'|'false'} ]
```

@dbname

Nom de la base de données à détacher.

`@skipchecks`

Faut-il oui ou non mettre à jour les statistiques ? Par défaut, l'option est positionnée à True. En spécifiant false, la commande UPDATE STATISTICS est exécutée, en sélectionnant True les statistiques ne sont pas mises à jour. Par défaut, les statistiques des tables et des index sont mises à jour. Cette option est particulièrement importante pour les bases.

`@keepfulltextindexfile`

Faut-il oui ou non conserver les index de texte intégral ?

Cette option n'est déjà plus disponible au travers de l'interface graphique et n'est maintenue que pour des raisons de compatibilité. Il faut donc veiller à ne plus l'utiliser.

Exemple

La base de données GesCom est détachée :

```
USE master;
EXEC sp_detach_db @dbname='GesCom', @skipchecks='false';
```

Mise à jour de [sys].[sqlagent_jobs]

```
[sqlagent_jobs_clust], la mise à jour n'est pas nécessaire...
...
```

3.2 Le rattachement d'une base

Cette opération est possible pour une base de données qui a été détachée proprement, c'est-à-dire en respectant la procédure fournie dans SQL Server Management Studio, ou en passant par un script.

3.2.1 Depuis SQL Server Management Studio

La première opération consiste à sélectionner l'option **Joindre** depuis le menu contextuel associé au dossier **Bases de données**.

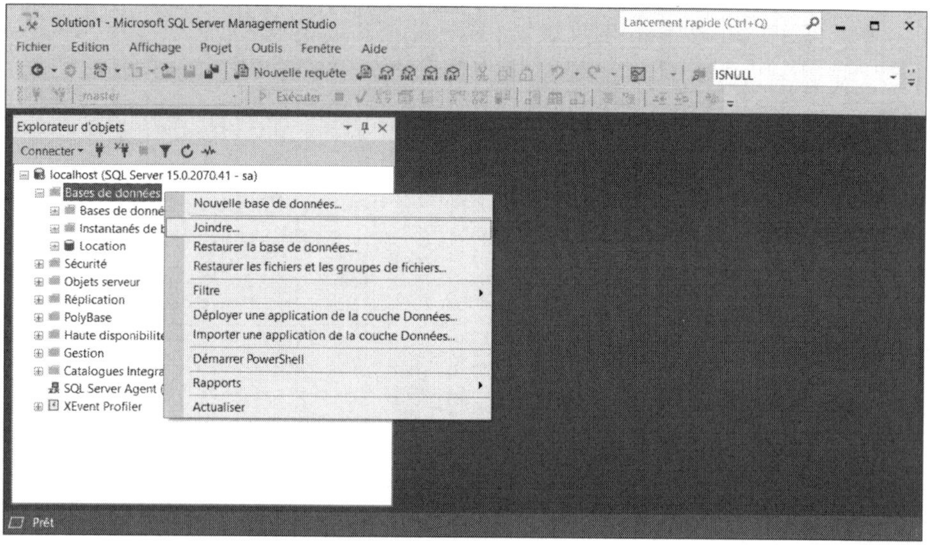

Depuis la fenêtre **Attacher des bases de données**, il faut cliquer sur **Ajouter...** pour localiser les fichiers de données et les fichiers de journaux relatifs à la base de données à attacher. À partir du fichier de données (.mdf), l'assistant localise le fichier journal et les autres fichiers de données.

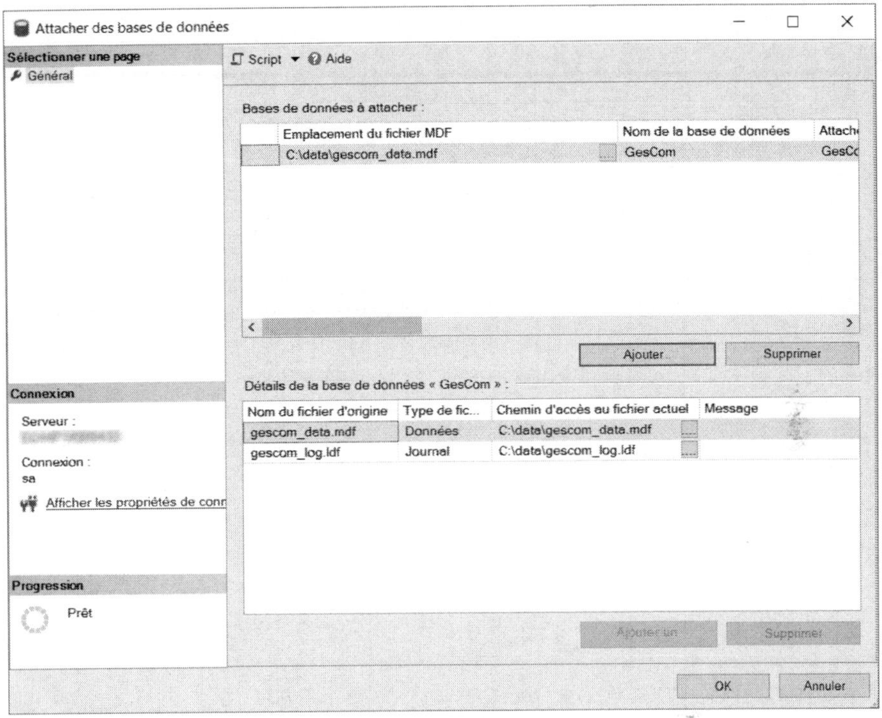

Après exécution de l'opération, la base est de nouveau accessible aux utilisateurs.

3.2.2 Avec un script Transact-SQL

Il faut utiliser l'instruction CREATE DATABASE avec l'option FOR ATTACH.

```
CREATE DATABASE nomBase
    ON <descriptionFichier> [ ,...n ]
    FOR { ATTACH | ATTACH_REBUILD_LOG }
```

`nomBase`

Nom de la base de données à restaurer.

`descriptionFichier`

Description du fichier à attacher en précisant le nom logique et le nom physique par les options NAME et FILENAME.

`FOR ATTACH`

La base est attachée dans l'état.

`FOR ATTACH_REBUILD_LOG`

Dans le cas où un fichier journal est manquant ou bien erroné, la base le reconstruit à vide.

Exemple

La base GesCom est attachée depuis les fichiers présents :

```
CREATE DATABASE GesCom
ON (
      NAME=GesCom_data,
      FILENAME='C:\data\GesCom_data.mdf'
) FOR ATTACH;
```

3.3 Le déplacement d'une base ou des fichiers

Par l'intermédiaire des opérations de détachement puis d'attachement, il est possible de déplacer physiquement les fichiers et donc d'organiser différemment la structure physique de la base.

4. Les exports et imports au format CSV

4.1 Les instructions BULK

Les instructions BULK permettent de travailler avec des masses de données présentes dans des fichiers au format Comma Separated Values (*.csv), mais également au format XML (cela est présenté dans le prochain chapitre : Les types évolués).

4.1.1 L'import

L'instruction BULK INSERT réalise l'import des données présentes dans le fichier CSV dans une table déjà existante de la base de données.

Syntaxe

```
BULK INSERT [[nomBaseDeDonnées.]nomDuSchema.]nomTableOuVue
FROM 'fichierDeDonnées' [WITH options][;]
```

`nomTableOuVue`

Nom de la table dans laquelle insérer les données. Pour une vue, les données doivent toutes être des colonnes d'une même table afin d'y être insérées.

`'fichierDeDonnées'`

Chemin complet vers le fichier contenant les données à importer. Il est possible d'utiliser un chemin réseau en utilisant l'adresse UNC de la ressource (exemple : \\serveurA\Data\nomFichier.txt).

`options`

Permet de spécifier des informations complémentaires comme l'encodage du fichier (CODEPAGE), le choix du séparateur de champs (FIELDTERMINATOR), un fichier de correspondance entre les champs du fichier CSV et les colonnes de la table (FORMATFILE)...

Exemple

```
BULK INSERT Clients FROM 'C:\data\nouveauxClients.csv'
WITH (CODEPAGE='65001', FIELDTERMINATOR=';');
```

La page de code 65001 correspond à de l'Unicode UTF-8, et dans cet exemple les champs sont séparés par un point-virgule.

4.1.2 L'utilisation comme une table

Il est parfois intéressant d'utiliser des données présentes dans un fichier CSV comme si elles étaient présentes dans une table. La méthode OPENROWSET permet cela, mais également avec des données provenant de n'importe quelle source OLEDB.

Il est nécessaire de produire un fichier de format (.fmt) décrivant la structuration des données dans le fichier.

Syntaxe

```
OPENROWSET({nomFournisseur, chaîneConnexion, requête
    | BULK 'nomFichier',
             { FORMATFILE = 'nomFichierFormat.fmt' [, options] |
                  SINGLE_BLOB | SINGLE_CLOB | SINGLE_NCLOB }
) Alias
```

`nomFournisseur`

Nom du fournisseur OLEDB à utiliser.

`chaîneConnexion`

Chaîne de connexions pour pouvoir se connecter à la source de données. Les paramètres de cette chaîne sont fonction du fournisseur OLEDB sélectionné.

`requête`

Requête SQL à exécuter pour extraire l'information.

`'nomFichier'`

Chemin absolu vers le fichier de données à utiliser.

`'nomFichierFormat.fmt'`

Chemin absolu vers le fichier décrivant la structuration des données.

`options`

Mêmes options que pour l'import.

`SINGLE_BLOB`

Retourne une seule ligne et une seule colonne contenant l'ensemble des informations au format binaire (VARBINARY(MAX)).

`SINGLE_CLOB`

Retourne une seule ligne et une seule colonne contenant l'ensemble des informations au format texte (VARCHAR(MAX)).

SINGLE_NCLOB

Retourne une seule ligne et une seule colonne contenant l'ensemble des informations au format texte Unicode (NVARCHAR(MAX)).

Exemple

Soit le fichier de données à utiliser :

```
115;12;Très bon produit ! Je recommande sans hésitation...;5
116;22;Usure rapide;2
```

Voici le fichier de format associé :

```
14.0
4
1     SQLCHAR         0     0     ";"     1  idClient             ""
2     SQLCHAR         0     0     ";"     2  idArticle            ""
3     SQLCHAR         0     0     ";"     3  commentaire          ""
4     SQLCHAR         0     0     "\r\n"  4  note                 ""
```

Ce fichier peut être produit manuellement ou à l'aide du programme BCP (présenté dans la section suivante) si celui-ci reprend le format d'une table existante.

```
SELECT * FROM OPENROWSET(BULK 'C:\data\avis.csv', FORMATFILE =
'C:\data\formatAvis.fmt', CODEPAGE='65001') Avis;
```

Résultats | Messages

	idClient	idArticle	commentaire	note
1	115	12	Très bon produit ! Je recommande sans hésitatio...	5
2	116	22	Usure rapide	2

Il est possible d'utiliser ces données comme si elles étaient présentes dans une table :

```
SELECT designation article, CONCAT(nom, ' ', prenom) client,
       Avis.commentaire, CONCAT(Avis.note, ' / 5') note
FROM OPENROWSET(BULK 'C:\data\avis.csv',
              FORMATFILE = 'C:\data\formatAvis.fmt', CODEPAGE='65001') Avis
INNER JOIN Clients ON Avis.idClient=Clients.idClient
INNER JOIN Articles ON Avis.idArticle = Articles.idArticle;
```

Résultats | Messages

	article	client	commentaire	note
1	perforateur	VAN SILLER Patricia	Très bon produit ! Je recommande sans hésitatio...	5 / 5
2	foret SDS 12	OLSEN Mikaël	Usure rapide	2 / 5

4.2 Le programme BCP

BCP (*Bulk Copy Program*) est un utilitaire d'importation de données depuis un fichier du système d'exploitation vers une table existante ou non, et d'exportation des données d'une table ou d'une vue vers un fichier du système d'exploitation.

BCP est utilisé principalement dans les cas suivants :

- Interface avec des systèmes de gestion de fichiers autres que SQL Server.
- Volumes de transfert importants entre deux serveurs SQL Server.
- Création de fichiers contenant des données pour d'autres applications (gestionnaires de rapports, programmes n'utilisant pas SQL...).

Les caractéristiques des transferts sont les suivantes :

- L'importation des données est dynamique, d'autres utilisateurs peuvent accéder à la base pendant l'exécution de BCP.
- L'exportation est statique. BCP utilisant une image fixe de la base, il vaut mieux, pour la cohérence des données, que les utilisateurs n'accèdent pas à la base pendant le transfert.
- Un BCP est "rapide" si la table réceptrice n'a ni d'index ni de contrainte, et si l'option **select into/Bulkcopy** est à **ON**. Un BCP est "lent" si une de ces conditions n'est pas remplie.
- Les valeurs par défaut et les types de données sont pris en compte.
- Les déclencheurs et contraintes seront ignorés.

Remarque

Il est intéressant de combiner SQLCMD et BCP dans un batch. SQLCMD peut supprimer puis recréer les index et les contraintes et valider les données, BCP assure le transfert.

Bien que BCP reste un outil très performant, les solutions d'import et d'export en ligne de commande peuvent être réalisées en définissant un lot SSIS sauvegardé dans un fichier et lancé à l'aide de l'utilitaire **dtexec**.

BCP n'est pas un outil de sauvegarde des données, mais sa simplicité de mise en œuvre et sa rapidité d'exécution font qu'il est parfois utilisé pour sauvegarder les données. En effet, BCP n'exporte que les données et pas la structure. Les tables, vues, procédures, fonctions... ne sont pas sauvegardées. Il faut donc mettre en place un autre processus pour enregistrer toute la structure de la base.

Syntaxe

À partir de la ligne de commande.

```
bcp {nomtable | "requête"} {in | out | queryout | format}
fichier_données
[-m nombre_max_erreurs] [-f format] [ -x] [ -e fichier_erreur]
[-F premiere_ligne] [-L dernière_ligne] [-b taille_batch]
[-n] [-c] [-w] [-N] [-V (80 | 90 | 100| 110)]
[-q] [-C { ACP | OEM | RAW | page_code }] [-t> fin_champ]
[-r fin_ligne]
[-i fichier_entree] [-o fichier_sortie] [-a taille_paquets]
[-S nom_serveur [\nom_instance]] [-U login] [-P mot_passe]
[-T] [-v] [-R] [-k] [-E] [-K ReadOnly] [-h "option [,...n]"]
```

`nomtable | "requête"`

Nom de la table, de la vue ou de la requête SQL utilisée.

`in | out | queryout | format`

Travaille-t-on en import, en export, à partir d'une requête de type SELECT ou en utilisant un fichier de format basé ?

`fichier_données`

Nom complet du fichier à utiliser par BCP.

`-m` *`nombre_max_erreurs`*

Nombre maximal d'erreurs possibles avant que la copie de données ne soit annulée.

`-f format`

Nom complet du fichier contenant les réponses enregistrées lors d'une précédente utilisation de BCP.

`-x`

Utilisé conjointement avec les options format et f, il permet de travailler avec un fichier de données au format XML.

`-e fichier_erreur`

Nom complet du fichier contenant les erreurs.

`-F premiere_ligne`

Par défaut, c'est la première ligne du fichier qui est utilisée.

`-L dernière_ligne`

Numéro de la dernière ligne du fichier à prendre en compte lors de l'import de données depuis un fichier. Par défaut, il s'agit de la valeur 0 qui correspond à la dernière ligne du fichier.

`-b taille_batch`

Nombre de lignes par lots de données copiés.

`-n`

Copie par bloc en utilisant les types de données par défaut.

`-c`

Copie par bloc en utilisant le type caractère.

`-w`

Copie par bloc en utilisant les caractères Unicode.

`-N`

Copie par bloc en utilisant les types de données par défaut pour les données non-caractères. Les données de type caractère sont copiées au format Unicode.

`-V (80 | 90 | 100 | 110 | 120 | 130)`

Copie en bloc en utilisant les types de données des versions précédentes de SQL Server.

`-q`

Interprétation des guillemets.

`-C { ACP | OEM | RAW | page_code }`

Ce paramètre permet de préciser le type de codage utilisé pour les caractères.

- `ACP` pour utiliser la page ANSI/Windows n°1252.
- `OEM` permet d'utiliser la page par défaut du poste client. C'est le choix utilisé par défaut si l'option `-C` n'est pas spécifiée.
- `RAW` permet de ne faire aucune conversion entre la page de code du serveur et celle de destination.
- *`page_code`* représente le numéro de la page de code à utiliser.

`-t` *`fin_champ`*

Marqueur de fin de champ.

`-r` *`fin_ligne`*

Marqueur de fin de ligne.

`-i` *`fichier_entree`*

Nom du fichier contenant les réponses aux questions pour chaque champ lors d'une copie par bloc en mode interactif.

`-o` *`fichier_sortie`*

Nom du fichier recevant les sorties BCP.

`-a` *`taille_paquets`*

Nombre d'octets par paquets réseau envoyés.

`-S` *`nom_serveur`*`[\`*`nom_instance`*`]`

Nom du serveur et de l'instance.

-U *login*

Nom de l'utilisateur SQL Server utilisé pour se connecter.

-P *mot_passe*

Mot de passe de l'utilisateur SQL Server.

-T

Utiliser une connexion approuvée.

-v

Connaître le numéro de version de BCP.

-R

Utiliser le format régional pour les données de type date et heure et les données monétaires.

-k

Ne pas utiliser les valeurs par défaut si la colonne insérée contient NULL.

-E

Prise en compte d'une colonne de type identité dans le fichier de données d'import.

-K ReadOnly

Permet de spécifier le comportement de l'application et pour l'instant la seule valeur possible est ReadOnly. Dans le cas où ce paramètre n'est pas précisé, la connexion s'effectue en mode normal, soit Lecture/Écriture.

-h "*option*[,...*n*]"

Options à préciser en vue d'une exportation vers une version 6.5 ou antérieure de SQL Server.

Exemple

Exportation vers un fichier ASCII dont le caractère séparateur de champs est la virgule et le caractère séparateur d'enregistrements est un retour chariot :

```
Administrateur : Invite de commandes
C:\Windows\system32>bcp GesCom..clients out C:\data\clients.bcp -c
 -C ACP -t ";" -r \n -T -S localhost -K Readonly

Démarrage de la copie...
SQLState = S1000, NativeError = 0
Error = [Microsoft][ODBC Driver 17 for SQL Server]Avertissement :
l'importation de fichier BCP avec un fichier de format convertira
les chaînes vides dans les colonnes délimitées en NULL.

4 lignes copiées.
Taille du paquet réseau (octets) : 4096
Heure (ms) Total    : 1      Moyenne : (4000.00 lignes par seconde)


C:\Windows\system32>
```

Fichier produit

```
15;DUPOND;Jean;1946-12-27;Nantes;605030201;123456789
20;LABICHE;Adeline;1983-06-05;Paris;765432100;
138;DUBOIS;Zoé;1998-07-12;Tours;777666555;413223140
142;DUCHEMIN;Julie;;Nantes;;123443210
```

5. Les serveurs liés

Un serveur lié est un serveur qui fait partie d'un réseau et auquel les utilisateurs peuvent accéder par l'intermédiaire de leur serveur local.

L'intérêt est de gérer les connexions en local et que les utilisateurs puissent quand même exécuter des procédures stockées ou accéder à des tables sur le serveur lié. Ce serveur peut être un autre serveur SQL Server, mais également un autre SGBDR accessible comme une source de données OLEDB (exemples : un serveur Oracle, un serveur DB2, un système de fichiers, une feuille de calcul Excel...). De cette manière, il est possible de gérer des données hétérogènes, par exemple Oracle, Access et SQL Server, à partir de l'instance de votre serveur SQL Server.

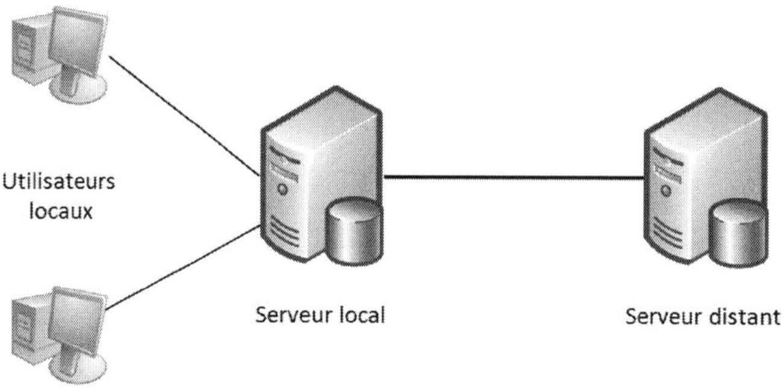

Ces utilisateurs de ce type de solution distribués sont appelés utilisateurs distants sur les serveurs liés et doivent posséder un nom d'accès sur chaque serveur lié.

Avant de pouvoir utiliser cette fonctionnalité, il faudra ajouter les serveurs liés, les configurer et gérer les utilisateurs distants.

Les serveurs liés doivent être paramétrés afin que les connexions distantes soient autorisées. En tant qu'administrateur, il faut exécuter le Gestionnaire de configuration SQL Server et activer le protocole TCP/IP.

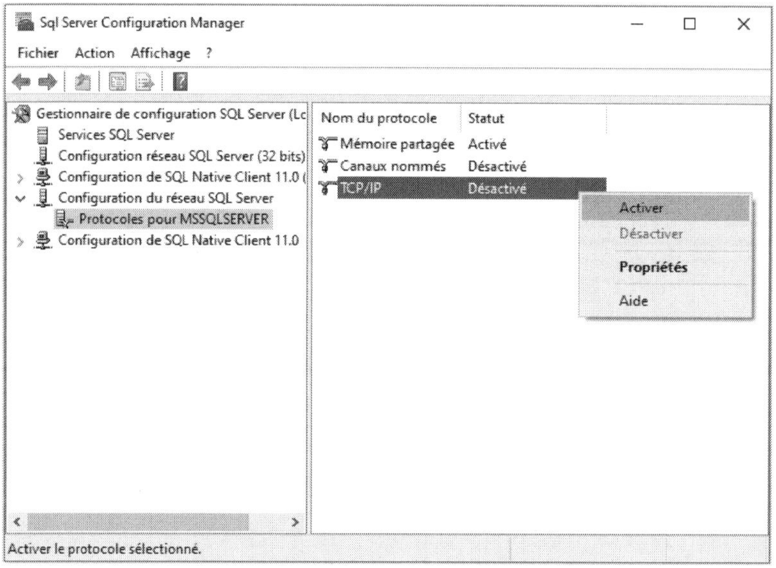

Il est ensuite nécessaire de redémarrer le service SQL Server pour que les changements prennent effet.

Le pare-feu du serveur lié doit également être configuré pour laisser passer les trames réseau nécessaires. La procédure qui suit concerne le pare-feu Windows, mais avec un autre pare-feu le principe reste le même.

Il faut exécuter en tant qu'administrateur **Pare-feu Windows Defender avec fonctions avancées de sécurité**. Dans **Règles de trafic entrant**, il faut cliquer sur **Nouvelle règle**.

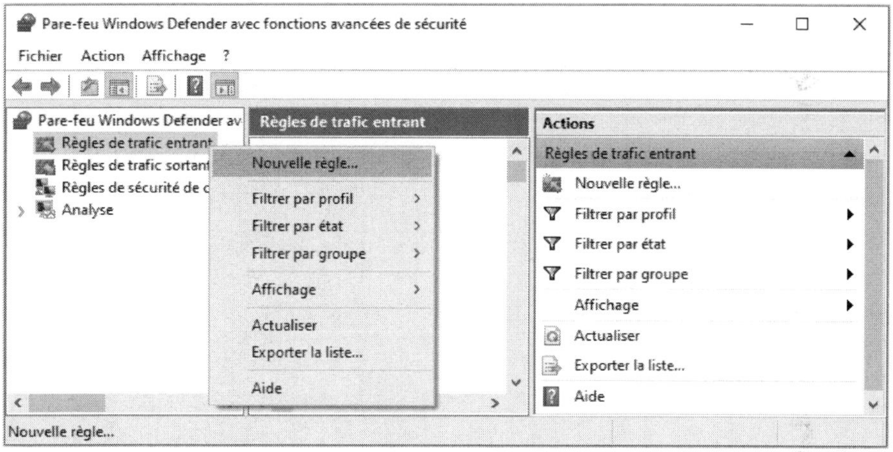

Il faut ensuite choisir de créer une règle de type **Port**, puis indiquer le protocole TCP et le port 1433 (le port utilisé par défaut par SQL Server).

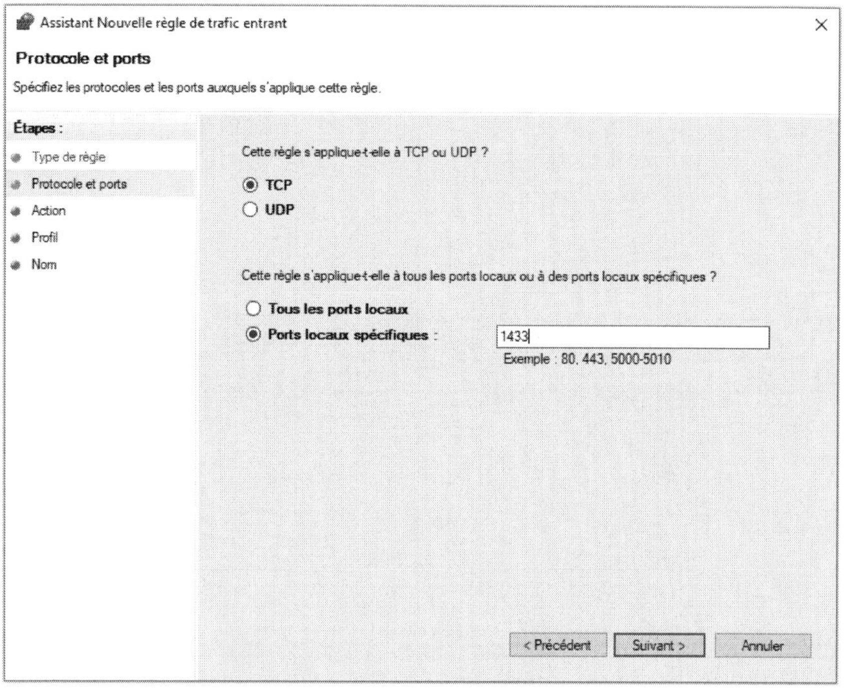

Il faut ensuite indiquer d'autoriser la connexion, choisir l'étendue de l'ouverture (privé, domaine ou public) et enfin choisir le nom de la règle.

La dernière configuration à effectuer sur les serveurs distants se fait par SQL Server Management Studio, en visualisant les propriétés d'un serveur.

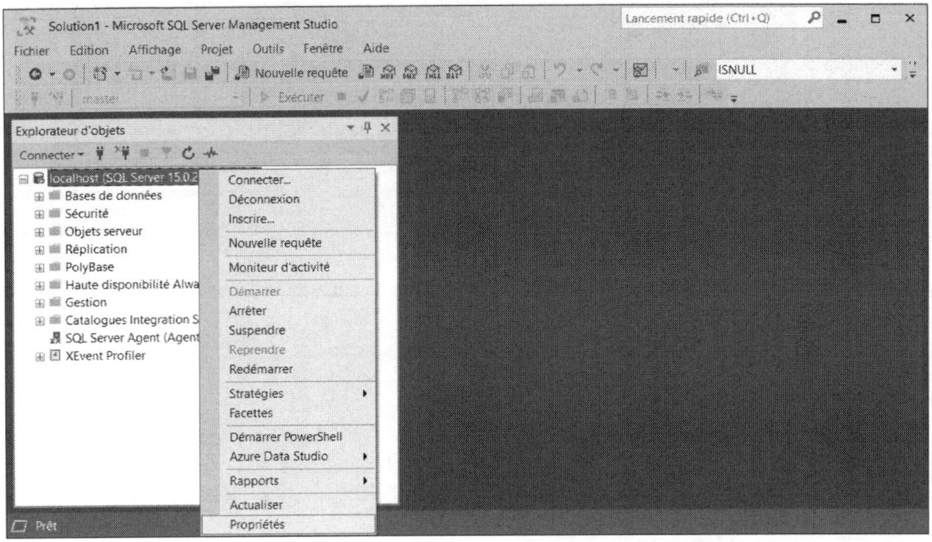

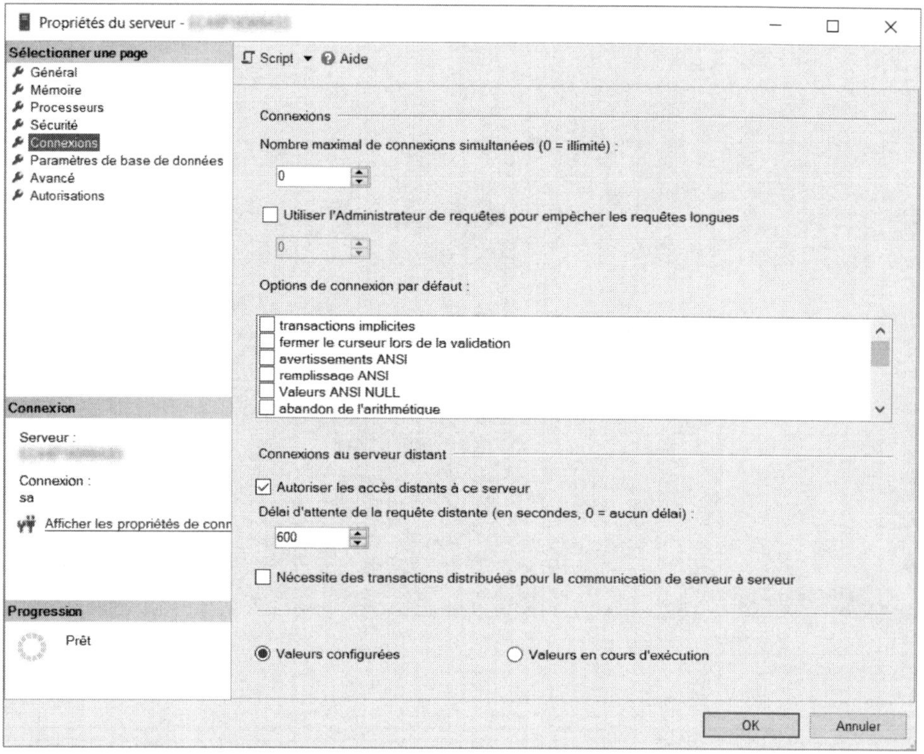

5.1 La gestion des serveurs liés

Pour travailler avec plusieurs serveurs et donc des données distantes, la méthode la plus simple dans SQL Server consiste à établir une liaison avec le serveur lié. Cette liaison permet d'identifier précisément le serveur lié et comment la session utilisateur y est ouverte.

Les serveurs liés peuvent être gérés aussi bien depuis un script Transact-SQL que depuis SQL Server Management Studio. Toutes les informations relatives à ces inscriptions sont enregistrées dans la table **sys.servers**. Il est possible d'interroger la procédure **sp_linkedservers** pour obtenir toutes les informations relatives aux serveurs liés enregistrés.

5.1.1 L'ajout d'un serveur lié

L'ajout d'un serveur lié s'effectue par SQL Server Management Studio en sélectionnant l'option **Nouveau serveur lié** depuis le menu contextuel associé au dossier **Objets serveur** - **Serveurs liés**.

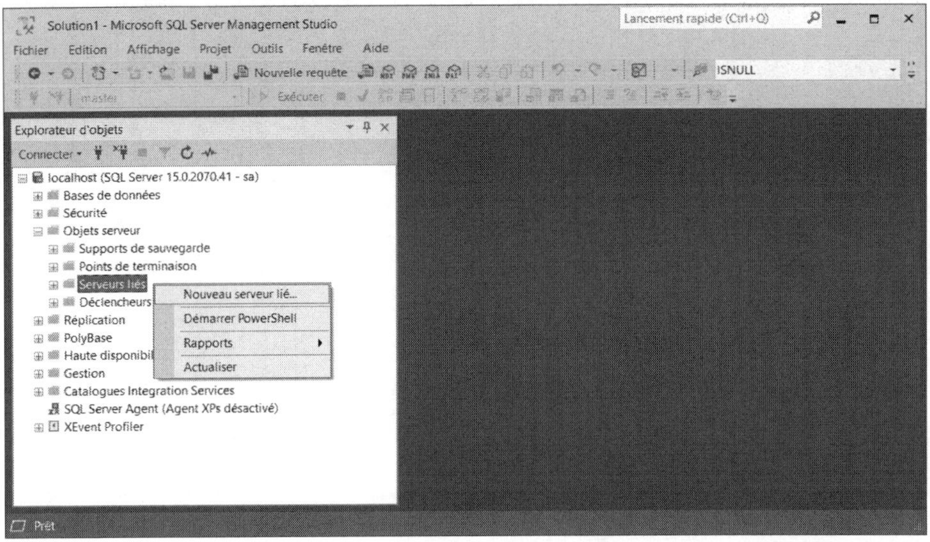

Il faut ensuite indiquer le nom du serveur lié hébergeant l'autre serveur SQL Server ou indiquer l'ensemble des informations pour un autre SGBD.

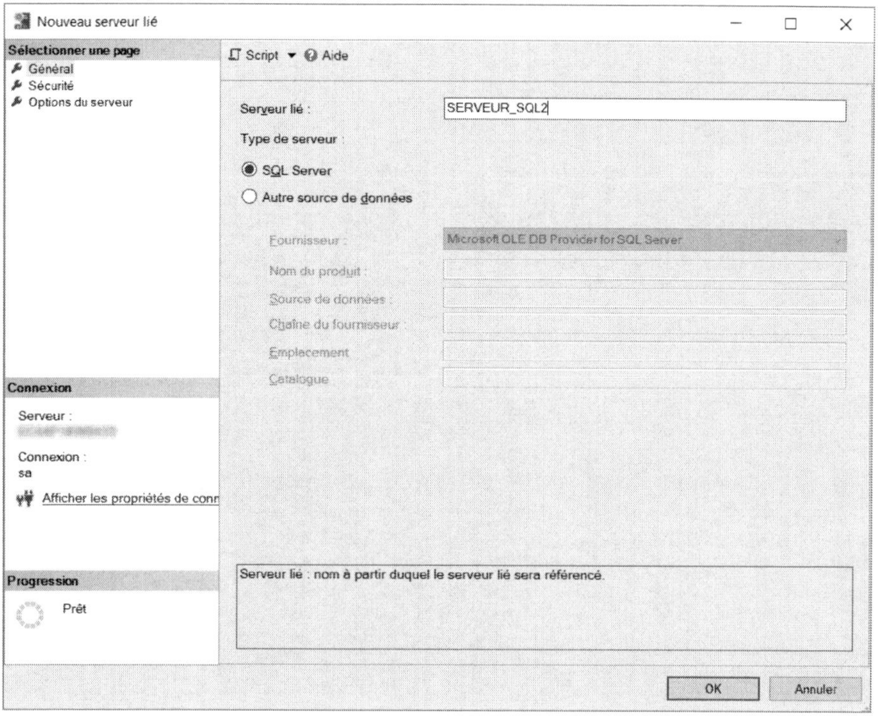

En Transact-SQL, il faut utiliser la procédure stockée **sp_addlinkedserver**.

```
sp_addlinkedserver [ @server= ] 'nomDuServeur' ,
[ @srvproduct= ] 'SQL Server' ]
```

`@server`

Nom du serveur SQL Server avec lequel la liaison est établie.

Les informations données ici concernent uniquement la liaison avec des serveurs SQL Server.

`@srvproduct`

Cette option est optionnelle dans le cas où le serveur lié est une instance SQL Server. Dans le cas d'une source OLEDB, il faudra préciser le nom du type de serveur lié.

Exemple

Ajout d'un serveur lié de type SQL Server :

```
EXEC sp_addlinkedserver @server='SERVEUR_SQL2';
```

5.1.2 La suppression d'un serveur lié

Cette opération peut être réalisée par l'intermédiaire de la procédure stockée **sp_dropserver** ou depuis SQL Server Management Studio en sélectionnant l'option **Supprimer** depuis le menu contextuel associé au serveur lié.

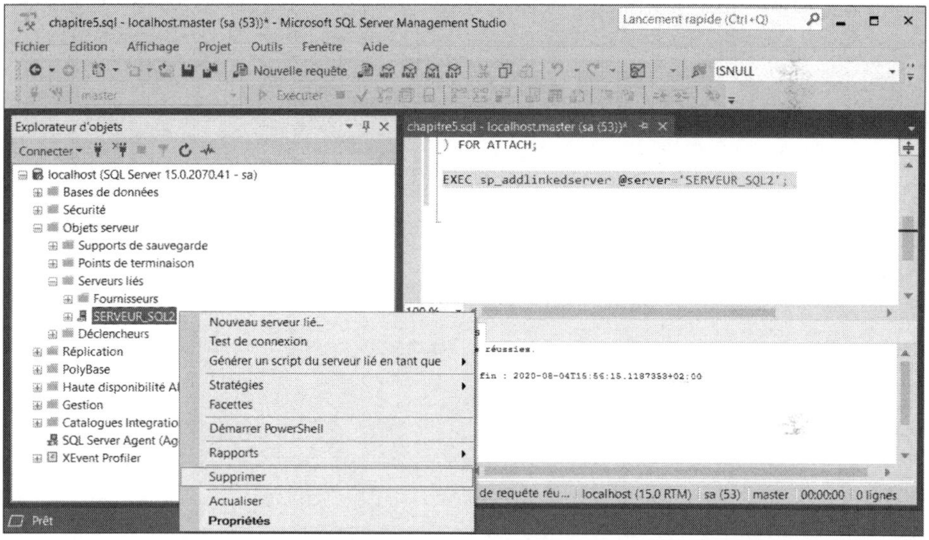

En Transact-SQL, il faut utiliser la procédure stockée **sp_dropserver**.

```
sp_dropserver [ @server = ] 'nomDuServeur'
[ , [ @droplogins = ] { 'droplogins' | NULL} ]
```

`@server`

Nom du serveur SQL Server avec lequel la liaison est établie.

`@droplogins`

Permet de spécifier que les connexions associées à la liaison vont également être supprimées.

Exemple

Suppression du serveur lié :

```
EXEC sp_dropserver @server='SERVEUR_SQL2';
```

5.2 La gestion des utilisateurs distants

Lorsque cela est possible, et dans la mesure où la solution repose uniquement sur des instances SQL Server, il est préférable de s'appuyer sur une authentification Windows. Ainsi, ce sont toujours les droits, accordés directement ou indirectement à l'utilisateur, qui permettent de contrôler son travail.

Toutefois, si cela n'est pas possible, il est nécessaire de définir des comptes de sécurité SQL Server pour le mappage des connexions locales avec un compte de connexion distant.

Pour effectuer ce travail, il est possible soit de passer par SQL Server Management Studio, soit d'utiliser les procédures Transact-SQL **sp_addlinkedsrvlogin** et **sp_droplinkedsrvlogin**.

Toutes les opérations réalisées sur le serveur lié sont exécutées dans le respect des privilèges accordés à l'utilisateur définis localement sur ce serveur lié.

Il est possible de définir les mappages de sécurité depuis la fenêtre **Nouveau serveur lié** de SQL Server Management Studio lors de la définition du nouveau serveur lié, ou bien par les propriétés d'un serveur lié déjà défini. Cette définition des mappages est réalisée sur la page **Sécurité**.

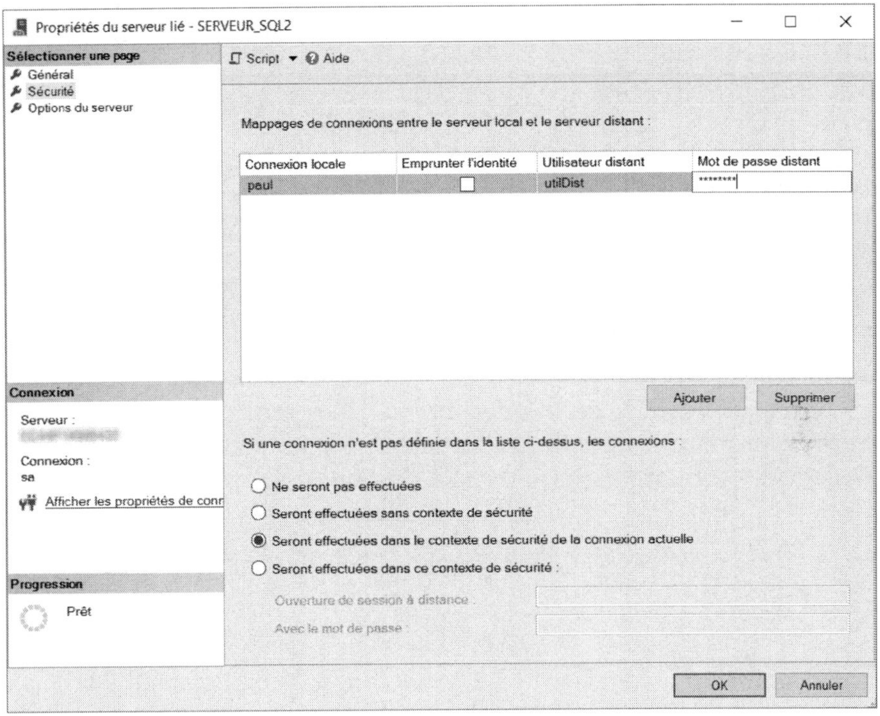

5.3 L'utilisation des ressources distantes

Pour pouvoir travailler avec une table ou un objet distant, il faut utiliser le nom complet de l'objet (nomBase.nomSchema.nomObjet) précédé du nom du serveur lié.

Exemple

```
SELECT * FROM SERVEUR_SQL2.GesCom.dbo.Articles;
```

5.4 Les synonymes

La manipulation des objets distants n'est pas une chose aisée et les noms relativement longs ne peuvent que rendre plus difficile la compréhension des requêtes qui référencent ces objets. Pour simplifier cette syntaxe et travailler plus simplement avec les objets distants, SQL Server propose la notion de synonyme. Comme en français, un synonyme au sens SQL Server consiste à attribuer un second identifiant pour référencer le même objet. Dans le cas de l'exemple précédent, il est ainsi possible de définir le synonyme *produitsDist* pour référencer la table *SERVEUR_SQL2.GesCom.dbo.Articles*.

Les synonymes SQL Server ne sont pas limités aux objets distants, ils permettent également de définir des termes alternatifs pour les tables, vues, procédures, fonctions, afin d'adapter les objets de la base de données au vocabulaire des utilisateurs. Par exemple, certains parlent d'articles et d'autres de produits. De même, quand faut-il parler de salariés, d'employés, de collaborateurs ? En offrant la possibilité d'avoir plusieurs termes pour référencer le même objet, la structure de la base de données est alors totalement adaptable.

Syntaxe

```
CREATE SYNONYM nomSynonyme FOR object;
```

Exemple

Le synonyme Produits est créé pour la table Articles sur la base GesCom.

```
CREATE SYNONYM ProduitsDist FOR SERVEUR_SQL2.GesCom.dbo.Articles;
SELECT * FROM ProduitsDist;
```

	idArticle	designation	prixHT	prixTTC	idCategorie
1	12	perforateur	90.00	108.000	13
2	22	foret SDS 12	6.90	8.280	15
3	37	burin plat SDS	4.70	5.640	15
4	75	fraisoir	8.90	10.680	15
5	99	cadeau	0.00	0.000	15
6	101	Boulon 12	1.50	1.800	12
7	102	tige filetée 8	4.72	5.664	12
8	103	tige filetée 10	5.45	6.540	12
9	104	manchon 8	0.17	0.204	12

Bien entendu, les synonymes sont supprimés par l'instruction DROP SYNONYM nomSynonyme.

Lorsque l'on travaille avec un synonyme, il est parfois intéressant de connaître le type de base du synonyme, c'est-à-dire identifier l'objet duquel il est le synonyme. Le premier réflexe pour obtenir ce type d'information est sans aucun doute de parcourir les tables systèmes et plus particulièrement la vue **sys.synonyms** pour obtenir cette information. Mais il est également possible de recourir à la fonction OBJECTPROPERTYEX qui permet d'identifier rapidement le type de base pour le synonyme passé en paramètre.

Chapitre 6
Les types évolués

1. Introduction

Les données utilisées dans le contexte des applications ne cessent d'évoluer. Il est donc normal que les serveurs de bases de données évoluent également en proposant des types adaptés à ces nouveaux formats. C'est ce que fait SQL Server en offrant la possibilité de stocker des données au format XML, des données géographiques ainsi qu'une meilleure gestion des documents annexes (image, vidéo, son, document numérisé...) afin de ne pas alourdir le processus de gestion de la base tout en liant les données relationnelles à ces informations stockées directement sur le système de fichiers.

2. Le format XML

Les données au format XML sont de plus en plus présentes dans l'environnement de travail. Il est donc normal qu'une base de données s'adapte afin d'être en mesure de stocker et de gérer de façon optimale les données définies dans ce format. C'est ce que fait SQL Server en offrant la possibilité de travailler directement avec des données au format XML et de les stocker dans la structure relationnelle d'une table. Étant donné que XML représente avant tout un format d'échange de données, SQL Server propose également les outils nécessaires pour produire un document XML à partir de données relationnelles ou bien au contraire d'intégrer dans les tables relationnelles des données issues d'un document XML.

Il est possible de stocker les informations, soit au format relationnel, soit au format XML. Chaque format possède ses avantages et ses inconvénients.

SQL Server héberge un moteur relationnel pour le stockage et le travail avec les données conservées à ce format. Mais SQL Server propose également de gérer des données au format XML. Ainsi, quel que soit le mode de stockage retenu, SQL Server peut héberger ces données dans leur format natif.

L'objectif de SQL Server est d'être capable de s'adapter au mode de stockage des données en fonction du format avec lequel travaille l'application cliente.

Microsoft Office permet aux utilisateurs de Word, Excel Visio et InfoPath de générer leurs documents au format XML, par l'intermédiaire du format Open XML. C'est maintenant le format par défaut (.docx, .xlsx...), le x représentant XML.

Le schéma ci-dessous illustre le fait que les applications travaillent aussi bien avec des données au format relationnel qu'au format XML.

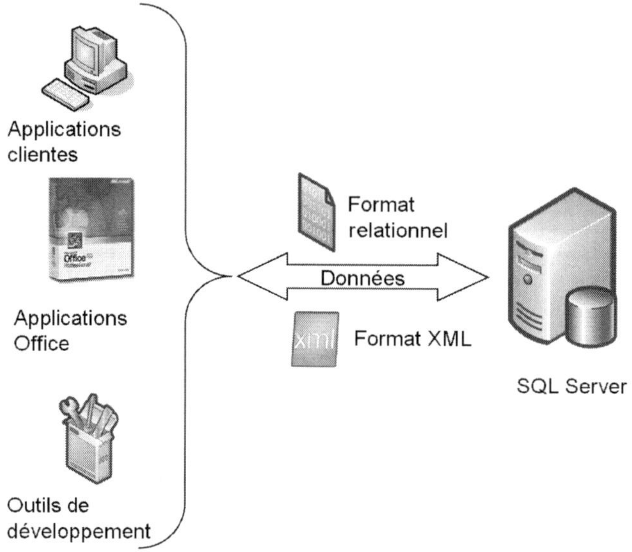

Pour répondre correctement aux différentes demandes, SQL Server a considérablement amélioré sa gestion du format XML.

Choisir un format

Les deux formats ne sont pas en concurrence mais sont complémentaires. Le moteur de base de données doit donc être capable de gérer de façon optimum les données, quel que soit leur format de stockage.

Le XML est particulièrement bien adapté pour l'échange d'informations entre des applications, pour la gestion documentaire, pour l'envoi de message (SOAP)...

Le XML présente l'avantage d'être autodescriptif. Il offre ainsi la possibilité de transférer des structures de données complexes. Cette représentation des données est faite sous forme d'arborescence.

Cependant, le format relationnel permet de garantir une meilleure homogénéité des données car les tables sont fortement structurées. La structuration tabulaire des données donne la possibilité de stocker un grand volume d'informations de façon fiable et les requêtes pour extraire ces données sont rapides et performantes. C'est sans aucun doute le meilleur format pour stocker et travailler avec de gros volumes d'informations.

Le tableau suivant permet de privilégier un format ou un autre en fonction de la structure initiale des données :

Formatage des données	XML	Relationnel
Fichier plat	Bien adapté	Bien adapté
Structure hiérarchique	Bien adapté	Possible
Données semi structurées	Bien adapté	Possible
Langage de description	Bien adapté	Possible
Conserver l'ordre	Bien adapté	Possible
Récursivité	Bien adapté	Possible

2.1 Le type XML

SQL Server propose un type de données XML pour stocker les données au format natif XML. Ce type n'est pas un champ texte de grande dimension, nvarchar(max) par exemple. En effet, si pour des raisons de stockage pur cela ne change pas grand-chose, le type XML permet de faire des recherches précises d'informations. Il est également possible de définir des index sur des colonnes de type XML afin d'accélérer le traitement des requêtes.

Il est possible de créer des tables relationnelles qui, en plus des colonnes de types habituels, peuvent compter une ou plusieurs colonnes de type XML.

Les colonnes de type XML utilisent un format binaire (blob) pour stocker l'information dans la base relationnelle, ainsi le document XML est conservé dans l'état. De fait, l'espace pour chaque donnée XML est limité à 2 Go. De plus, le document XML ne doit pas être structuré avec une hiérarchie contenant plus de 128 niveaux.

Remarque

Les données XML sont typées en UTF-16 par SQL Server.

Avec le type de données XML, pour stocker les données directement à ce format, SQL Server évite de concevoir un travail long et fastidieux de mappage entre le format XML et la structure relationnelle des données telles qu'elles sont organisées dans la base. Ce type dispose des méthodes **query()**, **exist()**, **value()**, **nodes()** et **modify()** afin de pouvoir travailler sur les données de façon simple. Ces méthodes s'appuient sur XQuery, sous ensemble de XML spécifique aux requêtes.

Afin de satisfaire aux exigences du W3C (organisme de validation des normes utilisées sur Internet), il est possible d'associer une collection de schémas à une colonne de type XML. Les données stockées dans la colonne devront alors respecter les contraintes du schéma. Cette colonne sera alors dite XML typé, sinon il s'agit d'une colonne XML non typé.

Le XML non typé

Le type XML, tel qu'il est défini dans SQL Server, respecte la définition donnée par la norme SQL-2003. À ce titre, il se doit d'accueillir des documents XML 1.0 bien formés ainsi que des fragments XML.

La colonne qui utilise un type XML non typé, c'est-à-dire non relié à un schéma XML, ne contiendra toutefois que des informations conformes à un document XML 1.0 bien formé, ou bien un fragment XML.

Cette méthode de fonctionnement est certainement la plus souple, cependant, lorsque l'on dispose d'un schéma XML, il est préférable de passer par un type XML typé.

Elle doit être utilisée lorsque l'on ne dispose pas de schéma XML, ou lorsqu'il existe plusieurs schémas XML avec des liaisons à des sources de données externes.

Exemple

La table Catalogues est créée avec une colonne de type XML non typé :

```
USE GesCom;
CREATE TABLE Catalogues(
idCatalogue     INT IDENTITY CONSTRAINT pk_catalogues PRIMARY KEY,
pageCat         XML
```

Le XML typé

Dans le cas où les informations qui vont être contenues dans une colonne de type XML, sont décrites dans une collection de schémas XML, il est possible d'associer cette collection de schémas XML à la colonne. En réalisant cette liaison, au niveau de la définition de la colonne, toutes les informations saisies dans la colonne doivent respecter un schéma XML associé. La colonne est alors dite définie sur un type XML typé.

Les schémas XML agissent comme une sorte de contrainte d'intégrité forte, en garantissant une structure clairement identifiée à toutes les informations présentes dans cette colonne. Les mises à jour des informations XML sont également mieux contrôlées et réalisées plus rapidement dans le processus d'exécutions des requêtes.

Lors de la définition de la colonne, il est possible, par l'intermédiaire des mots-clés DOCUMENT et CONTENT, de spécifier que la colonne ne va contenir que des documents XML bien formés, c'est-à-dire avec un seul élément au niveau supérieur. Dans le deuxième cas, CONTENT, la colonne contient des données au format XML. Si rien n'est précisé lors de la définition de la colonne, c'est le choix CONTENT qui est appliqué par défaut.

La collection de schémas XML doit être créée avant de pouvoir être référencée par une colonne XML. La gestion des collections de schémas passe par les instructions CREATE XML SCHEMA COLLECTION, ALTER XML SCHEMA COLLECTION et DROP XML SCHEMA COLLECTION. Chaque collection va pouvoir contenir un ou plusieurs schémas XML. Cette utilisation des collections offre une gestion beaucoup plus souple des colonnes XML typées, car il est toujours possible d'ajouter un schéma XML à la collection pour pouvoir répondre à de nouvelles contraintes, fonctionnalités ou formats de gestion d'informations.

Cependant, lors de la définition du schéma, il n'est pas toujours possible de définir l'ensemble des possibilités. SQL Server supporte les déclarations **any**, **anyAttribute** et **anyType** dans la définition de schémas.

Syntaxe

```
CREATE XML SCHEMA COLLECTION nomSchéma
AS définitionDuSchéma;
```

Exemple

Définition d'un schéma pour définir un client :

```
CREATE XML SCHEMA COLLECTION schemaClient AS
'<?xml version="1.0" encoding="UTF-8"?>'+
'<xs:schema xmlns:xs="http://www.w3.org/2001/XMLSchema">'+
        '<xs:complexType name="Client">'+
                '<xs:sequence>'+
                        '<xs:element name="Nom"/>'+
                        '<xs:element name="Prenom"/>'+
                        '<xs:element name="Ville"/>'+
                '</xs:sequence>'+
        '</xs:complexType>'+
'</xs:schema>';
GO
```

Il est maintenant possible de définir une table avec une colonne qui s'appuie sur ce typage XML.

Exemple

Définition de la table Vendeurs :

```
CREATE TABLE Vendeurs(
idVendeur     INT IDENTITY CONSTRAINT pk_vendeurs PRIMARY KEY,
clients       XML(schemaClients)
);
```

Cependant, la définition n'est pas toujours aussi simple et les informations obligatoires peuvent être complétées par des informations spécifiques dans des cas bien précis. Par exemple, dans le cas présenté ici, il peut être intéressant de compléter les informations générales d'un client par des informations ponctuelles dont les critères ne sont pas nécessairement définis par avance (un téléphone supplémentaire, des remarques sur la livraison, des goûts particuliers...). Il est possible, par l'intermédiaire de la balise **any**, d'adapter ainsi le schéma XML, ce qui donne dans le cas présent :

```
CREATE XML SCHEMA COLLECTION schemaClientsEtendu AS
'<?xml version="1.0" encoding="UTF-8"?>'+
'<xs:schema xmlns:xs="http://www.w3.org/2001/XMLSchema">'+
'<xs:complexType name="Clients">'+
  '<xs:sequence>'+
      '<xs:element name="Nom"/>'+
      '<xs:element name="Prenom"/>'+
      '<xs:element name="Ville"/>'+
```

```
      '<xs:any namespace="##other" processContents="skip"
minOccurs="0" maxOccurs="unbounded"/>'+
     '</xs:sequence>'+
   '</xs:complexType>'+
'</xs:schema>';
GO
```

Les attributs de la balise **any** sont :

`minOccurs`

Le nombre minimal d'éléments de ce type.

`maxOccurs`

Le nombre maximal d'informations optionnelles.

`namespace`

L'espace de nom utilisé pour la validation des éléments optionnels.

`processContents`

Ce paramètre permet d'indiquer à SQL Server comment valider les éléments optionnels par rapport à un schéma.

Les valeurs possibles pour l'attribut `processContents` sont :

- `skip` : les éléments ne sont pas validés par rapport à un schéma.
- `strict` : les éléments sont nécessairement validés par rapport à un schéma.
- `lax` : les éléments sont validés par rapport à un schéma uniquement si celui-ci existe dans la base.

Union et liste de types

Les schémas XML permettent de définir les types pour les données XML. Ils permettent également de définir les valeurs possibles pour certains éléments. Parfois les valeurs possibles pour un même critère (par exemple la distance) peuvent être exprimées de plusieurs façons (système métrique ou système anglo/saxon). Le schéma XML, qui prendra en compte la définition des distances, devra inclure l'union des deux types pour permettre la saisie de toutes les valeurs possibles. Pour faire cette union la balise **union** sera utilisée.

L'exemple suivant illustre ce propos :

```
CREATE XML SCHEMA COLLECTION schemaDistance AS
'<?xml version="1.0" encoding="UTF-8"?>'+
'<xs:schema xmlns:xs="http://www.w3.org/2001/XMLSchema">'+
  '<xs:simpleType name="Unite">'+
    '<xs:union>'+
      '<xs:simpleType>'+
        '<xs:list>'+
          '<xs:simpleType>'+
            '<xs:restriction base="xs:string">'+
              '<xs:enumeration value="cm"/>'+
              '<xs:enumeration value="m"/>'+
              '<xs:enumeration value="km"/>'+
            '</xs:restriction>'+
          '</xs:simpleType>'+
        '</xs:list>'+
      '</xs:simpleType>'+
      '<xs:simpleType>'+
        '<xs:list>'+
          '<xs:simpleType>'+
            '<xs:restriction base="xs:string">'+
              '<xs:enumeration value="inch"/>'+
              '<xs:enumeration value="foot"/>'+
              '<xs:enumeration value="yard"/>'+
            '</xs:restriction>'+
          '</xs:simpleType>'+
        '</xs:list>'+
      '</xs:simpleType>'+
    '</xs:union>'+
  '</xs:simpleType>'+
'</xs:schema>';
GO
```

2.2 La manipulation d'une colonne de type XML

2.2.1 Les opérations du DML

Que la colonne soit typée ou non, il est possible de manipuler les informations par l'intermédiaire des instructions du DML (soit INSERT, UPDATE, DELETE et SELECT). Cependant, ces instructions se comportent avec les données de type XML comme avec les colonnes basées sur un type relationnel classique, c'est-à-dire qu'elles manipulent la totalité de l'information présente dans la colonne.

Il est possible de travailler avec des données de type date et heure (**datetime**, **date** et **time**) dans des documents XML sans difficulté. Pour cela, les données de type date et heure sont écrites en utilisant le format YYYY-MM-DDThh:mm:ss:nnnZ pour exprimer une heure GMT ou bien YYYY-MM-DDThh:mm:ss:nnn±hh:mm pour exprimer le décalage horaire par rapport à l'heure GMT.

Les éléments du format sont :

- YYYY : année sur 4 chiffres.
- MM : mois sur 2 chiffres.
- DD : numéro du jour dans le mois sur 2 chiffres.
- hh : heure au format 24h.
- mm : minutes.
- ss : secondes.
- nnn : fractions de seconde.

Ce format de date et heure respecte la norme ISO 8601. L'utilisation de cette norme permet de transférer facilement des données de type date et heure d'un environnement à un autre.

Exemple

Ajout d'une ligne dans une colonne XML non typée :

```
INSERT INTO Catalogues VALUES(
'<page dateCreation="2020-09-04">
  <article>
    <reference>422</reference>
    <designation>Ponceuse</designation>
    <prixHT>66.45</prixHT>
  </article>
  <article>
    <reference>423</reference>
    <designation>Raboteuse</designation>
    <prixHT>1024.85</prixHT>
  </article>
  <numero>1</numero>
</page>');
```

Ajout d'une ligne dans une colonne XML non typée, avec importation des informations depuis un fichier :

```
INSERT INTO Catalogues
SELECT * FROM OPENROWSET(BULK 'C:\data\cataloguePage2.xml', SINGLE_BLOB) d;
```

Cette syntaxe est expliquée à la section La méthode OPENROWSET de ce chapitre.

2.2.2 Les méthodes spécifiques

Lors de la recherche d'informations, l'utilisateur peut souhaiter ne récupérer que les informations pertinentes à partir de la source XML. Pour faire une analogie, le problème est similaire à celui des données de type texte lorsque l'utilisateur souhaite ne connaître qu'un sous-ensemble de la chaîne de caractères stockée dans la base. Pour mener à bien ce traitement, SQL Server propose de nombreuses fonctions de manipulation des chaînes de caractères. Pour extraire des parties d'un document XML, SQL Server propose les méthodes **query()**, **value()**, **exist()** et **nodes()**. SQL Server dispose également de la méthode **modify()** pour modifier des données XML.

Remarque

Les résultats sont affichés par défaut sous forme textuelle, mais à l'aide d'un clic sur la colonne de résultats dans la fenêtre de SQL Server Management Studio, il est possible d'appeler l'éditeur XML pour obtenir une meilleure visualisation du résultat.

query()

Cette méthode accepte en paramètre une requête au format XQuery qui fait référence à la liste des nœuds du document. Elle retourne un élément XML non typé, qui est issu de la colonne de type XML.

Exemplee

```
SELECT idCatalogue, pageCat.query('page/article/reference') reference
FROM Catalogues;
```

Résultats | Messages

	idCatalogue	reference
1	1	<reference>422</reference><reference>423</refere...
2	2	<reference>424</reference><reference>425</refere...

value()

Cette méthode retourne une valeur scalaire issue du document XML. Elle accepte en paramètre une requête XQuery et le nom du type de données de la valeur retournée.

Exemple

L'exemple suivant permet de connaître la référence et le prix du 1er article présent dans le document XML qui porte le numéro 1.

```
SELECT idCatalogue,
     pageCat.value('(page/article/reference)[1]', 'INT') refernce,
     pageCat.value('(page/article/designation)[1]', 'VARCHAR(50)') nom,
     pageCat.value('(page/article/prixHT)[1]', 'NUMERIC(6,2)') prixHT
FROM Catalogues;
```

	idCatalogue	refernce	nom	prixHT
1	1	422	Ponceuse	66.45
2	2	424	Rabot	47.21

exist()

Cette méthode qui accepte en paramètre une requête de type XQuery, retourne une valeur scalaire de type bit :

- 1 si la requête XQuery permet de localiser de l'information.
- 0 si la requête XQuery ne retourne pas d'information.
- NULL si la colonne XML sur laquelle porte la fonction contient la valeur NULL.

Il est utile de travailler avec cette méthode conjointement à la méthode value afin de ne pas remonter d'erreur lorsque la requête XQuery n'aboutit pas à un résultat.

Exemple

```
SELECT    idCatalogue,
          pageCat.value('(page/article/reference)[2]', 'INT') refernce,
          pageCat.value('(page/article/designation)[2]',
'VARCHAR(50)') nom,
          pageCat.value('(page/article/prixHT)[2]',
'NUMERIC(6,2)') prixHT
FROM Catalogues
WHERE pageCat.exist('(page/article/reference)[2]')=1;
```

	idCatalogue	refernce	nom	prixHT
1	1	423	raboteuse	1024.85
2	2	425	marteau	9.23

nodes()

Cette méthode est utile dans le cas où l'objectif recherché est un mappage entre le type XML et un stockage des informations au format relationnel. En effet, cette méthode permet, à partir d'une requête XQuery passée en paramètre, d'obtenir autant de lignes que de nœuds définis à ce niveau. Chaque ligne du jeu de résultats est au format XML, mais il est ainsi facile de morceler proprement un document XML.

Exemple

À partir d'une donnée de type XML stockée dans une variable, les informations sont découpées par rapport à la requête XQuery passée en paramètre à la méthode nodes. Le jeu de résultats est ensuite affiché, mais il est également possible de le stocker dans une colonne de type XML d'une table de la base de données.

```
DECLARE @articles3 XML;
SELECT @articles3 =
'<page dateCreation="2020-09-04">
  <article>
    <reference>426</reference>
       <designation>Tournevis cruciforme</designation>
       <prixHT>3.74</prixHT>
  </article>
  <article>
    <reference>427</reference>
       <designation>Tournevis Torx</designation>
       <prixHT>4.51</prixHT>
  </article>
  <numero>2</numero>
</page>';
SELECT arts.x.query('.') informations
FROM @articles3.nodes('/page/article') arts(x);
```

Résultats | Messages

	informations
1	<article><reference>426</reference><designation>Tournevis cruciforme</designation><prixHT>3.74</prixHT></article>
2	<article><reference>427</reference><designation>Tournevis Torx</designation><prixHT>4.51</prixHT></article>

modify()

La méthode **modify** permet de modifier une partie des données stockées dans un document XML. Contrairement à l'instruction update qui permet de mettre à jour le contenu global d'une colonne, la méthode **modify** permet de modifier des valeurs directement dans la colonne de type XML. La méthode **modify** permet l'ajout de valeurs, la modification de valeurs existantes ou bien la suppression de valeurs. Pour réaliser ces trois opérations, la méthode **modify()** utilise les expressions XML DML : INSERT, REPLACE VALUE OF et DELETE.

Exemple

Dans l'exemple suivant, le document XML initial est modifié en y ajoutant une ligne d'information :

```
DECLARE @liste XML;
SELECT @liste='<page><article>Tournevis plat</article><article>clef
plate 12</article></page>';
DECLARE @nouvelArticle XML;
SELECT @nouvelArticle='<article>clef plate 10</article>';
SET @liste.modify('insert sql:variable("@nouvelArticle")
as last into(/page)[1]');
SELECT @liste;
```

Résultats | Messages

	liste
1	<page><article>Tournevis plat</article><article>Clef plate 12</article><article>Clef plate 10</article></page>

2.3 L'indexation d'une colonne de type XML

SQL Server offre la possibilité de définir des index sur les colonnes de type XML. Lors d'une requête, les informations XML sont traitées au niveau de chaque ligne, ce qui peut entraîner des traitements longs et coûteux surtout lorsque le nombre de lignes concernées par la requête est important et/ou quand les informations au format XML sont volumineuses.

Le mécanisme habituellement utilisé pour définir un index sur des données relationnelles repose sur la structure d'un arbre balancé, c'est-à-dire que lors de la construction d'index, le nombre de questions pour arriver au niveau feuille de l'index est toujours le même quelle que soit la valeur recherchée. Ce type de structuration est également adopté pour définir l'index dit principal sur la colonne de type XML. Cet index est, entre autres, composé des balises et des valeurs contenues dans la colonne de type XML. À partir de cet index principal, il est possible de définir des index, dits cette fois-ci secondaires, afin d'accélérer le traitement des requêtes.

Ces index secondaires sont définis par rapport à des classes de requêtes fréquentes :

- L'index PATH pour des requêtes portant sur le chemin d'accès.
- L'index PROPERTY pour des requêtes portant sur les propriétés.
- L'index VALUE pour des requêtes portant sur des valeurs.

Remarque

Il est également possible de définir un index de texte intégral sur les colonnes de type XML, pour indexer uniquement le contenu en ignorant les balises XML.

2.3.1 L'index principal

L'index principal sur une colonne de type XML nécessite que la table possède un index organisé sur la clé primaire.

Syntaxe

```
CREATE PRIMARY XML INDEX nomIndex ON table(colonneXML)
```

Exemple

Un index principal est défini sur la colonne page de la table Catalogues.

```
CREATE PRIMARY XML INDEX in_catalogues_pageCat ON Catalogues(pageCat);
```

2.3.2 L'index secondaire

Il n'est possible de créer un index secondaire que si un index principal est défini pour la colonne.

Le document XML ne peut contenir que 128 niveaux au maximum. Les documents qui possèdent une hiérarchie plus complexe sont rejetés lors de l'insertion ou de la modification des colonnes.

De même, l'indexation porte sur les 128 premiers octets du nœud, les valeurs plus longues ne sont pas prises en compte dans l'index.

Syntaxe

```
CREATE XML INDEX nomIndex ON table(colonneXML)
USING XML INDEX nomIndexPrincipal FOR {PATH|PROPERTY|VALUE}
```

PATH

Permet de construire un index sur les colonnes path et value (chemin et valeur) de l'index XML primaire. Un tel index pourra améliorer sensiblement les réponses lors de l'utilisation de la méthode **exist()**, dans une clause where par exemple.

PROPERTY

Permet de construire un index sur les colonnes PK, path et value de l'index XML principal. Le symbole PK correspond à la clé primaire de la table. Ce type d'index est donc utile lors de l'utilisation de la méthode **value()** dans les requêtes SQL de manipulation des données.

VALUE

Permet de construire un index sur les colonnes value et path de l'index XML principal. Cet index profite principalement aux requêtes pour lesquelles la valeur du nœud est connue indépendamment du chemin d'accès, ce qui peut être le cas lors de l'utilisation de la méthode **exist()** par exemple.

Exemple

Dans l'exemple ci-après, les trois types d'index sont créés par rapport à l'index XML principal défini sur la colonne page de type XML de la table Catalogues.

```
CREATE XML INDEX in_catalogues_pageCat_path ON Catalogues(pageCat)
USING XML INDEX in_catalogues_pageCat FOR PATH;

CREATE XML INDEX in_catalogues_pageCat_property ON Catalogues(pageCat)
USING XML INDEX in_catalogues_pageCat FOR PROPERTY;

CREATE XML INDEX in_catalogues_pageCat_value ON Catalogues(pageCat)
USING XML INDEX in_catalogues_pageCat FOR VALUE;
```

2.4 Les langages XQuery et XPath

Les documents au format XML sont de plus en plus nombreux. Il est donc de plus en plus fréquent d'être conduit à rechercher de l'information dans ces sources de données. Le langage XQuery a pour objectif de répondre à cette problématique en fournissant un moyen simple et performant pour interroger les données au format XML. L'objectif de XQuery est de fournir un langage aussi simple et performant pour mener des interrogations sur des données au format XML que le langage SQL par rapport aux données stockées au format relationnel.

Il est possible de consulter la documentation exacte des règles qui régissent le langage d'interrogation XQuery en visitant le site web suivant :
http://www.w3.org/TR/xquery

Le Transact-SQL de SQL Server implémente seulement un sous-ensemble de XQuery tel qu'il est défini par le W3C. Ce sous-ensemble permet de réaliser facilement la plupart des requêtes. L'implémentation XQuery dans SQL Server donne, entre autres, la possibilité de construire des boucles FOR, de faire des restrictions (WHERE), de retourner une valeur (RETURN) et de trier le jeu de résultats (ORDER BY).

SQL Server propose également la fonction **let** qui permet de valoriser des variables dans le contexte d'une requête XQuery.

Le langage de navigation XPath est intégré dans XQuery. Il correspond à des requêtes XQuery qui sont définies uniquement et entièrement avec un chemin. L'expression de ce chemin permet de localiser un ou plusieurs nœuds dans le document XML d'origine. Il est possible de limiter le nombre de nœuds sélectionnés en définissant des filtres. Ces filtres peuvent utiliser les valeurs contenues dans les attributs des nœuds pour évaluer une condition booléenne.

Les expressions XQuery sont toujours structurées de la même façon : un en-tête (prologue) et une expression (body).

L'en-tête est souvent omis pour les requêtes définies sur SQL Server.

L'expression XQuery représente la requête proprement dite. Le langage XQuery est fortement typé et sensible à la casse, ce qui est cohérent avec XML mais inhabituel par rapport au SQL. Les mots-clés sont toujours en minuscules.

La requête XQuery la plus simple correspond simplement à un chemin relatif au document XML. Ce type de requêtes peut, par exemple, être utilisé en paramètre de la méthode **query()**.

Le chemin est exprimé par rapport à la racine de la structure XML. Le résultat de la requête correspond à tous les éléments qui possèdent le niveau de hiérarchie exprimé dans la requête.

Exemple

Soit la variable de type XML suivante :

```
DECLARE @articles4 XML
SELECT @articles4=
'<catalogue>
  <article categorie="13" nouveau="true">
    <designation>Visseuse électrique</designation>
    <prixHT>23.74</prixHT>
  </article>
  <article categorie="13">
    <designation>Perceuse</designation>
    <prixHT promo="true">44.69</prixHT>
  </article>
</catalogue>';
```

La requête XQuery catalogue/article fournit comme résultat l'ensemble des articles avec leurs informations.

La requête XQuery catalogue/article/* fournit quant à elle uniquement les désignation et les prixHT, car le chemin des éléments sélectionnés doit être catalogue/article/quelquechose.

Enfin, la requête catalogue/article/designation/* ne fournit aucun résultat, car le nœud designation n'est composé d'aucun sous-nœud.

```
SELECT @articles4.query('catalogue/article');
SELECT @articles4.query('catalogue/article/*');
SELECT @articles4.query('catalogue/article/designation/*');
```

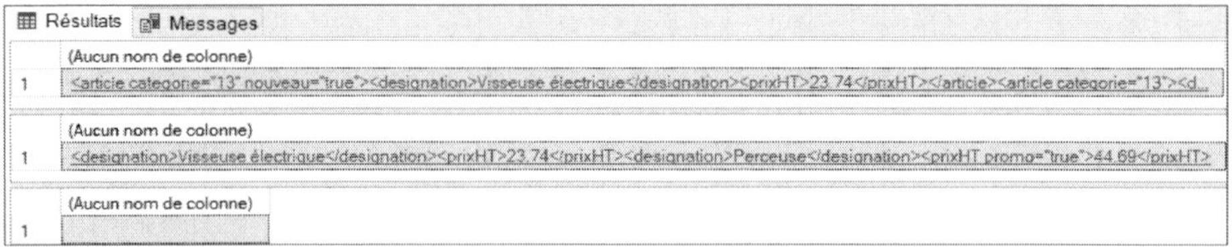

Il est possible de cliquer sur une valeur XML pour l'afficher dans une fenêtre d'édition de SQL Server Management Studio.

Exemple pour la première requête

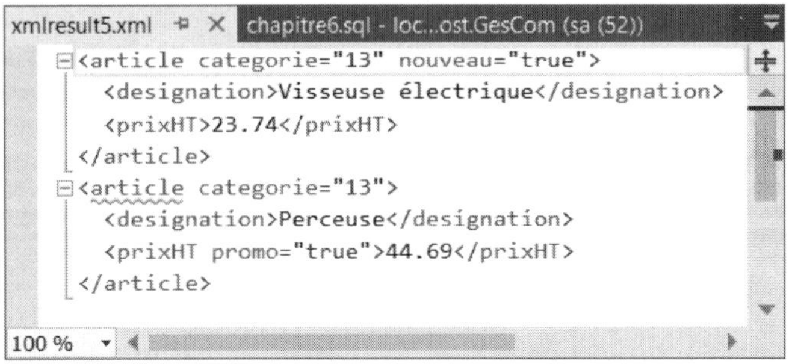

La requête XQuery peut également permettre de localiser une valeur en particulier. Dans ce cas, l'expression du chemin de l'élément va être accompagnée de filtres afin de définir des conditions supplémentaires sur la sélection des lignes. Ce filtre va correspondre au numéro de l'instance du nœud qui doit être sélectionné. Ce numéro est exprimé entre crochets [ ].

Exemple

La requête XQuery catalogue/article[1]/* fournit les informations du premier article référencé dans le document XML, soit la visseuse électrique dans l'exemple présenté ici.

La requête XQuery catalogue/article[2]/* fournit les information du second article référencé dans le document XML, soit la perceuse.

```
DECLARE @articles4 XML
SELECT @articles4=
'<catalogue>
  <article categorie="13" nouveau="true">
    <designation>Visseuse électrique</designation>
      <prixHT>23.74</prixHT>
  </article>
  <article categorie="13">
    <designation>Perceuse</designation>
      <prixHT promo="true">44.69</prixHT>
  </article>
</catalogue>';
SELECT @articles4.query('catalogue/article[1]/*');
SELECT @articles4.query('catalogue/article[2]/*');
```

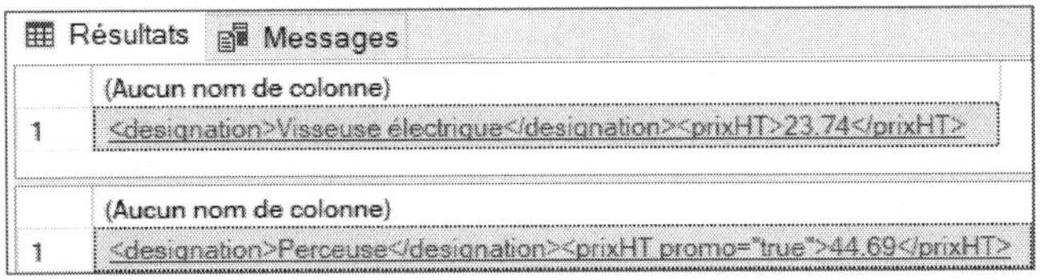

Il est possible de travailler avec les attributs des nœuds XML dans la requête XQuery. Pour référencer un attribut, il faut faire précéder son nom du symbole @.

Exemple

Pour afficher les catégories des articles, il faut utiliser la requête XQuery suivante : catalogue/article/@categorie. Afin d'être certain que la requête ramène une valeur unique, il faut préciser le numéro de chaque nœud présent dans la requête.

L'exemple permet de connaître la catégorie du premier article et du second article.

```
DECLARE @articles4 XML
SELECT @articles4=
'<catalogue>
  <article categorie="13" nouveau="true">
    <designation>Visseuse électrique</designation>
       <prixHT>23.74</prixHT>
  </article>
  <article categorie="13">
    <designation>Perceuse</designation>
       <prixHT promo="true">44.69</prixHT>
  </article>
</catalogue>';

SELECT @articles4.value('catalogue[1]/article[1]/@categorie', 'INT')
idCategorie;
SELECT @articles4.value('catalogue[1]/article[2]/@categorie', 'INT')
idCategorie;
```

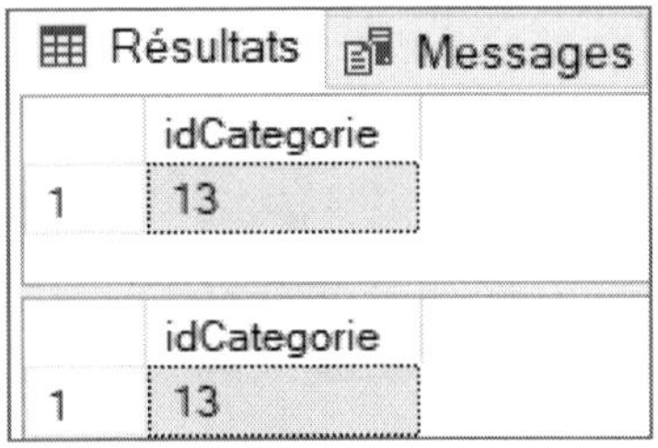

Il est possible de travailler avec les paramètres pour poser des conditions de sélection des nœuds. Le filtre exprimé entre les crochets permet de définir une condition qui va retourner une valeur booléenne afin de savoir si le nœud est sélectionné ou non.

Exemple

La requête XQuery catalogue/article/[@nouveau='true']/* permet de connaître la liste des articles ayant un attribut nouveau à la valeur true.

```
DECLARE @articles4 XML
SELECT @articles4=
'<catalogue>
  <article categorie="13" nouveau="true">
    <designation>Visseuse électrique</designation>
```

```
      <prixHT>23.74</prixHT>
  </article>
  <article categorie="13">
    <designation>Perceuse</designation>
      <prixHT promo="true">44.69</prixHT>
  </article>
</catalogue>';

SELECT @articles4.query('catalogue/article[@nouveau=''true'']/*')
nouveau;
```

Résultats | Messages

	nouveau
1	<designation>Visseuse électrique</designation><prixHT>23.74</prixHT>

Pour écrire des requêtes d'extraction de données encore plus souples, XQuery propose les instructions FOR, WHERE et RETURN. La construction de la requête peut alors devenir complexe et permettre d'extraire les informations de façon propre. La requête XQuery contient tous les éléments pour extraire l'information du document au format XML.

Exemple

Dans l'exemple suivant, le document XML est parcouru au niveau des articles appartenant à la catégorie 13. Ce parcours est assuré par la boucle FOR. Chaque sous-ensemble du document qui correspond à un pas du parcours est conservé dans la variable $element.

Pour chaque élément de la boucle FOR, une condition supplémentaire est posée par l'opérateur WHERE. Dans l'exemple présenté ici, seuls les articles en promotion sont conservés.

Enfin, les informations relatives aux articles sont retournées comme un élément du nœud classique, par l'intermédiaire de l'instruction RETURN :

```
DECLARE @articles4 XML
SELECT @articles4=
'<catalogue>
  <article categorie="13" nouveau="true">
    <designation>Visseuse électrique</designation>
    <prixHT>23.74</prixHT>
  </article>
```

```
  <article categorie="13">
    <designation>Perceuse</designation>
    <prixHT promo="true">44.69</prixHT>
  </article>
</catalogue>';

SELECT @articles4.query(
'for $element in catalogue/article[@categorie=''13'']/*
  where $element/@promo="true"
  return <promotion>{data($element)}</promotion>');
```

Résultats | Messages

	(Aucun nom de colonne)
1	<promotion>44.69</promotion>

Lors du parcours du document XML, il est parfois nécessaire d'affecter des valeurs à des variables. Cette opération est possible par l'intermédiaire de l'instruction LET qui permet la valorisation d'une variable dans une expression XQuery. La requête XQuery est alors en mesure de réaliser des opérations plus complexes comme le dénombrement.

Exemple

Dans l'exemple suivant, le document XML est parcouru au niveau des articles. Le parcours est assuré par la boucle FOR.

Pour chaque élément du parcours, donc pour chaque article, le nombre d'informations est dénombré par l'intermédiaire de l'instruction COUNT et cette valeur est affectée à la variable $nb.

L'instruction RETURN permet de retourner une expression XML bien formée :

```
DECLARE @articles4 XML
SELECT @articles4=
'<catalogue>
  <article categorie="13" nouveau="true">
    <designation>Visseuse électrique</designation>
    <prixHT>23.74</prixHT>
  </article>
  <article categorie="13">
    <designation>Perceuse</designation>
    <prixHT promo="true">44.69</prixHT>
```

```
  </article>
</catalogue>';

SELECT @articles4.query(
'<analyse>{
  for $element in catalogue/article
    let $nb:=count($element/*)
       return <article>{$element/@categorie}<nbInfos>{$nb}
</nbInfos></article>
}</analyse>');
```

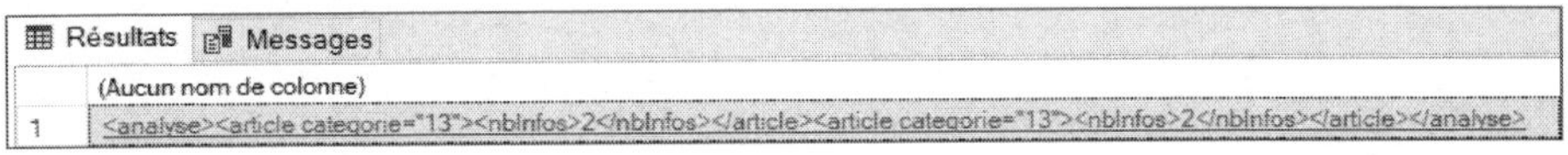

2.5 L'instruction FOR XML

L'utilisation de FOR XML représente un bon moyen de gérer l'échange au format XML vers une application cliente. Cette clause permet de convertir le résultat d'une requête SELECT au format XML.

Exemple

Cette requête établit la liste des commandes par client au format XML :

```
SELECT Clients.nom, Clients.prenom, Commandes.idCommande,
Commandes.statut, SUM(quantite) nbArtcilesCommandes
FROM Clients
INNER JOIN Commandes ON clients.idClient = Commandes.idClient
INNER JOIN DetailsCommandes ON Commandes.idCommande =
DetailsCom-mandes.idCommande
GROUP BY Clients.nom, Clients.prenom, Commandes.idCommande,
Commandes.statut
FOR XML AUTO;
```

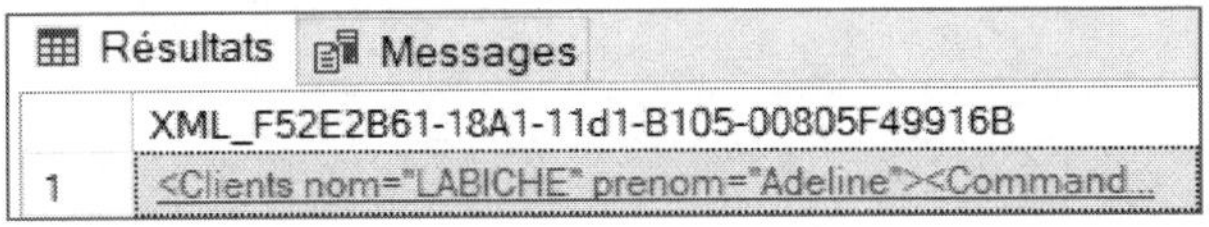

Le résultat au format XML de cette requête est alors :

```
<Clients nom="LABICHE" prenom="Adeline">
  <Commandes idCommande="1" statut="LI" nbArtcilesCommandes="3" />
</Clients>
<Clients nom="DUBOIS" prenom="Zoé">
  <Commandes idCommande="3" statut="AC" nbArtcilesCommandes="3" />
  <Commandes idCommande="9" statut="AC" nbArtcilesCommandes="1" />
</Clients>
<Clients nom="LABICHE" prenom="Adeline">
  <Commandes idCommande="10" statut="EP" nbArtcilesCommandes="1" />
</Clients>
```

Avec l'apparition du type XML et la demande de plus en plus présente de fournir des données au format XML, la clause FOR XML a été remaniée avec SQL Server 2005. L'objectif recherché est de pouvoir extraire l'information depuis la base relationnelle vers un format XML sans recourir à des outils tiers de manipulation et de transformation des données.

Tout d'abord, et par souci de compatibilité ascendante, les résultats de la clause FOR XML sont toujours fournis au format texte par défaut. Cependant, l'option TYPE permet d'obtenir le même résultat mais exprimé au format XML cette fois-ci. Cette option est particulièrement intéressante lorsque le résultat de la requête doit être stocké dans une colonne de type XML par exemple.

Exemple

La requête précédente est modifiée pour obtenir un résultat au format XML. Puis cette requête est utilisée pour effectuer une requête à l'aide de query, ce qui n'était pas possible sans le typage en XML :

```
SELECT(
SELECT Clients.nom, Clients.prenom, Commandes.idCommande,
Commandes.statut, SUM(quantite) nbArtcilesCommandes
FROM Clients
INNER JOIN Commandes ON clients.idClient = Commandes.idClient
INNER JOIN DetailsCommandes ON Commandes.idCommande =
DetailsCom-mandes.idCommande
GROUP BY Clients.nom, Clients.prenom, Commandes.idCommande,
Commandes.statut
FOR XML AUTO, TYPE).query('/Clients[2]');
```

Ce qui donne le second client :

```
<Clients nom="DUBOIS" prenom="Zoé">
  <Commandes idCommande="3" statut="AC" nbArtcilesCommandes="3" />
  <Commandes idCommande="9" statut="AC" nbArtcilesCommandes="1" />
</Clients>
```

Cette directive TYPE permet également de simplifier l'écriture des requêtes SQL qui ont en charge de générer un document XML plus ou moins complexe. Car il est possible d'utiliser toutes les fonctionnalités du SQL pour générer rapidement et simplement un document au format XML.

Il existe également la possibilité de définir un chemin (PATH) au niveau de la clause FOR XML, ou bien directement au niveau de l'alias de colonne dans la requête SELECT.

Exemple

Une requête a été créée pour ajouter certains articles de la base de données dans le catalogue au format XML :

```
INSERT INTO Catalogues SELECT (
SELECT idArticle reference, designation, prixHT
FROM Articles
WHERE idArticle<80
FOR XML PATH('article'), TYPE).query('<page>{/*}</page>');
SELECT pageCat FROM Catalogues
ORDER BY idCatalogue DESC OFFSET 0 ROW FETCH NEXT 1 ROW ONLY;
```

Le résultat au format XML est alors :

```
<page>
  <article>
    <reference>12</reference>
   <designation>perforateur</designation>   <prixHT>90.00</prixHT>
  </article>
  <article>
    <reference>22</reference>
    <designation>foret SDS 12</designation>
    <prixHT>6.90</prixHT>
  </article>
  <article>
    <reference>37</reference>
    <designation>burin plat SDS</designation>
```

```
    <prixHT>4.70</prixHT>
  </article>
  <article>
    <reference>75</reference>
    <designation>fraisoir</designation>
    <prixHT>8.90</prixHT>
  </article>
</page>
```

2.6 La méthode OPENXML

Cette méthode permet de traiter un document XML sous la forme d'un jeu de résultats. Avec OPENXML, il est possible d'intégrer le traitement d'un document XML dans une requête SQL de type SELECT, INSERT, UPDATE et DELETE.

Remarque

Avec l'apparition du type XML, cette méthode tend à être de moins en moins utilisée.

Syntaxe

```
OPENXML(idoc int ,requeteXPath nvarchar,[drapeau byte])
[WITH (structureDonnées)]
```

`idoc`

Identifiant du document XML. Cet identifiant est fourni par la procédure **sp_xml_preparedocument**.

`requeteXPath`

Requête au format XPath pour localiser les informations dans le document XML.

`drapeau`

Indicateurs de paramétrages OPENXML.

`structureDonnées`

Nom et types des colonnes à présenter dans le jeu de résultats.

La méthode **sp_xml_preparedocument** permet de préparer un document au format texte vers le format XML. L'identifiant du résultat de cette transformation est retourné par la procédure stockée. L'identifiant servira à OPENXML pour localiser les données au format XML.

En fin d'utilisation, il faut veiller à exécuter **sp_xml_removedocument** pour libérer l'espace mémoire occupé par le document au format XML.

Exemple

Mise en place de la méthode OPENXML.

```
DECLARE @articles4 XML
SELECT @articles4=
'<catalogue>
  <article categorie="13" nouveau="true">
    <designation>Visseuse électrique</designation>
        <prixHT>23.74</prixHT>
  </article>
  <article categorie="13">
    <designation>Perceuse</designation>
        <prixHT promo="true">44.69</prixHT>
  </article>
</catalogue>';

DECLARE @identifiant INT;
EXEC sp_xml_preparedocument @identifiant OUT, @articles4;
SELECT * FROM OPENXML(@identifiant, '/catalogue/*')
WITH (categorie INT, nouveau CHAR(4));
EXEC sp_xml_removedocument @identifiant;
```

Résultats | Messages

	categorie	nouveau
1	13	true
2	13	NULL

2.7 La méthode OPENROWSET

Cette méthode, déjà présentée au chapitre précédent pour accéder à des fichier CSV, permet également de traiter des fichiers au format XML.

L'utilisation de cette méthode peut parfois remplacer avantageusement l'utilisation du programme d'importation BCP.

La méthode OPENROWSET présente une alternative à OPENXML pour intégrer facilement des données XML externes au serveur.

Exemple

Chargement de données stockées dans un fichier plat dans le système de fichiers Windows :

```
INSERT INTO Catalogues
SELECT * FROM OPENROWSET(BULK 'C:\data\cataloguePage2.xml', SINGLE_BLOB) d;
```

3. Le type table value parameter

Avec ce type de paramètre, il est possible d'envoyer un ensemble de données directement à une procédure ou bien à une fonction Transact-SQL. Pour mieux comprendre l'intérêt des **table value parameter**, il est possible de rapprocher ce type de paramètre à la notion de tableau. Chaque ligne de ce tableau est définie par rapport à un type de données utilisateur. Ces types sont créés par l'intermédiaire de l'instruction CREATE TYPE qui permet maintenant de définir des types TABLE. Chaque champ est fortement typé grâce à l'usage, entre autres, des contraintes d'intégrité lors de la définition du type.

Avec les **table value parameter** il est possible de gérer un ensemble structuré de données sans qu'il soit nécessaire de créer une table, même temporaire. En ce sens, l'utilisation de ces types permet de gagner en souplesse d'utilisation et parfois même en performance. Cependant, les **table value parameter** sont toujours des paramètres en lecture seule. Donc, la procédure ou la fonction qui possède un paramètre de ce type ne peut modifier les informations présentes dans ce paramètre.

L'utilisation d'un **table value parameter** peut se décomposer en trois étapes :

- Définir le type de chaque ligne à l'aide de l'instruction CREATE TYPE.
- Compléter le **table value parameter** avec des données en utilisant les instructions du DML : INSERT, UPDATE et DELETE.
- Appeler la fonction ou la procédure en lui passant en paramètre le **table value parameter**.

Dans la procédure ou la fonction qui possède un paramètre de ce type, les données sont extraites par l'intermédiaire de requêtes SELECT ou bien par l'utilisation d'un curseur.

Exemple

Dans l'exemple suivant, le type Clients est défini de façon à recevoir un numéro de client et son nom.

La procédure affiche permet d'afficher les données contenues dans un paramètre de type Clients.

Enfin, un script Transact-SQL permet de stocker les numéros et les noms des clients qui habitent Nantes dans une variable de type Clients.

```
CREATE TYPE tClients AS TABLE(
idClient       INT,
nom            VARCHAR(50)
);

GO
CREATE PROCEDURE affiche(@clients tClients READONLY) AS
       SELECT * FROM @clients;
GO

DECLARE @nantais tClients;
INSERT INTO @nantais SELECT idClient, nom FROM Clients WHERE
ville='Nantes';

EXEC affiche @nantais;
```

	idClient	nom
1	15	DUPOND
2	142	DUCHEMIN

4. Les structures hiérarchiques

La notion d'organisation hiérarchique se rencontre dans de nombreux domaines dans la vie de tous les jours et la modélisation n'en est pas toujours aisée. C'est par exemple le cas pour un organigramme d'entreprise. SQL Server propose un type de données (hierarchyId) et des méthodes afin de stocker de façon structurée cette hiérarchie. Il est également possible d'optimiser le parcours de cette hiérarchie par l'intermédiaire d'index qui permettent de parcourir rapidement l'arborescence. De plus, SQL Server offre au travers du Transact-SQL des méthodes spécifiques à ce parcours d'arborescence afin de faciliter les extractions de données.

4.1 Le type de données HierarchyId

Il s'agit d'un type de données spécifique à SQL Server qui peut être utilisé pour modéliser une structure hiérarchique dans une table relationnelle. Les données pourront être extraites de cette table en utilisant les requêtes hiérarchiques.

Cette notion de hiérarchie n'est en aucun cas assimilable à une contrainte d'intégrité ; il est possible de trouver des éléments orphelins c'est-à-dire qui ne sont pas rattachés à l'arborescence définie. Les éléments orphelins peuvent apparaître à la suite de la saisie d'une mauvaise valeur ou à la suite de la suppression de l'élément qui était le supérieur hiérarchique.

Le type **hierarchyId** offre tout le support nécessaire pour modéliser proprement une hiérarchie dans les tables. Toutefois, le simple fait de définir une colonne de ce type dans une table ne garantit en aucun cas que les données soient classées de façon hiérarchique. C'est au développeur ou bien à l'utilisateur final de valoriser cette colonne. De même, si la notion d'unicité des valeurs doit être gérée, il est nécessaire de définir une contrainte d'unicité.

4.2 Les index

Afin d'accélérer le parcours des arbres hiérarchiques, il est possible de définir des index. Cependant, les index ne sont utiles que s'ils respectent cette arborescence. Comme il existe deux façons de parcourir un arbre, il existe deux façons de définir ces index. La première méthode est d'essayer d'aboutir le plus rapidement au niveau feuille puis, par la suite, explorer l'ensemble des feuilles d'une même branche avant de passer à la branche suivante.

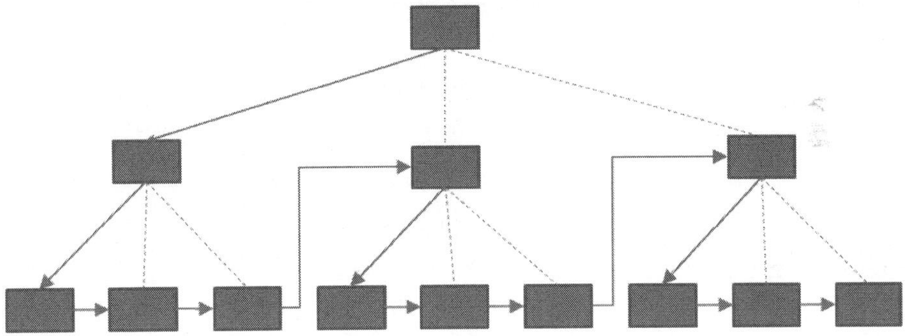

La seconde méthode consiste à explorer un niveau de façon complète avant de passer au parcours des éléments du niveau inférieur. Bien entendu, il est possible de définir les deux index sur la même table.

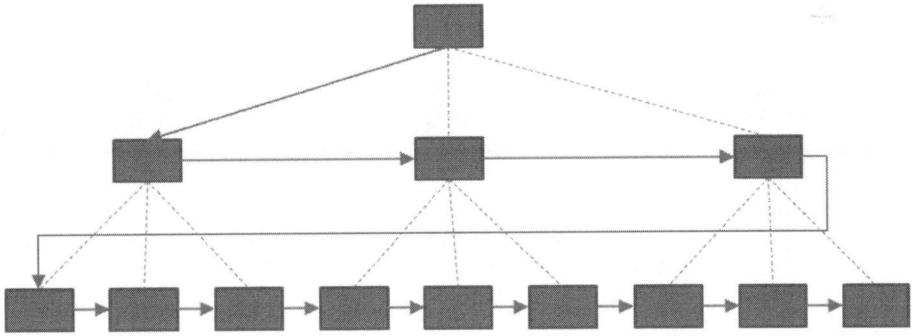

4.3 Les méthodes

`GetAncestor(niveau)`

Cette méthode permet d'identifier le supérieur hiérarchique d'un nœud. La valeur entière passée en paramètre permet de préciser le nombre de niveaux à remonter. Cette valeur est donc strictement positive et inférieure à la valeur retournée par `GetLevel()`.

`GetDescendant([noeudFrère1[, noeudFrère2]])`

Cette méthode permet de connaître le nœud qui est le descendant direct du nœud identifié comme étant le père et par rapport auquel la méthode est exécutée. Dans le cas où il y a plusieurs nœud fils, il est possible de préciser 1 ou 2 frères du descendant afin de localiser précisément l'emplacement du nœud descendant. Ce type de positionnement est particulièrement utile lors de l'insertion de données dans un arbre trié.

`GetLevel()`

Cette méthode est nécessaire lors de la définition d'un index BreadthFirst. Elle permet de connaître la profondeur d'un nœud dans l'arborescence.

`GetRoot()`

Cette méthode permet d'identifier de façon immédiate le nœud racine de l'arborescence.

`IsDescendant(noeudATester)`

Cette méthode permet de déterminer rapidement si le nœud passé en paramètre appartient à la descendance du nœud par rapport auquel cette méthode est exécutée.

`Parse(chaineCaractères)`

Cette méthode permet de convertir la chaîne de caractères passée en paramètre en une valeur de type **hierarchyId**.

`Read(lecteurBinaire)`

Cette méthode n'est utilisable que dans le cadre du CLR et permet de faire une lecture en binaire du nœud par rapport auquel cette méthode est exécutée.

`Reparent(ancienneRacine, nouvelleRacine)`

Cette méthode permet de modifier le nœud racine et de définir le nouveau chemin d'accès par rapport à la nouvelle racine passée en paramètre.

`ToString()`

Cette méthode est la méthode inverse de **Parse** et permet d'obtenir une représentation textuelle de la valeur **hierarchyId** du nœud.

`Write(fluxBinaire)`

Cette méthode réservée au code CLR permet de définir à partir d'un flux binaire la valeur de type **hierarchyId** du nœud. La méthode Write permet de réaliser l'opération inverse du travail réalisé avec la méthode Read.

Exemple

La première étape consiste à créer une table avec une colonne de type **hierarchyId.** Dans l'exemple présenté ci-dessous, une table représentant les employés de l'entreprise avec leur poste et leur position hiérarchique respective est définie :

```
CREATE TABLE Employes(
idEmploye     INT           IDENTITY CONSTRAINT pk_employes PRIMARY KEY,
position      HIERARCHYID   NULL,
nom           VARCHAR(50)   NOT NULL,
prenom        VARCHAR(40)   NULL,
poste         VARCHAR(50)   NULL
);
```

Les index sont ensuite définis sur cette table. Le premier index est déjà défini par l'intermédiaire de la contrainte de clé primaire. Le second index concerne la colonne de type **hierarchyID**. Elle permet d'aboutir le plus rapidement au niveau feuille. Enfin, pour permettre de parcourir rapidement tous les employés se trouvant à un même niveau dans la hiérarchie, une nouvelle colonne est ajoutée à la définition de la table. Cette colonne contient une donnée calculée à partir de la position de l'employé dans la hiérarchie :

```
CREATE INDEX in_employes_position ON Employes(position);
ALTER TABLE Employes ADD niveau AS position.GetLevel();
CREATE INDEX in_employes_nivPos ON Employes(niveau, position);
```

Maintenant que la structure est définie, il est possible d'ajouter des informations dans cette table :

```
--Ajout du sommet de la hiérarchie
INSERT INTO Employes VALUES(HIERARCHYID::GetRoot(), 'FERRIÈRE',
'Christelle', 'Directrice');

DECLARE @BigBoss HIERARCHYID = (SELECT HIERARCHYID::GetRoot() FROM
Employes);

--Ajout du deuxième niveau
DECLARE @RH HIERARCHYID = @BigBoss.GetDescendant(NULL, NULL);
INSERT INTO Employes VALUES(@RH, 'ARBEL', 'Paul',
'Directeur des ressources humaines');
DECLARE @compta HIERARCHYID = @BigBoss.GetDescendant(@RH, NULL);
INSERT INTO Employes VALUES(@compta, 'PICCOLO ZIANI', 'Luca', 'Comptable');

--Ajout d'un troisième niveau
DECLARE @ass1 HIERARCHYID = @RH.GetDescendant(NULL, NULL);
INSERT INTO Employes VALUES(@ass1, 'GRIBBLE', 'Claude', 'Assistant');
INSERT INTO Employes VALUES(@RH.GetDescendant(@ass1, NULL), 'BOURAOUI',
'Sanaé', 'Assistante');
INSERT INTO Employes VALUES(@compta.GetDescendant(NULL, NULL), 'EXBRAYAT',
'Mika', 'Assistante');
```

Il est maintenant possible d'extraire les informations comme on le souhaite. Dans ce premier exemple, tous les employés qui ont pour supérieur hiérarchique direct le patron sont extraits :

```
SELECT e.nom, e.prenom, c.nom nomDeSonChef,
c.prenom prenomDeSonChef FROM Employes e
INNER JOIN Employes c ON e.position.GetAncestor(1) = c.position;
```

Résultats | Messages

	nom	prenom	nomDeSonChef	prenomDeSonChef
1	ARBEL	Paul	FERRIÈRE	Christelle
2	PICCOLO ZIANI	Luca	FERRIÈRE	Christelle
3	GRIBBLE	Claude	ARBEL	Paul
4	BOURAOUI	Sanaé	ARBEL	Paul
5	EXBRAYAT	Mika	PICCOLO ZIANI	Luca

5. Les données images

Aujourd'hui, les bases de données doivent être en mesure de stocker des données non structurées et c'est ce que propose SQL Server avec son type FILESTREAM. En effet, les documents numériques sont de plus en plus présents dans notre quotidien et aujourd'hui il est courant de travailler avec des photos, des fichiers Word, Excel, des documents scannés... Or, tous ces documents ne peuvent que difficilement trouver leur place dans une base de données relationnelle structurée avec des types de données simples. De plus, ces documents représentent très souvent un volume important. C'est pourquoi, bien souvent, l'une des options suivantes est retenue :

- Les données structurées sont stockées dans la base de données tandis que les données non structurées (fichiers) sont stockées directement sur le système de fichiers.
- Les données structurées sont stockées dans une base de données et les données non structurées sont stockées dans une autre base.
- Toutes les données, structurées ou non, sont stockées dans la base de données.

Les deux premières solutions posent le problème de la liaison entre les différentes données. Comment, par exemple, associer correctement l'image d'un produit à sa référence, sa désignation... et plus particulièrement comment garantir que lors de la suppression d'une image, l'article associé n'existe plus ?

La troisième solution évite ces problèmes mais pose le problème délicat de la gestion de l'espace disque dans la base de données. De plus, les fichiers de données très volumineux ont tendance à dégrader les performances du moteur de base de données.

Pour essayer de tirer parti des différentes options, SQL Server propose deux solutions différentes.

La première consiste à utiliser une seconde base pour stocker les données de type **BLOB** (*Binary Large OBject*) mais tout en conservant une liaison entre les données locales et les données distantes. Ce serveur de fichiers BLOB peut bien sûr être d'origine Microsoft mais tous les grands acteurs du marché sont compatibles avec cette solution. En effet, ce type de solution peut être intéressant lorsque les données de type BLOB doivent être stockées sur un serveur distinct du serveur SQL, ou bien lorsqu'il existe déjà des applications qui alimentent ce magasin de BLOB.

La seconde possibilité est de définir une colonne de type **varbinary** en utilisant l'attribut FILESTREAM qui permet de stocker le fichier dans le système de fichiers tout en le liant avec les données relationnelles. Ce mode de stockage permet d'utiliser les avantages de chaque solution sans en avoir les inconvénients. Les données stockées dans une colonne FILESTREAM sont perçues par SQL Server comme des données de type BLOB et peuvent être manipulées au sein des requêtes comme n'importe quelle donnée relationnelle stockée dans la base. De plus, cette colonne reçoit un traitement identique aux autres colonnes BLOB lors des opérations de maintenance, de sauvegarde, de restauration.

Ce type de colonne impose tout même quelques limitations, comme le stockage des informations sur un disque local, le cryptage automatique des données n'est pas supporté de même que la mise en miroir. Il n'est pas possible également de définir une colonne de type FILESTREAM dans un table value parameter.

Quel que soit le mode de stockage retenu, la recherche dans ces données reste toujours difficile. Pour réaliser ce travail, SQL Server utilise le service de texte intégral qui est intégré à SQL Server. Cette intégration permet de réduire la complexité de gestion et donc le coût lors du déploiement de solutions SQL Server utilisant cette fonctionnalité. De plus, cette intégration permet d'obtenir de meilleures performances.

La mise en place de FILESTREAM sur une table s'effectue en plusieurs étapes qui sont :

– la configuration de FILESTREAM au niveau du serveur,

– l'activation de FILESTREAM sur le serveur,

– la prise en charge des données de type FILESTREAM sur la base de données,

– la création de table avec une colonne de type FILESTREAM.

Au niveau du serveur, il est possible de configurer et d'activer FILESTREAM lors de l'installation de l'instance SQL Server. Dans le cas contraire, il est possible de configurer FILESTREAM sur une base existante. Il est pour cela nécessaire d'exécuter en tant qu'administrateur le **Gestionnaire de configuration SQL Server** accessible par une recherche dans le menu de Windows. Il est alors nécessaire d'afficher les propriétés du service **MSSQLServer** correspondant à l'instance que l'on souhaite configurer. Ces services sont visibles depuis la page **Services SQL Server**. La définition du service FILESTREAM s'effectue depuis l'onglet portant ce même nom.

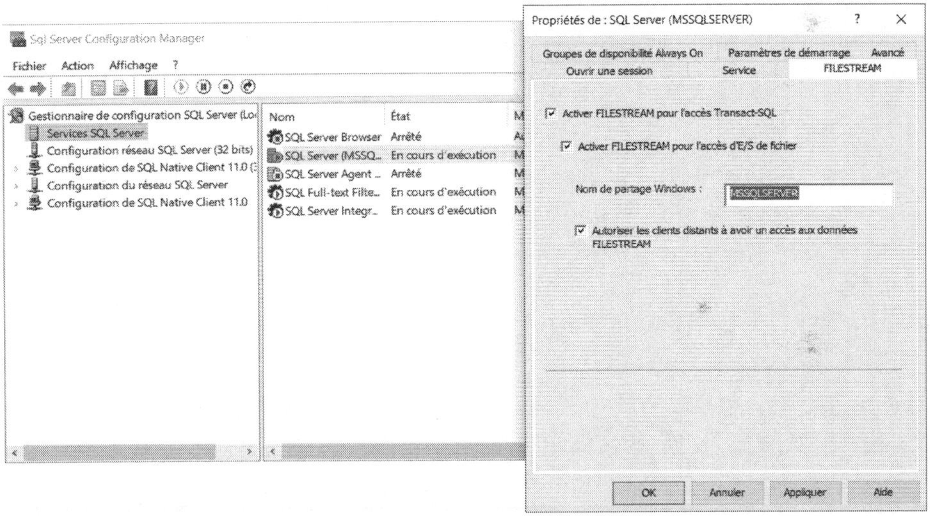

Il est ensuite nécessaire de configurer le type d'accès possible aux données de type FILESTREAM. Cette configuration s'effectue à l'aide de l'option **filestream_access_level** de la procédure **sp_configure**.

Syntaxe

```
sp_configure filestream_access_level niveau
```

niveau

C'est une valeur entière comprise entre 0 et 2. La valeur 0 désactive la prise en charge de FILESTREAM sur l'instance SQL Server. Avec la valeur 1, seuls des scripts Transact-SQL sont en mesure d'accéder aux données de type FILESTREAM. Enfin, la valeur 2 permet de rendre accessibles les données par toutes les applications clientes.

Exemple

Activation de FILESTREAM sur l'instance courante :

```
EXEC sp_configure filestream_access_level, 2;
RECONFIGURE;
```

Affichage :

L'option de configuration filestream_access_level est passée de 0 à 2. Pour installer, exécutez l'instruction RECONFIGURE.

Remarque

*La procédure **sp_filestream_configure** présente dans SQL Server 2008 n'est plus prise en charge.*

Il est possible de vérifier le résultat de cette commande en exécutant l'instruction **net share** depuis l'interpréteur de commandes Windows :

```
Invite de commandes
C:\Users\hboisgontier>net share

Nom partage  Ressource                          Remarque

-------------------------------------------------------------------------------
C$           C:\                                Partage par défaut
D$           D:\                                Partage par défaut
E$           E:\                                Partage par défaut
IPC$                                            IPC distant
ADMIN$       C:\Windows                         Administration à distance
MSSQLSERVER  \\?\GLOBALROOT\Device\RsFx0600\<localmachine>\MSSQLSERVER
                                                SQL Server FILESTREAM share
La commande s'est terminée correctement.


C:\Users\hboisgontier>_
```

Pour gérer les fichiers physiques, SQL Server utilise les groupes de fichiers. La gestion des données FILESTREAM n'échappe pas à la règle, il est donc nécessaire de définir un groupe de fichiers. La particularité de ce groupe de fichiers vient du fait qu'il n'est pas composé de fichiers mais qu'il correspond à un dossier créé préalablement sur le système de fichiers.

Exemple

Dans l'exemple suivant, le groupe de fichiers FilestreamGroup est défini et le dossier C:\data\images est associé au groupe de fichiers. Le dossier c:\data doit être créé sur le système de fichiers, l'instruction Transact-SQL se charge de définir le sous-dossier images de la même façon qu'elle se charge de définir le fichier de données sur un groupe de fichiers classique.

```
ALTER DATABASE GesCom
      ADD FILEGROUP FilestreamGroup CONTAINS FILESTREAM;
ALTER DATABASE GesCom
      ADD FILE(
      NAME='GesCom_images',
      FILENAME='C:\data\images'
      ) TO FILEGROUP FilestreamGroup;
```

Une colonne de type FILESTREAM peut alors être définie, il est toutefois possible de définir une colonne de ce type uniquement dans les tables possédant une colonne de type **uniqueidentifier rowguidcol**, n'acceptant pas les valeurs non renseignées (NULL) et avec une contrainte d'unicité ou bien de clé primaire.

Exemple

La table Illustrations est donc définie à cet effet :

```
CREATE TABLE Illustrations(
idIllustration    UNIQUEIDENTIFIER ROWGUIDCOL CONSTRAINT
pk_illustrations PRIMARY KEY,
idArticle         INT     NOT NULL CONSTRAINT
fk_illustrations_articles REFERENCES Articles(idArticle),
photo             VARBINARY(MAX) FILESTREAM
);
```

Il est maintenant possible d'ajouter de nouvelles lignes d'informations dans la table.

```
INSERT INTO Articles VALUES(1, 'Marteau', 8.45, 14);
INSERT INTO Illustrations SELECT NEWID(), 1, *
FROM OPENROWSET(BULK 'C:\data\hammer.png', SINGLE_BLOB) i;
```

Il est possible de consulter le contenu du dossier cible et de constater qu'il contient maintenant des informations.

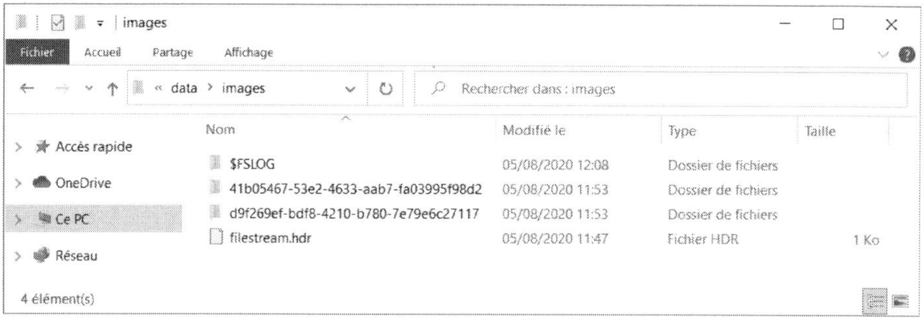

Remarque

Le fichier filestream.hdr ne doit surtout pas être supprimé.

6. Les données spatiales

Les applications qui travaillent avec des données géographiques sont maintenant nombreuses et elles permettent un repérage plus rapide de l'information, souvent avec comme objectif de dresser un itinéraire. Mais les applications peuvent également utiliser les données géographiques pour obtenir une représentation visuelle des données ou bien pour faire une analyse géographique des données (où sont répartis nos principaux clients ? ...).

Les possibilités d'affichage de SQL Server Management Studio étant limitées, il est le plus souvent nécessaire de s'appuyer sur une bibliothèque graphique conséquente comme BingMaps ou Open Street Map pour exploiter au mieux de façon visuelle ces données.

Toutefois, il n'est pas possible de gérer de la même façon les données relatives à un schéma d'une ville ou d'un quartier et celles relatives à un pays. En effet, le chemin pour se rendre de la place de la Concorde à la place de l'Étoile à Paris est infiniment plus court que le trajet à effectuer pour se rendre de Paris à Mayotte. Dans le premier cas, il est possible de considérer que la terre est plate, alors qu'il n'est plus possible de faire cette approximation dans le second cas.

Pour répondre à ces contraintes, SQL Server propose les types **geometry** et **geography**. Le type **geometry** travaille sur un plan à deux dimensions et permet la représentation des données à une échelle locale. Le type **geography** utilise la latitude et la longitude pour stocker les différentes informations.

Pour être en mesure de travailler avec les principaux outils de représentation cartographique du marché, SQL Server respecte les spécifications émises par l'OGC (*Open Geospatial Consortium*).

Les types **geography** et **geometry** proposés par SQL Server sont définis comme des types CLR, ce qui leur permet de bénéficier de la richesse du Framework .NET.

Ces types respectent les préconisations de l'OGC afin de rendre plus simple l'intégration avec d'autres logiciels mais proposent aussi d'autres méthodes plus spécifiques à Microsoft.

Lorsque des requêtes sont faites avec des données de type **geography/geometry**, SQL Server Management Studio permet de visualiser graphiquement les données. Cependant, il s'agit d'une projection en deux dimensions de coordonnées représentant un point sur le globe terrestre (cas de **geography**). Cette représentation en deux dimensions nécessite de faire le choix du type de projection. Cette problématique est plus souvent connue dans le type de projection utilisé pour représenter un planisphère terrestre. En effet, la représentation visuelle des pays change d'une projection à une autre. Ce sera bien entendu le cas pour la représentation dans SQL Server Management Studio.

Comme pour les autres types de données, SQL Server propose également de créer des index pour ces types de données, afin d'accélérer le traitement des requêtes d'extraction de données. Ces index sont basés sur un maillage de plus en plus fin des zones géographiques référencées.

Des méthodes particulières sont proposées pour traiter ces données, elles sont accessibles en les préfixant par geometry:: ou bien geography::. Par exemple pour appeler la fonction StGeomFromText(), il est nécessaire d'utiliser la syntaxe geography::StGeomFromText().

Exemples

Ce premier exemple permet d'illustrer très simplement l'utilisation du type geometry en dessinant un simple polygone. C'est l'onglet **Résultats spatiaux** qui est utilisé pour visualiser le résultat.

```
DECLARE @p GEOMETRY = 'POLYGON((0 0, 1 4, 1 1, 2 4, 3 1, 0 0))';
SELECT @p;
```

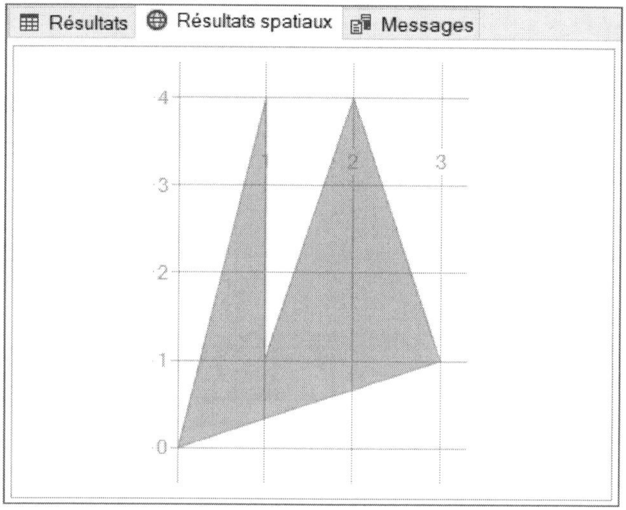

Mais l'objectif de ces données est bien de calculer des distances, des trajectoires, de définir des regroupements...

Dans l'exemple suivant, deux formes géométriques sont définies puis la méthode **ShortestLineTo** est appelée pour calculer la plus courte distance entre les deux formes. Il est intéressant de remarquer que la façon d'appeler la méthode par rapport au triangle souligne le caractère objet du type.

```
DECLARE @segment GEOMETRY = 'LINESTRING(10 10, 50 10)';
DECLARE @triangle GEOMETRY = 'POLYGON((0 0, 5 7, 5 0, 0 0))';
SELECT @triangle.ShortestLineTo(@segment).STAsText();
```

Résultats | Messages

	(Aucun nom de colonne)
1	LINESTRING (5 7, 10 10)

L'utilisation du type **geography** peut être présentée de façon plus concrète en joignant les coordonnées GPS de chaque client. Avec ce type de données, il sera alors possible de mener des analyses géographiques des données.

Exemple

La table Clients est modifiée pour y ajouter une colonne de type **geography** :

```
ALTER TABLE Clients ADD gps GEOGRAPHY NULL;
```

Exemple

Dans l'exemple ci-dessous, le positionnement de chaque client va être mis à jour à l'aide d'une instruction UPDATE. Les informations de latitude et longitude représentent un point et sont exprimées sous forme de chaînes de caractères. La méthode **STGeomFromText** permet de transformer cette chaîne de caractères en information de type **geography**.

```
UPDATE Clients
SET gps=GEOGRAPHY::STGeomFromText('POINT(47.2163 -1.5566)', 4326)
WHERE ville='Nantes';
UPDATE Clients
SET gps=GEOGRAPHY::STGeomFromText('POINT(48.8593 2.3456)', 4326)
WHERE ville='Paris';
UPDATE Clients
SET gps=GEOGRAPHY::STGeomFromText('POINT(47.3891 0.6949)', 4326)
WHERE ville='Tours';
```

7. Exercices

7.1 La mise en place d'une hiérarchie des catégories d'articles

Afin de mieux organiser les catégories, il a été décidé de mettre en place la hiérarchie suivante :

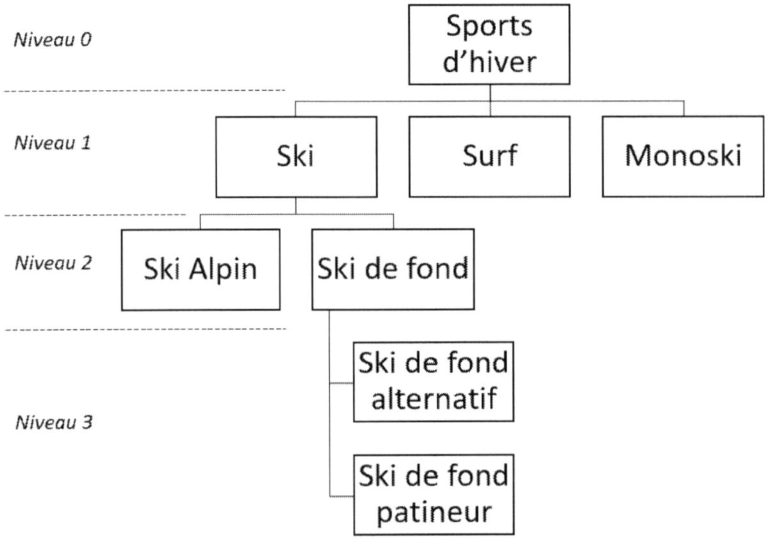

Modifiez la table Categories en conséquence, ajoutez les nouvelles catégories et mettez à jour celles déjà existantes.

7.2 L'affichage de la hiérarchie des catégories

Affichez les libellés des catégories de niveau 1 :

Résultats | Messages

	libelle
1	Monoski
2	Ski
3	Surf

Affichez les libellés des catégories de niveau 1 avec leurs catégories de niveau 2 :

Résultats | Messages

	niveau1	niveau2
1	Monoski	NULL
2	Ski	Ski de fond
3	Ski	Ski alpin
4	Surf	NULL

Affichez l'arborescence des libellés de catégories sur les niveaux 1, 2 et 3 :

Résultats | Messages

	niveau1	niveau2	niveau3
1	Monoski	NULL	NULL
2	Ski	Ski de fond	Ski de fond alternatif
3	Ski	Ski de fond	Ski de fond patineur
4	Ski	Ski alpin	Patinette
5	Surf	NULL	NULL

7.3 L'export des articles au format XML

Nous avons besoin de faire un export des articles proposés à la location au format XML.

Le format attendu est le suivant :

```
<catalogue>
  <article>
    <reference>A01</reference>
    <designation>Salomon 24X+Z12</designation>
    <gamme>EG</gamme>
    <categorie>SA</categorie>
  </article>
  <article>
    <reference>A02</reference>
    <designation>Salomon 24X+Z12</designation>
    <gamme>EG</gamme>
    <categorie>SA</categorie>
  </article>
...
</catalogue>
```

Écrivez une requête permettant cet export.

8. Correction des exercices

8.1 La mise en place d'une hiérarchie des catégories d'articles

```
USE Location;
ALTER TABLE Categories ADD hierarchie HIERARCHYID NULL;
GO
INSERT INTO Categories(codeCate, libelle, hierarchie) VALUES('SPH',
'Sports d''hiver', HIERARCHYID::GetRoot());

DECLARE @ski HIERARCHYID = HIERARCHYID::GetRoot().GetDescendant(NULL, NULL);
INSERT INTO Categories(codeCate, libelle, hierarchie) VALUES('SKI',
'Ski', @ski);
DECLARE @surf HIERARCHYID = HIERARCHYID::GetRoot().GetDescendant(@ski, NULL);
UPDATE Categories SET hierarchie = @surf WHERE codeCate = 'SURF';
```

```
DECLARE @mono HIERARCHYID = HIERARCHYID::GetRoot().GetDescendant(@surf, NULL);
UPDATE Categories SET hierarchie = @mono WHERE codeCate = 'MONO';

DECLARE @skiFond HIERARCHYID = @ski.GetDescendant(NULL, NULL)
INSERT INTO Categories(codeCate, libelle, hierarchie) VALUES('FOND',
'Ski de fond', @skiFond);
DECLARE @skiAlpin HIERARCHYID = @ski.GetDescendant(@skiFond, NULL);
UPDATE Categories SET hierarchie = @skiAlpin WHERE codeCate = 'SA';
UPDATE Categories SET hierarchie = @skiAlpin.GetDescendant(NULL,
NULL) WHERE codeCate = 'PA';

UPDATE Categories SET hierarchie = @skiFond.GetDescendant(NULL, NULL)
WHERE codeCate LIKE 'FO[AP] ';
```

8.2 L'affichage de la hiérarchie des catégories

```
-- Affichez les libellés des catégories de niveau 1
SELECT libelle FROM Categories WHERE hierarchie.GetLevel() = 1;

-- Affichez les libellés des catégories de niveau 1 avec leurs catégories
de niveau 2
SELECT c1.libelle niveau1, c2.libelle niveau2
FROM Categories c1
LEFT OUTER JOIN categories c2 ON c1.hierarchie =
c2.hierarchie.GetAncestor(1)
WHERE c1.hierarchie.GetLevel() = 1;

-- Affichez l'arborescence des libellés de catégories sur les niveaux 1, 2 et 3.
SELECT c1.libelle niveau1, c2.libelle niveau2,
c3.libelle niveau3
FROM Categories c1
LEFT OUTER JOIN categories c2 ON c1.hierarchie =
c2.hierarchie.GetAncestor(1)
LEFT OUTER JOIN categories c3 ON c2.hierarchie =
c3.hierarchie.GetAncestor(1)
WHERE c1.hierarchie.GetLevel() = 1;
```

8.3 L'export des articles au format XML

```
SELECT (SELECT refart reference,
               designation,
               codeGam gamme,
               TRIM(codeCate) categorie
        FROM Articles
        FOR XML PATH('article'), TYPE)
.query('<catalogue>{/*}</catalogue>');
```

Chapitre 7
Le Common Language Runtime (CLR)

1. SQL Server et le CLR

SQL Server est en mesure de gérer des données de plus en plus complexes mais il se doit également d'offrir la possibilité de définir sur le serveur des traitements de plus en plus précis et parfois complexes, ceci afin de fournir toujours plus de fonctionnalités. Dans certains cas, le langage Transact-SQL ne permet pas de définir le traitement voulu. Grâce à l'intégration du CLR (*Common Language Runtime*) .NET directement dans le moteur de base de données, il est possible de programmer des traitements à l'aide de C# ou bien VB.NET.

La programmation de ces traitements pourra alors se faire directement depuis Visual Studio. Pour que les méthodes et procédures ainsi définies soient utilisables depuis les instructions SQL, un mappage Transact-SQL avec le code MSIL (*Microsoft Intermediate Language*) est réalisé.

Le fait de passer par le CLR intégré à SQL Server est beaucoup plus sûr (et plus simple) que de faire appel à des procédures stockées étendues. En effet le CLR présent dans SQL Server n'est que partiel et ne couvre pas toutes les fonctionnalités offertes par le Framework .NET. Par exemple, tous les objets relatifs à la gestion de l'interface graphique n'y sont pas. En limitant le nombre de fonctionnalités offertes par le CLR, il est possible ainsi de se prémunir de certains codes malveillants.

1.1 Le Transact-SQL ou le CLR ?

En introduisant le code CLR dans SQL Server, un nouveau problème se pose alors au développeur. Quand choisir de travailler avec un langage du Framework .NET et quand lui préférer le Transact-SQL ?

Contrairement à ce qui pourrait être perçu par un premier regard trop rapide sur SQL Server, le Transact-SQL n'est en aucun cas menacé par le code CLR. Au contraire, chacun possède ses avantages et ses inconvénients. En fonction du travail à réaliser, le choix se portera tout naturellement sur l'un ou l'autre.

Quelques-uns des principaux avantages de chaque langage sont énumérés ci-dessous :

Le Transact-SQL sera privilégié pour :

- la manipulation intensive des données, c'est-à-dire lorsque le temps consacré à la manipulation des données est important au regard du temps de traitement,
- l'interaction avec des instructions SQL, car les deux langages sont conçus pour travailler ensemble,
- lorsque le traitement défini ne peut pas être écrit sous la forme de requêtes SQL. Il est en effet important de privilégier les traitements SQL car ils s'avèrent souvent être les plus performants,
- lorsque le traitement peut être défini en Transact-SQL, et, pour cela, une bonne connaissance du Transact-SQL et des nombreuses possibilités offertes par ce langage est nécessaire.

Le code CLR sera choisi de façon préférentielle pour :

- valider les données et réduire le trafic réseau,
- définir des fonctions ayant une portée générale,
- passer les données en paramètres,
- il n'y a pas ou peu d'accès à l'information présente dans la base de données,
- réaliser des calculs complexes sur les données présentes dans une ligne d'information,
- réaliser des calculs d'agrégat, ou bien travailler avec des types scalaires,

- tirer profit de la puissance des langages du .NET en termes de fonctionnalités déjà disponibles,
- remplacer les procédures stockées étendues (xp_...), ou plus exactement pour en écrire de nouvelles car les CLR offrent une souplesse en termes d'écriture grâce au code contrôlé.

Il est possible de compléter ces énumérations en précisant que bien que le Transact-SQL ne possède pas une gestion optimisée pour les chaînes de caractères, il dispose de nombreuses fonctions de manipulation de données.

Le CLR permet de produire un code plus optimisé et donc plus performant. Il permet également de s'appuyer sur la richesse des langages tels que C# ou VB.NET.

Le code CLR est particulièrement bien adapté pour définir des traitements complexes. Il permet également la gestion des flux XML complexes. Enfin, le CLR permet de créer ses propres types de données structurées : les UDT (ou *User Defined Types*).

Le code CLR peut également s'imposer naturellement, par exemple lors de l'écriture d'une procédure relativement complexe. La richesse d'un langage orienté objet et du Framework .NET peut alors se faire sentir. Par exemple, pour détecter un format dans une chaîne de caractères, il est nettement plus simple de passer par le CLR et d'utiliser les expressions régulières au lieu d'écrire un code compliqué et non optimisé en Transact-SQL.

Il est possible d'utiliser le code .NET dans SQL Server pour créer :

- des types personnalisés ou UDT. C'est la solution retenue pour la mise en place des types **Geography**, **Geometry** et **HierarchyId** par exemple,
- définir des déclencheurs (triggers) de base de données ceci afin de pouvoir mettre en place des traitements complexes ou non définissables en Transact,
- des fonctions de calcul d'agrégat. Cette possibilité permet de définir ses propres fonctions de calcul d'agrégat lors les fonctions fournies par SQL Server ne répondent pas à notre demande,
- des procédures et des fonctions afin de pouvoir utiliser les méthodes et classes du Framework .NET pour la mise en place de traitements.

Lors de l'écriture de fonction, il est nécessaire de préciser lors de leur définition si ces fonctions sont déterministes ou non. Si la fonction est typée comme déterministe, alors SQL Server va conserver en mémoire les valeurs des paramètres d'appels et la valeur retournée correspondante. Cette mise en cache permet de limiter les appels identiques et donc d'améliorer les temps de traitements.

Les langages C# et VB.NET travaillent des chaînes de caractères au format Unicode. Il est donc nécessaire d'utiliser les types nchar ou nvarchar en Transact SQL pour permettre la transition des données.

1.2 Le code CLR

L'écriture de code passe par Visual Studio, même s'il est théoriquement possible de passer par un simple éditeur de texte.

Suivant la version de Visual Studio utilisée, il sera possible ou non de créer des projets de type base de données. Toutefois il est possible d'utiliser une version de Visual Studio ne permettant pas de définir de tels projets. Dans ce cas il faudra posséder à une compilation du code en ligne de commande puis d'enregistrer l'assembly dans la base de données de façon manuelle.

Si un projet de type base de données est défini dans Visual Studio, alors, à la suite de la compilation, l'assembly est directement enregistré dans la base de données.

Lorsque l'assembly est chargé dans SQL Server, il n'est pas pour autant directement utilisable. Un processus de mappage entre le Transact-SQL et le code .NET doit parfois être effectué afin de rendre les noms des méthodes, le nom et le type des paramètres compatibles avec le SQL et le Transact-SQL.

Les fonctions doivent toujours être préfixées par le nom du schéma sur lequel elles sont définies (dbo en général) lors de leur utilisation.

1.2.1 L'accès à des ressources externes

Pour accéder à des ressources externes au serveur de base de données, telles que le journal des évènements, le registre Windows ou bien l'évocation d'un Service Web, il est nécessaire d'avoir recours au code CLR. Il ne faut surtout pas s'appuyer sur des procédures non documentées sp_xxxx ou xp_xxxx, car elles ne seront pas nécessairement présentes dans les futures versions de SQL Server.

1.2.2 Les instructions SQL

En utilisant le Transact-SQL, la plupart du temps les instructions SQL sont codées en dur, c'est-à-dire de façon statique. Le compilateur peut donc détecter les erreurs de syntaxe dès la création de la procédure ou de la fonction.

Lors de l'intégration d'instructions SQL dans du code CLR, les instructions SQL ne sont compilées que lors de l'exécution du code qui transmet alors les instructions SQL au moteur de base de données. Le comportement est alors similaire à celui rencontré lors de l'utilisation de la procédure stockée **sp_executesql** qui permet de construire dynamiquement des instructions SQL en Transact-SQL.

1.2.3 Les types de données

Dans le CLR, il n'existe pas l'équivalent du mot clé null présent au niveau du Transact-SQL pour signaler l'absence de valeur. L'affectation de cette valeur à une variable de type entier, par exemple, provoque une exception d'affectation.

Pour ne pas rencontrer ce type de problème, il est nécessaire d'utiliser les indicateurs RETURNS NULL ou NULL INPUT lors de la définition de la fonction.

1.2.4 L'accès aux données

Le CLR de SQL Server permet l'accès aux données par l'intermédiaire d'ADO. Cette couche peut, maintenant, être considérée comme un standard d'accès aux données depuis .NET et permet de retrouver rapidement les automatismes acquis lors de la conception de programmes clients.

De plus, SQL Server propose pour le code qui s'exécute sur le serveur, des classes spécifiques dans l'espace de nom Microsoft.SqlServer.Server.

1.2.5 La localisation du code

L'intégration de code CLR dans SQL Server permet d'écrire des traitements complexes en VB.NET ou C#, par exemple, et de spécifier que l'exécution de ce code aura lieu dans le serveur de base de données. L'objectif de cette nouvelle fonctionnalité est de donner plus de souplesse aux développeurs et de permettre de réaliser le plus simplement possible, des traitements complexes grâce, entre autres, à la richesse des fonctionnalités offertes par le CLR. SQL Server n'a cependant pas vocation à se transformer en serveur d'applications. Les exécutions faites sur le serveur de base de données consomment des ressources qui ne sont alors plus disponibles pour le traitement des requêtes.

Dès que cela est possible, il faut privilégier l'exécution du code sur l'applicatif client (du point de vue du serveur de base de données) de façon à alléger la charge de travail du serveur.

Remarque

La classe SQLContext propose la méthode IsAvailable qui retourne une valeur booléenne true (vraie) si le code s'exécute sur le serveur et false (faux) sinon.

2. La création du code CLR géré dans SQL Server

2.1 L'activation de la prise en charge du code CLR

Avant de commencer à écrire du code CLR pour SQL Server, il est nécessaire d'activer la prise en charge de ce type de code par SQL Server. Il ne s'agit pas d'une option ou d'un composant à installer mais d'une option de configuration à activer. En effet, pour des raisons de sécurité cette option est désactivée par défaut. Elle peut être activée depuis le Transact-SQL à l'aide de la procédure stockée **sp_configure**. Il s'agit alors de modifier la valeur de l'option de configuration CLR_ENABLED. Cette configuration via le Transact-SQL peut être réalisée depuis SQL Server Management Studio ou bien depuis SQLCMD dans une invite de commandes.

```
EXEC sp_configure 'CLR_ENABLED', '1';
RECONFIGURE WITH OVERRIDE;
```

Affichage :

L'option de configuration CLR_ENABLED est passée de 0 à 1. Pour installer, exécutez l'instruction RECONFIGURE.

Il est également nécessaire d'accepter que l'assembly ne soit pas signée :

```
EXEC sp_configure 'SHOW_ADVANCED_OPTIONS', '1';
RECONFIGURE;

EXEC sp_configure 'CLR_STRICT_SECURITY', '0';
RECONFIGURE WITH OVERRIDE;
```

2.2 Le travail dans Visual Studio

Bien qu'il soit théoriquement possible d'écrire le code source depuis n'importe quel éditeur, même le bloc-notes, il est très fortement recommandé d'utiliser Visual Studio pour définir des éléments en code CLR gérés pour SQL Server. En effet, depuis Visual Studio, le déploiement sur l'instance SQL Server et le mappage CLR-Transact-SQL sont faits de façon automatique.

Après avoir lancé Visual Studio, il s'agit donc de créer un projet de type Projet de base de données SQL Server.

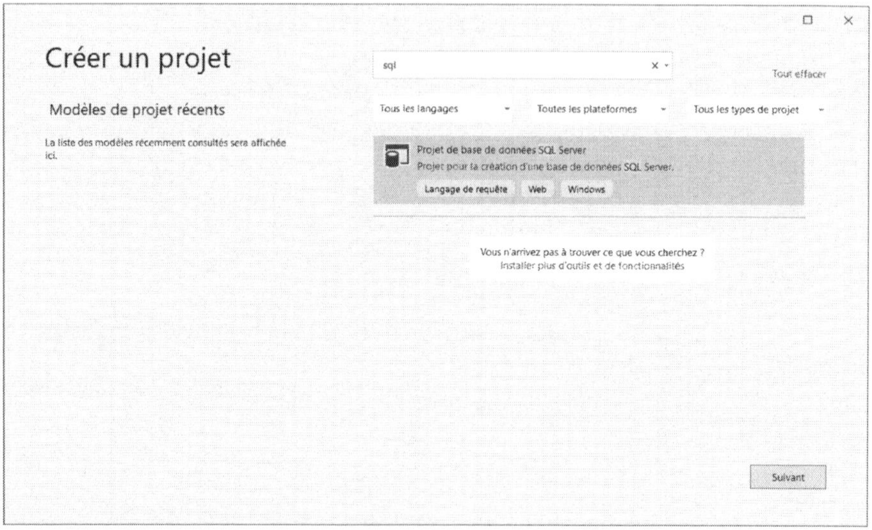

Ensuite, Visual Studio demande les informations de création du projet.

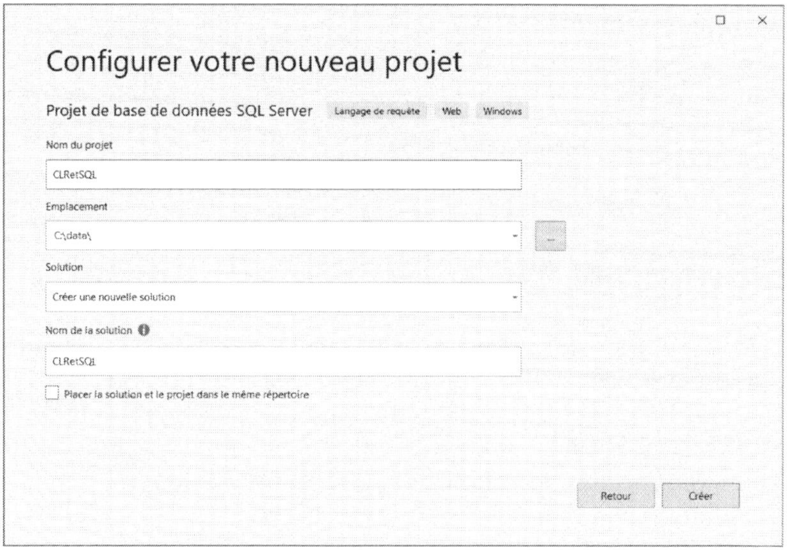

Les différents types de développement proposés par le CLR sont exposés et illustrés par un exemple. Les exemples sont indiqués en C#, mais il est tout à fait possible de réaliser le même travail en Visual Basic.

2.3 Les types de données personnalisés

Les types de données personnalisés ou UDT (*User Defined Type*) donnent la possibilité au développeur de compléter les types proposés par SQL Server afin de stocker l'information exactement au format qu'il souhaite. Cependant, les types UDT peuvent s'avérer être un piège s'ils sont utilisés à contre sens comme par exemple pour transformer SQL Server en base Orientée Objet. En effet, lorsqu'une colonne est définie en utilisant un type UDT, alors c'est la totalité des champs constitutifs de ce type qui sont mis à jour, même si une simple valeur a été modifiée. De même, la manipulation de ce type de donnée sera moins aisée et moins performante qu'en utilisant une structure relationnelle classique.

Les types UDT sont, en revanche, parfaitement bien adaptés lorsqu'il s'agit de stocker des valeurs dont la structure est complexe et les différents champs sont liés entre eux. Par exemple, un numéro de sécurité sociale : la structure est complexe, mais parfaitement définie et les données sont liées entre elles afin de composer un numéro unique. En définissant un type UDT, il est alors possible de définir des fonctions et des procédures qui manipulent ce type. Comme la structure est complexe, la vérification des données sera plus facile en C# ou VB.NET qu'en Transact-SQL.

Pour définir son propre type de données, il faut, depuis la fenêtre **Explorateur de solutions**, sélectionner **Ajouter - Nouvel élément** depuis le menu contextuel associé au projet. Il faut ensuite choisir **Type défini par l'utilisateur**.

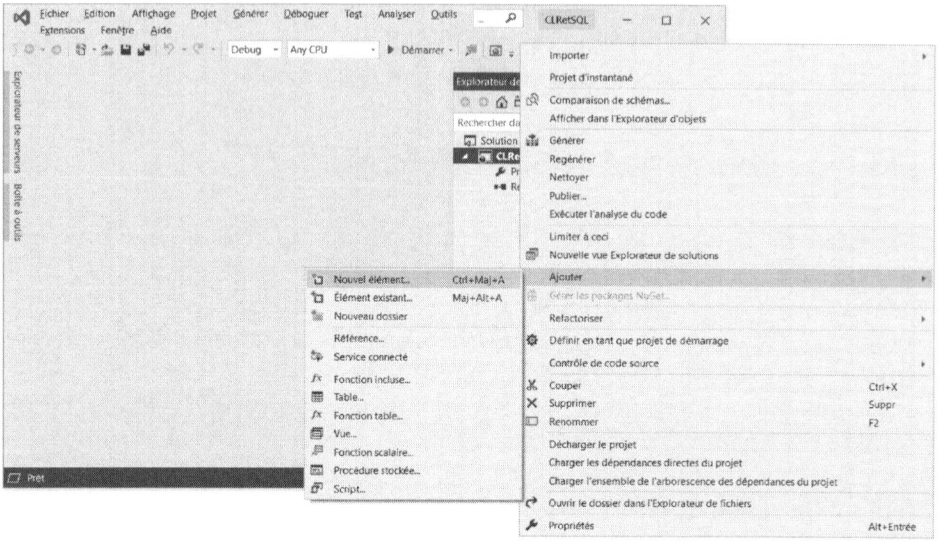

La boîte de dialogue permettant d'ajouter un nouveau composant au projet apparaît alors. Dans l'exemple ci-dessous, le type Reference est créé.

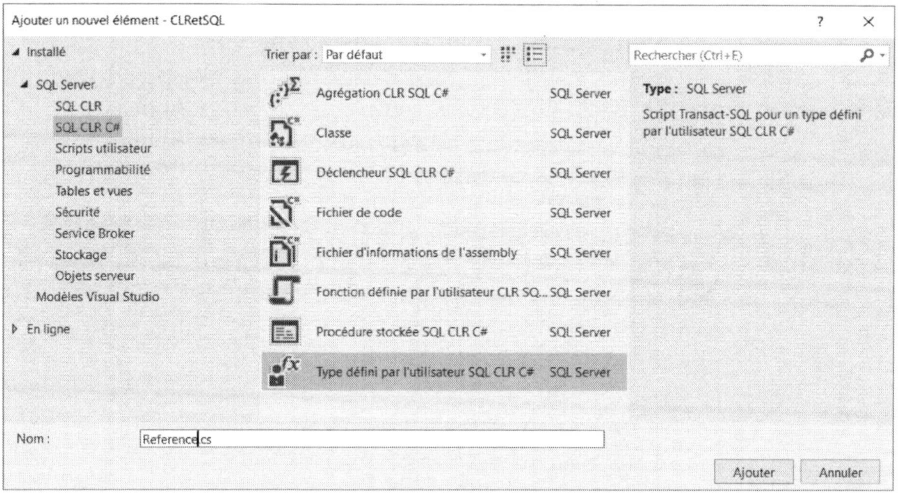

La classe est alors générée directement par Visual Studio. Le code est tout à fait standard, à l'exception des instructions qui précèdent la classe, à savoir :

```
[Serializable]
[Microsoft.SqlServer.Server.SqlUserDefinedType(Format.Native)]
```

Ces deux directives permettent à SQL Server de comprendre que cette classe contient la définition d'un type de données. Dans le cas où le code CLR est généré depuis une édition de Visual Studio ne disposant pas des modèles de projet de type base de données (c'est le cas des versions Express par exemple), il est nécessaire d'ajouter ces deux lignes juste avant la définition de la classe.

La première annotation (Serializable) indique qu'une instance de cette classe peut être transformée en une chaîne de caractères afin d'être stockée et qu'il est possible de recréer cette instance à partir de cette chaîne.

Le paramètre `Format.Native` de la seconde indique que la sérialisation est effectuée de manière automatique. Dans ce cas, la classe ne doit avoir que des attributs de type valeur (int, byte, bool, float, double...). Si vous avez besoin d'utiliser des types références (tableau et instance de classe (et donc String)), il est alors nécessaire de choisir comme valeur de paramètre `Format.UserDefined` et d'implémenter l'interface `IBinarySerialize`.

Il ne reste plus alors qu'à définir la classe de façon complète dans Visual Studio.

Exemple

Dans cet exemple, un type est créé pour représenter une référence fournisseur. Cette référence est une valeur sur six chiffres et, afin d'éviter les erreurs de saisie, une clé sur deux chiffres est associée à cette valeur. La clé est calculée à partir de la valeur et peut être recalculée afin de vérifier la saisie.

```
using System;
using System.Data.SqlTypes;
using Microsoft.SqlServer.Server;


[Serializable]
[SqlUserDefinedType(Format.Native)]
public struct Reference : INullable {
    //  Membre privé
    private bool _null;
```

```
    private int _numero;
    private int clef;

    private int Num {
        get {
            return _numero;
        }
        set {
            clef = CalculerClef(value);
            _numero = value;
        }
    }
    public override string ToString() {
        return String.Format("{0,6} {1,2}", Num, clef);
    }

    public bool IsNull => _null;

    public static Reference Null {
        get {
            Reference h = new Reference();
            h._null = true;
            return h;
        }
    }

    public static Reference Parse(SqlString s) {
        if (s.IsNull)
            return Null;
        String[] sp = s.ToString().Trim().Split(' ');
        if (sp.Length != 2)
          throw new ApplicationException("La référence et la clé doivent
être séparées d'un espace");
        int num, cl;
        if (!int.TryParse(sp[0], out num) || !int.TryParse(sp[1],
out cl))
            throw new ApplicationException("La référence et la clé ne
doivent contenir que des chiffres");
        Reference u = new Reference();
        u.Num = num;
        if(u.clef != cl)
            throw new ApplicationException("La clé n'est pas en accord
avec le numéro de la référence");
        return u;
    }
```

```
    public SqlString Numero() {
        return new SqlString(Num.ToString());
    }

    public SqlString Clef() {
        return new SqlString(clef.ToString());
    }

    public static int CalculerClef(int numero) {
        if (numero < 100000 || numero > 999999)
            throw new ApplicationException("La référence doit être un
nombre de 6 chiffres + 2 chiffres pour la clé");
      return (int)((((long)numero + 125457) * ((long)numero + 45893))
% 100);
    }
}
```

2.4 La publication du code

Le déploiement est assuré de façon automatique lors de la publication du projet.

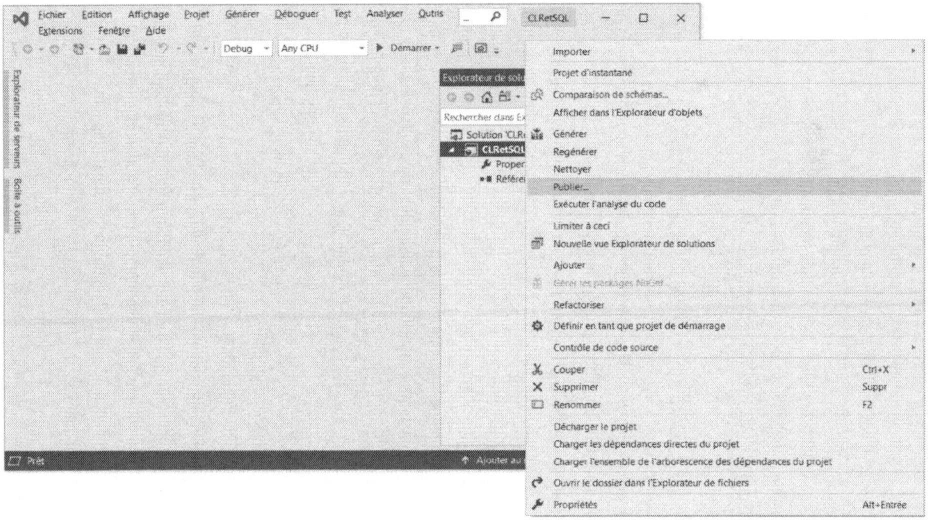

Il faut ensuite paramétrer la base de données cible.

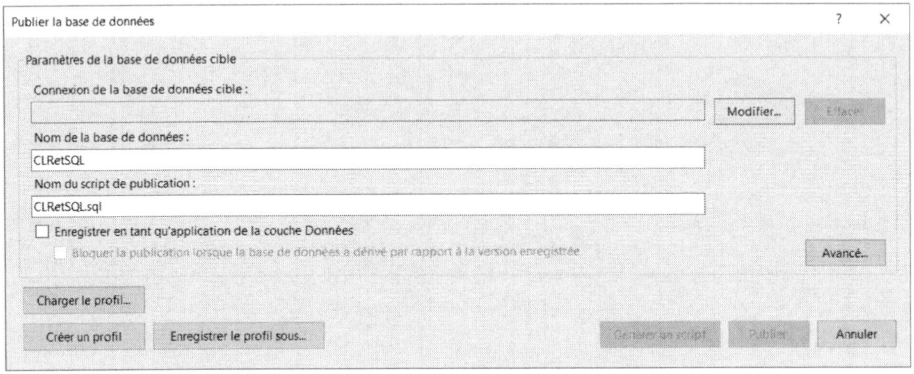

Cliquez sur **Modifier...** pour indiquer vos informations de connexion et la base de données cible.

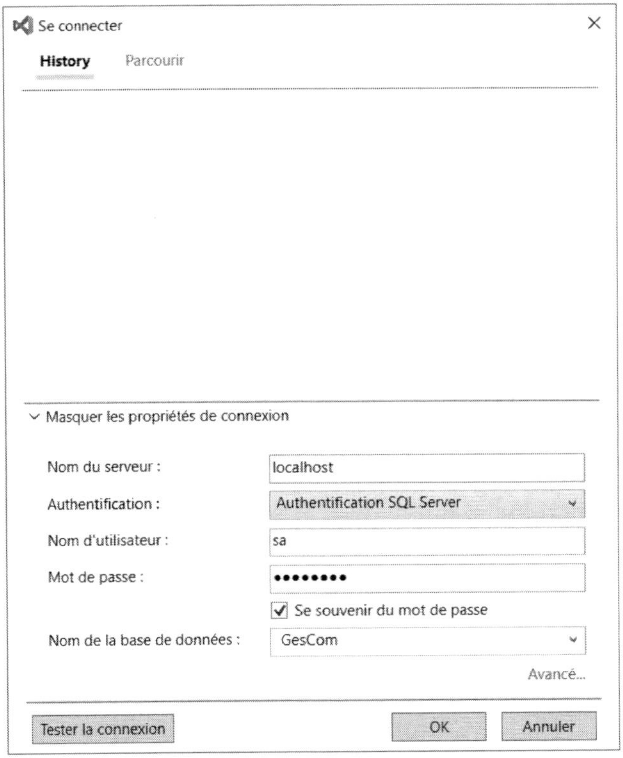

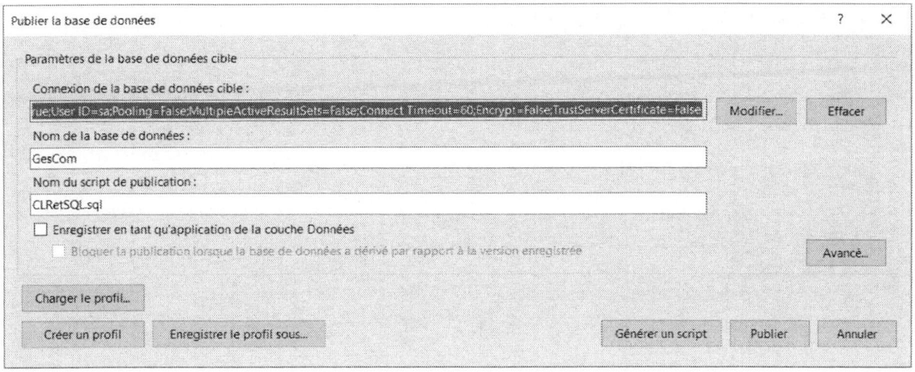

Après avoir validé, il suffit ensuite de cliquer sur **Publier**.

Si vous n'utilisez pas la publication de Visual Studio, il est nécessaire de charger l'assembly avec l'instruction CREATE ASSEMBLY puis de définir un mappage entre le type .NET et le Transact-SQL. Cette opération est effectuée à l'aide de l'instruction CREATE TYPE.

```
CREATE ASSEMBLY CLRetSQL FROM 'C:\data\CLRetSQL\CLRetSQL\bin\Debug\
CLRetSQL.dll';
GO
CREATE TYPE Reference EXTERNAL NAME CLRetSQL.Reference;
```

2.5 L'utilisation d'un type personnalisé

Dans SQL Server Management Studio, il est possible de constater l'apparition du type personnalisé créé.

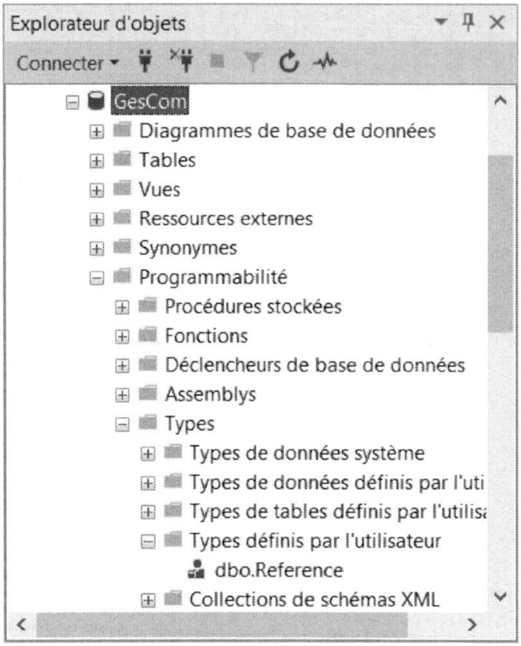

Les méthodes de classe peuvent être appelées en indiquant le nom du type personnalisé, l'opérateur :: et son nom.

Exemple

```
USE GesCom;
SELECT Reference::CalculerClef('123456') clef_123456,
       Reference::CalculerClef('954721') clef_954721;
```

Résultats | Messages

	clef_123456	clef_954721
1	37	92

Le type peut être utilisé comme n'importe quel autre type dans une table ou pour une variable.

Exemple

```
ALTER TABLE Articles ADD refFournisseur Reference NULL;
GO
```

C'est la méthode Parse() définie dans notre type personnalisé qui doit être utilisée pour créer une valeur de ce type. Elle peut être appelée explicitement ou implicitement :

```
UPDATE Articles
SET refFournisseur=Reference::Parse('123456 37') WHERE idArticle=1;
UPDATE Articles SET refFournisseur='954721 92' WHERE idArticle=12;
```

Les méthodes d'instance peuvent être appelées en indiquant la colonne ou la variable du type personnalisé suivi de l'opérateur . et du nom de la méthode.

```
SELECT designation,
       refFournisseur.ToString() refComplete,
       refFournisseur.Numero() refSansClef,
       refFournisseur.Clef() clef
FROM Articles WHERE idArticle<30;
```

Résultats | Messages

	designation	refComplete	refSansClef	clef
1	Marteau	123456 37	123456	37
2	perforateur	954721 92	954721	92
3	foret SDS 12	NULL	NULL	NULL

Remarque

Si la valeur n'est pas renseignée, l'appel à une méthode retourne NULL.

2.6 Les procédures stockées

La procédure stockée est ajoutée au projet en passant par le menu contextuel associé au projet depuis la fenêtre **Explorateur de solutions** ou par le menu **Projet** de Visual Studio. Attention à bien choisir **Procédure stockée SQL CLR C#** (qui définit une procédure stockée avec du code C#) et non **Procédure stockée** (qui définit une procédure stockée avec du code SQL).

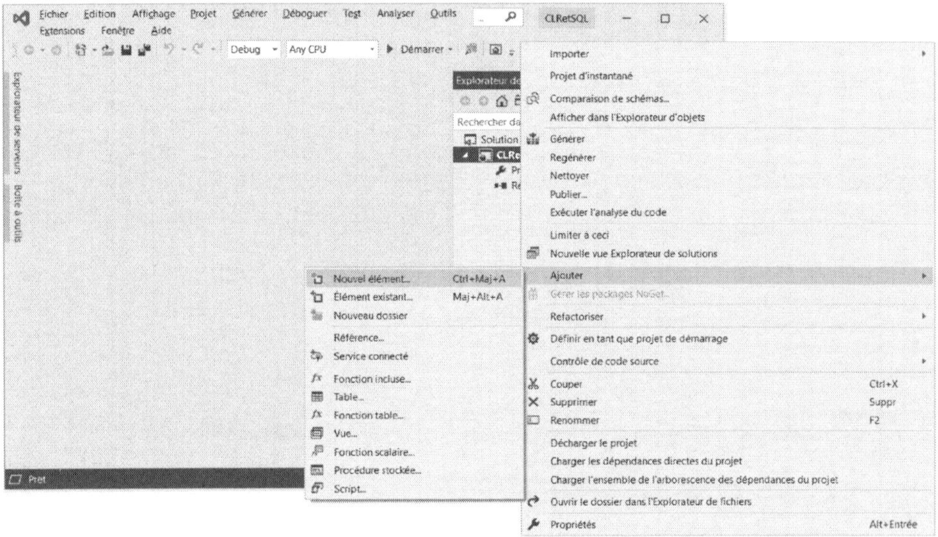

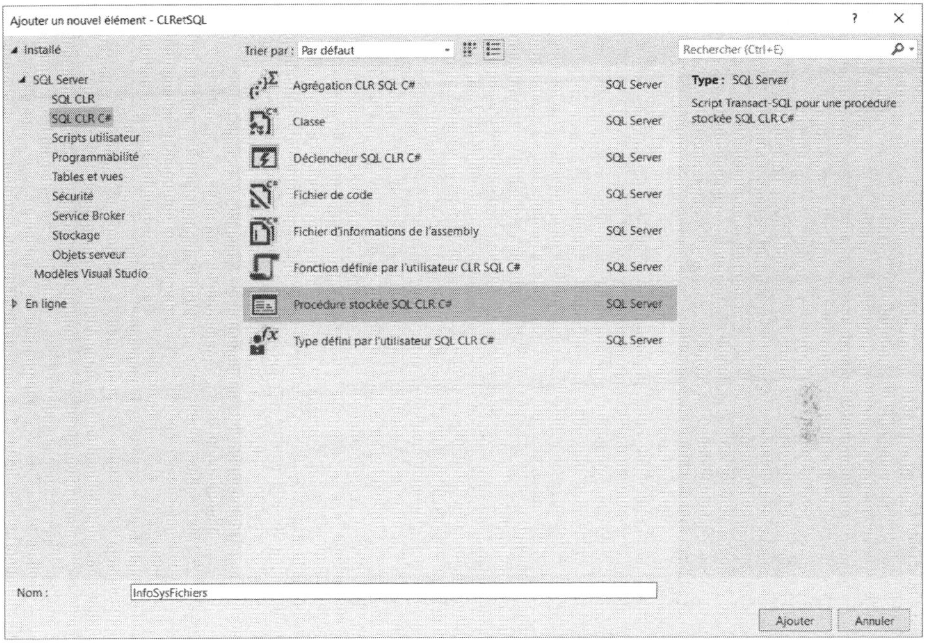

La procédure est créée. Il vous reste à la coder et à la publier comme vu précédemment.

2.7 Les déclencheurs de base de données

Le code CLR peut également être mis à profit pour définir des triggers de base de données plus complexes que ceux qui pourraient être définis facilement en Transact-SQL.

Comme pour les éléments précédents, il faut demander l'ajout d'un déclencheur de base de données par le menu contextuel **Ajouter - Nouvel élément**, puis choisir **Déclencheur SQL CLR C#** dans **SQL CLR C#**.

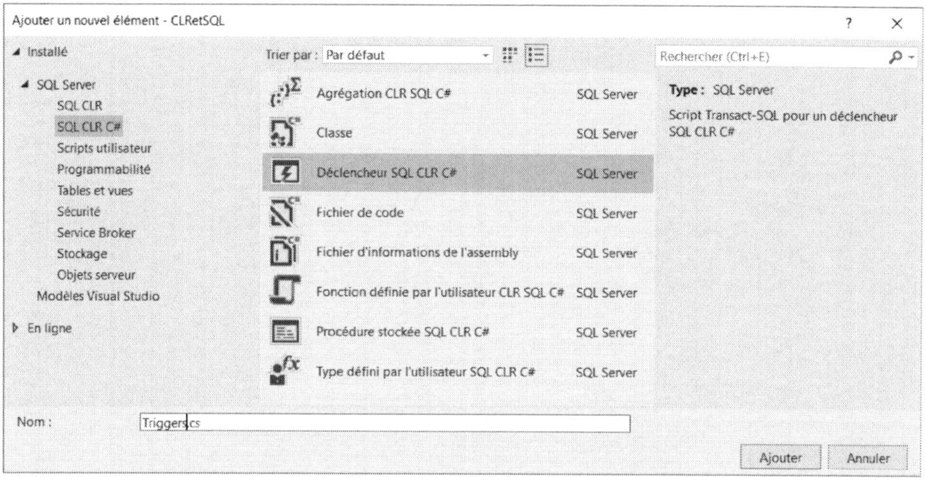

L'exemple suivant ne sera possible que si la table Clients possède une colonne mail de type VARCHAR(100).

```
ALTER TABLE Clients ADD mail VARCHAR(100) NULL;
```

Cette valeur sera analysée pour s'assurer que l'e-mail est bien valide. Ceci est effectué par la vérification à l'aide d'une expression rationnelle en C# :

```
using System;
using System.Data.SqlClient;
using System.Text.RegularExpressions;
using Microsoft.SqlServer.Server;

public partial class Triggers {
    public static void ValideMail() {
        String emailPattern = "^\\w+@\\w+\\.\\w+$";
        SqlConnection cnx = new SqlConnection("Context
Connection=True");
        cnx.Open();
        SqlCommand cmd = new SqlCommand();
        cmd.Connection = cnx;
        cmd.CommandText = "SELECT mail FROM inserted";
        SqlDataReader resultats;
        resultats = cmd.ExecuteReader();
        while (resultats.Read()) {
            String mail = resultats.GetSqlString(0).ToString();
            if (!Regex.IsMatch(mail, emailPattern)) {
```

```
                throw new ApplicationException("Email non valide :
" + mail);
              }
          }
          if (resultats.HasRows) resultats.Read();

          SqlContext.Pipe.Send("Vérification Mail OK");
    }
}
```

Cette classe pourrait être précédée de l'annotation suivante si la table Clients était créée au travers de ce projet Visual Studio :

```
[Microsoft.SqlServer.Server.SqlTrigger(Name = "ValideMail", Target =
"Clients", Event = "FOR INSERT, UPDATE")]
```

Ceci n'est pas possible dans notre cas. Il faut effectuer la publication soit avec l'action **Publier** du menu contextuel du projet, soit en exécutant l'instruction suivante dans SQL Server Management Studio :

```
CREATE ASSEMBLY CLRetSQL
FROM 'C:\data\CLRetSQL\CLRetSQL\bin\Debug\CLRetSQL.dll';
```

Il est ensuite nécessaire de créer le déclencheur de base de données en lui associant le code C# contenu dans l'assembly :

```
GO
CREATE TRIGGER ins_upd_clients ON Clients FOR INSERT, UPDATE AS
EXTERNAL NAME CLRetSQL.Triggers.ValideMail;
GO
```

Il est ensuite possible de tester le bon fonctionnement du déclencheur en essayant d'utiliser un e-mail valide pour un client :

```
UPDATE Clients SET mail = 'adeline@labiche.fr' WHERE idClient=20;
Vérification Mail OK
(1 ligne affectée)
```

Mais également avec une valeur incorrecte :

```
UPDATE Clients SET mail = 'jean@dupont' WHERE idClient=15;
Msg 6522, Niveau 16, État 1, Procédure ins_upd_clients, Ligne 1
[Ligne de départ du lot 32]
Une erreur .NET Framework s'est produite au cours de l'exécution de
la routine ou de la fonction d'agrégation définie par l'utilisateur
"ins_upd_clients" :
```

```
System.ApplicationException: Email non valide : jean@dupont
System.ApplicationException:
   à Triggers.ValideMail().
```

2.8 Les fonctions de calcul d'agrégat

Enfin, il est possible de définir ses propres fonctions de calcul d'agrégat ou UDA (*User Defined Aggregate*), afin de pouvoir répondre à une demande particulière.

La première étape consiste à définir une telle fonction dans le projet par le menu contextuel **Projet - Ajouter - Nouvel élément**, puis choisir **Agrégation CLR C#** dans **SQL CLR C#**.

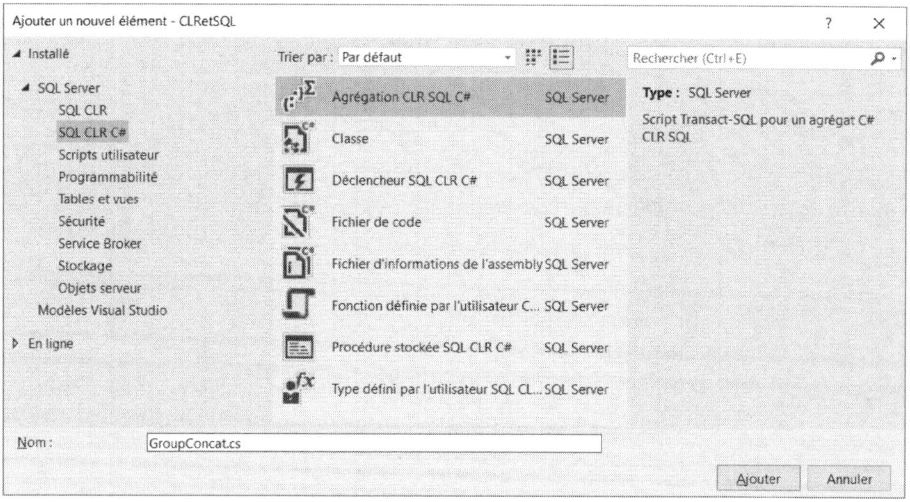

L'exemple suivant montre une fonction de calcul d'agrégat écrite en C# :

```
using System;
using Microsoft.SqlServer.Server;
using System.Data.SqlTypes;
using System.IO;
using System.Collections.Generic;

[Serializable]
```

```
[SqlUserDefinedAggregate(
    Format.UserDefined,
    IsInvariantToNulls = true,
    IsInvariantToDuplicates = false,
    IsInvariantToOrder = false,
    MaxByteSize = 8000)
]
public class GroupConcat : IBinarySerialize {
    private List<String> valeurs;
    private const String DELIMITEUR = " / ";

    public void Init() {
        this.valeurs = new List<String>();
    }

    public void Accumulate(SqlString value) {
        if (!value.IsNull) {
            this.valeurs.Add(value.ToString());
        }
    }

    public void Merge(GroupConcat other) {
        foreach (String v in other.valeurs) {
            this.valeurs.Add(v);
        }
    }

    public SqlString Terminate() {
        return new SqlString(String.Join(DELIMITEUR,
this.valeurs));
    }

public void Read(BinaryReader r) {
        valeurs = new List<String>();
        foreach (String s in r.ReadString().Replace(DELIMITEUR,
"/").Split('/')) {
            valeurs.Add(s);
        }
    }

    public void Write(BinaryWriter w) {
        w.Write(String.Join(DELIMITEUR, this.valeurs));
    }
```

La publication peut se faire avec Visual Studio comme vu précédemment ou avec un déploiement manuel comme indiqué ci-dessous.

Pour la fonction de calcul d'agrégat, la méthode CREATE AGGREGATE est définie tout spécialement à cet effet et ne peut faire référence qu'à une structure présente dans un assembly.

Bien que le paramètre soit indiqué comme étant de type caractère, il est tout à fait possible de passer des valeurs numériques entières à la fonction de calcul d'agrégat.

```
CREATE ASSEMBLY CLRetSQL
FROM 'C:\data\CLRetSQL\CLRetSQL\bin\Debug\CLRetSQL.dll';
GO

CREATE AGGREGATE GroupConcat(@valeur NVARCHAR(100)) RETURNS NVARCHAR(MAX)
EXTERNAL NAME CLRetSQL.GroupConcat;
```

Une fois la publication effectuée d'une manière ou d'une autre, la fonction de calcul d'agrégat est présente dans notre base de données :

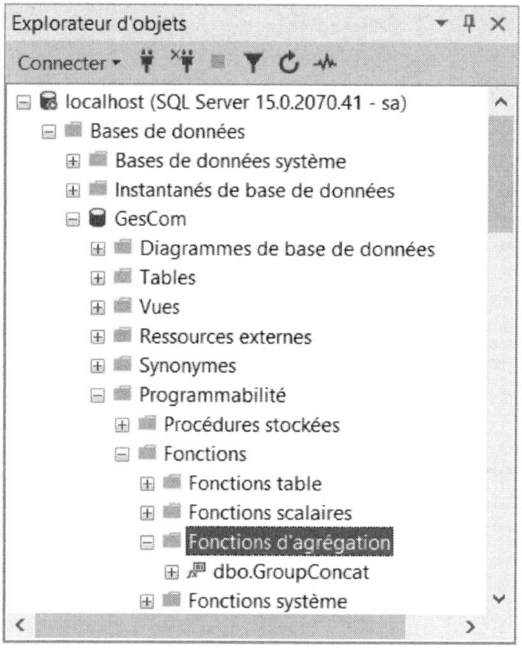

Il est maintenant possible d'écrire une requête utilisant cette fonction de calcul d'agrégat personnalisée.

```
SELECT idCategorie, dbo.GroupConcat(designation) articles
FROM Articles
GROUP BY idCategorie;
```

Résultats | Messages

	idCategorie	articles
1	12	Boulon 12 / tige filetée 8 / tige filetée 10 / manchon 8
2	13	perforateur
3	14	Marteau
4	15	foret SDS 12 / burin plat SDS / fraisoir / cadeau

3. La manipulation d'une base de données avec PowerShell

Le langage de script PowerShell est présent sur les serveurs Windows et donne la possibilité aux administrateurs de travailler sous forme de scripts. Sans revenir sur une présentation détaillée du PowerShell, il est bon de rappeler que ce langage accède nativement au Framework .NET et bénéficie de la richesse de celui-ci.

PowerShell bénéficie donc de l'accès à l'API de programmation SMO (*SQL Server Management Objects*). Cette API, très puissante, contient tous les éléments permettant de reproduire par programmation les fonctionnalités présentes dans SQL Server Management Studio. Cette puissance induit une problématique de complexité d'utilisation. Il n'est pas toujours trivial d'identifier les éléments souhaités dans SMO.

3.1 L'installation de SMO

Depuis la version 17 de SQL Server Management Studio, plus aucun module PowerShell n'est installé de facto. Il faut l'installer en ouvrant une console PowerShell en tant qu'administrateur et en utilisant la commande suivante :

```
Install-Module -Name SqlServer -AllowClobber
```

Il faut répondre "O" pour l'installation de NuGet et pour l'utilisation d'un référentiel non approuvé.

3.2 L'utilisation de SMO

Pour la presque totalité des scripts utilisant SMO, il est nécessaire de réaliser quelques actions de base qui sont :

- Charger l'espace de nom correspondant à SMO.
- Se connecter à une instance SQL Server.
- Se positionner sur une base de données.

L'espace de noms qui contient SMO se nomme Microsoft.SqlServer.SMO. Il est donc chargé à l'aide de l'instruction PowerShell : **[System.Reflection.Assembly]::LoadWithPartialName("Microsoft.SqlServer.SMO")**.

SMO possède un objet de type **Microsoft.SqlServer.Management.Smo.Server** représentant les serveurs. Pour accéder à une instance, il faut donc créer un objet de type server et lui passer en paramètre le nom de l'instance.

Les objets de type **Microsoft.SqlServer.Management.Smo.Server** possèdent une propriété nommée **Databases**. Cette propriété est une liste des bases de données définie sur cette instance.

Exemple

L'exemple de script PowerShell ci-dessous illustre la capacité du SMO à produire un script de création d'une séquence dans une base de données.

Les données fixes comme le nom de l'instance et le nom de la base sont enregistrées dans des variables qui se nomment $instance et $base.

L'espace de noms est chargé, puis l'accès à l'instance est assuré. La variable $s représente cette instance. La propriété Databases de cette variable est utilisée pour localiser la base de données sur laquelle on souhaite travailler. Cette base de données est représentée par la variable $bdd.

Enfin, l'exécution d'une instruction SQL est effectuée grâce à la commande Invoke-SqlCmd.

```
$instance='localhost'
$base='GesCom'
set-psdebug -strict #options de mises au point
[System.Reflection.Assembly]::LoadWithPartialName(
"Microsoft.SqlServer.SMO" )
$s=new-object("Microsoft.SqlServer.Management.Smo.Server") $instance
# Afficher erreur si l'instance n'est pas accessible
if ($s.Version -eq $null){Throw "Impossible de trouver l'instance
$instance"}
$bdd=$s.Databases[$base]
if ($bdd.name -ne $base) {Throw "Impossible de trouver la base $base
dans $instance"};
Invoke-Sqlcmd -ServerInstance $instance -database $base -query "CREATE
SEQUENCE sq_creeeAvecSMO;"
```

Il est alors possible de visualiser la séquence dans SQL Server Management/ Studio.

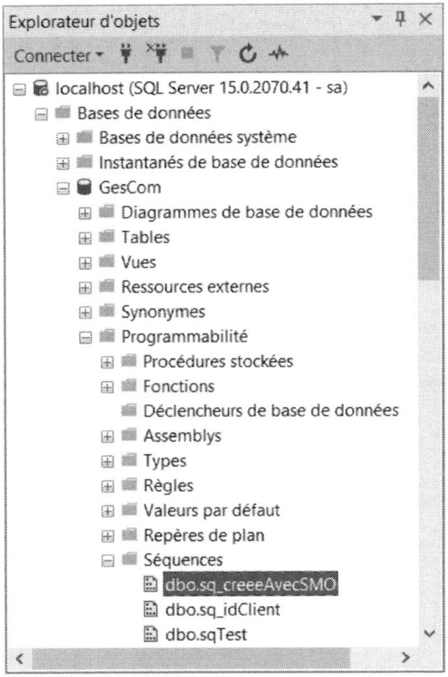

4. Exercices

4.1 Un mot de passe pour les clients

Les clients peuvent maintenant accéder à leur compte à distance. Pour cela, un mot de passe est ajouté à leur compte. Pour des raisons de sécurité, il est bien évidemment hors de question de stocker le mot de passe : uniquement son empreinte (hash) est stockée. L'empreinte est calculée à l'aide de l'algorithme SHA-512. Une complexité de mot de passe est exigée : au moins 8 caractères, au moins une lettre minuscule, au moins une lettre majuscule et au moins un chiffre.

Créez un type personnalisé permettant de gérer ces mots de passe. Ajoutez une colonne mdpHash à la table Clients afin de pouvoir exécuter les instructions suivantes :

```
UPDATE clients SET mdpHash = 'SQL4ever!' WHERE noCli=1;
UPDATE clients SET mdpHash = 'Ilove5QL' WHERE noCli=2;
SELECT * FROM clients;

SELECT mdpHash.Hash FROM Clients;

SELECT
      CASE mdpHash.Tester('SQL4ever!')
            WHEN 1 THEN 'ok connecté'
            ELSE 'erreur de connexion'
      END Connexion FROM Clients WHERE noCli=1;
```

Aide

Si vous le souhaitez, vous pouvez suivre les étapes suivantes pour créer votre type personnalisé :

- Créez un projet de base de données sous Visual Studio et ajoutez un type personnalisé MotDePasse.
- Ajoutez un attribut de type chaîne de caractères pour contenir la valeur de l'empreinte du mot de passe.

- Changez les paramètres de l'annotation SqlUserDefinedType avec Format.UserDefined et MaxByteSize = 8000 pour gérer manuellement la sérialisation, puisque l'attribut ajouté est de type String.
- Implémentez l'interface IBinarySerialize avec ces deux méthodes.
- Créez une méthode de classe ComputeSHA512Hash() calculant l'empreinte de la valeur passée en paramètre à l'aide de la classe SHA512 du Framework .NET.
- Créez une autre méthode de classe ComplexiteSuffisante() testant les règles de complexité exigées pour le mot de passe passé en paramètre.
- Modifiez la méthode Parse(), la propriété IsNull et la méthode ToString().
- Créez une propriété en lecture seule Hash permettant de récupérer l'empreinte calculée.
- Créez une méthode Tester() vérifiant si le mot de passe passé en paramètre a bien la même empreinte que celle stockée dans l'attribut.

4.2 Des graphiques de valeurs

Créez un agrégat permettant de générer un graphique des valeurs de chaque groupe. L'objectif est de retourner une chaîne de caractères telle que POLYGON((0 0, 0 10, 1 15, 2 20, 3 30, 4 50, 5 90, 5 0, 0 0)) afin de pouvoir produire un graphique.

Exemple d'utilisation

```
SELECT GEOMETRY::STGeomFromText(dbo.Graphique(CONVERT(INT,
prixJour)), 0) t FROM Tarifs;
```

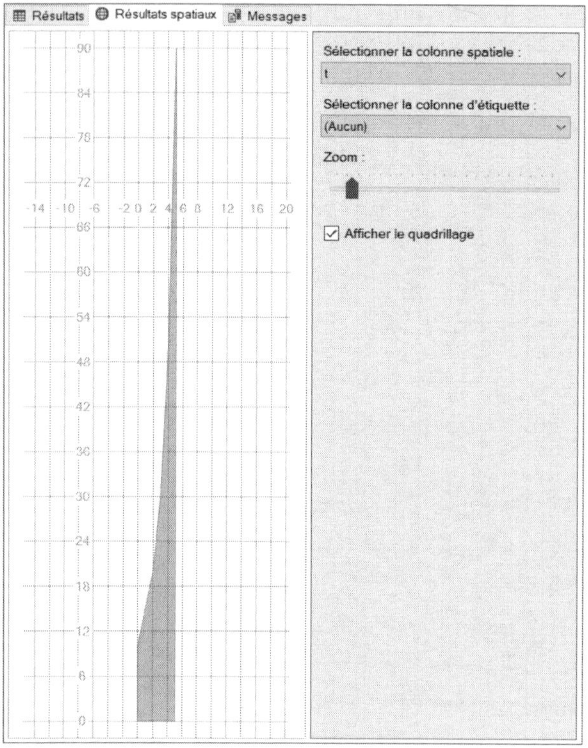

5. Correction des exercices

5.1 Un mot de passe pour les clients

```
using System;
using System.Data.SqlTypes;
using System.IO;
using System.Security.Cryptography;
using System.Text;
using System.Text.RegularExpressions;
using Microsoft.SqlServer.Server;
```

```
[Serializable]
[SqlUserDefinedType(Format.UserDefined, MaxByteSize = 8000)]
public struct MotDePasse: INullable, IBinarySerialize
{
    private bool _null;
    private string _hash;

    private static SHA512 SHA512 => SHA512.Create();

    public override string ToString()
    {
        return _hash;
    }

    public bool IsNull => _null;

    public static MotDePasse Null
    {
        get
        {
            MotDePasse h = new MotDePasse();
            h._null = true;
            return h;
        }
    }

    public static MotDePasse Parse(SqlString s)
    {
        if (s.IsNull)
            return Null;
        if (!ComplexiteSuffisante(s))
            throw new ApplicationException("Le mot de passe doit
avoir au moins 8 caractères dont au moins un chiffre, une majuscule
et une minuscule");
        MotDePasse u = new MotDePasse();
        u._hash = ComputeSH512Hash(s);
        return u;
    }

    public static bool ComplexiteSuffisante(SqlString s) {
        return Regex.IsMatch(s.Value, "^(?=.*[a-z])(?=.*
[A-Z])(?=.*\\d).{8,}$");
    }
```

```
    public bool Tester(SqlString mdp)
    {
        return _hash == ComputeSH512Hash(mdp);
    }

    public static String ComputeSH512Hash(SqlString s) {
        StringBuilder sb = new StringBuilder(128);
        foreach (byte b in SHA512.ComputeHash
(s.GetNonUnicodeBytes())) {
            sb.Append(b.ToString("X2"));
        }
        return sb.ToString();

    }

    public String Hash => _hash;

    public void Read(BinaryReader r) {
        _null = r.ReadBoolean();
        if (!_null)
            _hash = r.ReadString();
    }

    public void Write(BinaryWriter w) {
        w.Write(_null);
        w.Write(_hash);
    }
}
```

5.2 Des graphiques de valeurs

```
using System;
using System.Collections.Generic;
using System.Data;
using System.Data.SqlClient;
using System.Data.SqlTypes;
using System.IO;
using System.Text;
using Microsoft.SqlServer.Server;

[Serializable]
[SqlUserDefinedAggregate(Format.UserDefined,
```

```
    IsInvariantToNulls = true,
    IsInvariantToDuplicates = false,
    IsInvariantToOrder = false,
    MaxByteSize = 8000)
]
public struct Graphique : IBinarySerialize {
    private List<double> valeurs;
    public void Init() {
        valeurs = new List<double>();
    }

    public void Accumulate(SqlString valeur) {
        if(!valeur.IsNull) {
            double v;
            if (!double.TryParse(valeur.Value, out v))
                throw new ApplicationException("Cette fonction
d'agrégation ne fonctionne qu'avec des valeurs numériques");
            valeurs.Add(v);
        }

    }

    public void Merge(Graphique groupe) {
        foreach (double v in groupe.valeurs) {
            valeurs.Add(v);
        }
    }

    public SqlString Terminate() {
        StringBuilder sb = new StringBuilder("POLYGON((0 0, ");
        for (int i = 0; i < valeurs.Count; i++) {
            sb.Append(i).Append(' ').Append(valeurs[i])
.Append(", ");
        }
        sb.Append(valeurs.Count-1).Append(" 0, 0 0))");
        return new SqlString(sb.ToString());
    }

    public void Read(BinaryReader r) {
        valeurs = new List<double>();
        foreach (String s in r.ReadString().Split(';')) {
            valeurs.Add(double.Parse(s));
        }
    }
```

```
    public void Write(BinaryWriter w) {
        w.Write(String.Join(";", valeurs));
    }
}
```

Annexes

1. Schéma de la base des exercices

Voici le schéma de la base de données des exercices. Ce schéma est sur une feuille à part pour que vous puissiez la détacher de ce livre et pouvoir l'avoir sous les yeux pour réaliser les exercices.

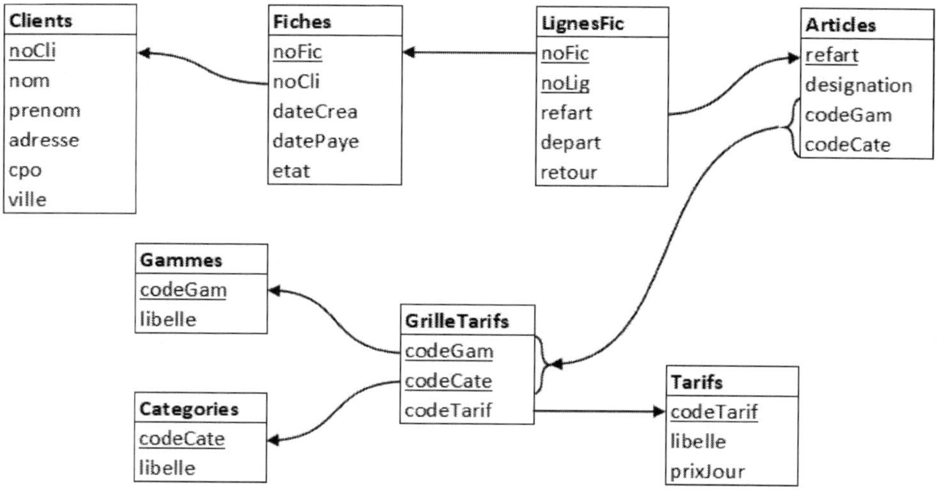

2. Le script de création de la base

```
USE Master;

DROP DATABASE IF EXISTS GesCom;

CREATE DATABASE GesCom
ON PRIMARY(
       NAME=gescom_data,
       FILENAME='C:\data\gescom_data.mdf',
       SIZE=6MB,
       MAXSIZE=15MB,
       FILEGROWTH=1MB)
LOG ON(
       NAME=gescom_log,
       FILENAME='C:\data\gescom_log.ldf',
       SIZE=2MB,
       MAXSIZE=2MB,
       FILEGROWTH=0MB)
COLLATE FRENCH_CI_AI;

GO

USE GesCom;

CREATE TABLE Articles(
idArticle       INT                            CONSTRAINT pk_articles
PRIMARY KEY,
designation     VARCHAR(50)    NOT NULL   CONSTRAINT un_articles_
designation UNIQUE,
prixHT          NUMERIC(8,2)   NOT NULL,
prixTTC         AS prixHT*1.2
);

CREATE SEQUENCE sq_idClient AS INT START WITH 15 INCREMENT BY 5;

CREATE TABLE Clients(
idClient        INT                       CONSTRAINT pk_clients PRIMARY
KEY
                                         CONSTRAINT df_clients_idClient
DEFAULT NEXT VALUE FOR sq_idClient,
nom             VARCHAR(50)    NOT NULL,
prenom          VARCHAR(40)    NULL,
dateNaissance   DATE           NULL       CONSTRAINT ck_clients_date
```

```
Naissance
CHECK(dateNaissance < GETDATE()),
ville          VARCHAR(50)    NOT NULL   CONSTRAINT df_clients_ville
DEFAULT 'Nantes',
portable        NUMERIC(10)    NULL       CONSTRAINT un_clients_
portable UNIQUE,
fixe            NUMERIC(10)    NULL,
CONSTRAINT un_clients_nomPrenomDateN UNIQUE(nom, prenom,
dateNaissance),
CONSTRAINT ck_clients_telephones CHECK(portable IS NOT NULL OR fixe
IS NOT NULL)
);

CREATE TABLE Commandes(
idCommande     INT            IDENTITY    CONSTRAINT pk_commandes
PRIMARY KEY,
dateCmd        DATETIME2      NOT NULL    CONSTRAINT ck_commandes_-
dateCmd CHECK(dateCmd<=GETDATE()),
statut         CHAR(2)        NOT NULL    CONSTRAINT ck_commandes_
statut
CHECK (statut IN('AP', 'EP', 'PR', 'AC', 'LI', 'EL')),
idClient       INT            NOT NULL    CONSTRAINT
fk_commandes_clients
REFERENCES Clients(idClient) ON DELETE CASCADE ON UPDATE CASCADE
);

CREATE TABLE DetailsCommandes(
idCommande     INT                       CONSTRAINT
fk_detailsCommandes_
commandes REFERENCES Commandes(idCommande) ON DELETE CASCADE ON
UPDATE CASCADE,
numeroLigne    INT,
idArticle      INT            NOT NULL   CONSTRAINT
fk_detailsComandes_
articles REFERENCES Articles(idArticle) ON UPDATE CASCADE,
CONSTRAINT pk_detailsCommande PRIMARY KEY(idCommande, numeroLigne)
);

ALTER TABLE DetailsCommandes ADD quantite INT NOT NULL CONSTRAINT
df_detailsCommandes_quantite DEFAULT 1;

CREATE INDEX in_detailsCommandes_idArticle ON
DetailsCommandes(idArticle) INCLUDE(idCommande);
CREATE INDEX in_commandes_idClient ON Commandes(idClient)
```

```
INCLUDE(idCommande);
CREATE INDEX in_clients_nomPre ON Clients(nom, prenom)
INCLUDE(idClient);

ALTER TABLE Clients DROP CONSTRAINT un_clients_portable;
CREATE UNIQUE INDEX in_clients_portable ON Clients(portable)
WHERE portable IS NOT NULL;

-- à partir du chapitre 3
CREATE TABLE Categories (
idCategorie    INT           IDENTITY    CONSTRAINT pk_categories
PRIMARY KEY,
libelle        VARCHAR(50)    NOT NULL,
idCatParent    INT            NULL        CONSTRAINT fk_categories_
categories REFERENCES Categories(idCategorie),
CONSTRAINT un_categories_libelleCat UNIQUE(libelle, idCatParent)
);

ALTER TABLE Articles ADD idCategorie INT NULL CONSTRAINT fk_articles_
categories REFERENCES Categories(idCategorie);

CREATE TABLE ClientsArchives (
idClient     INT                        CONSTRAINT pk_clientsArchives
PRIMARY KEY,
nom          VARCHAR(50)      NOT NULL,
prenom       VARCHAR(40)      NULL,
dateNaissanceDATE             NULL      CONSTRAINT
ck_clientsArchives_
dateNaissance CHECK(dateNaissance < GETDATE()),
ville        VARCHAR(50)      NOT NULL  CONSTRAINT
df_clientsArchives_
ville DEFAULT 'Nantes',
portable     NUMERIC(10)      NULL,
fixe         NUMERIC(10)      NULL,
CONSTRAINT un_clientsArchives_nomPrenomDateN UNIQUE(nom, prenom,
dateNaissance),
CONSTRAINT ck_clientsArchives_telephones CHECK(portable IS NOT NULL
OR fixe IS NOT NULL)
);

-- à partir du chapitre 4 *
CREATE TABLE Factures(
idFacture    INT              IDENTITY  CONSTRAINT pk_factures
PRIMARY KEY,
```

```
idCommande    INT                 NOT NULL  CONSTRAINT
fk_factures_commandes
REFERENCES Commandes(idCommande),
dateF         DATE                NOT NULLCONSTRAINT
df_factures_dateF DEFAULT
GETDATE(),
montant       NUMERIC(6,4)        NOT NULLCONSTRAINT ck_facture_montant
CHECK(montant >= 0),
txRemise     INT        NULL
);
```

3. Le jeu d'essai

```
USE GesCom;
DELETE FROM Factures;
DELETE FROM Clients;
DELETE FROM Articles;
DELETE FROM Categories;
DELETE FROM ClientsArchives;
-- réinitialisation de la séquence
ALTER SEQUENCE sq_idClient RESTART;
-- réinitialisation de l'identity
DBCC CHECKIDENT('Commandes', RESEED, 0) WITH NO_INFOMSGS;
DBCC CHECKIDENT('Categories', RESEED, 0) WITH NO_INFOMSGS;
DBCC CHECKIDENT('Factures', RESEED, 0) WITH NO_INFOMSGS;

INSERT INTO Clients VALUES(138, 'Dubois', 'Zoé', '12/07/1998', 'Tours',
'0777666555', '0413223140');
INSERT INTO Clients VALUES(142, 'Duchemin', 'Julie', NULL, 'Nantes', NULL,
'0123443210');
INSERT INTO Clients VALUES(DEFAULT, 'Dupond', 'Jean', '27/12/1946',
DEFAULT, '0605030201', '0123456789');

INSERT INTO Clients(nom, prenom, dateNaissance, ville, portable)
VALUES('Labiche', 'Adeline', '05/06/1983', 'Paris', '0765432100');
INSERT INTO Clients(fixe, nom, prenom, dateNaissance, idClient)
VALUES('0203040506', 'Dubois', 'Julie', '21/11/2000', 35);

INSERT INTO Commandes VALUES('1/9/2020', 'LI', 20);
INSERT INTO Commandes VALUES('1/9/2020', 'AC', 35);
INSERT INTO Commandes VALUES('2/9/2020', 'PR', 138);

SET IDENTITY_INSERT Commandes ON;
INSERT INTO Commandes(idCommande, dateCmd, statut, idClient) VALUES(9,
'2/9/2020', 'PR', 138);
```

```
SET IDENTITY_INSERT Commandes OFF;


INSERT INTO Articles(idArticle, designation, prixHT) VALUES(45,
'perforateur', 90);
INSERT INTO Articles(idArticle, designation, prixHT) VALUES(22,
'foret SDS 12', 6.90);
INSERT INTO Articles(idArticle, designation, prixHT) VALUES(75,
'fraisoir',  8.90);
INSERT INTO Articles(idArticle, designation, prixHT) VALUES(37,
'burin plat SDS', 4.70);

INSERT INTO Articles(idArticle, designation, prixHT) VALUES(99,
'cadeau', 0);

INSERT INTO DetailsCommandes(idCommande, numeroLigne, idArticle)
SELECT idCommande, 0, 99 FROM commandes;

INSERT INTO DetailsCommandes(idCommande, numeroLigne, idArticle) VALUES
(1, 1, 45),
(1, 2, 22),
(2, 1, 45),
(2, 2, 22),
(2, 3, 37),
(3, 1, 45),
(3, 2, 22);

UPDATE Clients SET nom = UPPER(nom);

UPDATE Commandes SET statut = 'AC' WHERE statut = 'PR';

UPDATE Articles SET idArticle = 12 WHERE idArticle = 45;

INSERT INTO Categories VALUES

('Terrasse et jardin', NULL),
('Outillage', NULL),
('Salle de bain', NULL),
('Cuisine', NULL),
('Rangements et dressing', NULL),
('Menuiserie', NULL),
('Carrelage et parquet', NULL),
('Décoration et éclairage', NULL),
('Peinture et droguerie', NULL),
('Électricité et domotique', NULL),
('Chauffage et plomberie', NULL),
('Quincaillerie', NULL);
```

```
INSERT INTO Categories VALUES
('Électroportatif', 2),
('À main', 2),
('Accessoire et consommable', 2),
('Chevilles, vis, clous et boulons', 12),
('Portes', 12),
('Fenêtres', 12),
('Meubles', 12),
('Étagères', 12);

UPDATE Articles SET idCategorie = 13 WHERE idArticle=12;
UPDATE Articles SET idCategorie = 15 WHERE idArticle<>12;

INSERT INTO ClientsArchives VALUES
(7, 'MICHEL', 'Martine', '09/04/1950', 'Lyon', '0612345678',
'0455667788'),
(20, 'LABICHE', 'Adeline', '05/06/1983', 'Paris', '0765432100', NULL),
(42, 'MARTIN', 'Enzo', '21/11/2000', 'Lille', NULL, '0304050607');
```

4. Glossaire

ADO

ActiveX Data Object

API

Application Programming Interface

CLR

Common Language Runtime

DMV

Dynamic Management View

ETL

Extract Transform and Load

GC

Garbage Collector

GAC

Global Assembly Cache

ODS

Open Data Services

OLTP

OnLine Transaction Processing

OLAP

OnLine Analytical Processing

RID

Row Identifier

SMO

SQL Server Management Objects

SOAP

Simple Object Access Protocol

SQL

Structured Query Language

SSIS

SQL Server Integration Services

TSQL

Transact-SQL

TVF

Table Valued Functions

UDF

User Defined aggregate Function

!

B

C

D

G

H

I

M

O

Q

R

S

T

U

W

X

Y